KB199918

하나님과 동행하는
폭풍 속의 가정

하나님과 동행하는
폭풍 속의 가정

지은이 | 러셀 무어
옮긴이 | 김주성
초판 발행 | 2019. 4. 24
16쇄 발행 | 2024. 5. 30
등록번호 | 제1988-000080호
등록된 곳 | 서울특별시 용산구 서빙고로65길 38
발행처 | 사단법인 두란노서원
영업부 | 02)2078-3333 FAX | 080-749-3705
출판부 | 02)2078-3330

책값은 뒤표지에 있습니다.
ISBN 978-89-531-3463-8 03230

독자의 의견을 기다립니다.
tpress@duranno.com www.duranno.com

두란노서원은 바울 사도가 3차 전도 여행 때 에베소에서 성령 받은 제자들을 따로 세워 하나님의 말씀으로 양육
하던 장소입니다. 사도행전 19장 8-20절의 정신에 따라 첫째 목회자를 돕는 사역과 평신도를 훈련시키는 사역,
둘째 세계선교TM와 문서선교(단행본·잡지) 사역, 셋째 예수문화 및 경배와 찬양 사역, 그리고 가정·상담 사역 등을 감
당하고 있습니다. 1980년 12월 22일에 창립된 두란노서원은 주님 오실 때까지 이 사역들을 계속할 것입니다.

하나님과 동행하는

폭풍 속의 가정

러셀 무어 지음

김주성 옮김

두란노

한국 교회의 가장 큰 숙제 중 하나는 '가족 중심주의' 혹은 '가족 지상주의'를 극복하는 것입니다. 기독교 복음은 가정을 긍정하지만 또한 가정을 새롭게 정의합니다. 혈연의 가정을 긍정하면서도 그것을 넘어서서 우주적 가정을 소망하게 합니다. 그리고 그 빛에서 혈연의 가정을 다시 보게 합니다. 이런 점에서 이 책은 그동안 출간된 가정에 관한 책들과 선명한 차별성을 가집니다. 그리고 혈연 가족의 한계 안에 묶여 있는 한국 교회에 매우 중요한 의미를 가집니다. 가정을 소중히 여기는 모든 이들에게 정독을 권합니다. 특히 모든 설교자들은 가정에 대해 설교하기 전에 먼저 이 책을 읽고 가정에 대한 복음적 입장을 정리할 수 있기를 바랍니다.

김영봉 와싱톤 사귐의교회 담임목사

이 책은 정말 놀라운 책입니다. 가정을 주제로 한 책은 많지만 이 책처럼 십자가 복음에 비추어 가정을 정확히 진단하고 성경적인 대답을 제시하는 책은 본 적이 없습니다. 저자는 가정이 폭풍 가운데 있음을 솔직히 인정합니다. 그리고 그 폭풍 속에서 "평안하라, 잠잠하라"고 하시는 주님의 음성을 듣도록 도와 줍니다. 그리고 상상도 못했던 곳으로 우리를 인도합니다. 곧 십자가로 향하는 길입니다. 저자는 예수님의 십자가가 어떻게 폭풍 속에 있는 가정을 구해 내고 다시 세우는지 보여 줍니다.

이 책은 두 명의 아들을 입양한 후 아들 셋을 더 낳은 다섯 아들의 아버지이자 윤리학자, 신학자이며, 폭풍 속에 휩싸인 가정 안에서 치열한 삶을 통과한 경험자의 고백이기에 더욱 힘이 있습니다. 그리고 저자의 풍성하고 깊은 성경 지식과 연단을 통하여 빚어진 인격, 유머 감각으로 어떤 심각한 문제도 따뜻한 관점으로 보게 해 줍니다. 또한 가족을 보면서 동시에 가족 너머 하나님의 나라의 새 가족인 교회를 보게 해 줍니다. 목회자와 가정 사역자, 모든 그리스도인들에게 진심으로 이 책을 추천합니다.

유기성 선한목자교회 담임목사

모든 가정은 저마다의 고통과 신음을 지니고 있습니다. 우리 모두가 죄인인 탓에 우리는 가족 관계 안에서 분노와 수치심을 지닌 채 살아갑니다. 저자는 예수님이 십자가에서 벌거벗긴 채 고통과 수치를 겪은 것이야말로 모든 가정의 구원을 위한 최고의 선물임을 증언하고 있습니다. 십자가로 다시 태어난 가정이야말로 진정으로 세상을 이기는 가족입니다. 저자는 놀랍게도 이 시대 문화가 그토록 깨뜨리고자 발버둥치는 가정과 교회를 십자가 위에 새롭게 든든히 세울 것을 역설하고 있습니다.

조정민 베이직교회 담임목사

이 시대의 아픔은 세상의 거친 폭풍 속에서 가족들이 상처를 입고 흩어지는 것입니다. 저자는 가정을 '영적 전쟁의 장'이라고 정의하면서 이 시대 이혼의 주원인이 결혼을 너무 이상화한 데서 비롯된다고 말합니다. 그리고 그 문제를 해결하는 열쇠가 십자가 안에 있다고 강조합니다. 저자의 말대로 결혼은 '십자가를 지고, 함께 고통을 감당하며, 그리스도와 교회의 언약 관계 안에서 새 예루살렘을 향해 가는 순례의 길'입니다. 이 책에는 결혼생활의 준비에서부터 성, 갈등, 이혼, 자녀양육, 노후 문제에 이르기까지 다양한 주제에 대한 깊은 영성과 통찰이 담겨 있습니다. 성경적인 결혼관을 가르치는 가정 사역자뿐만 아니라, 목회자, 그리고 성경적인 가정을 꿈꾸고 있는 모든 성도들에게 이 책을 꼭 추천합니다.

김성묵 두란노아버지학교운동본부 이사장

사람이 살지 못하는 땅에 사람이 살아갑니다.
광야, 그곳에 말할 수 없는 신비가 있습니다.
광야는 먼 데 있는 것이 아니라
가장 가까이에 있는 가정이기도 합니다.
가정은 하나님의 은혜가 없으면
하루도 살 수 없는 광야와도 같은 곳입니다.
희망을 찾을 수 없는 땅,
광야에도 임마누엘의 약속이 있어서
천국의 꽃이 피어납니다.
저자는 폭풍우 가운데 고전하는 가정을 향해
말씀하시는 주님의 음성에 귀 기울입니다.
우리가 예수님을 가장 먼저 사랑하게 되면
예수님이 사랑하라 하신 것을 사랑하게 됩니다.
비로소 사랑하는 가족을 정말 사랑하게 될 것입니다.

———————————

이요셉 《결혼을 배우다》 저자

Contents

●

Part 1

누구도
이 폭풍에서
예외일 수 없다

Part 2

가정의 가치,
십자가로
재해석하다

Part 3

당신의 가정,
예수로 다시
살아나라

The Storm-Tossed Family

Part 1

누구도
이 폭풍에서
예외일 수 없다

나에게 가정은
'폭풍'의
이미지였다

가족은 기쁨의 원천이자
공포의 원천이다

이 책의 제목은 내가 싫어하는 찬송가 가사에서 따온 것이다.
어린 시절 내 주변에는 늘 찬송가가 있었고, 나는 그 찬송들을 즐겨
불렀다. 가장 생생하게 기억나는 것은 내가 다녔던 붉은 벽돌로 지

어진 자그마한 교회에서 매 주일마다 반복해서 부르던 찬송가들이다. 지금도 그 노래들이 나도 모르게 입에서 툭 튀어나온다. 위기가 닥칠 때는 더욱 그 찬송가들을 의지하게 된다. 가령 하나님이 나를 "있는 그대로" 사랑하신다는 것을 기억할 필요가 있을 때나, 유혹에 빠질 때 "주님 뜻대로 살기로 했네"를 되새겨야 할 때, 그리고 기쁨의 순간 "나 같은 죄인 살리신 주 은혜"를 목청껏 부르는 식이다. 하지만 절대로 혼자서는 부르지 않는 찬송가도 있다.

나에게 가족은
폭풍의 이미지였다.

그것은 바로 "그 손 못 자국 만져라"이다. 그 곡이 너무 감상적이어서 그렇게 느끼는 것은 아니다. 내가 좋아하고 아끼는 감상적인 찬송가들도 많다. 이 찬송가를 혼자 부를 수 없는 이유는 아마 이 곡이 복잡한 비유를 담은 질문으로 시작하기 때문인 것 같다. "삶의 폭풍이 휩쓸고 가버려 당신의 계획이 물거품이 된 적이 있나요?(새찬송가에는 '거친 세상에서 실패하거든'이라고 번역되어 있다.-역자 주)"라고 말이다. 하지만 딱히 그것만도 아니다. 어쩌면 그 가사와 멜로디가 맞지 않아서인 것 같다. 도입부의 멜로디는 마치 상업적인 징글벨 노래처럼 경쾌한데 정작 가사는 못에 박혀 피를 흘리고 있는 손을 잡으라는 무시무시한 사실을 말하기 때문일 것이다.

그럼에도 불구하고 이 책을 쓰는 동안 그 찬송가가 계속해서 떠올랐고 나는 오랫동안 그 이유를 모르고 있었다. 처음에는 이유가 분명해 보였다. 이 책이 가족에 대한 이야기지만, 십자가의 관점에서 보는 가족에 관한 책이기 때문에 이 옛 찬송가가 내 무의식에서 떠오른다고 생각했다. 그러나 내 의식 속에는 예수님과 십자가, 보혈에 대한 다른 찬송들도 많다. 샘물과 같은 보혈이나 보혈로 씻는다거나 보혈의 능력 등 말이다. 훨씬 후에야 나는 그 이유를 깨달았다. 나의 감춰진 의식 어딘가에 있던 것은 못 자국이 아니라 폭풍의 이미지였다.

내가 속했던 부흥 교단에서는 보혈 외에도 폭풍에 대한 찬송가가 많았다. 폭풍에서 건져진다거나, 폭풍 가운데 있던 배가 등대의 불빛으로 인도된다거나, 견고한 반석 위의 집이 폭풍을 이겨낸다거나 하는 것 말이다. 일리가 있지 않은가? 실제로 성경에는 천둥번개와 재난, 폭풍의 이미지들이 많이 등장한다. 성경 시대는 농경 사회라 나라나 부족, 마을, 가족의 생존이 비에 달려 있었다. 바다는 혼란, 무질서, 위험의 상징이었다. 바다로 항해하는 사람은 절대로 자신이 바다를 지배한다는 착각을 할 수 없었다. 특히 갑자기 일어나는 폭풍에 흠씬 얻어맞는 경험을 해봤다면 말이다.

그러니 하나님의 백성을 둘러싼 고대 나라들이 자주 폭풍을 우상으로 삼았던 것도 당연하다. 그들이 섬기던 많은 신들은 다산의 신이라 그들을 잘 달래 주어야만 비가 내린다고 믿었다. 고대 중동의 폭풍은 우상에 대해 많은 것을 말해 주고 있다. 폭풍은 비를 내려 사람들의 굶주림을 해결해 주지만, 천둥 번개 때문에 사람이 죽을 수도 있었다. 어떤 이는 비를 내려 달라고 그 신들에게 부르짖기도 하고, 다른 이는 폭풍 속에서 배가 전복되지 않게 하려고 사람을 제물로 바치기까지 했다(욘 1:11-15). 이런 망상에도 불구하고, 이방 나라들이 제대로 깨닫게 된 것이 있는데, 그것은 폭풍을 만나는 것이 축복이면서 동시에 저주라는 것이다. 축복의 비든 위험한 폭풍이든 우리는 뭔가를 제어할 수 있다는 착각에서 스스로를 내려놓게 된다.

기쁨의 원천인 동시에 고통, 다름 아닌 가족

가족도 마찬가지이다. 가족은 우리에게 생명을 주는 축복의 원천이기도 하고, 때로는 엄청난 공포의 원천이기도 하다. 그리고 대개는 이 두 가지가 동시에 일어난다. 십자가도 그렇다. 십자가에서 우리는 죄의 무시무시한 저주와 하나님의 심판 및 세상을 구원하시는 하나님의 축복을 동시에 본다(갈 3:13-14). 예수님은 십자가에서 "그 앞에 있는 기쁨"을 바라보는 동시에 "부끄러움을 개의치 않으셨다"(히 12:2). 우리의 가정은 기쁨으로 충만할 수도 있지만 우리를 항상 고통에 취약하도록 만든다. 그리고 그 기쁨과 고통은 우리가 한 곳을 바라보도록 한다. 바로 십자가다.

가족만큼 우리가 사랑받고 소속되어 있음을 보여 주는 데도 없다. 우리의 급조된 체면치레와 스스로에게 알량한 위안을 주는 허식을 벗겨 주는 것도 가족뿐이다. 예수님이 말씀하신 대로 집을 모래 위에 짓든 반석 위에 짓든, 우리가 가정에 속했기 때문에 맞게 되는 폭풍은 우리의 방향감각을 무너뜨린다. 바다에서 폭풍을 만난 것처럼 삶이 난관에 부딪혔을 때 우리는 아무것도 할 수 없는 무기력함에 빠진다.

그러나 그리스도 안에 있는 사람들은 폭풍에 놀라지 말아야 한다. 우리는 폭풍 때문에 겁에 질리거나 자신을 파괴할 필요가 없다. 당신에게 일어날 수 있는 최악은 당신이 부모로부터 어떤 일을 겪었는가가 아니다. 당신에게 일어날 수 있는 최악은 당신의 언니나 동생이 당신과 말을 섞으려 하지 않는 것이 아니다. 당신에게 일어날 수 있는 최악은 배우자가 당신을 떠났거나, 바람을 피웠다거나, 당신을 뇌두고 먼저 죽은 것이 아니다. 당신에게 일어날 수 있는 최악은 당신의 자녀가 당신에게 반항하거나 당신보다 먼저 장례식을 치르게 되는 것이 아니다. 물론 그런 일들이 당신 삶에 끔찍한 일인 것은 분명하다. 하지만 당신에게 일어날 수 있는 최악의 상황은 당신이 죽어서 하나님의 심판대 앞에서, 사망과 지옥의 선고를 받는 것이다. 그러나 당신이 그리스도 안에 있으면, 그 일은 이미 벌어졌다. 당신은 단순히 살아남은 자가 아니라, 사랑받는 자녀이며 모든 것의 상속자다. 그러나 폭풍 속에서 이리저리 시달릴 때는 그것을 기억하기가 어렵다.

당신이 견디고 있는 폭풍이 무엇이 되었든 우리의 항로는 미지의 세계가 아니다. 시편 107편의 말씀도 그 사실을 상기시키고 있다. "배들을 바다에 띄우며 큰물에서 일을 하는 자는 여호와께서 행하신 일들과 그의 기이한 일들을 깊은 바다에서 보나니 여호와께서 명령하신즉 광풍이 일어나 바다 물결을 일으키는도다 그들이 하늘로 솟구쳤다가 깊은 곳으로 내려가나니 그 위험 때문에 그들의 영혼이 녹는도다 그들이 이리저리 구르며 취한 자 같이 비틀거리니 그들의 모든 지각이 혼돈 속에 빠지는도다"(시 107:23-27). 그러나 거기서 끝나지 않는다. "이에 그들이 그들의 고통 때문에 여호와께 부르짖으매 그가 그들의 고통에서 그들을 인도하여 내시고 광풍을 고요하게 하사 물결도 잔잔하게 하시는도다"(시 107:28-29).

예수님의 제자들은 갈릴리 바다에서 갑자기 불어 닥친 폭풍에 요동하며 이 구절을 생각했을 것이다. 특히 마가복음에서는 그들의 마음과 음성에 묻어났을 공포가 더욱 여실히 느껴진다. 그때 예수님은 베개를 벤 채 주무시고 계셨다. 그러니 제자들이 원망하며 "선생님이여 우리가 죽게 된 것을 돌보지 아니하시나이까"(막 4:38)라고 부르짖은 것을 어떻게 탓하랴. 이에 예수님은 깨셔서 우리들 대부분이 기대하듯 아드레날린을 분출하시며 서두르신 것이 아니라, 그냥 폭풍에게 "잠잠하라 고요하라"고 하셨다. 그러자 폭풍이 그쳤다. 다른 곳에서도 같은 패턴이 반복된다. 배가 폭풍 속에서 "바람이 거스르므로 물결로 말미암아 고난을 당하더라"(마 14:24). 예수님은 이번에도 신기할 정도로 조용하게, 풍랑이 이는 바다 위로 걸어오셨다. 베드로는 예수님을 따라하려 하다가 실패했다. 폭풍 때문이 아니라 스스로 겁에 질렸기 때문이다. "바람을 보고 무서워 빠져 가는지라 소리 질러 이르되 주여 나를 구원하소서 하니"(마 14:30). 물론 예수님은 베드로의 손을 잡아 주셨다. 그것은 예수님이 우리 모두를 위해 하실 일이기도 하다.

예수님은 요나의 표적대로 죄와 사망, 지옥의 폭풍 속으로 들어가서서 우리의 손을 잡아 끌어올려 안전하게 본향으로 데려가실 것이다. 그분은 바다의 폭풍에 겁먹지 않으셨다. 왜냐하면 다른 폭풍, 곧 십자가의 정말 무서운 폭풍을 향해 가고 계셨기 때문이다. 그렇게 생각하면 찬송가 "거친 세상에서 실패하거든"의 가사와 멜로디의 부조화가 어울리지 않는 것이 아니라, 내가 아는 것 이상으로 딱 들어맞는지도 모르겠다. 아마도 그래서 내가 이 책을 쓰면서 그 곡조를 자꾸만 읊조리게 되는 것이리라.

누구도 이 폭풍에서
예외일 수 없다

우리 교회에서 "그 손 못 자국 만져라"를 선곡했던 사람은 아마도 이 곡을 무척 좋아했던 것 같다. 우리는 그 찬송을 매우 자주 불렀다. 지금은 잘 들을 수 없는 곡이지만 사실 아주 그립다고 말할 수도 없다. 그래도 이 곡이 나의 뇌리를 떠나지 않는 이유는 두 가지다. 먼저는 십자가의 메시지와 가정을 배경으로 한다는 점이다.

여기에 등장하는 이미지들이 곳에 따라서는 진부할 수도 있지만, 가장 주된 그림은 본능적이다 우리를 향해 뻗은 손의 상처는 추상적인 것이 아니라 못 때문에 생긴 것이다.

그 곡이 나의 뇌리에 오래 남아 있는 다른 이유는 나와 함께 그 찬송가를 불렀던 사람들 때문이다. 나는 지금도 교회 가족이었던 그들을 떠올릴 수 있고, 그들이 주일 오전 예배 때 어느 자리에 앉았었는지도 대부분 말할 수 있다. 필시 나는 어머니 무릎 위에 있었던 아기 때나 아버지의 손목시계를 가지고 놀던 어린 소년일 때도 그 곡을 따라 부르며 웅얼거렸을 것이다. 그것이 바로 이 책이 말하고자 하는 바다. 우리는 주목하거나 기억하지도 못하는 평범하고 일상적인 방식으로 가족들에 의해 빚어진다. 그것은 기쁨이자 위험이다.

나는 당신의 상황에 대해서 잘 모른다. 그러나 당신이 어느 가족의 일원이라는 것은 안다. 과거나 현재나 미래의 가족 말이다. 설령 당신이 가족의 이름이나 얼굴을 전혀 모르더라도, 누군가가 당신을 지금의 모습으로 빚었으며 지금도 당신을 형성해 가고 있다. 그리고 앞으로 누군가가 당신의 새로운 가족이 되어 당신을 형성할 것이다. 내가 또 아는 것은 당신이 어떤 가정을 만들든 통제할 수 없는 폭풍 속에서 요동치게 될 것이라는 것이다. 그것을 통과하려면 왜 가족이 우리에게 중요한지, 또한 왜 가족이 우리에게 궁극적이지 않은지 알아야 한다. 우리는 가족을 분명히 보되 그 이상을 보아야 한다. 폭풍에 시달리는 가정에게 유일하고 안전한 항구는 십자가의 상처를 가진 가정이다.

사랑하는
가족이
나를 '십자가'로
데려갔다

내가 핼러윈을
좋아하는 이유

누가 내게 가장 좋아하는 날이 언제냐고 묻는다면, 나는 아마
크리스마스나 부활절이라고 말했을 것이다. 하지만 거짓말 탐지기
앞에서는 그러고 싶지 않다. 진실을 말할 때까지 그래프가 요동칠

것이기 때문이다. 사실 내가 가장 좋아하는 날은 핼러윈이다. 그렇게 말하면 사람들이 나를 안 좋게 볼 수 있기 때문에 그 사실을 인정하기 싫은 면도 있다. 나는 보수적인 복음주의 그리스도인이므로 핼러윈을 싫어해야 한다. 어떤 이들은 내가 만성절 전야(All Saints' Eve)를 '마귀의 절기'쯤으로 일축해 버리기를 바랄 것이다. 많은 사람들은 내가 교회 가을 축제 때 성경 공부 부스에 서 있거나 종교 개혁 주간에 눈을 가린 아이들이 "성문에 11개조 붙이기" 게임을 하는 것을 도울 것이라 예상할 것이다. 또 어떤 사람들은 핼러윈 밤에 우리 가족이 집안의 불을 다 끄고 아무도 없는 척할 때, 핼러윈 복장을 한 동네 아이들이 우리 집 현관에서 호박 등 대신 전도지를 발견할 것이라고 생각할 것이다. 이처럼 핼러윈을 싫어해야 하지만 나는 도저히 그럴 수 없다. 아주 어릴 때부터 핼러윈은 내게 따뜻함과 기쁨을 전해 주었다.

어린 나는 어른들이 핼러윈이 '악마의 밤'이고 그날 밤 영의 세계와 우리 세계 사이의 베일이 얇아져서 위험하다고 말하는 것을 진지하게 받아들였다. 그것이 내가 핼러윈에 대해 좋아하는 점이었다. 핼러윈은 내가 직관적으로 아는 사실을 확인해 주었다. 그것은 바깥세상이 무섭다는 것이었다.

핼러윈은 또한 내가 성경에서 읽은 사실을 강화시켜 주었다. 나를 둘러싼 세상에 보이지 않는 힘들이 살아 활동하고, 그중에는 나를 해치려는 것들도 있다는 것이다. 핼러윈은 어른들도 그것을 조금이나마 인정하는 밤 같았다. 어린 나에게도 그것이 타당해 보였다. 바깥세상에 무서운 존재들이 있다면, 하룻밤을 정해 그 사실을 인정하는 것도 괜찮은 것 같았다.

그날 밤 가장 좋았던 것은 사탕이나 핼러윈 의상이 아니라 모든 것이 끝난 후 내 침대 안에 포근히 누워 있을 때였다. 벽 너머에 부모님이 잠들어 있다는 사실도 위안이 되었다. 깜깜한 바깥세상에는 마녀들과 늑대인간들이 우글거렸지만 집 안에서는 모든 것이 안전했다. 나에게 그것은 이방 종교 같은 경험이 아니었다. 오히려 성경 속 믿음의 조상들이 옛 이집트에서 겪은 일과 같아 보였다. 죽음의 사자들이 집 밖에 도사리고 있었지만, 문 인방에 피를 바른 집 안에서는 모든 것이 안전했다.

그러나 그것이 내가 핼러윈을 좋아하는 유일한 이유라고 말한다면 거짓말 탐지기가 곧 알아차릴 것이다. 내가 핼러윈을 좋아하는 데는 또 하나의 이유가 더 있다. 핼러윈에는 크리스마스나 추수감사절 때처럼 가족 간의 다툼이나 긴장감이 조성되지 않는다. 어느 누구도 짐을 싸서 어린 우리를 데리고 증조모나 6촌의 집에 가야 한다고 말하지 않는다. 그 누구도 우리를 간이 식탁에 앉히고 잔뜩 스트레스를 받으며 준비한 명절 음식을 먹으라고 강요하지 않는다. 아무도 올해 핼러윈을 지나간 핼러윈들과 비교하지 않는다. 아무도 감정 상하는 일이 없고, 아무도 로니 삼촌의 술주정에 대해 저녁 식탁 앞에서 격론을 벌이느라 휴일을 망쳐 놓지 않는다. 아무도 지금이 연중의 가장 좋은 때라는 척 가장하지 않아도 된다. 아무도 울면서 문을 쾅 닫고 나가며 "당신이 우리의 핼러윈을 망쳤어!"

라고 소리 지르지 않는다.

　말을 탄 목 없는 사람이나 늪의 괴물들이 아무리 무섭더라도 때로는 크리스마스 저녁 식사나 부활절 달걀 찾기, 결혼식 피로연, 아이의 생일잔치 등이 귀신이 나오는 숲보다 더 무섭다. 그러나 원래 가정은 이 모든 것으로부터 피난처가 되었어야 한다. 가정은 따뜻하고 고요하고 감성적이어야 한다. 그것이 우리들 대부분이 크리스마스카드에 투사하는 이미지이다. 대개 사람들이 다음과 같은 발표들을 할 때는 확실히 진짜이다. 사람들은 어린 코너가 금년 과학 경진대회에서 상을 탔다거나 엠마가 자기 법률 회사의 이사가 되었다는 말을 지어내지 않는다. 그리고 대개는 플로시 숙모에 대한 접근 금지 명령이 떨어졌다는 소문이 '가짜 뉴스'라는 것을 발표하지도 않는다. 하지만 많은 것들이 명백한 이유들 때문에 감춰지고 언급조차 되지 않는다.

가족이
뭐길래

　우리 가족들 안에서 벌어지는 일의 많은 부분은, 그것이 불편한 감정의 대립이 되었건 가족 간의 비밀인 매우 실질적인 트라우마가 되었건, 보이지 않는 곳에 있다. 그 이유는 미국 문화와 다른 많은 문화에서 종종 가족이란 의미가 자신의 성취를 전시하는 장이기 때문이다. 우리는 남들에게 보여 주고 싶은 자신의 이미지를 가족을 통해 바깥세상에 알리려고 한다. 만일 우리 가정에 뭔가 비뚤어진 것이 있으면 사람들이 우리에 대해서 뭔가 대단히 잘못된 것이 있을 것이라고 결론 내릴까봐 두려워한다. 그래서 가끔은 가족들이 우리에게 죽을 것 같은 끔찍한 일을 저질러도 그냥 웃으며 지나가 버린다.

내 친구 가운데 한 명은 부모가 되는 것이 자신을 겸손하게 할 것을 알았다고 했다. 하지만 아이를 양육하는 일이 수치와 굴욕감까지 안겨주게 될 줄은 몰랐다고 말한다. 모든 것이 잘되고 있을 때도 아장아장 걷는 아이가 주일학교에서 어젯밤에 엄마가 아빠에게 소리 지를 때 사용했던 새 단어를 말할 수 있다. 그런 일은 앞으로 더 많아질 것이다. 아이가 자라면서 매일 무슨 일이 벌어질지 알 수 없다. 자녀가 임신하는 대참사가 벌어지거나 학교에서 유급을 당하거나, 실직, 파혼, 교통사고 등 어떤 일이 생길지 모른다. 이것에 대처할 수 있는 방법 또한 전혀 없어 보인다. 그냥 이 아이가 어렸을 때 얼마나 귀여웠는지 옛 사진첩을 보며, 부모로서 자신이 뭘 잘못했는지 되짚어 볼 뿐이다.

사실 우리를 수치스럽게 하는 것은 자녀 양육만이 아니다. 가족생활의 거의 모든 면이 우리를 부끄럽게 한다. 우리가 얼마나 의존적인지 가족 안에서 궁극적으로 다 드러나기 때문이다. 우리가 남편이나 아내, 형제나 자매, 아들이나 딸로서 살아가는 것도 우리의 결점을 드러낸다. 사람들과의 관계 속에서 우리는 실망하고, 상대방을 실망시키고, 상처를 주고, 상처를 받게끔 되어 있다. 가족의 일원으로서 살아가다 보면 우리가 스스로 의미를 부여하고 공들이며 세상에 보여 주려 했던 이미지들을 유지하는 것이 거의 불가능하다. 어쩌면 당신도 나처럼 가족의 모든 실패들과 마주하며 의문을 품은 적이 있을 것이다. "왜 이렇게 힘들어야 하지?"

만일 당신이 나와 같다면, 수치심을 느끼지 않으면서 이 모든 것을 다룰 수 있는 방법을 팔방으로 찾아보았을 것이다. 내가 바라는 것은 가정생활 안에서 길을 찾도록 도와주는 확실한 원칙들이다. 그리고 항상 그것을 지니고 있었다. 내 삶이 어떤 단계에 있든, 그 당시 가족 안에서 내 자리나 위치가 어디였든 말이다. 어릴 때 대수학이 얼마나 어려웠던지('C'도 충분히 잘한 것이었다) 부모님께 그것을 이해시킬 필승의 안내서가 필요했다. 그리고 옆집에 사셨던 우리 할머니의 지나치게 높은 기대에 부응할 수 있는 가이드도 필요했다. 십대일 때는 성적 유혹을 이겨낼 수 있는 원칙들, 더 바라기는, 성적 유혹에 은근 슬쩍 넘어가면서도 좋은 그리스도인 행세를 할 수 있게 해줄 지침들을 원했다. 보다 솔직히 말하자면, 나는 어떻게 하면 여자애가 나를 좋아하게 만들어서 내가 유혹을 극복해야 할 상황을 만들 수 있을지 알려 주는 지침서들을 원했다.

청년 시절 때는 나에게 맞는 아내를 선택할 단계적 지침서를 원했다. 결혼을 하고 나서는 아내와 더불어 우리가 봤던 다른 커플들처럼 이혼 법정에서 서로 티격태격하게 되거나, 더 나쁜 경우로, 한 침대에서 자지만 사랑하지도, 부부관계도 하지 않고 원망만 가득한 채 사는 것을 피하고 싶었다. 나는 그리스도인 남편이라면 당연히 해야 할 모든 목록들을 원했다. 집안일 중에 내가 해야 할 일이 무엇인지부터 아내가 나에게 충분히 사랑받는다고 느껴서 슈퍼에서 장을 보며 다른 남자에게 눈을 돌리지 않는 방법 등을 말이다.

결혼 후에는 자녀를 갖기 위해 정확히 무슨 말로 기도해야 할지 알고 싶었다. 임신은 생각처럼 쉽지 않았다. 그렇게 아이들이 태어난 후에는, 정해진 스케줄대로 젖을 먹여야 하는지, 아니면 애착 형성을 위해서 아이가 울 때마다 주어야 하는지 궁금했다. 또한 아이에게 유치부 바이올린 레슨을 받게 할지, 아니면 롤러스케이트 반에 데려갈지 알고 싶었다. 나는 어떻게 하면 자녀가 고등학교에서 술주정뱅이가 되지 않고, 대학교 때 마약에 중독되지 않고, 중년에 이혼하지 않을지 알려 주는 완벽한 지침들을 원했다. 언젠가는 어떻게 하면 미래의 손자손녀들과 잘 지낼지 보장해 줄 수 있는 지침서를 원하게 될 것이다. 그들은 나보다 공중부양 자동차를 잘 탈 것이고, 인공 지능 사이보그 친구들과 텔레파시로 소통할 것이다. 그리고 모든 단계마다 나는 남들의 빛나는 행복과 나의 간신히 재난만 피해가는 삶을 비교하지 않도록 해줄 방법들을 원할 것이다.

왜 가족들이 그렇게 어려운지 묻는다면, 물론 많은 이유들이 있을 것이다. 그럼에도 가장 중요한 이유에 대해서는 그 누구도 잘 말하지 않는다. 그러기에는 너무 큰 위험이 도사리고 있기 때문이다. 어떤 사람들은 평생 부모를 원망하며 살아간다. 심지어 부모가 돌아가신 지 오랜 후까지도 말이다. 또 어떤 사람들은 탈 많은 자녀들 때문에 힘들었던 지난 세월을 한탄하며 지낸다. 자신이 감내하는 위험이 큰 줄은 알지만 왜 그런지 이유는 알지 못한다. 가족은 우리를 살리기도 하고 짓뭉개기도 한다. 가족이 단지 생명 주기(life cycle)를 지닌 유전적 물질 그 이상이기 때문이다.

가족은 영적 전쟁이다.

골고다에 퍼진
울부짖음

가족은 하나님이 우리를 둘러싼 세상 곳곳에 두신 복음의 이미지 가운데 하나이다. 비록 어둡고 흐릿한 창이긴 하나 우리는 가족 안에서 그 불빛들을 볼 수 있다. 그 빛은 우주의 중심인 하나님의 아버지 되심에 대해, 그리고 사람들 간의 친교에 대해 알려 준다. 모든 사람이 그것을 보고 좋아하는 것은 아니다. 성경은 핼러윈보다 더 바깥세상에 대해서 진실을 말해 준다. 성경의 말씀이 옳다면, 우주에 보이지 않는 적대적 세력이 활동한다고 믿는 고대 문화가 맞다. 그 세력들이 복음이 발견되는 곳마다 복음의 이미지를 향해 덤벼든다. 왜냐하면 복음은 그들의 통치가 종식되고 그들의 머리가 부서질 것이라는 징표이기 때문이다. 따라서 성경 맨 앞부분에 나오는 인류의 타락은 단지 개인의 죄나 수치의 문제가 아니다. 창세기에서는 타락으로 말미암아 부부 간, 형제와 형제, 아버지와 딸, 삼촌과 조카가 곧 깨지고 분열되는 일이 벌어졌다. 가족이 당신을 힘들게 하지 않는다면, 그것은 당신이 무슨 일이 일어나는지 잘 모르기 때문일 것이다.

그 모든 것 속에서, 성경은 우리에게 가족 매뉴얼을 주지 않는다. 그 대신 우리에게 십자가라는 한 단어를 준다. 내가 '십자가'라고 했을 때 이것이 그리스도인의 원칙들이나 '가족 가치'를 말한 건 아니다. 내가 말한 '십자가'가 의미하는 것은 예루살렘 성문 밖의 처참하고 어지러운 살인 장면이다.

성경은 가족에 대해 많이 말하지만, 따뜻한 난롯가에서 이야기하지 않고 '해골 골짜기'에서 말한다. 사실 가족의 삶에 대한 가장 중요한 진리는 우리가 전형적으로 생각하는 '가정' 본문, 가령 어버이날이나 결혼식에 설교되는 본문이 아니다. 가족에 대한 가장 중요한 본문은 필시 "예수께서 자기의 십자가를 지시고 해골(히브리 말로 골고다)이라 하는 곳에 나가시니"(요 19:17)일 것이다. 거기서 처형의 고통 속에 예수님은 "나의 하나님, 나의 하나님, 어찌하여 나를 버리셨나이까"라고 부르짖으셨다. 우리는 이것이 하나님께 거절당하고 철저히 버려진 사람의 항변이라고 결론 내리기 쉽다. 그때 주변에 서 있던 사람들은 분명히 그렇게 생각했을 것이다. 그러나 여기서 예수님은 공허한 하늘을 향해 즉흥적으로 항변을 토로하신 것이 아니었다. 그분은 시편을 인용하신 것이었다.

복음서에 등장하는 모든 십자가 처형에 관한 이야기에는 시편 22편의 인용구들이 가득하다. 다윗의 노래인 이 시편은 예수님의 고뇌와 부르짖음은 물론이고 병사들이 그분의 옷을 제비 뽑고 차지하는 이야기, 그리고 예수님이 목말라 하시는 이야기까지 등장한다. 시편 22편은 하나님을 예배하는 자들이 부르는 노래로 하나의 이야기를 하고 있다. 그 이야기는 절박한 외로움에서부터 하나님의 신실한 사랑에 대한 깨달음에 관한 것이다. 십자가상의 그 노래는 가족의 모든 것을 말해 주고 있다.

우리가 가족 구성원으로서(아들이나 딸로, 남편이나 아내로서, 어머니나 아버지로서, 혹은 교회 안의 영적 형제자매로) 살아갈 때 가장 통제하기 힘든 것 가운데 하나는 그 모든 것이 너무나 복잡하다는 것이다. 가족 안에는 어떻게 하면 서로 잘 지낼 수 있는지, 좋은 결혼생활과 모범적인 부모의 역할은 무엇인지, 어떻게 하면 부모님을 잘 섬기는지 등의 역할만 있는 것이 아니라, 가족 구성원이 경험하는 기쁨과 공포, 아름다움과 깨짐이 모두 뒤섞여 있다.

자녀가 없는 사람보다 있는 사람이 더 행복하고, 독신보다 기혼자가 더 행복하다는 것을 보여 주는 연구들이 속속 나오고 있다. 그런가 하면 반대로 자녀가 없는 사람보다 있는 사람들이 더 우울하고, 기혼자가 미혼 동료보다 걱정과 후회가 많다는 연구들도 연이어 등장한다. 가족이 우리를 성장시키고 안정되게 한다는 연구 결과가 나오면, 앞의 연구와 정반대로 가족이 우리를 불안정하게 하고 미치게 만든다는 결과들도 나온다.

나는 두 가지 데이터가 모두 사실인 것 같다. 가족은 실로 대단하다. 그리고 가족은 또한 끔찍하다. 우리 그리스도인은 그것을 분류하는 나름의 기준을 갖는다. 십자가는 우리가 아름다움과 깨짐, 정의와 자비, 평화와 진노를 가정에서 동시에 발견한다는 것을 보여 준다. 그리스도인의 삶의 패턴은 십자가를 품은 영광이다. 그것은 다른 모든 곳과 마찬가지로 우리 가족의 삶에서도 사실이다.

십자가에 못 박히신 예수님은 철저히 혼자셨다. 그분의 머리 위에 걸린 명패는 "유대인의 왕"이었다. 이 냉소적인 표현은 장소 때문에 더욱 부각되는데 그분이 주변의 로마 제국, 자기 민족, 자기 지파와 동네에서까지 배척당하셨음을 보여 준다. 예수님은 가족, 민족, 하나님께 추방되어 파멸하는 것처럼 보였다. 그러나 그때 예수님의 마음속 노래는 다른 이야기를 하고 있다.

시편 22편은 다윗이 하나님께 버림받은 상태를 노래했지만 단순히 거기서 멈추지 않는다. 그는 가족의 역사를 기억했다. "우리 조상들이 주께 의뢰하고 의뢰하였으므로 그들을 건지셨나이다"(시 22:4). 그는 원 가정의 가족사도 기억했다. "오직 주께서 나를 모태에서 나오게 하시고 내 어머니의 젖을 먹을 때에 의지하게 하셨나이다 내가 날 때부터 주께 맡긴 바 되었고 모태에서 나올 때부터 주는 나의 하나님이 되셨나이다 나를 멀리 하지 마옵소서 환난이 가까우나 도울 자 없나이다"(시 22:9-11).

제자들마저 부끄러워하며 예수님을 떠나 도망갈 때, 예수님은 시편 22편을 읊조리시며 십자가에서 그의 어머니를 보셨다. 크나큰 쓸쓸함 속에서도 예수님은 어머니를 통해 하나님의 보이지 않는 자비와 임재의 단면을 보셨다. 인간으로서 예수님은 어머니로부터 하나님의 아버지 되심과 그분의 돌보심을 신뢰하는 법을 배우셨다. 예수님께 이 모든 것을 가르쳐 준 어머니가 거기 서 있었다. 예수님은 조상 다윗의 말을 인용해 말씀하셨다. "내가 내 모든 뼈를 셀 수 있나이다"(시 22:17, 요 19:36). 공포만이 이 장면의 전부가 아니었다. 예수님은 그 노래를 온전하게 아셨다.

못 박힌 아들의 육신이 찢기고 숨마저 헐떡이는 모습을 보면서 마리아는 생후 8일 된 아기 예수님이 성전에서 봉헌될 때 선지자 시므온이 했던 예언을 기억했을 것이다. 시므온은 그 아이가 "이스라엘 중 많은 사람을 패하거나 흥하게 하며 비방을 받는 표적이 되기 위하여 세움을 받았"(눅 2:34)다는 것을 알았다. "칼이 네 마음을 찌르듯 하리니"(눅 2:35). 마리아는 영혼을 찌르는 그 칼이 로마의 십자가일 거라고는 상상조차 못했을 것이다. 그러나 십자가 처형으로 인해 피해를 입은 사람은 마리아만이 아니었다. 예수님은 우리 모두가 십자가를 져야 한다고 말씀하셨다. 우리는 목숨을 잃음으로써, 예수님과 함께 십자가에 못 박힘으로써만 생명을 찾을 수 있다. 우리도 깨질 것이다.

가족은 우리의
가면을 벗긴다

이 페이지를 읽고 있는 당신의 가족 상황이 어떤지 나는 알지 못한다. 어쩌면 당신은 다가오는 추수감사절에 숙모가 "만나는 사람은 있니?"라고 물어볼까봐 두려울 것이다. 더 나쁜 것은 숙모가 그런 질문조차 던지지 않는 날이다. 당신이 누군가를 만날 거라고 기대조차 하지 않는다는 의미일 테니까. 어쩌면 지금 당신은 신혼의 행복 속에서 두려움을 느낄 수 있다. 결혼사진 속의 당신은 미소를 띤 채 웃고 있지만, 당신의 부모님도 옛 결혼사진 속에서 환하게 웃고 계셨기 때문이다. 그 미소는 오래가지 못했고 이내 미움과 독설로 바뀌 버렸다. 지금은 사랑에 빠져 있지만, 당신의 부모님도 한때는 그랬다. 당신은 진심을 다해 결혼 서약을 했고, 죽음이 갈라놓을 때까지 함께하겠다고 맹세했다. 그러나 당신의 부모님도 그랬던 적이 있었다.

　　어떤 사람들은 주변 사람들의 출산 축하 잔치에 초대될 때마다 힘들지도 모르겠다. 매달마다 혹여나 하는 마음으로 테스트를 하지만 당신의 임신 테스트기는 매번 두 줄이 아닌 한 줄만 나오기 때문이다. 또 어떤 이들은 교회에 앉아서 자신의 딸이 교도소에 있다거나 혹은 자신의 아들이 성범죄자 명단에 들어 있다는 것을 아무도 모르기를 간절히 바랄 것이다. 또 다른 이들은 지린내가 진동하는 방의 침대에 누워서 간호사에게 어디서 전화 온 데 없었냐고 물으면서 간호사의 어색한 미소에서 간호사가 당신을 안됐다고 여기며 자신도 그렇게 될까봐 두려워한다는 것을 알아차릴 것이다. 그 모든 것이 우리를 두렵고 힘들게 한다.

　　반대로 당신은 모든 사람이 부러워하는 가족을 가졌을 수도 있다. 당신의 부모는 당신이 적극적으로 선택했을 바로 그런 유의 부모이고, 배우자와도 애정이 넘치고 나이가 들수록 친밀감도 커진다. 또는 당신의 자녀는 행실이 올바르고 삶은 성공적이며 부모에게 항상 연락을 한다. 하지만 당신은 그것이 얼마나 오래 지속될지 몰라서 늘 염려하고 있다. 그것 역시 두렵고 피곤한 일이다.

가족은 예측할 수 없기 때문에 힘들다. 우리는 우리 삶을 계획할 수 없다. 직장을 선택하듯이 우리의 부모, 우리의 성, 양육 방식을 선택할 수 없다. 미래의 배우자에 대해서도 속속들이 알 수 없고 자기 자녀라 해도 미리 짜놓은 인생 계획에 맞춰 넣을 수 없다. 가족은 우리를 취약하게 한다. 우리는 상처받을 것이고 다른 사람들에게 상처를 주기도 할 것이다. 가족을 사랑하는 사람이라면 누구나 자신의 자녀가 왕따나 파혼, 암 병동의 골수 이식 수술을 받게 되는 일이 없도록 보호하고 싶을 것이다.

또한 가족은 우리 자신이 정말 누구인지를 드러내고, 우리 안의 허식과 가면을 벗겨 준다. 가족은 조만간 우리가 가족이 필요로 하는 그런 사람이 아니라는 것을 드러낼 것이다. 우리는 허상 앞에서 벌거벗겨지며 우리 주변의 가장 가까운 사람들은 결국 우리의 민낯을 보게 될 것이다. 때가 되면 우리는 십자가를 등에 질 뿐 아니라, 칼이 우리 영혼을 찌르는 것을 경험하게 될 것이다.

그러나 해골이라 하는 곳에서 예수님은 자신의 노래를 다윗의 노래와 결부시키셨다. 예수님은 그 노래의 어두운 부분만이 아니라 곡 전체를 다 아셨다. 그분은 어머니에게서 배운 것을 노래할 때, 어머니뿐 아니라 다른 사람도 보셨다. 그 시편은 다윗이 "내가 주의 이름을 형제에게 선포하고 회중 가운데에서 주를 찬송하리이다"(시 22:22)라고 말하는 것으로 마무리된다. 예수님은 십자가에서 사랑하는 제자 요한을 보셨다. 십자가상에서도 가족의 일에 골몰하셔서 요한에게 어머니 마리아를 돌볼 책임을 맡기셨다. "자기 어머니께 말씀하시되 여자여 보소서 아들이니이다 하시고 또 그 제자에게 이르시되 보라 네 어머니라 하신대 그때부터 그 제자가 자기 집에 모시니라"(요 19:26-27).

부모를 보살피는 일상적인 일을 처리하시면서 예수님은 가족에 대한 작은 책임이 중요하고 그것이 십자가의 더 큰 책임의 일부라는 것을 보여 주셨다. 더 나아가 우리가 서로를 필요로 하는 존재임을 보여 주셨다. 먼저 제자가 되지 않으면 가족이 될 수 없다. 우리는 생물학적 피가 아니라 십자가의 보혈로 이뤄진 가족의 일원이다. 그리고 거기에는 기쁨과 책임이 뒤따른다.

그런 면에서 교회는 종종 실패를 겪었다. 수많은 가족이 각자의 차를 타고 교회에 몰려와서 가르침을 받고는 왔던 그대로 각자의 집으로 돌아간다. 그 결과 이동이 잦은 미국 문화에서 교회 안에 제대로 뿌리를 내리지 못한 이들이 많아진다. 외롭지만 사람들에게 판단 받거나 엄마 전쟁(Mommy Wars: 전업주부와 직장맘과의 전쟁-역자주)을 일으킬까봐 두려워서 아무 말도 하지 못하는 엄마들과, 고독하지만 아들의 음란물 중독이나 딸의 거식증에 대해 모른다는 표시를 내면 안 된다고 생각하는 아빠들의 현실이 대표적인 예다. 우리 교회들 안에는 결혼하지 않았거나 이혼을 했거나 배우자와 사별하여 가족이 없다고 느끼는 사람들이 많다. 그들은 교인 명부 사진을 찍을 때 옆에 세울 사람이 없다. 그러나 십자가는 우리에게 서로가 필요하다는 것을 보여 준다. 우리가 교회에서 서로에게 형제자매가 되지 않으면 결코 경건한 가정이 될 수 없다.

여러 해 전, 나는 한 교회에서 목회자로 섬기면서 수요일 저녁 성경 공부 시간에 기도 제목을 받고 있었다. 어느 날 밤, 성경 공부가 끝난 후에 한 여신도가 와서 말했다. "사람들 앞에서 이 이야기를 하고 싶지는 않았어요. 저의 딸을 위해 기도해 주실래요?" 그녀는 조심스레 뒤를 돌아보았다. 마치 스파이가 띄운 드론이라도 있는지 살펴보는 모습이었다. 그러고 나서 작은 목소리로 속삭였다. "딸이 대학에 가더니 무신론자가 되었어요." 나는 기도하겠다고 약속하고서 왜 작은 목소리로 말하느냐고 물었다. "사람들이 우리가 어떻게 했기에 딸이 무신론자가 되었냐고 생각할까 봐요. 그리고 함께 있던 남편을 당황하게 만들고 싶지 않았어요."

그리스도인이 자신을 교회로부터 보호해야 한다고 느낀다면 뭔가 심각하게 잘못되었다. 딸의 영적 위기가 모유 수유를 더 오래 하지 않았기 때문인지, 아니면 공립학교 대신에 홈스쿨링을 하지 않았기 때문인지 논란거리가 된다면 곤란하다. 성경의 모든 가정에는 예외 없이 탕자가 있었고, 특히 하나님 아버지의 가정도 그렇다.

가족은
우리의 치부를 드러낸다

그렇다. 가족은 우리의 치부를 드러낸다. 내가 이 책을 쓰려고 했을 때 망설인 이유이기도 하다. 우리는 자신을 전문가로 착각하지만 조만간 그렇지 않음을 가족들이 드러내 줄 것이다. 우리 큰 녀석들이 막 글을 배우기 시작했을 때, 아이들은 우리가 살던 켄터키주 루이빌에서 차를 타고 지나가며 광고판이 보일 때마다 소리 내어 읽곤 했다. 어느 날 우리는 버드와이저 맥주 광고판을 지나가고 있었는데, 그 광고판에는 축약형으로 '버드 라이트'라고 되어 있었다. 나의 아들 벤이 물었다. "버드 라이트가 뭐야?" 나는 그 순간 아이들에게 벌써부터 술에 대해 말하고 싶지 않아서 그냥 "사람들이 마시는 음료수야"라고 말했다.

그로부터 몇 주 후에 나는 설교하던 교회에서 한 무리의 시끌벅적한 노인들이 내 어린 아들 주위에 몰려 있는 것을 보았다. 알고 보니 아들이 "우리 아빠가 좋아하는 음료수가 뭔지 아세요? 버드 라이트예요!"라고 말했던 것이었다. 물론 지금은 맥주든 다른 술이든 한 방울도 마시지 않고 있으며, 아마도 세상에서 가장 음주에 반대하는 교회를 섬기고 있다. 하지만 그때는 당장 나 자신에 대한 조사 위원회를 열고 싶을 정도였다. 자녀 양육은 그때 이후로 더욱 더 나의 치부를 드러내게 되었다. 그래서 나는 결혼생활과 마찬가지로 내가 자녀 양육을 해낼 자질을 갖추었는지 의구심마저 들었다.

그러나 만일 그런 일이 없었다면, 우리는 서로에게나 하나님께 도움을 구하지 않았을 것이다. 하나님이 광야에서 방황하는 자녀들을 낮추신 것은 그들을 굶주리게 하셔서 사람이 아들을 훈육하듯이 그들이 "사람이 떡으로만 사는 것이 아니요 여호와의 입에서 나오는 모든 말씀으로 사는 줄을 네가 알게 하려 하심"(신 8:3)이었다.

만일 가족의 문제가 다루기 쉬웠다면 우리는 육신의 의지력을 사용했을 것이다. 우리 스스로 할 수 있었다면 십자가를 질 필요도 없을 것이다. 만일 우리가 십자가를 지지 않는다면, 우리가 하는 일이 영원 속에서 중요하지 않을 것이다. 가족은 중요하다. 그래서 힘들다. 그것은 CCM 사역자 리치 멀린즈(Rich Mullins)가 말한 바와 같다. "하나님이 나를 여기로 인도하지 않으셨다면 나는 하나님이 나를 어디로 인도하고 계신지 몰랐을 거예요. 여기서 어떡할지 몰랐기 때문에 하나님의 인도를 받아들이게 되었어요." 가족 또한 우리를 그렇게 만든다. 그러려면 우리의 교만과 우리 스스로 할 수 있다는 생각이 깨져야 한다.

가족이 우리를 수치스럽게 하지만 가족보다 더 굴욕적인 것은, 벌거벗겨지고, 피범벅이 되고, 장대에 매달려 있는 동안 사람들이 나의 옷을 차지하려고 제비를 뽑는 것이다. 그리스도 안에서 우리도 모두 그 자리에 있었다. 우리가 십자가에 못 박힌 후 살아남아 나중에 그 이야기를 하게 된다면 가족들과 함께 살아가면서 겪는 영적 전쟁에서 서로가 서로를 도와야 할 필요성을 인정할 것이다. 어떤 이는 상처를 주거나 실망시켰을 때 겸손히 자신을 낮추며 죄를 고백하고 용서를 구할 것이다. 또 어떤 이는 어린 시절의 고통을 정직하게 다루며, 더 이상 부모의 전철을 밟게 되거나, 반대로 부모의 기대에 부응하려 성취 지향적 삶을 살까봐 두려움에 떨지 않을 것이다.

예수님의 뼈는 꺾이지 않았다

예수님은 당신 자신의 모든 뼈를 셀 수 있으셨다. 다른 모든 것은 무너지고 있었지만, 뼈는 꺾이지 않았다. 언뜻 보기에 그것은 별로 위로가 되지 않는다. 가장 고통스럽게 처형되는 마당에 뼈가 보존된들 무슨 차이가 있단 말인가? 예수님의 뼈는 강력한 티타늄도 아니었고, 보이지 않는 힘으로 보호되지도 않았다. 그분의 뼈는 옆에 못 박힌 살인자와 테러리스트의 다리처럼 쉽게 꺾일 수 있었다. 그런데 왜 그것이 중요했고, 지금 중요한 것인가?

십자가에서 뼈가 꺾이지 않은 것은 그곳에 어머니가 있었던 것과 더불어 예수님께는 하나님에 대한 징표가 되었다. 무슨 일이 일어나든, 하나님의 선하신 목적을 넘어서지 않는다는 것을 보여 주기 때문이다. 병사들이 무엇을 하든 그들의 행동은 우연이나 혼란의 산물이 아니었다. 성전의 휘장이 찢어졌지만, 예수님의 옷 솔기는 찢어지지 않았고, 예수님의 다리도 꺾이지 않았다. 하나님이 십자가에 부재하시는 것처럼 보였지만, 실제로는 그렇지 않았다. 다른 모든 곳과 마찬가지로 하나님이 거기 계셔서 섭리 하에 다스리신 것이다. 우리가 상상할 수 있는 가장 악한 행동들의 와중에도 말이다.

당신의 골격은 당신이 누구이고 누구였는지 알려 주는 마지막 정체성이자 가장 마지막까지 보존되었다가 흙으로 돌아가는 것이다. 그래서 해골을 봤을 때 그렇게 놀라게 되는 것이다. 예수님은 하나님의 신비한 섭리 덕분에 모든 뼈를 셀 수 있으셨다. 우리에게 일어나는 가장 끔찍한 일들 안에, 그리고 그 배후에 하나님의 섭리가 있다. 하나님은 아들을 저주와 심판, 죽음에 넘기셨지만 그럼에도 그분의 뼈를 완전히 꺾지 않으셨다. 예수님의 골격이 손상되지 않았다는 것은 예수님이 아무리 버림받은 것처럼 보여도 하나님의 사랑은 떠나지 않는다는 징표였다. 하나님이 여전히 거기 계셨다.

가족의 일원이 된다는 것은, 어떤 가정의 어떤 일원이 되었건, 우리가 사람으로서 활짝 피어나는 데 필수적이다. 그리고 그것은 어렵고 힘들다. 십자가의 사람들은 이 일에 놀라거나 기죽지 말아야 한다. 모든 가정은 실패했고 우리는 모두 가족의 일원이자 예외 없이 타락한 사람들이기 때문이다. 십자가는 가정이 하나님의 자비와 영광의 장이 될 수 있음을 보여 준다.

한 가정 안에서 자녀가 된다는 것은 우리가 하나님께 의존한다는 것을 보여 준다. 그 의존이 가장 극명하게 나타난 것은 십자가에 못 박히신 그리스도가 무력한 상태로 영을 아버지께 맡기신 것이다. 형제자매 관계는 교회의 일원이 될 때 느끼는 기쁨과 어려움을 알려 준다. 부부 사이는 그리스도와 교회의 연합, 십자가에서 인쳐진 그 연합을 알려 준다. 자녀 양육은 하나님의 아버지 되심을 알려 준다. 그것은 십자가의 가장 어두운 순간만 아니라 부활과 승천의 약동하는 순간에 나타난다. 그러므로 이 모든 일상의 관계들은 이런저런 식으로 그리스도와 공동 상속자, 우주의 상속자라는 우리의 궁극적 지향점을 향한 훈련의 장이 된다.

우리는 가족에 대한 실제적인 지혜가 필요하고 성경은 그 지혜를 우리에게 준다. 우리는 부모에게 매몰되지 않으면서도 부모를 공경할 줄 알아야 한다. 우리는 결혼생활을 우상화하지 않으면서도 결혼생활을 소중히 여길 줄 알아야 한다. 우리는 차세대에게 가혹하지 않고, 그들을 방임하지 않으면서 훈육할 줄 알아야 한다. 그러나 그 모든 것에 앞서 우리는 가족의 취약성을 십자가를 지는 관점에서 볼 줄 알아야 한다.

당신은 어떤지 모르겠으나 나는 그러고 싶지 않다. 나라면 차라리 딱딱한 겉껍질로 상처 받을 가능성을 차단하고, 꺾일 수 있는 부드러운 뼈를 갖지 않겠다. 가족의 일원이 되는 것보다 더 자신을 상처와 취약성에 노출시키는 일은 없다. 부모가 당신을 북돋아 줄 수도 있지만 당신을 거절할 수도 있다. 배우자가 당신을 사랑할 수 있지만 당신을 떠날 수도 있다. 자녀가 기쁨을 주기도 하지만 어느 날 유산을 빨리 물려 달라며 먼 나라에 있는 반항의 돼지우리로 떠날 수도 있다. 나는 가족들을 부양하기 위해 열심히 일하는 것은 괜찮지만 언젠가 나의 가족들이 나의 환자용 변기를 비워 주고 내 입에서 침을 닦아 주어야 할 것을 생각하면 움찔해진다.

그러나 하나님은 그런 연약함을 사용하여 우리를 그리스도의 형상으로 빚으신다. 하나님은 바로처럼 힘을 통해서가 아니라 십자가의 감춰진 역학으로 우리를 거룩하게 만드신다. 우리가 그렇게 연약하다보니 나쁜 일이 일어날 가능성도 생긴다. 당신의 부모가 당신을 쫓아낼 수도 있고, 당신의 배우자가 다른 사람을 만날 수 있다. 당신의 자녀에게 백혈병이 찾아올 수도 있다. 복음은 그런 것을 숨기지 않는다. 복음은 번영과 평온을 약속하지 않는다. 그러나 복음은 당신이 하나님 아버지의 섭리 안에 있다고 약속한다. 그 십자가의 섭리는 당신을 멸하려는 것이 아니라 당신에게 장래를 주려는 것이다. 그래서 해골 골짜기인 골고다에서도 당신의 뼈는 안전하다.

십자가에
답이 있다

그 십자가가 가족 됨에 자유를 준다. 자유야말로 우리에게 필요한 것이다. 가족은 영적 전쟁의 측면이 있어서 우리를 으스러뜨릴 수 있다. 반면 가족은 십자가를 지는 측면이 있어서 고통스러울 수 있다. 종종 우리는 탈출구를 찾는다. 어떤 사람들은 가족에 대한 책임을 완전히 회피함으로써 탈출하고자 한다. 부모가 서로 싸우며 이혼한 가정의 자녀를 생각해 보라. 그들은 결혼 서약을 두려워한다. 부모처럼 상처받지 않으려 하고, 혹은 부모가 그들에게 준 상처를 다시 되풀이하고 싶어 하지 않는다. 어떤 이들은 조용히 체념하는 것으로 탈출구로 삼으며, 일어날 일은 일어날 것이라고 결론을 내린다. 또 어떤 이들은 무엇인가에 중독됨으로 자가 치료의 방편을 삼는다. 또는 바람을 피워 자신을 스스로 파괴하거나 심지어가족을 완전히 떠나기도 한다. 어떤 이들은 자신의 정체성을 가족과 결부시켜서 자신의 삶을 자녀의 성공적인 활동으로 채우려 한다. 아이들을 위해 일주일을 축구 경기와 토론 대회로 채우고, 이런저런 방과 후 활동을 이어가며 자녀들이 좀 더 나은 기회를 갖게 했기 때문에 부모로서 '할 만큼 했다'고 자부하려 한다. 그러나 그 어느 것도 자유가 아니다. 그것은 우리의 영혼을 죽이고 낙심시킨다. 가족에 대한 의무를 등한시하는 사람이나 가족을 신격화하는 사람이나 모두 똑같이 가족 됨을 포기하는 것이다. 그것은 자유와는 거리가 멀다.

우리에게는 다른 종류의 자유가 있는데, 그것은 십자가의 자유다. 우리의 가족은 매우 소중하지만 그것이 궁극적인 목표는 아니다. 마귀는 결혼 전문가나 자녀 양육 전문가에게 신경 쓰지 않는다. 마귀는 당신의 자녀가 졸업식 때 학생 대표로 연설하는 것이나 많은 트로피를 받아 오는 것에 신경 쓰지 않는다. 그렇지만 십자가에는 떤다. 가족이 지닌 사명의 최종 목표는 주변 사람들이 감탄할 만큼 우리 자녀의 행동거지가 올바르고 우리가 아이들 때문에 뜬 눈으로 밤을 지새우는 일이 없게 되는 것이 아니라, 우리의 자녀가 우리처럼 그리스도와 함께 십자가에 못 박히는 것이다.

예수님이 십자가에서 읊조린 시편 22편 찬송으로 돌아가 보면, 최종 결과는 "후손이 그를 섬길 것이요 대대에 주를 전할 것이며 와서 그의 공의를 태어날 백성에게 전함이여 주께서 이를 행하셨다 할 것이로다"(시 22:30-31)이다. 그것이 곧 우리가 아닌 그분이 하신 일이다. 가족은 우리를 겸손하게 한다. 가족은 우리의 치부를 드러낸다. 가족은 우리를 십자가에 못 박는다. 왜냐하면 가족은 말이나 병거가 아니라 하나님의 성령으로 싸우도록 우리를 작게 만드시는 하나님의 방법이기 때문이다.

우리의 가족들은 우리의 모습을 빚는 도구이다. 우리도 가족의 모습을 빚어 간다. 십자가는 이 둘 모두를 빚어 간다.

가족은 우리를
십자가로 데려간다

영광은 깨어진 곳에서 나타난다. 시편 기자는 "하늘이 하나님의 영광을 선포하고"(시 19:1, 8:3-4)라고 말한다. 밤하늘을 바라보면 하나님의 창조 능력과 지혜를 느낌과 동시에 우주를 주관하시는 그분 앞에 우리가 얼마나 작은 존재인지를 실감하게 된다. 그러나 밤하늘에서 우리가 보는 대부분의 별들과 시편을 쓰며 다윗이 보았던 별들은 이미 죽었고, 그 빛은 한참 후에 우리에게 도달한다. 그래도 그 별들은 영광을 선포한다. 우리의 삶을 보더라도 그 사실이 놀랍지 않다. 성경은 우리의 겉 사람은 낡아져 가나 그러한 연약함과 죽음 중에도 "지극히 크고 영원한 영광의 중한 것"(고후 4:17)이 감춰져 있다고 말한다. 우리가 복음의 보배를 그런 질그릇에 가져서 "심히 큰 능력은 하나님께 있고 우리에게 있지 아니함"(고후 4:7)을 알게 되는 것이다. 비록 우리는 죽음을 지니고 있지만 이 죽음으로부터 우리와 세상을 위한 생명이 나오는 것이다(고후 4:11-12).

십자가는 우리를 곧장 핼러윈으로 데려간다. 만일 당신이 다가오는 핼러윈에 우리 집에 들른다면 내가 핼러윈 복장을 한 아들들을 데리고 동네에서 걷고 있는 것을 볼지도 모르겠다. 예측하건대 예년과 마찬가지로 이웃들은 직접 만든 칠리소스와 맥주를 집 현관에 두고 모든 사람들과 나눠 먹으려고 할 것이다. 또한 막내는 현관에 해골 조명을 장식해 둔, 특히 더 으스스한 집을 지나면서 긴장감에 내 손을 꼭 움켜 쥘 것이다.

나의 경우 또 다른 종류의 해골이 무섭다. 곧 나의 해골이다. 늘 움직이기 바빴던 내 삶이 끝난 후 무슨 일이 일어날지 생각하면 더 두렵다. 아내는 내가 자신을 정말 사랑했다는 것을 알까? 나의 자녀들은 늘 우리와 함께하며 권위와 자비, 진리와 은혜 모두로 오시는 하나님 아버지를 내가 잘 알려 주었다고 느낄까?

막내는 그 현관의 해골이 자기를 잡아먹을까봐 무섭겠지만 나는 나의 미래의 관에 담길 해골이 내가 지금 이 페이지에서 투사하는 나의 이미지에 미치지 못할까봐 두렵다. 그리고 나의 가족이 그것을 알게 될까봐 두렵다.

그러나 그 가을 저녁에 나는 막내를 안고 말할 것이다. "걱정하지 마. 아빠는 안 떠날 거야. 아빠가 너를 해골로부터 지켜 줄게. 저건 너를 해치지 못해." 그때 나는 내가 어렸을 때 핼러윈에서 가장 좋아했던 것을 기억할 것이다. 두려움을 숨기지 않고, 두려움이란 존재하지 않는다고 합리화하지 않고, 겉으로 예의 바른 대화를 이어가며 두려움을 회피하지 않고, 두려움에 직면하는 것이다. 그러나 그 두려움 뒤에는 부모로부터의 보호와 안전이 있을 것이다. 괴물들은 바깥에도 있고, 여기 안에도 있지만, 우리를 이기지 못할 것이다. 핼러윈은 일 년 중 단 하룻밤에 불과하지만, 가족이라는 그리스도인의 비전은 일 년 내내 계속된다.

가족을 요약하는 것은 핼러윈만이 아니다. 우리가 고상한 문화로 경축하는 크리스마스도 아니다. 가족은 부활절로 요약된다. 당신의 가족은 당신의 직관이 옳다고 가르쳐 준다. 당신은 가정의 평화를 원한다. 당신은 후대에 물려 줄 유산을 원한다. 폭풍에 시달리는 세상 속에서 십자가의 흔적을 가진 삶은 우리가 전문가로서가 아니라 오직 아들과 딸로만 가정에 들어간다는 것을 보여 준다. 당신의 영혼을 맡길 수 있는 분께 당신의 가족을 맡김으로써 가족을 찾게 될 것이다.

가족은 당신을 십자가 앞으로 데려간다. 당신이 그리스도 안에 있다면 삶의 모든 것이 결국 당신을 십자가로 이끌 것이다. 그리고 거기서 당신은 빈 무덤을 볼 것이다. 가족은 다시 한 번 당신에게 보여 줄 것이다. 당신이 생명을 얻는 길은 생명을 내려놓는 것뿐이요, 당신이 이길 수 있는 유일한 길은 지는 것뿐임을 말이다. 하나님의 지혜와 능력이 십자가의 자리에 감춰져 있고, 그것이 당신을 두렵게 할 수 있다. 십자가는 우리 삶의 위험한 고요함을 깨뜨리려고 존재한다. 마르틴 루터는 말했다. "십자가는 모든 것 중에 가장 안전하다. 그것을 이해하는 사람은 얼마나 복된가!"¹ 가족은 당신을 해골이라 하는 곳으로 데려가고, 당신이 아무것도 가져갈 수 없지만, 당신의 옷도, 뼈도 상하지 않는다는 것을 보여 준다.

당신의 뼈는 안전하다.

아담의
가족사에서
모든 가정의
뿌리를 찾다

가족은

영적 전쟁의 장이다

　미국 서부 해안 지역에서 태어나고 자란 나의 학생 중 한 명은 미국 남부에 가본 적이 없었다. 나는 고향 미시시피 주로 강연을 하러 가는 중이었다. 나와 동행하던 그의 곁에 공손한 남부 지역 목사님이 앉았다. 그가 내 사무실에서 인턴으로 일한다는 것을 안 그 목사님은 그가 미시시피 주와 무슨 관련이 있을 거라고 생각하셨던 것 같다. 하다못해 그 학생의 일가친척이라도 미시시피 주의 동료 목사와 연관이 있을 거라고 말이다. 그 목사님은 근처 연단의 광고 소리를 의식한 듯 목소리를 낮추고 그 학생 쪽으로 몸을 기울이며 느릿느릿 물었다. "아빠가 누구시니?"

나의 학생은 잠시 할 말을 잃은 채, 그것이 남부 지역의 인사 방식인가 하여 어리둥절했다. 어떻게 반응해야 하는지 몰랐던 그는 "저기… 누구세요?"라고 말했다. 그 목사님은 그를 물끄러미 보다가 시선을 돌려서 내게 물었다. "이 학생 왜 이래?"

결국은 좋은 대화가 되었지만, 첫 농담은 통하지 않았다. 서로를 이해하려면 남부 지역에서 '아빠'라는 말이 어린아이의 아빠만이 아니라 성인의 아버지도 지칭하는 말임을 알아야 한다. 또 하나, 미시시피에서는 친척이 누구인지, 사는 동네가 어디인지 묻는 것이 단지 잡담 이상이라는 것이다. 그것은 당신은 누구냐고 묻는 것이다. 표현은 지방마다 달라도, 기본 원칙은 지역에 상관없이 동일하다. 당신의 가족 배경은 당신에 대해 많은 것을 말해 준다. 이것은 작은 시골 마을뿐 아니라 도시 지역에서도 마찬가지이다. 인구 이동이 많아서 사람들이 당신의 가족을 잘 모르는 지역에서도 그렇다. 당장 그렇게 보이지 않더라도 대도시에서도 '당신'이 누구인가는 다양한 가족 관계와 관련되고, 당신은 그중의 일부만 의식할 뿐이다. 우리는 우리의 유전적 성향이나 문화가 어디서 왔는지 모를 때가 많다. 그냥 원래부터 그랬다고 생각한다. 그리고 그것은 무엇이 '정상'이고 '옳은지' 판단하는 우리의 기준이 된다. 거기에는 대단한 신비가 있다.

어떤 사람들에게는 그런 생각이 위안이 된다. 그들은 가족을 자랑스럽게 여기고 가족의 유대관계에서 연대감과 소속감을 찾는다. 그런 종류의 사람은 가문의 계보를 꿰고 있고, 가문의 문장을 벽에 걸어둔다. 한편 어떤 사람들에게 가족이라는 배경은 힘들고 심지어 숨이 막히는 것이다. 그들은 부모나 조부모나 다른 가족이 했던 결정을 자신도 반복하게 될까봐 두려워한다. 어느 쪽이 되었든 우리는 자신이 누구인지를 가족 안에서 자연스럽게 알아간다. 어떤 사람들은 가족과의 유사성을 찾아서, 가문의 유산이나 사업, 혹은 가문의 종교를 소중히 여긴다. 어떤 사람들은 가족에 반하여 자신을 정의하며, 자신은 아버지나 어머니와 같지 않다는 것을 증명하느라 평생을 바친다. 그들의 삶은 "내가 얼마나 다른지 봐"라고 말하는 것 같다. "나는 가족과 상관없이 나 자신이야." 그들은 가족 배경이 여전히 자신에게 영향을 미치는 것을 발견하고서 어쩔 줄 모르거나 심지어 두려워한다. 어떤 경우가 되었든 간에, 가족은 늘 존재하고, 우리가 누구인지, 우리가 자신을 어떻게 인식하는지, 그리고 어떻게 현재를 평가하고 미래를 계획하는지에 지대한 영향을 미친다. 그래서 가족이 중요한 것이다. 자신을 '가족 중심의 사람'으로 여기든 아니든 말이다.

그러나 그 배후에는 가족이 우리 모두에게 왜 그렇게 중요한

지에 대한 다른 이유가 있다. 가족은 영적 전쟁의 장이다. 그런 말은 어떤 사람들을 불안하게 만들고, 오순절 파에서 축사 사역을 할 때 사용하는 극적인 주문처럼 들릴 것이다. 우리 주변에 보이지 않는 세력들이 있다는 것은 성경의 세계관과 일치하지만, 세속화된 서구에서는 그것을 시대에 뒤떨어진 것으로 본다. 모든 고대 문화, 그리고 현재도 제1세계 밖의 대부분 문화는 우주 안에 신비한 실체들이 있다고 믿는다. 그것은 우리를 해치려 하는 인격적 존재들을 포함한다. 과학의 시대인 오늘날에는 우리가 그들보다 잘 안다고 결론을 내리고, 미신을 넘어섰다고 생각할 수 있다. 그러나 과학의 시대가 우리에게 잘 보여 주고 있듯이 우리가 우주에 대해 많이 아는 것만큼이나 모르는 것이 얼마나 많은지도 매일 새롭게 배우고 있다. 과학적 발견으로 신비가 사라진 것이 아니라 우리가 전에 알지 못했던 신비들이 속속 드러나고 있는 것이다.

복음은 그 사실을 회피하지 않는다. 사도 요한은 이에 대해 직설적으로 적고 있다. "하나님의 아들이 나타나신 것은 마귀의 일을 멸하려 하심이라"(요일 3:8). 예수님이 해석하는 우주 이야기를 우리가 받아들인다면(나는 받아들인다), 우리를 둘러싼 세상은 예수님이 강한 자를 결박하시고 강한 자가 훔쳐간 것을 되찾으시는 것이다(막 3:27). 또한 우리는 그 "통치자들과 권세들"(성경이 그렇게 부른다)이 참소와 죽음을 통해 지배한다는 것을 깨닫는다(계 12:10). 십자가에서 예수님은 참소하는 영들이 하나님의 형상을 가진 인간을 속이는 것을 깨뜨리고 그 영들을 물리치셨고(고후 4:4-6), 우리가 하나님께 반역하여 마땅히 받아야 할 형벌을 십자가의 희생으로 대신 감당하셨다. 그리스도가 십자가에 못 박히심으로 하나님은 "우리의 모든 죄를 사하시고 우리를 거스르고 불리하게 하는 법조문으로 쓴 증서를 지우시고 제하여 버리"(골 2:13-14)셨다. 그렇게 함으로써 "통치자들과 권세들을 무력화하여 드러내어 구경거리로 삼으시고 십자가로 그들을 이기셨다"(골 2:15). 우리의 인간성을 공유하시고, 십자가에서 희생 제물이 되심으로써 예수님은 "죽음의 세력을 잡은 자 곧 마귀를 멸하시며 또 죽기를 무서워하므로 한평생 매여 종노릇하는 모든 자들을 놓아 주려"(히 2:14-15) 하셨다. 예수님 안에서 하나님 나라가 임하면 옛 질서는 무너진다. 그리스도의 나라가 의미하는 것은 우주적 정권 교체가 이미 이뤄졌는데 구 권력이 거기 저항해서 싸우고 있는 것과 같다.

타락의 결과와

가족 안에 있는 소망

그렇다면 영적 전쟁이 일반적인 가족들, 또는 특별히 당신의 가족과 무슨 관계가 있을까? 무엇보다 복음을 이해하려면 우주에 뭔가가 대단히 잘못되었다는 것을 알아야 한다. 기독교 교리에서는 그것을 '타락'이라고 말한다. 인류의 조상이 창조자 대신 뱀과 결탁하기로 했을 때, 그들은 생명을 주는 하나님의 임재에서 탈선하여 추방되었다. 그 결과로 하나님의 형상을 지닌 인간과 관련된 모든 것이 파국을 맞게 되었다. 하나님의 창조 구조 가운데 첫 번째인 가정은 그 재난의 타격을 크게 받았다. 남녀가 죄를 범하자마자 하나로 연합된 몸이 와해되었고, 그들은 서로 앞에서 수치를 느끼고 반역에 대해 서로를 탓하기 시작했다. 이제 그들의 결혼생활은 불신과 불협화음, 경쟁으로 점철되었다(창 3:16b).

그러자 그들이 하는 일이 직접적으로 손상되었다. "모든 산 자의 어머니"(창 3:20)인 여자는 해산의 고통을 겪게 되었다(창 3:16a). 자신이 나온 땅을 경작하는 남자의 소명 또한 고달파졌다. 자연이 저주를 받아서 그를 하나님의 대리자로 인식하지 않게 되었기 때문이다(창 3:17-19). 에덴의 동쪽에서 일어난 성경의 이야기는 가족 안에 온갖 분열이 일어나게 된 모습을 보여 준다. 형제가 시기하여 살인을 저질렀고(창 9:18-27), 강간(창 19:1-11, 34:1-31), 근친상간(창 19:30-38), 부족 자경단의 명예 살인(창 34:1-31), 성적 위협(창 39:1-23), 심지어 남편이 정치적 영향력을 얻으려고 아내에게 매춘을 시키는 일(창 12:10-20)까지 벌어진다. 게다가 이 모든 일이 성경의 첫 권인 창세기 안에서 일어났다. 그러한 참화는 성경 전반에 걸쳐, 그리고 성경을 넘어서까지 발생했다. 에덴에 있었던 가족의 평화는 이제 사라지고 말았다.

이것을 깨닫는 것이 중요하다. 건강한 가족을 지향하려면 우리 모두가 역기능 가족에 속한다는 사실과 씨름해야 한다. 우리 모두가 아담의 가족사에 뿌리를 두고 있기 때문이다. 가족 배경은 우리의 의식 속에 무엇이 '정상'이고 무엇이 '비정상'인지를 새겨놓는다. 예를 들어 부부가 결혼하면, 각종 습관과 기질을 통합해야 하는데 그것은 아주 힘든 작업이다. 우리의 행동 방식은 이성적으로 결정한 것이 아니라 부모를 보고 따라하는 경우가 많기 때문이다.

우리 부부가 결혼했을 때 내가 첫 날부터 주장한 것 중 하나는 개를 절대로 집안에 들이지 않는 것이었다. 사실 내가 내세울 이유는 지저분하다는 것밖에 없었다. 뒤돌아보면 거기에는 필시 우리 부모님의 태도가 작용했다. 집안에 동물이 있는 것은 불결하고, 또 내가 아는 사람들 중에 집에서 애완동물들을 키우는 사람들이 그 말이 옳음을 확인해 주었기 때문이다(보통 그들은 상당히 많은 애완동물들을 키웠다). 그러나 20년이 지난 지금 이 글을 타이핑하는 동안 나의 발치에는 우리 개 웨일런이 앉아 있다. 나는 개를 키우는 문제에 대해 심사숙고하지 않았다. 그냥 그것이 내가 규정하는 '정상'에 맞지 않았다. 그러나 나중에는 달라졌다. 우리가 세상을 내다보는 틀이 온화할 때도 있지만, 그렇지 않을 때도 많다. 그것은 일부에게 지엽적으로 해당되는 것이 아니라, 거시적으로 볼 때 우리 대부분에게 해당되는 것이다.

성경은 우리가 주변 세상을 올바로 이해하려면 '처음부터' 있는 선한 측면과 죽음의 통치를 받는 저주에 속한 측면을 구별해야 한다고 말한다. 나는 어떤 남자가 아내 몰래 여러 여자와 바람을 피우는 것에 대해 '자연스러운 일'이라고 정당화하는 말을 들은 적이 있다. 그의 논리는 포유동물 가운데 사람처럼 일부일처제인 경우가 드물고, 남자들은 진화에 의해 가능한 한 널리 '씨를 뿌리게' 되어 있다는 것이었다. 그렇다면 사람들이 매일 산사태와 악어의 공격으로 죽음을 당하는 것처럼 살인도 '자연발생적인 것이니까' 허용해야 하는가? 하나님의 말씀은 자연이 타락하여 사물이 있어야 할 자리에 있지 않다고 하신다. 그리고 왜곡의 많은 부분이 가정생활 안에서 나타난다.

그러나 가족은 문제만이 아니라 해법이기도 하다. 물론 인간이 어려운 산고로 자녀를 출산하지만, 거기에 우리를 위한 은혜로운 미래가 있다. 처음부터 하나님은 가족에 의해 뱀의 머리가 깨질 것을 예언하셨다. 여자의 후손이 어두운 지배자들을 무너뜨릴 것이다. 그러나 거기에는 고통이 따를 것이다. "여자의 후손은 네 머리를 상하게 할 것이요 너는 그의 발꿈치를 상하게 할 것이니라"(창 3:15). 정확하게 그렇게 되었다. 인간의 가족, 특히 아브라함과 사라의 가족을 통해, 하나님은 우리에게 한 아이를 주셨고 그를 통해 만물을 회복시키셨다. 그분의 십자가의 피로 화평이 이루어졌다(골 1:20).

마귀는 항상
가족을 공격 목표로 삼았다

가족관계가 힘든 것은 우리가 타락한 세상에 살기 때문이다. 우리의 정신세계는 초기 아동기에 형성되는데, 그때 경험한 영광이나 상처를 다른 모든 관계 안으로 가져간다. 가족이 힘든 또 다른 이유는 가정이 우주적 정권 교체가 이뤄지는 장이기 때문이다. 마귀의 세력이 가족에 대해 신경을 쓰는 것은 '가족의 가치'에 반기를 들기 때문이 아니라 하나님께 반기를 들기 때문이다. 그 세력은 예로부터 위협적인 음모를 꾸미지만 비교적 비겁한 겁쟁이들이다. 성육신하신 예수님이 그들에게 나타나실 때, 그들은 공포의 비명을 질렀고, 제발 놔 달라고 빌었다(막 5:7-13). 왜 그런가? 예수님을 보면서 자신들의 미래에 불가피하게 닥칠 파멸을 알았기 때문이다. 그들은 "나사렛 예수여 우리가 당신과 무슨 상관이 있나이까 우리를 멸하러 왔나이까 나는 당신이 누구인 줄 아노니 하나님의 거룩한 자니이다"(막 1:24)라고 부르짖었다. 물론 예수님이 정확히 그런 분인 것은 맞지만, 정확히 그 일을 하려고 오신 것은 아니다.

성경은 그리스도와 복음에 대한 그런 가시적 묘사가 특정 시간과 공간 속의 예수님의 물질적인 현존에 제한되지 않는다고 말한다. 하나님은 만물을 예수 그리스도의 패턴대로 창조하셨고, 보이는 것과 보이지 않는 것들을 그 안에 요약하셨다(엡 1:9-10). 그분은 만물의 귀감이자 청사진이다. 만물이 그를 통해, 그를 위해 창조되었고, 그 안에 만물이 함께 서 있다(골 1:16-17).

이 말씀의 의미는 하나님이 우주의 궁극적 진실에 대한 그림과 비유를 피조물 속에 새겨 놓으셨다는 것이다. 그 그림들이 하나님의 목적이나 복음을 모두 보여 주지는 않지만, 그 방향을 가리키고 있다는 것은 분명하다. 가족도 예외가 아니다. 우리는 가정을 이루고 그곳에 속하며 가족들을 지켜내기를 갈망한다. 어떤 무작위적이고 진화적인 우연에 의해서가 아니라 하나님이 "하늘과 땅에 있는 각 족속에게 이름을 주신 아버지"(엡 3:14-15)이기 때문에 그렇게 되기를 갈망한다. 결혼은 단지 동반자 관계나 생식을 위한 것이 아니라 그리스도와 교회가 한 몸으로 연합하는 것을 가리킨다(엡 5:32). 부모로서 자녀를 양육하는 것 역시 단지 인간이 번성하기 위한 것뿐 아니라(물론 그런 측면도 있지만), 하나님의 아버지 되심(마 5:7-11, 히 12:5-11), 그리고 그리스도 안에서 우리가 속한 거룩한 성(the Holy City)의 어머니 된 것(갈 4:26)을 반영한다.

그러니 뱀이 모든 세대마다 결혼 서약의 화평과 성적 연합의 충실성, 부모 자녀 간의 유대, 하나님의 가족인 교회의 일치를 깨뜨리려 한 것도 당연하다. 이것들은 그리스도의 신비를 나타내는 유기적 상징이자 옛 질서의 머리를 부수는 실체이다. 가족은 그것과 자연을 넘어서서 인류에 대한 진리를 나타낸다. 우리 인생의 끝은 침묵하는 관이 아니라 '쨍'하고 부딪히는 유리잔이며, 장례식이 아니라 혼인 잔치일 것이다(계 19:6-9). 그것이 바로 마귀의 세력이 가족 질서를 깨뜨리려 광분하는 이유다.

복음의 형상인 가족, 복음을 선포하는 가족을 파괴하는 것은 성전을 훼손하는 것만큼이나 신성 모독적이다. 하나님을 대적하는 연합 세력은 늘 여기서 자신의 존재를 과시하려 한다. 블레셋은 그들의 신전에 언약궤를 두고 싶어 했다(삼상 5:2). 바벨론은 단지 다윗 성만 파괴한 것이 아니라 여호와의 거룩한 기물들을 가져갔다(왕하

24:13). 적그리스도의 영이 하나님의 성전에 앉을 것이다(살후 2:4). 하나님 나라를 대적하는 그런 세력은 결혼, 자녀양육, 대가족, 그리고 무엇보다도 교회 가족의 연합 안에 있는 복음 통치의 가시적 징후를 훼손하고 싶어 한다.

이 전쟁은 우주적이고 사회적일 뿐 아니라 확실히 개인적인 것이다. 잠언에는 아버지가 아들에게 간음이 '그냥 일어나는' 것처럼 보이지만 사실은 전략적으로 계획되어 먹잇감을 도살장으로 유인하는 것이라고 경고하는 장면이 나온다(잠 5-7장). 어쩌면 당신도 삶에서 이런 모습을 알아챘을 것이다. 가족의 상황이 딱 당신이 원하는 것일 때, 혹은 딱 하나님이 원하시는 것일 때, 뭔가가 비틀어진다. 그럴 때 외부적 압력이나 주변의 유혹을 탓하기 쉽다. 첨단 기술이 너무 어려워 길을 찾기 힘들다거나, 우리의 문화가 지나치게 성을 지향한다거나 "사람들이 전처럼 가족을 중시하지 않는다"고 쉽게 말할 수 있다. 그러나 성경은 우리가 그런 한탄에 젖어 있도록 허락하지 않고, 에덴 이후 모든 세대 안에서 가족이 위기에 봉착했던 모습을 보여 준다.

우리의 정체성과
유산

우리는 자신의 내면뿐 아니라 가족들에게 서로 다른 관점으로 취약성을 다룬다. 어떤 사람은 무책임한 성향이 있고, 어떤 사람은 바람을 피우는 경향이 있다. 어떤 사람은 이기적이고 무관심한 경향이 있다. 우리와 주변 사람들의 취약성을 공격하는 세력이 있다. 우리는 자신의 지성과 의지력만으로 싸울 수 없다. 그런 영적 전쟁에는 매 지점마다 복음으로 맞서야 한다. 복음은 가족 안에서 우리가 있어야 할 자리를 알려 준다. 왜냐하면 복음은 마귀가 가장 극성스럽게 공격하는 두 가지를 다시금 정의하기 때문이다. 그것은 우리의 정체성과 우리의 유산이다.

주기도문을 보면, 예수님이 우리에게 기도를 가르치실 때 처음 내뱉은 단어가 "우리 아버지"였다. 그것은 무엇보다도 우리가 누구인가에 대한 진술이다. 예수님이 하나님 아버지의 아들이라는 것은 예수님과 하나님의 영원한 관계를 말하고 있다(요 5:18-23). 그것은 또한 예수님을 하나님의 참 이스라엘, 하나님의 장자(호 11:1, 마 2:15), 다윗 왕좌의 상속자(삼하 7:14, 시 89:26-27)가 되게 한다. 대다수 복음주의 그리스도인처럼 나도 기도를 맺을 때 "예수님의 이름으로 기도합니다"라고 말한다. 예수님이 "내 이름으로 무엇이든지 내게 구하면 내가 행하리라"(요 14:14)고 하셨기 때문이다.

어릴 때는 그 말을 하면 하나님이 주목하실 거라고 생각해서 나에게 특히 중요한 기도를 할 때는 그 말을 더욱 남발하곤 했다. "예수님 이름으로, 제가 수학 시험에 통과하게 해주세요, 예수님 이름으로, 예수님 이름으로, 예수님 이름으로." 그러나 그것은 예수님이 우리에게 가르친 방식이 아닐 뿐더러 실은 정반대다. 예수님은 먼저 이러저러하게 기도하지 말라고 가르치셨다. 사람에게 보이려고, 주위 사람에게 경건하게 보이려고 기도하지 말라고 하셨다. 그것만이 아니다. "또 기도할 때에 이방인과 같이 중언부언하지 말라 그들은 말을 많이 하여야 들으실 줄 생각하느니라"(마 6:7)고 하셨다.

사실 신이 멀리 떨어진 비인격적 존재이거나 기껏해야 인간을 종으로 여긴다고 생각하는 지구상의 대다수 사람들에게는 그것이 맞다. 그런 신을 섬기는 사람들은 그 신들에게 자신의 요구를 알리도록 애써야 한다. 바알의 선지자들이 자해하면서 하늘에 대고 "아무 소리도 없고 응답하는 자나 돌아보는 자가 아무도 없더라"(왕상 18:29)고 외치는 것을 상상해 보라. 반면 엘리야 선지자는 그저 기도만 했는데 하늘에서 불이 떨어졌다(왕상 18:36-38). 미사여구와 마법의 주문으로 신을 조종해야 한다고 여기는 자들에 대해 예수님이 하신 말씀이 있다. "그러므로 그들을 본받지 말라 구하기 전에 너희에게 있어야 할 것을 하나님 너희 아버지께서 아시느니라"(마 6:8). 여기서 중요한 두 부분은 "너희 아버지"와 "너희에게 있어야 할 것", 곧 정체성과 유산이다.

가족이라는 배경은 우리가 누구인지, 더 중요하게는 우리가 누구가 아닌지를 말해 준다. 우리는 스스로를 창조하거나 스스로를 유지시키는 신이 아니다. 우리는 다른 누군가의 이야기를 구성하는 부분일 뿐이다. 거슬러 가면 과거로, 앞으로 가면 미래까지 당신과 나는 사람들이 거의 무한할 만큼 내렸던 연속적인 결정들의 산물이다. 만일 당신의 증조부가 그분의 고향에서 미국 땅으로 이민을 오지 않았다면, 당신은 이 책에 적힌 언어를 읽지 못했을 것이다. 만일 나의 할머니가 십대 때 부모님의 소망을 저버리고 연상의 남자와 도망쳐 나오지 않았다면, 나는 존재하지 않았을 것이다. 나는 아무도 우리 할머니처럼 행동하기를 바라지 않지만(만일 우리 아이들이 그분처럼 했다면 무척 당황했을 것이다) 어쨌든 내가 존재해서 기쁘다.

정체성은 여러 가지로 나타나는데 가장 먼저는 우리의 이름에서 시작된다. 성경에서 족보가 얼마나 많은 부분을 차지하는지 생각해 보라. 나는 한 목사님이 성경 본문을 읽다가 누가 누구를 낳았다는 부분에서 "이러쿵저러쿵"이라고 읽으며 건너뛴 뒤 다음 본문으로 가는 것을 보고 놀란 적이 있다. 그가 하나님의 말씀을 생각 없이 다룬 것은 차치하고, 우리는 왜 그 목사님이 '누구의 아버지'와 '누구의 아들' 부분을 건너뛰었는지 이해할 수 있다. 아마도 의미가 없어 보였기 때문일 것이다. 하지만 그렇지 않다. 성경에서 얼마나 자주 "눈의 아들 여호수아"라거나 "기스의 아들 사울" 혹은 "세베대의 아들 요한"이라고 말하는지 주목해 보라. 우리가 비록 개인주의 문화 속에 살고는 있지만, 계보를 완전히 넘어설 수는 없다.

당신은 필시 나의 친척에 대해 잘 모를 테지만, 나를 만나는 순간 이름을 통해 나의 친척들에 대해 뭔가를 알게 될 것이다. '무어'라는 성은 내 아버지의 가문을 나타내고, 만일 당신이 듣기 원한다면, 잉글랜드의 무어 가문으로까지 거슬러 올라간다. 설령 내 성이 실은 거기서 유래한 것이 아니라고 해도 그것은 여전히 우리 가문에 대해 뭔가를 말해 주고 있다. 곧 우리가 잉글랜드의 무어 가문을 기원으로 하고 싶어 하는 사람들이라는 것이다. 만일 내가 원한다면, 가문의 성에서 나를 독립시켜서 그냥 '러셀'이라고만 할 수도 있다. 그러나 그것 역시 나의 가문에 대해 뭔가를 말해 준다. 내 이름이 '세르게이'나 '문 유닛'이 아니라 '러셀'인 것은 나의 부모님이 러시아인도 아니고 히피도 아니기 때문이다.

실은 내가 이름을 다시 짓는다 해도 내 주변 사람들은 여전히 내 이름을 나의 가족과 연결시킬 것이다. "저 아무개는 사실은 게리와 르네의 아들이잖아. …쟤 좀 이상해"라고 말이다. 더 깊게는 피상적인 이름보다 우리 자신이 누구인가 하는 것을 가족과의 상호 작용을 통해 매우 초기부터 배운다는 것이다. 심리학자들은 우리가 평생 동안 지니고 사는 성격의 형성은 우리 개인의 정체성보다 더 넓은 가족 구조에 소속된 존재로 '투영된' 것에 따라 이뤄진다고 말한다. 그 정체성은 가족 안에 뿌리를 둔다.

유산은 언뜻 보기에 서구인들이 받아들이기 어려운 개념 같다. 우리는 유산을 재산의 전달로 보는 경향이 있다. 나는 이 책을 쓰는 중에, 돌아가신 부모님의 물건을 놓고 성인 자녀들이 다투며 갈라선 얘기를 들었다. 그들은 퀼트와 고양이 모양 도자기를 놓고 혈안이 되어 싸우고 있다. 그러나 그것은 유산에 대한 성경적 이해가 아니다.

유산은 돈과 재산의 증여보다 생활방식이 전달되는 것이다. 원래 인간은 동산을 경작하게끔 창조되었다. 가령 하나님은 이스라엘에게 어떻게 땅을 돌보고 농작물의 사이클을 유지하는지에 대해 자세히 가르쳐 주셨다. 농업 가족의 유산은 겉으로 보이는 땅만이 아니라 평생 동안 농사를 지으면서 축적해 온 농업에 대한 실제적인 지혜였다. 시몬 베드로는 아버지로부터 그물과 어업 장비를 물려받았겠지만, 그것과 더불어 언제 그물을 던져야 하고, 언제 돛을 올려야 하고, 어떻게 폭풍의 징후를 알아채는지에 대해 전문적인 지식을 전수받았을 것이다.

구약에 등장하는 희년이라는 개념도 유산의 의미에 뿌리를 둔다. 가족이 여러 세대에 걸쳐 경제적으로 연결되어 있기 때문에 한 사람의 경제적 문제는 그 개인만의 문제가 아니었다. 크리스토퍼 라이트(Christopher Wright)는 그것에 대해 다음과 같이 말하고 있다. "한 세대가 맞이하는 가족의 경제적 붕괴 때문에 모든 미래 세대들까지 영구적 빚에 매이도록 해서는 안 되었다."[2] 희년은 단순히 구약 율법의 한 패턴이 아니다. 예수님이 취임 설교에서 하나님의 나라를 선포하신 것은 희년의 개념을 아름답게 노래하신 것이었다. 곧 모든 사람들에게 하나님의 은총이 베풀어져서 그들이 빚과 포로 생활에서 해방된다는 것이다(눅 4:18-19).

예수님이 "우리 아버지"라고 기도하라고 가르치신 것은 유산과도 관련이 있는 표현이다. "오늘 우리에게 일용할 양식을 주시옵고"라고 부르짖을 때, 우리가 필요로 하는 것을 우리 아버지께서 아신다는 것을 알아야 한다. 그것은 미래의 양식 창고가 아니라(물론 미래의 유산도 분명히 우리를 기다리지만), 지속적으로 공급되는 매일의 양식이다. 유산은 단지 받는 것만이 아니라 참여하도록 초청받는 것이다. 가족은 우리에게 이것을 가르쳐 주고, 우리에게 경제에서 기능하는 것이 무엇을 의미하는지 순서대로 가르쳐 준다. 그것은 우리가 지금 살아가는 방식 안에 나타날 뿐 아니라, 언젠가 우리가 하나님 나라 안의 방대한 우주적 질서(그 안에 다양한 부르심이 있다)에 속할 것이라는 사실 안에서도 드러난다.

우리에겐
하늘 아버지가 계시다

십자가는 정체성과 유산의 위기이다. 예수님을 둘러싸고 야유하는 무리가 다른 사람들에 비해 유독 더 잔인하거나 불경한 것은 아니었다. 그들이 아는 신명기에 따르면, 나무에 달리신 예수님은 하나님께 저주 받은 것이었다(신 21:23). 그리고 그것은 가족 문제였다. 그 저주는 가족 정체성에 대한 질문으로 시작된다. "사람에게 완악하고 패역한 아들이 있어 그의 아버지의 말이나 그 어머니의 말을 순종하지 아니하고 부모가 징계하여도 순종하지 아니하거든 그의 부모가 그를 끌고 성문에 이르러 그 성읍 장로들에게 나아가서 그 성읍 장로들에게 말하기를 우리의 이 자식은 완악하고 패역하여"(신 21:18-20). 정말로 이스라엘의 원로들은 예수님이 술꾼이요 탐식가라고 비난했다(마 11:19). 또한 반역하는 아들이요, 안식일을 모독하고, 하나님의 성전을 헐겠다는 위협까지 했다고 비난했다. 모세의 책은 그런 사람을 어떻게 해야 하는지 말한다. "그 성읍의 모든 사람들이 그를 돌로 쳐 죽일지니 이같이 네가 너희 중에서 악을 제하라 그리하면 온 이스라엘이 듣고 두려워하리라"(신 21:21). 예수님의 동족들은 예수님을 마을 밖으로 끌고 나가 돌로 치려고 했다(눅 4:29-30, 요 8:59). 마지막에는 그보다 더 심하게, 예수님을 처형하여 나무에 매달았는데, 그것은 하나님의 저주를 보여 주는 궁극의 징표였다.

이것은 정체성(하나님이 우리와 함께하시는가?)과 유산(하나님이 우리에게 무엇을 주실 것인가?) 양쪽 모두에 관련이 있다. 모세가 말했다. "사람이 만일 죽을죄를 범하므로 네가 그를 죽여 나무 위에 달거든 그 시체를 나무 위에 밤새도록 두지 말고 그날에 장사하여 네 하나님 여호와께서 네게 기업(inheritance 유산)으로 주시는 땅을 더럽히지 말라 나무에 달린 자는 하나님께 저주를 받았음이니라"(신 21:22-23). 예수님의 십자가 처형 때 주변에 섰던 사람들은 예수님이 하나님께 거절당하셔서 아들로서의 유산을 잃었다고 생각했을 것이다. 그래서 십자가는 유대인과 이방인 모두에게 수치스러운 일이었다. 하나님께 저주받고 수치를 당한 죄인을 누가 따르겠는가? 그리고 십자가에 처형된 사람이 자신의 처형도 피하지 못했으면서 어떻게 따르는 자들에게 나라를 주겠는가?

이에 대해 신약 전체가 해석해 주고 있는데, 사도 바울은 "예수 그리스도와 그가 십자가에 못 박히신 것 외에는 아무것도"(고전 2:2) 모른다고 주장한다. 언뜻 보기에 그 주장은 사실이 아닌 것 같아 보인다. 사도 바울은 우리에게 온갖 다양한 교훈을 주었기 때문이다. 가령 과부에 대한 경제적 지원의 기준이나 부부가 얼마나 자주 성관계를 가져야 하는지 등이다. 그러나 그 주장은 타당성이 있다. 그리스도인의 삶은 그리스도와 함께 십자가에 못 박혀서 그리스도를 통해 사는 삶이다(갈 2:20). 우리는 그리스도와 함께 십자가에서 저주받았다. 거기서 우리는 죽음과 지옥을 경험했다. 이제 우리를 참소하는 세력은 우리에게 할 말이 없다. 우리는 다시 저주받을 수 없고 다시 십자가에 못 박힐 수 없다. 그리스도의 십자가에 동참한 우리는 새 정체성과 새 유산을 갖는다. 십자가 사건은 "그리스도 예수 안에서 아브라함의 복이 이방인에게 미치게 하고 또 우리로 하여금 믿음으로 말미암아 성령의 약속을 받게 하려 함이다"(갈 3:14).

여기서 복음이 의미하는 것은 우리 모두가 그렇다는 것이다. 우리는 자신이 가진 배경이나 출신에 상관없이 모두 하나님의 자녀이다. 하나님의 자녀이면 또한 상속자, 그리스도의 공동 상속자이다(롬 8:16-17). 우리가 그리스도 안에 있음을 아는 것은 우리가 부르짖을 때 종종 고통스러운 신음으로 "아바 아버지"(롬 8:15)라고 부르짖기 때문이다. 그것은 예수님이 친히 우리를 통해 부르짖으시는 것이다(갈 4:6). 예수님은 "우리 아버지"께 어떻게 기도할지 가르치시는 데서 그치지 않으셨다. 종종 우리는 어떻게, 혹은 무엇을 기도해야 하는지 모른다(롬 8:26-27). 그럴 때 예수님이 성령으로 우리를 통해 기도하신다. 우리 입을 통해 나오는 주기도문은 주께서 우리를 통해 기도하시는 것일 때가 많다. 십자가에 뿌리를 둔 이 사실로 우리는 우리를 대적하는 통치자들과 권세들에 맞서 싸운다.

하나님이 오랫동안 침묵하시기 전에, 말라기 선지자는 "여호와의 크고 두려운 날이 이르기 전에"(말 4:5) 하나님이 엘리야 선지자를 보낼 것이라고 말했다. 또한 그 선지자에 대해 이렇게 말하고 있다. "아버지의 마음을 자녀에게로 돌이키게 하고 자녀들의 마음을 그들의 아버지에게로 돌이키게 하리라 돌이키지 아니하면 두렵건대 내가 와서 저주로 그 땅을 칠까 하노라"(말 4:6). 예수님은 그 엘리야의 영이 사촌인 세례 요한이라고 하셨다(마 17:10-13). 요한이 광야에서 전한 메시지는 정체성과 유산에 대해 사람들이 가진 잘못된 추론을 공격하는 것이었다. 요한은 이스라엘 백성이 생물학적으로 아브라함의 후손이니까 당연히 하나님의 축복을 받을 것이라는 억측이 옳지 않다고 지적했다. 오히려 하나님의 도끼가 그 집안의 뿌리를 내려칠 준비를 하고 있었다(마 3:9-10).

그렇다면 우리가 던질 질문은 하나님이 약속하신 신실한 남은 자들은 어디에 있는가 하는 것이다. 하나님이 땅 끝까지 유산을 주실 아들은 도대체 어디 있는가? 바로 그런 상황 속에서 예수님은 세례를 받으셨고, 후에 십자가에서 사람들을 위해 그분이 받으실 심판을 상징적으로 보여 주셨다(눅 12:50, 롬 6:4). 주님이 물에서 나오실 때 하늘에서 음성이 들렸다. "이는 내 사랑하는 아들이요 내 기뻐하는 자라"(마 3:17). 아버지의 마음이 아들에게 돌아왔고, 아들의 마음이 아버지에게 돌아왔다.

우리는 가족을 통해 자신이 누구인지 알 뿐 아니라, 유산을 물려받는다. 그리고 원 가정으로부터 삶의 패턴, 기대, 모델을 습득한다. 우리 삶의 이야기는 우리가 거대한 이야기의 한 부분이라는 것을 보여 준다. 그 놀라운 이야기에는 온갖 다양한 인물들이 등장한다. 우리가 아무리 자신을 스스로 만들었고, 자신의 성격과 운명을 지배한다고 믿고 싶을지라도, 우리는 모두 어딘가에서 왔고, 더 중요하게는 누군가들로부터 왔다.

많은 사람들의 경우 이 유산은 좋은 것이고, 어쩌면 당신도 가족에게서 물려받은 모든 것들에 대해 감사할 것이다. 케이크를 굽는 방법이나 타이어 교체 방법, 더 중요하게는 예수님을 신뢰하고 기도하는 법 등 말이다. 반면 어떤 사람들의 유산은 좋은 것과 나쁜 것이 섞여 있거나 심지어 상당히 어두운 쪽에 치우쳐 있다. 그러나 가족과 단절하고 싶은 사람도 그러기가 매우 어렵다는 것을 알게 된다. 집을 떠나 일가친척과 상관없이 지내고, 그들과 전혀 다른 종교적, 정치적, 직업적 선택을 하더라도 거울 속 자신의 모습에서 아버지의 눈을 보게 되거나 어머니가 늘 하던 말을 내뱉고 있는 자신을 발견하게 된다.

많은 사람들이 가족이라는 훈련장에서 왜곡된 정체성과 유산을 습득하곤 한다. 당신의 부모가 당신을 향해 직간접적으로 아무 짝에도 쓸모없을 인간이라고 말했을 수도 있다. 또는 당신을 자신들의 일부인양 양육했었을 수 있다. 그들이 지녔던 우울증이나 중독 성향을 고스란히 물려받았을 수도 있다. 다툼과 트라우마로 가득한 가정환경을 물려받았을 수도 있다. 절망적인 상황과 심지어 폭력이 난무한 환경 때문에 벗어나기 힘든 사회경제적 결과가 초래됐을 수도 있다.

그러나 좋은 소식이 있다. 예수님은 "우리 아버지여"라고 기도하라고 가르치셨을 뿐 아니라 이어서 "하늘에서 당신의 이름이 거룩히 여김을 받으시오며"(마 6:9)라고 하셨다. 가족 형성 안에서 우리가 경험하려는 것과 하나님의 아버지 되심 사이에 유사성이 있다. 그러나 하나님의 아버지 되심은, 비록 최고의 가정이라 할지라도, 땅의 범주를 무한히 초월한다. 하나님은 아버지가 되셔서 우리와 가까이 계시지만 또한 우리와 멀리 "하늘에" 계신다. 우리는 우리 하나님의 이름을 안다(가까움). 그러나 그 이름은 거룩하다(거리). 그 하나님께서 질문하신다. "너희가 나를 누구에게 비기며 누구와 짝하며 누구와 비교하여 서로 같다 하겠느냐"(사 46:5). 당신의 가정 환경이 최고였든 최악이었든 당신은 하나님을 아버지로 부르는 것이 어떤 것인지 알 수 있고 그것을 다른 사람들에게 가르칠 수 있다.

새로운 정체성과 유산이 주어졌다

건강한 가족을 만들어가기 위해서 우리는 모든 기회를 붙잡아야 한다. 가족 안에서 일어나는 일이 우리의 양심과 성격, 영혼을 형성하기 때문이다. 가정은 밥을 먹고 자는 곳 이상이다. 가정은 세대를 거쳐 영향을 끼치며, 수많은 사람들이 하나님과 복음, 자신을 어떻게 바라보는지와 관련하여 그 시각을 형성한다. 우리가 부모라면 자녀를 주의 교양과 훈계로 양육하여 하나님이 어떤 분이신지 깨우쳐 주어야 한다. 그러나 하나님의 아버지 되심을 경험하기 위해 반드시 좋은 가족일 필요는 없다. 심지어 부모가 누구인지 꼭 알아야 하는 것도 아니다.

사실 모든 가족은 어느 정도는 깨어져 있다. 당신이 아무리 심각하게 문제가 있는 가정의 출신이라 해도 하나님은 놀라지 않으신다. 예수님은 당신을 사랑하시고, 선한 목자로서 당신을 찾아오셨다. 당신은 그저 세포나 DNA의 조합이 아니다. 당신은 당신의 기억들과 경험들, 이야기들의 총 합이다. 당신이 누구인가의 핵심적인 부분은 당신이 거쳐온 환경들이다. 당신이 뭔가 잘못되었다는 것을 안다면, 그것 자체가 은혜다. 복음이 당신에게 이르렀다는 사실은 하나님이 당신의 배경을 충분히 아시고 다른 사람들에게와 마찬가지로 새 정체성과 새 유산을 주신다는 것을 의미한다. 다니엘 선지자가 말했듯이 하나님은 "어두운 데에 있는 것을 아시며 또 빛이 그와 함께 있다"(단 2:22).

우리는 성경 전체에서 그것을 보고, 하나님이 좋아하지 않는 끔찍한 가족 패턴 속에서도 본다. 형들이 막내를 죽도록 때린 후 인신매매 조직에 팔아 버리는 역기능 가족의 비극은 쉽사리 상상하기 어렵다. 그런데 이스라엘 역사 초기에 요셉에게 바로 그런 일이 일어났다. 하나님은 그것을 악이라고 정죄하셨지만 동시에 그 끔찍한 사건을 새로운 역사로 전환시키셨다. 그래서 온 나라가 기근으로 힘들어할 때 요셉으로 하여금 곡식을 공급하게 하여 이스라엘을 구하셨다. 요셉은 형들에게 이야기를 잘 요약해 주었다. "당신들은 나를 해하려 하였으나 하나님은 그것을 선으로 바꾸사 오늘과 같이 많은 백성의 생명을 구원하게 하시려 하셨나니"(창 50:20).

요셉과 달리 우리는 왜 하나님이 우리로 과거의 끔찍한 일들을 겪게 하셨는지 정확하고 직접적인 계시를 받지 못했다. 그러나 사망의 음침한 골짜기에서도 그분이 당신과 함께하셨다는 것을 보았을 수 있다. 당신의 상처가 오늘의 당신을 만들었거나 후에 다른 사람들을 돕는 데 큰 역할을 했다는 것을 알게 되었는지도 모르겠다. 그렇지 않다면 그것은 아무 의미도 없을 것이다.

우리의 가족사는 우리 존재의 시작부터 우리가 어떤 이야기의 일부라는 것을 보여 준다. 그런데 대부분 그 이야기는 혼란스럽고 이해하기 힘들며 눈에 보이지 않을 때가 많다. 그러나 우리는 안다. 하나님은 정의로우셔서 모든 악에 대해 책임을 물으실 것이다. 알다시피 우리는 과거로 돌아가 그때 일을 없었던 것으로 할 수 없다. 당신은 상상 속에서 부모님이 더 좋은 분이었거나 아니면 당신 자신이 더 좋은 부모였거나, 혹은 당신의 자녀가 더 훌륭했거나 아니면 당신 자신이 더 훌륭한 자녀였다고 꾸밀 수 있다. 그러나 그 상상을 실제로 존재하게 할 수는 없다.

당신은 당신의 계보나 가계도가 아니다. 당신의 가족이 당신인 것도 아니다. 무엇보다 당신이 그리스도 안에 있다면, 당신은 그분의 새 피조물이다. 당신에게 해롭거나 당신을 하나님과 사람들로부터 멀어지게 하는 어두운 가족의 전통을 꼭 이어받을 필요는 없다. 그러려면 지속적 기도와 노력이 필요하다. 성경은 그것을 영적 전쟁이라고 말한다. 이 일은 다만 방식이 다를 뿐 '역기능 가족' 안에서 성장한 사람만이 아니라 우리 모두가 해야 할 일이다. 예수님 주변의 종교 지도자들은 자신의 가계도에 대해 상당한 자부심을 가졌다. 우리는 그 가계도를 '구약'이라고 한다. 하지만 예수님은 그들의 조상처럼 그들도 선지자들을 죽이는 데서 벗어나지 못했다고 상기시키셨다.

순교자 스데반도 이스라엘 동포에게 그들이 예언의 말씀을 막아 조상들의 오류를 반복하고 있다고 말했다(행 7:51). 사도 바울은 회중을 향해 "이방인이 그 마음의 허망한 것으로 행함 같이 행하지 말라"(엡 4:17)고 했다. 사도 베드로는 이방인 새 신자 그룹에게 "너희 조상이 물려 준 헛된 행실"(벧전 1:18)로 돌아가지 말라고 했다. 그들은 그리스도를 따름으로써 본래 지녔던 배경을 극복해야 했다. 그러려면 복음을 붙들고, 그리스도 안의 새 정체성과 새 유산을 기억해야 한다. 옛 유산인 "은이나 금 같이 없어질 것이 아니라 오직 흠 없고 점 없는 어린 양 같은 그리스도의 보배로운 피로"(벧전 1:18-19) 구속되어야 한다.

당신은 마땅히 감사해야 할 만큼 괜찮고 안정된 가족 배경을 가지고 있는가? 그렇다면 그것이 자신을 다른 사람보다 우월하게 만드는 것처럼 자랑하지 말라. "네게 있는 것 중에 받지 아니한 것이 무엇이냐"(고전 4:7). 또는 가족들로 인해 평생의 상처를 지니고 살아가고 있는가? 옛 패턴과 모델을 모두 버려야 할 정도인가? 절망적인가? 당신이 겪은 트라우마를 반복할 수밖에 없는가? 결코 그렇지 않다. 우리의 유산은 다가올 세상에서 받을 미래의 보상만이 아니다. 그 유산은 또한 새 영과 새 공동체다. 그것은 악한 마귀의 모든 올무를 극복할 수 있게 해준다.

가족의 역학 관계에는 반드시 그 결과가 뒤따른다. 만약 부모라면 결혼생활이나 직장을 지키지 않거나 술과 마약에 중독되거나 말을 함부로 하는 것이 당신의 자녀, 손자손녀, 증손자증손녀에게 아무런 영향도 미치지 않을 거라고 생각해서는 안 된다. 하나님은 반드시 당신에게 그 책임을 물을 것이다. "실족하게 하는 일들이 있음으로 말미암아 세상에 화가 있도다 실족하게 하는 일이 없을 수는 없으나 실족하게 하는 그 사람에게는 화가 있도다"(마 18:7).

만일 당신이 그런 영향을 받은 입장이라면 그 상황의 장단점을 아는 것이 중요하다. 장점은 당신이 좋은 가정에 대한 갈망을 갖게 된 것이고, 단점은 당신이 보고 배운 나쁜 패턴이 아니라 당신이 전혀 보지 못한 패턴이다. 물론 아버지 없이 자란 많은 아이들이 어른이 되어 가정을 버린다. 알코올 중독자의 자녀가 어른이 되어서 술로 인생을 허비하는 일도 잦다. 폭력적인 부모를 둔 자녀가 어른이 되어 어느 정도 힘을 가지면 폭력적으로 변하기도 하다. 그런 일이 일어나긴 하지만, 그것은 주로 자신의 취약성을 보지 못하는 사람들에게 일어난다.

문제를 알면
답이 보인다

나는 원 가정의 역기능적 패턴이 자신에게도 반복될까봐 두려워하는 사람과 이야기할 때, 그들의 미래에 대해 걱정하지 않는 편이다. 그들은 이미 문제를 보고 경각심을 가지고 있다. 그들은 성령의 능력을 통해 다른 방향으로 가려고 한다. 내가 아는 최고의 결혼생활을 하는 커플들 중에는 부모의 이혼을 겪은 사람들도 있다. 내가 아는 최고의 부모 중에는 어린 시절 자신들의 부모가 부재했거나, 또는 부모가 그들을 학대했거나 방임했던 사람들도 있다. 어린이를 사랑하며 보호하는 사람들 중에도 어릴 적에 정서적, 신체적, 성적으로 학대당했던 사람들도 있다. 그들은 살아남은 후에 다른 사람이 같은 트라우마를 겪지 않도록 애쓰며 산다. 보다 위험한 경우는 가족이 서로 고함치고 욕하거나, 간음이나 이혼을 일삼는 것을 의례히 그러려니 하고 받아들이는 사람들이다. 그러나 그런 것을 겪은 사람들 중에는 남보다 앞서 좋은 행동을 채택하는 사람들도 있다. 가족이 서로에게 소리 지르는 환경에서 자란 사람은 스트레스가 심해질 때 산책을 하거나 흥분을 가라앉히고 기도한 후 가족의 문제를 다루겠다고 미리 계획할 수 있다. 혹은 좀 더 온화한 가족 배경을 가진 배우자를 고를 수도 있다. 그러면 그것은 약점이 아니라 은혜가 된다.

그럴 위험성이 있다고 해서 반드시 그렇게 되는 것은 아니다.

상담자들은 오히려 완벽할 정도로 환상적인 아동기를 보냈다고 하는 사람을 만날 때 더 걱정이 된다고 한다. 실상은 말한 것과 반대인 경우가 많기 때문이다. 실제 일어난 일을 감당하기 어려워서 자신의 성장 환경을 꾸며대는 것이다.

어떤 사람들은 하나님이 자신을 사랑하신다는 사실을 믿는 데 어려움을 겪는다. 과거에 알코올 중독, 낙태, 성적 문란, 관계 결렬, 전과 등 여러 문제로 하나님께 반항했기 때문이다. 어떤 사람들은 두려움 속에 살고, 또 어떤 사람들은 하나님이 자신에게 화가 나셔서 벌하려 든다고 생각하여 움츠러든다. 어떤 사람들은 너무 오랫동안 그렇게 살아서 이미 포기 상태이다. 계속 반항하면서 그것이 자신이라고 결론을 내린다.

나의 상황은 이와는 정반대지만, 어쩌면 더 위험했을 수도 있다. 내가 십대 때 수학에서 낙제할까봐 두려워했다는 내용을 다시 보면서 나는 크게 웃었다. 그것은 큰 시사점을 갖는다. 어떤 면에서 나의 전 삶은 아버지에게 성적표를 가져가서 인정받거나 인정받지 못하는 것의 연속이었기 때문이다. 나는 항상 모든 것을 올바르게 하는 모범생이었다. 품행이 단정하고, 예의가 바르며, 근면성실하고, 똑똑하고, 믿음이 좋고, 뭐든지 정석대로 하는 아이였다. 어린 시절에는 항상 교회 문이 열림과 동시에 교회에 있었다. 다섯 살 때부터 할머니 마당의 잔디가 잘 관리되었는지, 할머니의 텃밭이 잘 경작되었는지 확인했고, 갓 걸음마를 배운 나이부터 할아버지를 잃은 할머니의 조언자가 되었고, 할머니가 늦게 운전을 배우실 때 뒷

좌석에 앉아서 하실 수 있다고 격려해 드렸다. 나는 열두 살에 첫 설교를 했다. 그리고 스무 살 전에 미국 하원의원 선거운동 본부에서 공보를 담당했다. 그 후 박사학위를 취득했고, 32세에는 모교인 신학교의 학장이 되었다. 그것은 내가 특별히 재능이 많아서가 아니라 내 성향이 매우 성취 지향적이었기 때문에 가능했다. 이제 와서 보니 내가 그렇게 할 수 있었던 원동력은 성인으로서 밥값을 하고, 다른 사람보다 더 잘 처신하고 성취해야만 사랑받을 수 있다고 믿는 데서 나왔던 것 같다. 아동기에 갖게 된 두려움과 불안함은 지금 이 순간까지도 내가 피해 다니는 악령들이다.

그것이 사라졌다고 말할 수 있다면 좋으련만 실은 그렇지 못하다. 한번은 어떤 신문사가 내가 그들이 원하는 정치적 입장과 다르다는 이유로 나를 날카롭게 비판했다. 나는 거기에 완전히 짓눌려서 아침에 일어나기조차 힘들었다. 왜 그런지 이유를 곰곰이 생각해 보았다. 나는 그 사람들이 나를 어떻게 생각하는지는 관심이 없었다. 나는 나름의 소신이 있었다. 그 일이 나나 나의 사역에 나쁜 결과를 초래할까봐 염려하지도 않았다. 대부분의 사람들이 이전보다 더 나를 지지하고 찬성해 주었기 때문이다. 그러면서 서서히 깨달은 것이 있는데 내가 느낀 감정이 후회나 두려움이 아니라 수치심이었다는 것이다. 나의 주된 걱정은 나의 아버지나 목회의 선배 같은 존재가 그것을 보고 내가 실패자라고 결론을 내리는 것이었다. 또 나의 자녀들이 그것을 보고 내게 실망했다고 말하는 것이었다. 나는 다시 성적표를 들고 서 있는 아이가 되었던 것이다.

예수님의 탕자 비유에 나오는 첫째아들처럼 나 역시도 올바른 행위나 성취로써 쓸모 있고 호감 가는 사람이 되고, 집안에서 나의 자리와 미래의 유산을 획득할 수 있다고 믿고 있었던 것이다. 그리고 돌아온 탕자처럼 아버지 집의 환영받는 아들이 아닌 아버지의 일꾼이 되어야 한다고 믿고 있었다(눅 15:19). 나의 성공 욕구는 사실 야심이 아니라 소속감과 "너는 내 사랑하는 아들이요 내 기뻐하는 자라"는 말을 듣고 싶은 데서 유래한 것이었다. 내가 하는 모든 일의 배후에는(자녀에게 식탁 예절을 가르치는 것에서부터 이 책을 쓰는 것까지) 부모가 보고 있는지, 부모가 대견해 하는지 눈치를 살피는 어린 소년이 있었다. 그것은 나의 깨진 모습이자 상처이다. 그러나 그것은 나의 정체성이 아니고, 유산도 아니다. 복음이 끊임없이 내게 개입하여, 나를 이 분주하고 헛된 성취에서 이끌어내어 요단강가로 데려갈 것이다.

이 책을 읽고 있는 대부분의 사람들도 나와 비슷할 것이다. 운동감각, 지적 능력, 예술적 재능, 혹은 영성과 도덕성 등 그 어떤 것 뒤에 숨더라도 하나님 아버지의 인정을 얻으려고 성취하는 사람은 늘 자신이 실패했다고 느낄 것이다. 정체성과 유산을 얻기 위해 성공을 추구하는 것은 거룩함이 아니라 탈진과 원망, 종국에는 죽음으로 이어진다. 그렇게 되지 않으려면 영적 전쟁이 필요한데, 그것은 쉽지 않다.

네 아버지가
누구니?

"우리 아버지"라고 말하게 될 때 우리는 전쟁터로 입장한다. 의존적인 어린이는 부모로부터 안전의 기본적 욕구인 공급과 보호를 구한다. 예수님이 물으셨다. "너희 중에 누가 아들이 떡을 달라 하는데 돌을 주며 생선을 달라 하는데 뱀을 줄 사람이 있겠느냐 너희가 악한 자라도 좋은 것으로 자식에게 줄 줄 알거든 하물며 하늘에 계신 너희 아버지께서 구하는 자에게 좋은 것으로 주시지 않겠느냐"(마 7:9-11). 당신의 가정 환경이 어떠하든지, 당신은 우주의 고아가 아니다. 하나님을 우리 아버지로 부르라고 가르치신 예수님이 또한 하나님께 공급("오늘 우리에게 일용할 양식을 주시옵고")과 보호("우리를 시험에 들게 하지 마시옵고 다만 악에서 구하시옵소서")를 구하라고 가르치셨다. 그것은 분리된 요청이 아니다. 마귀가 광야에서 우리 주님을 향해 돌을 떡으로 바꾸라고 종용했을 때, 마귀는 단지 예수님을 유혹한 것이 아니라, 예수님을 입양하려 했다. 가족은 다른 무엇보다도 우리가 피조물이며 궁극적 의미에서 자급자족하거나 자신을 스스로 보호할 수 없다는 것을 가르치도록 되어 있다. 우리는 유아기에 보호자에게 의존하게 되며 노년에 다시 의존적인 존재가 된다. 전쟁으로 폐허가 된 우주 속에서 가족은 종종 가장 먼저 폭탄이 터지는 지점이 되지만 또한 그 결핍감이 극복을 위한 첫 단계가 된다.

그런 와중에도 예수님은 우리 곁을 떠나거나 우리를 부끄러워하지 않으신다. 예수님은 항상 우리와 함께 계신다. 예수님은 아버지의 축복 속에서 자신의 정체성을 찾으셨다(마 3:17). 그리고 아버지가 하시는 일을 보고 거기서 자신의 일을 찾으셨다(요 5:19-21). 그분은 십자가에서 "형제에게는 객"이 되고 "나의 어머니의 자녀에게는 낯선 사람"이 되었다. 왜냐하면 아버지의 집을 위하는 열성이 예수님을 "삼켰기" 때문이다(시 69:8-9).

십자가는 우리가 가족이 된다는 것의 의미를 알려 주고, 가족 구성원으로서의 삶은 우리를 십자가로 돌아가게 해준다. 하나님 나라가 침노하고 있다. 가족은 이 왕국의 상징이며, 이는 어둠의 세력이 가족을 공격하는 이유 가운데 하나이다. 그것은 추상적 '가족'만이 아니라 구체적인 당신의 가족에 대해서도 사실이다. 당신 가족의 배경이 어떠하든, 당신은 자신의 가족들에게 신실할 수 있다. 당신 가족의 상황이 어떠하든, 당신은 교회 가족의 일원이 될 수 있다. 당신은 이 전쟁에서 싸울 수 있다. 그러려면 당신이 누구이고 당신이 어디로 가고 있는지 알아야 한다. 가족이 되라는 부르심은 역경, 고난, 영적 전쟁으로의 부르심이다. 때로 당신이 가진 유일한 무기가 "예수 사랑하심은 거룩하신 말일세"라는 전쟁의 함성뿐일 수도 있다. 그 모든 것을 통해 당신은 이 시대의 패배한 권력으로부터, 당신의 머릿속에서 꿈틀거리는 두려움으로부터 끈질긴 질문을 듣게 될 것이다. 그 질문은 바로 "네 아버지가 누구니?"라는 것이다. 당신은 그 질문의 답을 가지고 있다.

그 답은 십자가 모양을 닮았다.

04

가정은
'메시아'가
될 수 없다

무엇이 먼저인가?

오래 전 그는 심령술사였다. 교회 로비에서 나와 마주선 그는 그리스도인이 되기 전, 점을 칠 때 자기가 진짜 영매는 아니었다고 밝혔다. 그는 사람들을 속여서 미래를 꿰뚫어 볼 수 있는 척했다고 말했다. 그리고 비록 수입은 신통치 않았지만, 그 일이 가장 쉬웠다고 했다. 그는 점성술이나 행운의 쿠키에서 쓰는 방법을 사용하여 사람들로 하여금 자신이 영의 세계를 본다고 믿게 했다. "당신의 삶에 엄청난 일이 있었네요"라거나 "슬픈 일이 있었군요"라거나 "당신의 삶 속에 이름에 'r'자가 들어가는 사람이 있어요"라고 하면서 말이다. 그러나 더 중요한 것은 단골을 만들려면 미래를 복잡하지 않게 예견하는 것이 비결이라고 했다. 그 사람이 정말로 믿고 싶어 하는 좋은 것을 '본다'고 말하면 단골이 생겼다. "사랑을 만날 거예요"라거나 "당신의 미래에 많은 돈이 보이네요"라는 식이다.

단골을 얻는 또 다른 방법은 재난을 예언하고서 그것을 피하려면 심령술사에게 돈을 주고 그런 일이 일어나지 않도록 해 달라고 하는 것이다. 그는 자신의 과거를 부끄러워했고 어깨를 으쓱하면서 이런 말을 처음 들어 봤냐고 물었다. 물론 처음은 아니었다. 나는 번영 신학 설교자들이 텔레비전에서 똑같은 방법을 쓰는 것을 오랜 세월에 걸쳐 보아 왔다. 성경을 가지고 하든, 수정 구슬을 가지고 하든, 주술은 주술이다.

그 전직 심령술사는 사람들이 대단한 것을 바라지 않는다는 사실에 놀라웠다고 했다. 물론 아주 가끔은 세계적인 명성이나 자기 이름이 새겨진 전용 비행기를 원하는 경우도 있긴 했지만(다시 텔레비전 설교자가 생각난다), 대부분은 부촌의 대저택이나 스위스에서 보내는 휴가처럼 거창한 것을 원하지 않았다고 한다. 대부분의 사람들은 기본적인 안정을 원했고, 다 괜찮을 거라는 사실에 안심하기를 바랐다. 믿고 사랑할 수 있는 사람을 만나기 원했고, 부양가족에 대한 책임을 다할 수 있기를 소원했다. 자녀가 있는 경우 그들이 행복하고 제대로 돌봄 받기를 원했다. 그들은 최소한의 약속의 땅을 원했고, 대 파국을 피하기를 바랐다. 그것이 전부였다.

부끄럽지만 나도 거리의 점성술사나 부와 건강을 약속하는 설교자들에게 모여드는 사람들과 같을 때가 많다. 그렇다고 해서 내가 고급 스포츠카나 카리브해의 리조트를 원하는 것은 아니다. 나 역시 단지 안전하기를 바란다. 가장으로서 가족을 잘 이끌 수 있기를 바란다. 가나안 사람들이 풍요의 종교에 의지해 대지를 적실 비와 태의 다산을 원했듯이, 나 또한 가끔은 자연스러운 삶을 영위하게 해주는 자연스러운 복음을 원하면서도 그렇게 할 수 있도록 필요한 것을 공급해 주는 초자연적인 복음도 원한다. 나는 내 삶이 계획대로 잘 풀릴 거라는 징조를 원한다. 그것이 아니라면, 어떻게든 재난을 물리치게 해줄 주술이라도 있었으면 좋겠다.

예수님이 염려하지 말라고 가르치셨을 때 우리는 그것을 매우 개인적으로 해석한다. 이기적 욕망의 심리적 번민을 피하라고 말이다. 그러나 예수님이 말씀하신 염려는 단순히 개인적인 것 이상이다. 그분은 우리에게 "(우리가) 무엇을 먹을까 (우리가) 무엇을 마실까 (우리가) 무엇을 입을까"(마 6:31) 구하지 말라고 하셨다. 친족 관계 안에 있는 사람들(그 당시 실질적으로 모든 청중)에게는 이 질문이 개인의 안전이 아닌 가족의 안전에 관한 것이었다. 예수님은 그 점을 간과하지 않으셨다("너희 하늘 아버지께서 이 모든 것이 너희에게 있어야 할 줄을 아시느니라"). 그러면서도 "너희는 먼저 그의 나라와 그의 의를 구하라"(마

6:32-33)고 명하셨다.

가족이 아니라, 하나님 나라가 먼저다.

가족에 대한
예수님의 관점

많은 사람들이 북미의 기독교를 생각할 때 제일 먼저 떠오르는 단어로 '가족'을 꼽는다. 교회의 선교를 생각할 때 그것은 일면 좋고, 필요하고, 불가피하다. 사람들을 제자로 양육하려면 우상을 멀리하도록(요일 5:21) 가르쳐야 하는데, 우리 시대의 많은 우상은 가족에 대한 책임으로부터 자유롭게 하고, 심지어 가족의 정의라는 '제약'으로부터 자유롭게 한다는 미명 하에 등장한다. 외부 문화가 성적 문란, 성 정체성 혼란, 쉬운 이혼, 결혼의 와해를 조장하는 때일수록 교회는 다른 비전을 제시하기 위해 애써야 한다. 대체로 거기에 불건강한 것은 없다. 그러나 어떤 선교든 위험이 따르며, 이것도 예외는 아니다.

바깥세상은 질서와 안정에 관심을 갖는다. 그런 면에서 세상은 대체로 이신칭의 같은 교리보다 '가족'에 더 큰 가치를 둔다. 그래서 교회는 형이상학적인 것에 제일 관심이 없는 이웃에게조차 가족에 대해서만큼은 가장 피부에 와 닿게 말할 수 있다. 서구 문화의 세속화로 많은 교회 주변 이웃들은 "하나님이 '왜 내가 너를 천국에 들어오게 허락해야 하느냐?'라고 물으신다면 뭐라고 말해야 할까?" 같은 질문을 하지 않는다. 그들이 하는 질문은 "결혼하지 않은 내가 어떻게 성적 만족을 얻을까?"라거나 "어떻게 하면 남편과 말다툼을 하지 않을까?"라거나 "사춘기 자녀를 어떻게 다뤄야 할까?" 등이다. 그래서 많은 교회 안에서 가족이란 개념은 외부 세계와의 접촉점이 되거나 사람들이 맨 처음 교회를 탐색하게 되는 유인책이 된다. 교회 안에 중고등부가 활성화되어 있거나 어린이들이 좋아하는 주일 학교가 있으면 사람들이 보다 쉽게 교회에 나온다. 악의 문제나 삼위일체에 대해 말할 역량이 준비되지 않더라도 교회는 자녀 훈육이나 배변 훈련, 커플들을 위한 저녁 데이트에 대해 조언해 줄 수 있다. 어떤 교회들은 진정한 선교의 관점에서 그렇게 하고, 또 어떤 교회들은 북미 교회의 특징인 마케팅과 경영적 측면에서 그러기도 한다.

물론 가족 가치와 예수님에 대한 믿음을 교회 안에서 나란히 가르치는 일을 냉소적으로만 볼 것은 아니다. 하나님은 자녀나 가족을 통해(그것이 유일한 방법은 아니지만) 사람들을 깨우고 바깥세상에 관심을 기울이게 하신다. 부모에 대한 의무감 때문에 믿음을 고백하는 사람도 있지만, 대부분은 부모나 조부모의 전도를 통해 그리스도를 진정으로 만난다(디모데의 어머니와 할머니를 생각해 보라, 딤후 1:5). 마찬가지로 어떤 사람들은 자녀에 대한 피상적 의무감 때문에 교회로 돌아간다. 그들은 좋은 부모가 되기 위해 '좋은 그리스도인'이 되고 싶어 한다. 많은 사람들은 살아 있는 한 인간에게 어머니나 아버지가 되는 것이 무엇인지 이해하려는 몸부림 가운데서 그리스도를 진정으로 발견하기도 한다. 그런 일이 자주 일어나기 때문에 어떤 사람들은 '신앙'이 가족이 되는 것의 추가 옵션이라고 인식한다. 자동차에 유아 좌석을 붙이는 것처럼 말이다. 그것은 어느 정도 긍정적이고 불가피하지만, 그런 분류는 가족을 교회와 세상 간의 불일치의 근본으로 만드는 잘못으로 이어진다. 그러나 복음은 '가족 친화적'이냐 '반 가족적'이냐를 우선적으로 구별하지 않는다. 십자가에 못 박힌 사람이냐 아니냐가 먼저이다. 가족에 중점을 두는 교회는 성경적이지만, 가족을 최우선시하는 교회는 성경적이지 않다.

가족을 최우선시하는 기독교는 곧 예수님을 불편하게 여길 것이다. 예수님이 가족에 대해 하신 말씀을 누가 똑같이 말한다면 우리는 그 사람을 이상하다고 생각할 것이다. 예수님은 "누구든지 자기 십자가를 지고 나를 따르지 않는 자도 능히 내 제자가 되지 못하리라"(눅 14:27)고 가르치셨다. 오늘날 그리스도인들이 그 부분에 대해 논하지 않는 것은 예수님이 말씀하신 바를 이해하지 못했기 때문이다. 우선 우리는 예수님 시대의 사람들처럼 거리를 걷다가 십자가에 매달려 고통 속에 몸을 비틀고 있는 사람들을 보는 일이 없다. 우리는 '십자가'를 영적 헌신에 대한 무난한 비유로 생각한다. 때로는 삶의 스트레스에 대한 비유쯤으로 생각한다. 마치 한 문방구 관리자가 연례 물품 점검을 '내가 질 십자가'라고 표현했던 것과 같다. 그러나 예수님의 가르침은 유독 가족이라는 맥락 속에서 이뤄졌다. "무릇 내게 오는 자가 자기 부모와 처자와 형제와 자매와 더욱이 자기 목숨까지 미워하지 아니하면 능히 내 제자가 되지 못하고"(눅 14:26). 대부분의 사람들은 그것을 여름 성경학교의 주제로 정하고 싶어 하지 않는다. 결혼식이나 기념식 축하 케이크에 쓸 말로는 더더욱 생각하지 않을 것이다. 이 구절을 언급하더라도 대개는 미워한다는 것이 적대감이나 불손이 아니라 애정의 우선순위를 말하는 것이라고 강조할 뿐이다. 그것으로 충분하고, 그것만 말하면 된다고 생각한다.

이 구절에 관해서 C. S. 루이스(Lewis)가 한 말은 정말 정확하다. 그는 이 말씀이 "그 구절을 읽고 경악하는 사람에게만 유익하다"고 말했다. "아버지를 미워하는 것이 어렵지 않거나 어머니를 미워하지 않으려고 오랜 세월 부단히 애써온 사람이라면 필시 그것을 전혀 읽지 않는 것이 나을 것이다."[3] 우리는 예수님이 정말로 무엇을 의미하셨는지에 대해 많은 시간을 들여 연구하지 않는다. 특히 가족이라는 맥락 속에서 살펴보지 않는다. 왜 예수님은 가족을 위기로 내모는 것처럼 보이는 이같은 충격적인 말씀을 하셨을까?

예수님은 평강의 왕이시고, 산상수훈에서는 화평케 하는 자가 하나님의 아들로 일컬어지며 복이 있다고 말씀하셨다. 천사들도 노래했듯이 그분은 "땅에서는 하나님이 기뻐하신 사람들 중에 평화"(눅 2:14)를 주시기 위해 오셨다. 그러나 예수님은 "내가 세상에 화평을 주러 온 줄로 생각하지 말라… 내가 온 것은 사람이 그 아버지와, 딸이 어머니와, 며느리가 시어머니와 불화하게 하려 함이니 사람의 원수가 자기 집안 식구리라"(마 10:34-36)라고 말씀하셨다. 이것은 예수님의 주된 가르침에서 이탈한 것이 아니라, 폭풍우에 시달리는 세상 속에서 우리 삶에 대한 가장 중요한 메시지의 서론이다. "또 자기 십자가를 지고 나를 따르지 않는 자도 내게 합당하지 아니하니라 자기 목숨을 얻는 자는 잃을 것이요 나를 위하여 자기 목숨을 잃는 자는 얻으리라"(마 10:38-39). 이러한 정신은 예수님의 말씀에서 뿐만 아니라 제자를 택하신 데서도 나타나고 있다.

최근에 나는 인상적인 새 직원을 고용하게 되었다. 그는 아이를 새로 입양하려고 하는데 그 절차를 마무리할 때까지 몇 달 정도 기다려 줄 수 있느냐고 물었다. 서류 처리가 완료될 때까지 그가 살던 주에 머물러야 했기 때문이다. 나는 "나와 일을 하고 싶은 거요, 아니요? 아기 일은 아기가 처리하게 하시오"라고 말할 생각은 꿈에도 없다. 그랬다가는 새 직원이 (당연히) 사직했을 것이고, 내가 입양과 위탁 양육을 장려하는 줄 알았는데 실은 위선자라고 (당연히) 생각했을 것이기 때문이다. 설령 표현은 안하더라도 그가 나에 대해 "당신이 뭔데?"라고 생각했을 수도 있다.

최근에 돌아가신 부모의 일을 처리하기 위해 새로운 사명을 뒤로 미루는 것은 합리적일 뿐 아니라 칭찬 받아 마땅한 것으로 보인다. 그러나 예수님은 "나로 먼저 가서 내 아버지를 장사하게 허락하옵소서"라고 말한 사람에게 기이할 정도로 차갑고 공감되지 않는 대답을 하셨다. "죽은 자들로 자기의 죽은 자들을 장사하게 하고 너는 가서 하나님의 나라를 전파하라"(눅 9:59-60). 공군에 입대하기 전에 가족에게 작별 인사를 하러 가는 사람을 나쁘게 볼 사람은 아무도 없을 것이다. 그러나 제자가 될 수도 있는 또 다른 사람이 예수님께 "나로 먼저 내 가족을 작별하게 허락하소서"라고 하자 예수님은 전혀 허락하지 않으셨다. "손에 쟁기를 잡고 뒤를 돌아보는 자는 하나님의 나라에 합당하지 아니하니라"(눅 9:61-62). 만일 예수님 말고 다른 사람이 그런 말을 한다면, 솔직히, 가혹하면서도 심지어 악하게 들릴 것이다.

그것은 예수님이 자신을 따를 무리를 모집하실 때 일시적 탈선을 의도하신 것이 아니었다. 이단을 분별할 때 첫 번째 핵심은 그들이 사람들을 가족과 분리시키느냐는 것이다. 부모자녀 간의 접촉을 끊게 한다면 해로운 무리로 의심된다. 그러니 1세기 당시 유대 지역의 많은 사람들이 예수 운동을 그렇게 본 것도 당연하다. 1세기의 모든 사람들은 복음서에서 예수님이 "나를 따르라"고 하셨을 때 어부였던 사도들이 당장 그물을 던지고 따른 것에 주목했을 것이다. 성경은 야고보와 요한, 마가가 그물을 수선하다가 놔두고 "그 아버지 세베대를 품꾼들과 함께 배에 버려두고 예수를 따라"(막 1:20)갔다고 말한다. 우리는 그것을 젊은 그리스도인 부부가 일가친척을 떠나 먼 선교지로 가는 것으로 잘못 해석한다. 그러나 그 당시에 예수님의 말씀을 듣던 사람들은 그것을, 우리가 생각하는 것 이상으로, 이를테면 가족과의 의절로 이해했을 것이다.

어부가 그물을 놔두고 가는 것은 현대인이 다른 도시에 가서 직장을 구하는 것과는 다르다. 그것은 그들의 유산을 놔두고 가는 것이었다. 곧 여러 세대에 걸쳐 어업을 가업으로 일궈 왔을 조상의 유산과 단절하는 것이었다. 또한 미래의 후손, 그 후손의 후손, 보이지 않는 후대를 위한 생계 수단을 접는 것이었다. 그것은 충격적이지만 반 가족적으로 보였을 뿐 아니라, 부모를 공경하라는 하나님의 명령을 어기는 것이기도 했다.

예수님은 그렇게 가르치셨을 뿐 아니라 친히 그런 삶을 사셨는데, 곧 결혼도 하지 않고 자녀도 갖지 않으셨다. 예수님은 거의 모든 경우에 가족과 친척을 무시하는 것 같아 보인다. 한번은 가르치실 때, 군중 속의 한 여자가 외쳤다. "당신을 밴 태와 당신을 먹인 젖이 복이 있나이다"(눅 11:27). 가르치는 일을 하다 보니, 때로 사람들이 나에게 칭찬의 말을 던지는 일은 있지만, 나의 어머니를 칭찬하는 경우는 없다. 만일 누가 그랬다면 나는 어머니가 얼마나 훌륭하고 멋진 분인지 말했을 것이다. 그러나 예수님은 그러지 않으셨다. 대신 이렇게 말씀하셨다. "오히려 하나님의 말씀을 듣고 지키는 자가 복이 있느니라"(눅 11:28). 예수님의 가족이 예수님이 가르치는 건물 밖에 서서 예수님을 보고자 했을 때도 "누가 내 어머니이며 동생들이냐"라는 말로 물으시며 거기에 스스로 답하셨다. "내 어머니와 내 동생들을 보라 누구든지 하나님의 뜻대로 행하는 자가 내 형제요 자매요 어머니이니라"(막 3:33-35).

한 친구가 명성 높은 대학교에 다니다가 육체노동자들이 많은 고향 마을에 왔던 경험을 얘기해 주었다. 그는 떠났던 고향으로 돌아가서 형제자매, 친구들과 웃으며 농담을 즐겼다. 그는 함께 자랄 때 수도 없이 했던 그 마을에 대한 농담을 했다. 그런데 분위기가 싸늘해지며 그들이 말했다. "우리는 그 말을 할 수 있지만, 너는 안 돼. 네가 이제 그런 말을 하면 우리를 무시하는 거야." 그는 갑자기 깨달았다. 그는 같은 내부인으로서 서로 농담하는 입장이 아니라 외부인이 되어 그들을 놀리는 꼴이 된 것이다. 그것은 엄연히 달랐고, 사람들의 반응 또한 매우 달랐다.

하물며 예수님의 태도가 고향 마을에 얼마나 큰 불을 지폈을까 생각해 볼 수 있다(눅 4:24-30). 가령 가수로 성공한 사람이라면 고향 마을에서 각별히 공을 들여 무료 공연도 하고 해야지 안 그러면 '잘 나가더니 출신을 잊었다'는 미움 섞인 말을 듣게 될 것이다. 분명히 많은 사람들도 예수님께 그렇게 반응했을 것이다. 예수님은 그들이 "의사여, 너 자신이나 고쳐라"라고 생각한다는 것을 아셨다. 그런데 예수님은 거기서 더 나아가서, 직계 가족을 어느 맥락, 어느 문화에서나 깜짝 놀랄 정도로 궁지로 몰아 가셨다. 실로 많은 사람들에게 예수님이 본인의 가족에 대해 가지신 태도는 가장 큰 논란이 되었을 것이다. 예수님이 거의 항상 논란을 불러일으키신 데는, 그것이 상당 부분 원인으로 작용했을 것이다.

예수님이 승천하신 후의 시대를 살아가는 우리는 예수님이 항상 옳았다는 것을 안다. 하지만 가끔은 우리가 생각하는 '착한 예수님'에 대한 인식이 본문에 나타나는 긴장을 흐릿하게 만들기도 한다. 그 긴장은 예수님이 제시하는 하나님 나라의 방식이 얼마나 특이한지 보여 주는 것이다. 따라서 예수님의 가족과 친족들이 보인 경악스런 반응은 전혀 이상해 보이지 않는다. 예수님은 인간의 보편적 본성을 거스르셨다. 예수님이 좋은 가족 구성원으로 보이지도 않는다. 사실 예수님은 좋은 포유류로도 보이지 않았다.

어쨌든 과학자들은 모든 생명체가 자기 종의 보존과 자신의 유전 물질을 보호하려는 본능 때문에 매우 강력한 동류 간의 연대나 유대감을 갖는다고 말한다. 특히 대다수 포유류들은 짝짓기와 번식에 있어서 생존 본능에 따르는 행동을 한다. 그런 이유로 법정에서는 배우자가 서로에 대해 반대 진술을 하거나 자녀가 부모에 대해 반대 진술을 하지 못하도록 한다. 그것은 우리의 근원적 본성에 역행한다. 그러나 그렇다고 해서 자연 선택이 우주의 주된 추진력은 아니다.

사실 가족에 대한 예수님의 모범과 교훈은 생물학적인 것과 맞지 않는다. 성경과도 맞지 않는다. 성경의 이야기는 가족으로부터 시작하는데 하나님은 남녀에게 생육하고 번성하여 온 땅에 충만하라고 명령하셨다(창 1:27). 자녀가 없는 문제는 구약에 자주 등장하는 소재다. 그것은 단지 불임이라는 개인적인 슬픔의 문제가 아니다. 하나님의 약속은 아브라함을 "여러 민족의 아버지"(창 17:5)로 만드셔서 그 후손이 바닷가의 모래알과 하늘의 별처럼 많아지게 한다는 것이었다(창 15:5). 하나님이 다윗에게 하신 약속은 다윗 왕가를 세우셔서 그중 한 아들이 영원한 보좌에 앉게 된다는 것이었다(삼하 7:4-17).

결국 요점은 예수님이 가족을 그 당시 문화처럼 중시하지 않으셨다는 것이다. 하지만 아이러니하게도, 예수님은 그런 방식을 통해 가족들을 구하셨다. 예수님을 따르기 위해 부모와 형제자매를 "미워해야" 한다는 그분의 말씀에 움찔할 필요는 없다. 예수님은 이어서 자신을 따르는 자는 "자기 목숨까지"(눅 14:26) 미워해야 한다고 하셨다. 우리에게 예수님을 믿고 자살하라는 것인가? 물론 아니다. 그것은 십자가에 대한 말씀이다. "누구든지 자기 십자가를 지고 나를 따르지 않는 자도 능히 내 제자가 되지 못하리라"(눅 14:27). 하나님 나라의 원리 속에서 생명을 발견하는 방법은 생명을 잃는 것이다(막 8:35). 이와 마찬가지로, 가족을 되찾는 길은 우리의 가족 가치를 십자가에 못 박는 것이다.

우선순위의
재조정

소설가 워커 퍼시(Walker Percy)는 우울증을 치료하려면 자신을 죽이는 방법을 쓰라고 말한다. 하지만 그는 그렇게 말할 사람이 아니었다. 그 자신이 평생을 아버지의 자살로 휘청거리며 살았기 때문이다. 퍼시가 말하는 자살은 문자 그대로 자기 생명을 버리라는 것이 아니다. 그렇게 한다고 해서 문제가 해결되는 것이 아니기 때문이다. 자살 충동을 지닌 몇몇 사람들은 그렇게 착각할 수도 있지만 말이다. 그는 자살하려던 사람이 다시 살기로 결정하면 무슨 일이 일어날지 골똘히 생각했다. 그에 따르는 결과는 자유다. 그는 당신이 "삶의 감옥에서 해방된 죄수와 같다"고 말한다. 당신이 존재하지 않았을 수도 있다는 것을 안다면, 이제는 한때 그들의 실망 속에서 당신을 짓눌렀던 모든 기대로부터 자유롭게 존재할 수 있게 된다. 당신은 인생을 선물로 보게 된다. 퍼시는 그것이 엄청난 차이라고 말한다. '비 자살자'는 자살하지 않은 사람인 반면에 '자살 탈출자'는 자신을 이미 죽은 사람으로 여기기 때문에 자유롭게 산다는 것이다. 그는 이에 덧붙여 다음과 같이 말하고 있다. "그는 죽을 수 있는 선택권이 있기 때문에 살아 있어서 잃을 것이 없다. 살아 있다는 것은 좋은 것이다. 그는 그럴 필요가 없기 때문에 일하러 나갈 수 있다."[4]

바로 이것이 십자가가 가족에게 하는 일이다. 가족은 영적 전쟁의 주 무대이다. 어둠의 세력은 우리 자신, 그리고 자신의 연장선상에 있는 가족을 우상화하게 한다. 그것은 우리가 우리 자신과 가족에 대해 만든 이미지다. 우리는 안정을 갈구한다. 우리 삶이 우리가 기대하는 대로 되고, 우리의 가족이나 다른 일들이 마땅히 그래야 하는 대로 되기를 바란다. 그러나 우리가 가족을 선물로 받아들이고, 삶의 성패를 가늠하는 유일한 척도로 삼지 않는다면, 가족을 있는 그대로 사랑할 자유가 생기고, 자신의 연장선상에 두거나 우상화하지 않게 된다. 우리는 자신의 상상 속에서만 존재하는 이미지를 가족에게 강요할 필요도 없고 그들이 허울 좋은 자신의 이상에 미달될 때도 그들을 비난할 필요가 없어진다. 발달장애를 가진 아들 때문에 지적인 아버지가 힘들어할 필요가 없다. 왜냐하면 그 아이는 선물이며 그의 '업적'이 아니기 때문이다. 우리가 가족의 안정을 추구하는 것은 사실은 자기 자신을 높이려는 발로로 이용될 때가 많다. 사울이 다윗과 친구였던 아들 요나단을 꾸짖은 데서도 그것이 잘 나타난다. "이새의 아들이 땅에 사는 동안은 너와 네 나라가 든든히 서지 못하리라"(삼상 20:31).

우리들 대부분은 왕좌를 지켜야 할 필요가 없지만, 가족은 우리가 지키고 싶은 우상이 될 수 있다. 그것은 경제적 안정이거나 명성일 수도 있다. 가족이 유혹이 될 수 있다고 해서 음식이나 옷처럼 버려야 하는 것은 아니다. 다만 예수님을 따르려면 우리의 우선순위를 재조정해야 한다.

하나님의 나라를 먼저 구하면, 가족의 복리를 더 잘 추구할 수 있다. 우리가 가족보다 예수님을 더 사랑하면 자유를 얻게 되어 가족을 어느 때보다 더 사랑하게 된다. 우리가 가족에 대해 움켜잡고 숨 막히게 하던 것을 놓게 되면, 그것이 현재의 가족에 대한 기대이든, 오래 전 가족에 대한 향수든, 가족 안의 상처에 대한 흔적이든, 미래의 가족에 대한 걱정이든, 자유로운 가족이 되어, 교회 가족이라는 새 피조물 안에서 우리의 자리를 찾고 거기서부터 시작할 수 있게 된다.

과연 가족은 축복이다. 그러나 가족이 최우선이 아닐 때 축복이 된다.

싱글
그리스도인은
없다

과연 교회는
가족이 될 수 있을까

한 친구가 내게 말하기를 자기가 그리스도인이 되기 전에 몇 주 동안 주일마다 커피숍에 앉아서 길 건너편 사람들이 차에서 내려 교회로 들어가는 것을 지켜보았다고 했다. 그 당시 무신론자였던 그녀는 하나님의 개념이나 결혼 및 가족에 대한 '전통적' 개념이 모두 억압적인 가부장제에 그 뿌리가 있다고 믿고 있었다. 그녀는 성적 자유를 향유해야 한다고 믿었고, 기독교의 도덕 기준이 숨 막혔다. 그러나 자기 자신도 놀랄 정도로 예수님께 끌리기 시작했고, 예수님이 당신 자신에 대해 말씀하신 바를 믿기 시작했다. 그러나 그리스도께 헌신하기 전에 자신이 교회의 일원이 되어 그리스도인으로서 소속감을 가질 수 있을까 의문을 품었다고 한다. 그녀는 커피숍에 앉아서, 엄마와 아빠들이 차에서 내려 아기를 안고, 어린이들의 손을 잡고 걸어가는 것을 보며 생각했다. "내가 저들 안에 섞일 수 있을까?"

우리가 이 점을 너무 자주 간과하기 때문에 심각한 논쟁이 되지는 않는다. 결혼하지 않은 그리스도인들은 종종 자신이 뭔가 결핍되어 있다고 느낀다(만일 그렇다고 한다면, 우리의 신앙도 뭔가 결핍되었을 것이다. 예수님은 결혼한 적이 없으니까). 뿐만 아니라 교회들도 바깥세상처럼 외로울 때가 너무 많다. 전에 나의 한 학생은 여러 해 동안 거리 갱단 활동을 하다가 그리스도께 돌아오게 되었는데, 폭력과 마약을 그만둔 것은 행복했지만 이전에 갱단에 있었을 때 누렸던 공동체와 소속감은 그립다고 말했다. 음란물 제작 사업부터 KKK까지 다양한 배경과 출신을 가졌던 그리스도인들이 이 학생과 똑같이 말하는 것을 종종 듣게 된다. 그들은 이전의 죄에 대해선 추호도 생각하고 싶지 않지만, 교회 안에서 그런 동지의식과 소속감을 찾지 못해서 힘들어했다. 그리스도인 공동체 입장에서 보자면 이 얼마나 부끄러운 일인가.

교회 자체가
가족이다

　　교회 안에서 가족 의식을 잃은 결과는 심각하다. 어떤 연구에 따르면 고립된 쥐는 약물에 노출되었을 때 그렇지 않은 쥐보다 더 쉽게 중독된다고 한다. 다른 연구에 의하면 전쟁터에서 돌아온 군인들이 겪는 가장 큰 트라우마 가운데 하나는 전쟁터에서 겪은 끔찍한 기억만이 아니라, 갑자기 접한 일반인으로서의 생활과 연결점이 없는 것이라고 한다. 우리는 핵가족이 이 필요를 채울 수 있다고 생각하지만, 우리의 공동체 안에서 가장 외롭고 고립된 사람들은 결혼하여 자녀를 두었으나 자녀 양육이나 연로한 부모를 모시는 일에 너무 바빠서 옛 친구와의 연락은 끊어지고 어떻게 새 친구를 사귈지 모르는 사람들이다.

　　교회는 '가족 친화적'이거나 가족들의 모임이 아니라, 가족 그 자체이다. 우리는 경건한 아들이나 딸, 형제자매, 남편이나 아내, 부모가 되는 기술을 교회 안에서 배운다. 다시 말해 가족 안에서 역동성을 배워서 그것을 교회 안에서 실행하게 된다. 성경은 목사라면 당연히 "자기 집을 잘 다스려야 한다"(딤전 3:4)고 말한다. 그것은 혼란한 가정 출신의 사람들이 다른 사람들보다 상태가 나빠서가 아니라, 가정과 교회를 이끄는 기술이 같기 때문이다. 바울은 "사람이 자기 집을 다스릴 줄 알지 못하면 어찌 하나님의 교회를 돌보리요"(딤전 3:5)라고 질문했다.

이스라엘에게 약속하신 새 언약은 백성을 위한 미래를 제시했다. 그것은 하나님의 축복을 다른 나라들에 중재하는 제사장의 나라가 되는 것이었다. 그런 와중에 조금 이상해 보이는 오난의 이야기가 등장한다. 오난은 죽은 형을 대신해 형수와의 성관계를 완수하지 않고 "땅에"(창 38:9) 씨를 흘렸다가 징계를 받았다. 그동안 어떤 사람들은 이 말씀을 자위행위와 피임에 대한 경고로 해석하기도 했다. 심지어 나는 이 본문을 들어 선교를 충분히 하지 않는 '이기적인' 교회들을 공격하는 설교까지 들었다. 그러나 원래 이 본문의 메시지는 시동생으로서 가문의 존속을 위해 "네 형을 위하여 씨가 있게 하라"(창 38:8)는 말씀에 근거한 것이었다. 하나님이 약속에 신실하시려면 우선 이스라엘이 생존해야 한다. 그래서 언약의 징표로 피부를 잘라낼 때 손가락이나 발가락이 아닌 생식기의 피부를 잘라낸 것이다. 야곱의 열두 지파는 자손을 재생산해야 했다.

그것이 이스라엘이 이방 땅으로 쫓겨나고, 성전이 파괴되고, 다윗 왕가가 단절된 이유이다. 그것은 마치 세상의 종말과도 같다. 하나님은 이스라엘을 구별하려 하셨는데 도덕적으로 뿐만 아니라 언약의 징표를 통해, 그리고 주변 나라들과의 통혼 금지를 통해 그렇게 하셨다. 나라들을 축복하려면, 이스라엘이 다른 나라들에 흡수되어 그 정체성이 훼손되는 일이 없어야 했다.

예레미야는 믿음이 없었던 여호야김 왕에 대해 다음과 같이 말했다. "여호와께서 이와 같이 말씀하시니라 너희는 이 사람이 자식이 없겠고 그의 평생 동안 형통하지 못할 자라 기록하라 이는 그의 자손 중 형통하여 다윗의 왕위에 앉아 유다를 다스릴 사람이 다시는 없을 것임이라 하시니라"(렘 22:30). 그것은 단지 우상을 숭배하고 외적의 침략을 막지 못한 왕가에 대한 심판이 아니었다. 그것은 온 세상에 대한 심판 같아 보였다. 다윗 가문이 끊어져 구속의 유일한 소망이 끝난 것 같았다. 그러나 하나님은 그 파괴된 가계도에서 새순이 돋아날 것이라고 약속하셨다(렘 23:5, 사 6:13). 이 소망은 항상 미래를 지향하고 있었다. 이스라엘을 통해 "그리스도가 그들에게서 나셨으니 그는 만물 위에 계셔서 세세에 찬양을 받으실 하나님"(롬 9:5)이시다. 어떤 세대라도 에덴의 잔해들을 쓸어버릴 수 있을 것이다. 그러나 모든 세대가 죽음으로 끝났다. 좋은 왕들조차 결점이 드러났고, 대부분은 죄와 반역을 더 크게 저지르는 아들이 왕위를 계승했다. 이스라엘은 타락의 저주로부터 자신을 구해낼 아들을 생산하지 못했다.

그런 와중에 한 징조에 대한 약속이 있었다. 그것은 여자가 아이를 낳는 일상적인 일이었다(사 7:12-14). 아기가 "우리와 함께 계신 하나님"이 될 것이며, 그는 미래를 보장할 수 없어 보이는 이스라엘의 남은 자 중에서 나오게 될 것이다. 예수님의 동정녀 탄생에는 연속성과 불연속성, 위협과 약속이 모두 담겨 있다. 하나님이 택한 가문을 통해 역사하면서도 동시에 그 가문을 흐트러뜨린다. 구원은 "여자의 후손"(창 3:15)을 통해, 아브라함과 다윗의 계보를 통해 임할 것이다. 동시에 그 아기는 "혈통으로나 육정으로나 사람의 뜻으로 나지 아니하고 오직 하나님께로부터 난 자"(창 3:15)였다.

예수님이 남자를 모르는 여자의 태에서 나신 것은 자연적인 것으로는 우리를 구원할 수 없다는 징표였다. 가족이 중요하지만, 가족만으론 안 된다. 시편 110편은 신약에서 자주 인용되는 구약 본문으로, 앞으로 오실 해방자가 아브라함과 다윗 가문에 속하며, 왕의 자격을 충분히 갖추셨고, 다윗이 그를 "나의 아들"이 아니라 "나의 주"(시 110:1, 막 12:35-36)라고 부르게 된다고 말씀하고 있다. 그분은 이스라엘 가문에 뿌리를 두지만, 단지 인간 계보의 총합에 그치지 않았다. 또한 가문에 따른 제사장이 아니라 신비로운 옛 인물로서 "아버지도 없고 어머니도 없는"(히 7:3) 멜기세덱의 반열을 따르고 있다. 우리는 멜기세덱의 배경을 알지 못하며 그의 자연적 상속자도 모른다. 그는 난데없이 불쑥 나타난 것처럼 보인다. 예수님이 이스라엘의 가문이라서 제사장이 되신 것이 아니다. 오히려 예수님 덕분에 이스라엘 가문이 제사장들의 나라가 되었다.

교회의 구성원이 된다는 것

예수님이 랍비 니고데모에게 하나님 나라를 말씀했을 때, 그는 그것을 문자적, 물리적 출산으로 이해했다. 그러나 예수님은 하나님이 하시는 새 일을 말씀하신 것이었다. 아브라함은 이삭을 희생 제단에 올려놓았을 때 아들을 죽이면 미래의 모든 소망, 곧 하나님의 약속이 사라진다는 것을 알았다(창 22:1-14). 하지만 하나님이 죽음을 뒤집고 아들을 부활시켜 약속을 지키실 것을 신뢰했다. 우리는 상속자이고, 그리스도 안에서 약속의 자녀들이다(갈 4:26-28). 하나님은 그 약속을 DNA나 피부의 흔적이 아닌, 신실한 남은 자들에게 하셨다. 그 남은 자는 한 사람, 곧 나사렛 예수시며, 그는 자신 안에서 하나님과 하나님의 형상을 지닌 인간을 연합하셨다.

우리는 혈과 육을 통해 이 땅에 물리적으로 존재하지만, 혈과 육은 하나님 나라를 상속할 수 없다. 우리는 거듭나야 한다(요 3:3). 따라서 성경의 모든 가계도는 골고다의 나무를 손꼽아 기다린다. 승리하신 그리스도는 십자가에서 자기 생명을 희생 제물로 바치시고, 부활로 죽음을 뒤집으신 후, 하나님 우편에 앉으셔서 "나와 및 하나님께서 내게 주신 자녀라"(히 2:13)고 선포하신다. 우리의 정체성은 그분 안에 있다. 그의 이야기는 이제 우리의 이야기가 되었다. 그의 혈통이 이제 우리의 혈통이 되었다. 그의 유산이 이제 우리의 유산이 되었다. 그리고 그의 가족이 이제 우리의 가족이 되었다. 그리스도 안에 있으면, 새 아버지, 새 조상, 많은 형제자매가 북적대는 새 식구를 갖게 된다. 우리는 교회를 가졌다.

교회 안에는 가족에 대한 우리의 이해를 송두리째 뒤집을 만한 것이 있다. 이사야 선지자는 하나님이 남은 백성을 구하셔서 약속의 땅에 재정착시키실 것을 예견했다. 그러나 그가 본 것은 그것만이 아니었다. 그는 그 남은 자들 중에 인종적 이스라엘이 아닌 사람들이 포함될 것이라고 예언했다. "여호와께 연합한 이방인은 말하기를 여호와께서 나를 그의 백성 중에서 반드시 갈라내시리라 하지 말며 고자도 말하기를 나는 마른 나무라 하지 말라"(사 56:3). 왜 하나님이 당신의 백성을 유배 생활에서 돌아오게 하신다는 소망의 말씀 안에 외국인을 포함시키셨을까? 그리고 왜 하필이면 고자, 곧 거추장스러운 가족 없이 이방 왕을 섬기는 데 전념하기 위해 거세당한 사람을 말씀하셨을까? 고자의 한탄은 타당해 보인다. 그는 자신의 가계도에 그릴 미래가 없었다.

나는 이 본문을 읽을 때마다 친구 목사가 있는 교회 컨퍼런스에서 남성도 대상으로 말씀을 전했던 때가 생각난다. 나는 그 교회를 잘 몰라서 참석자들이 다른 교회와 마찬가지로 젊은 기혼 남성들일 줄 알았다. 그래서 성적 유혹과 결혼 생활 속의 성적 즐거움의 필요성에 대하여 "네가 젊어서 취한 아내를 즐거워하라"(잠 5:18) 등의 말씀과 아가서의 많은 자료를 가져갔다. 그런데 막상 만나 보니 88세 이하의 성도들이 없었다. 물론 어떤 이들은 백세나 그 이후까지 활발한 성생활을 한다지만, 거기서는 아무도 그렇게 솔로몬처럼 살 수 있다고 생각하지 않는 것 같았다. 메시지가 끝난 후에, 한 연로한 성도가 보행기를 의지해 앞으로 나와서 내게 말했다. "고맙네. 자네는 마른 뼈들에게 '살아나라'고 외치는 에스겔 선지자 같구먼." 내가 어리석었음을 인정한다. 그러나 나의 성 강연은 하나님이 고자들에게 자신을 생식력이 없다고 보지 말라고 하신 것보다는 훨씬 더 현실적이었다. 물론 이사야서에 등장하는 고자들은 생식력은 물론이고 생식 기관조차 없었다. 그렇다면 하나님이 어떻게 이런 말씀을 할 수 있었을까?

하나님은 당신께 연합한 이방인들이 진정으로 하나님 백성의 일부가 될 것이라고 약속하셨다. 신실한 고자들에게 "내가 내 집에서, 내 성 안에서 아들이나 딸보다 나은 기념물과 이름을 그들에게 주며 영원한 이름을 주어 끊어지지 아니하게 할 것"(사 56:4-5)이라고 약속하셨다. 일반적으로 우리는 가문의 대를 이어 그 이름을 미래까지 계승하기를 기대하지만, 하나님은 복음으로 그보다 훨씬 더 많은 것을 주셨다. 하나님은 부활의 영생을 통해 우리 개인을 미래로 이끄신다. 시민권이나 가족이 없는 사람, 특히 고자처럼 고환이 없는 사람에게도 그것은 사실이다.

하나님은 "내 집은 만민이 기도하는 집이라"고 선언하셨다. 하나님은 이스라엘의 소외된 자들을 불러 모아 선포하셨다. "내가 이미 모은 백성 외에 또 모아 그에게 속하게 하리라"(사 56:7-8). 하나님이 이 모든 것을 계시하신 것은 "우리의 죄악 때문에 상하고" 우리 죄를 지실 종을 계시하신 후였다(사 53:5). 여기서 "우리"에 누가 포함되는지는 하나님이 다시금 정의하셨다. 주님은 복음서에서 몇 번 분노하신 적이 있다. 그중 한 경우에 이 본문을 인용하시며 돈 바꾸는 자들을 성전에서 몰아내셨다. "내 집은 만민이 기도하는 집이라 칭함을 받으리라"(막 11:17). 예수님은 부활 후에 성령을 보내셔서 바로 그렇게 하게 하셨다. 하나님의 백성에 각 족속, 방언, 나라, 언어의 사람들을 더하셨다. 그중 하나가 에티오피아 내시가 이사야서 두루마리를 읽은 것이다. 그는 그리스도께 연합하여 이제 "외인"이 아니라 "오직 성도들과 동일한 시민"이 되었다. 그는 "마른 나무"가 아니라 "하나님의 권속"이다(엡 2:19).

우리는 자연스럽게 어딘가에 소속되고 싶은 욕구를 가지게 된다. 교회에서 우리는 함께 소속되고 공동의 미래를 가진 형제자매다. 그런데 '형제' '자매'라는 용어가 과도하게 비유적일 수 있다. 기숙사 '형제'나 기독교 용어의 '기도 용사'처럼 말이다. 그러나 그 비유가 초대 교회를 뒤흔들었다. 과거의 이야기와 미래의 유산을 공유한다는 것이 무엇인지 사람들이 알았기 때문이다. 그들은 형제자매가 서로에 대해 바깥세상과는 다른 의무가 있다는 것을 알았다. 그래서 초대 교회는 그들 안의 궁핍한 자를 재정적으로 돌봤고, 동료 교인들의 죄를 상호 점검했다. 우리는 사생활이라는 명목 하에 고립되지 않고 서로에게 소속되어 있다. 또한 가족이므로 서로의 짐을 진다.

우리는 모두 가족으로
부름받았다

나는 다섯 아들의 아버지로서 우리 아이들에게 사춘기가 어떨지 알려 주는 '대화'를 반복적으로 해왔다. 나는 그 아이들이 나처럼 뜻밖의 변화에 허를 찔려 당황하거나 죄책감을 느끼지 않기를 바랐다. 그래서 그 이야기를 되풀이했고 때로는 거듭 거듭 말해야 했다. "이런 일이 일어날 거야. 겁내지 마. 그건 정상이야. 네가 이상한 게 아니야." 나는 그렇게 하면서 누군가가 삶의 모든 변화에 대해 내게도 그렇게 말해 주었으면 좋겠다고 생각했다. "중년의 위기는 이럴 거예요"라거나 "빈 둥지가 되면 부부 사이에 이런 일이 일어날 거예요"라거나 "다른 지역에 사는 부모님이 실버타운으로 입주할 때 그동안 쌓아온 모든 물건을 지키고 싶어 하실 거예요. 그때의 스트레스는 이렇게 해결하세요"라고 말이다. 나는 "이건 정상이에요. 겁내지 말아요"라고 말해 줄 사람이 필요하다. 또한 내게서 그 말을 들어야 할 사람들도 많을 것이다. 교회는 시온 성으로 가는 순례 길을 걸어갈 때 앞으로 다가오는 변화에 서로를 영적으로 준비시켜 주기 위해 존재한다. 그럴 때 교회 가족인 우리 모두가 사명을 이루기 위해 은사를 사용한다. 모든 사람이 나머지 사람을 세우기 위한 은사를 갖는다는 사실은 우리가 함께 소속되어 있음을 가르쳐 준다. 우리는 서로에게 필요한 존재이며 사랑받는 자들이다.

그렇다면 보수적인 기독교인들이 '가족적 가치'를 갖는다는 것은 다윈의 생물학보다 가족에 대한 우리의 비전이 더 크다는 것을 보여 주는 것이다. 그래서 AIDS 환자가 말년을 우리 집에서 보내도록 여분의 침실을 마련하거나, 임신하여 부모에게 쫓겨난 여성들을 위해 텔레비전 앞의 거실 소파에 앉을 자리를 주거나, 집에서 혼자 밤을 보내면 다시 위스키 병을 들게 될까봐 두려워하는 남자를 위해 아침 식탁 자리를 마련해 줄 수 있다. 미혼모, 혹은 실직자, 혹은 위탁 양육을 받으며 방황하는 십대에게 그리스도인이 집을 개방하는 것은 자선이나 영웅적 행위가 아니다. 그것은 우리가 단순히 가족을 위해 대가를 바라지 않고 할 일을 하는 것이다. 우리는 가족이다. 다시 말해 그리스도인은 혼자 살지 않고, 혼자 죽지 않는다. '싱글' 그리스도인이란 존재하지 않는다.

교회가 가족의 특성을 갖기 때문에 성경은 가족의 문제를 가족에게만 얘기하지 않고 온 교회에게 말한다. 남편과 아내, 자녀와 부모에 대한 권면이 에베소서 5, 6장과 골로새서 3장에 나온다. 바울은 그것을 그 상황 속에 있는 사람들뿐 아니라 온 교회가 함께 읽게 했다. 나의 결혼생활은 개인적이면서도 교회의 일이다. 동료 교인들이 독신 문제로 고민하는 것은 그만의 문제가 아니라 나의 문제이기도 하다. 우리는 서로에게 속한다. 더 나아가서 가족 문제는 우리가 정의하는 것처럼 단지 '가족이 있는' 사람들만 위한 것도 아니다. 우리는 모두 어떤 의미에서 동일한 연합 가족에서 나온 사람들이다. 심지어 거기에 속한 구성원들의 이름이나 얼굴을 모르는 경우라도 말이다(물론 그런 경우 거기에 따르는 어려움이 있기 마련이다). 뿐만 아니라 우리는 모두 부모 역할이나 부모에게 양육되는 역할로 부르심을 받았다. 그것은 결혼해서 자녀를 둔 사람들에게만 해당되는 것이 아니다. 그것이 북미 교회에서 가장 보편적인 현실일지는 모르지만 신약성서에서 '정상적인 그리스도인의 생활'이라고 정의하는 것은 결코 아니다. 신약에서는 독신이 아닌, 결혼이 예외적 경우이며, 결혼하면 고난을 자초하는 것으로 여겼다(고전 7:7-9).

자연적인 가족이나 법적 가족이 있든지 없든지 당신은 아버지나 어머니, 형제나 자매로 부름 받았다. 사도 바울은 디모데를 "믿음 안에서 참 아들"(딤전 1:2)이라고 불렀다. 그는 많은 사람들의 아버지일 뿐 아니라 어머니처럼 교회를 위하여 산고를 겪으면서 "너희 속에 그리스도의 형상을 이루기까지"(갈 4:19) 자녀를 위해 애썼다고 말한다. 자신을 힘들게 하는 교회에게 바울은 "그리스도 안에서 일만 스승이 있으되 아버지는 많지 아니하니 그리스도 예수 안에서 내가 복음으로써 너희를 낳았음이라"(고전 4:15)고 썼다. 사도들과 선지자들뿐 아니라 우리 모두가 그렇게 자녀를 낳는다.

바울은 디모데에게 이렇게 권면하고 있다. "늙은이를 꾸짖지 말고 권하되 아버지에게 하듯 하며 젊은이에게는 형제에게 하듯 하고 늙은 여자에게는 어머니에게 하듯 하며 젊은 여자에게는 온전히 깨끗함으로 자매에게 하듯 하라"(딤전 5:1-2). 우리가 십자가의 길을 따라가려면 이것을 확고히 붙잡는 것이 매우 중요하다. 그 길은 예수님이 교회를 세우실 때, 십자가에서 어머니를 새 아들에게 인계하신 방법이기도 하다. 우리는 영적 어머니와 아버지를 가져야 하고, 교회 안에서 사람들을 이끌고 양육해야 한다. 이런 방식으로 교회는 세대들을 연결시키게 된다.

영적 가족 안에서
천국을 배우다

나는 교회의 노년층들이 젊은 세대를 향해 연장자의 지혜를 존중하지 않고 동년배들의 말만 들으려 한다고 탓하는 이야기를 자주 듣는다. 때로는 그 말이 정말 사실이다. 이스라엘 왕국이 분열된 것은 부분적으로 솔로몬의 아들 르호보암이 "노인들이 자문하는 것을 버리고 자기 앞에 모셔 있는 자기와 함께 자라난 어린 사람들과 의논"(왕상 12:8)했기 때문이다.

그러나 내가 만나는 대부분의 젊은 그리스도인들은 그런 태도를 취하지 않는다. 오히려 나는 그들에게서 다음과 같은 질문을 자주 받게 된다. "어떻게 해야 멘토를 찾죠?" 잘 살펴보면 그들이 원하는 것은 직장에서처럼 기술을 전수 받아 성공의 사다리를 올라가게 해주는 멘토가 아니다. 오히려 그들이 원하는 멘토는 회사의 코치라기보다 어머니나 아버지에 가깝다. 젊은이들은 어떻게 그런 관계를 찾아야 할지 모른다. 어린 시절 놀이터를 떠나고 나서는 새로운 친구를 사귀기가 어렵다. 무작정 다가가 "나의 친구가 되어 줄래요?"라고 말한다면 거절당하기 십상일 것이다. 게다가 무작정 다가가서 "나의 어머니가 되어 줄래요?"라고 하거나 "나의 영적 아버지가 되어 주시겠어요?"라고 말하는 건 더 상상하기 어렵다.

하지만 긍정적인 멘토링은 영성 형성에서 아주 중요한 측면이다. 우리는 말과 모방을 통해 새로운 것을 배운다. 한 사회 과학자는 이렇게 말했다. "그래서 요리책뿐 아니라 요리 수업과 시범이 있는 것이다. 또한 교과서와 매뉴얼에 덧붙여 견습생 제도와 인턴제도, 학생 현장 탐방, 현장 수업이 있는 것이다."[5] 하나님은 우리를 구속하셔서 이 두 가지를 다 주셨다. 기록되고 선포된 말씀으로 우리를 인도

하시고, 교회라는 그리스도의 몸 안에서 일대일로 견습 받게 하신다.

예수님은 십자가를 진다는 것이 자신의 부모 형제자매를 기꺼이 떠나는 것이라고 말씀하셨다. 초대 교회에는 그렇게 했던 사람들이 많았다. 그들은 신들에 대한 존중이 애국심의 중요한 부분이었던 문화에서 벗어나기 위해 이상한 중동 종교를 받아들였다는 이유로 부모와 가족들로부터 거절당했다. 오늘날에도 선교하는 건강한 교회라면, 가족에게 그런 거절을 당하는 사람들이 더 많아야 할 것이다. 다시 말해 그들은 가족이 없는 것이 아니라, 새 가족을 찾은 것이다. 베드로가 예수님을 따르기 위해 모든 것을 버렸다고 아뢰자(그것은 사실로 보인다), 예수님이 대답하셨다. "내가 진실로 너희에게 이르노니 나와 복음을 위하여 집이나 형제나 자매나 어머니나 아버지나 자식이나 전토를 버린 자는 현세에 있어 집과 형제와 자매와 어머니와 자식과 전토를 백배나 받되 박해를 겸하여 받고 내세에 영생을 받지 못할 자가 없느니라"(막 10:29-30). 우리는 이 시대에 박해를 당할 것을 예상해야 하지만, 또한 십자가 공동체 안에서 우리가 떠난 가족을 '백배'로 찾을 것을 기대해야 한다.

그것은 이 현세에서도 그렇고, 오는 세상에는 더 그럴 것이다. 예수님은 우리가 부활할 때는 결혼하는 것도 없고 "하늘에 있는 천사들과 같을 것이라고"(막 12:25) 말씀하신다. 그것이 혼란스러울 수 있고, 솔직히 어색할 수 있다. 우리는 천국에 가기를 원하지만, 우리에게 정말 소중한 친구나 가족, 다른 관계들이 뿌리 뽑히는 것은 바라지 않는다. 하지만 "천국에는 결혼이 없다"고 하신 것은 예수님이 사두개인들과의 논쟁 속에서 하신 돌이킬 수 없는 말씀이었다. 그 종교 지도자들은 몸의 부활을 믿지 않아서, 한 여자가 형제들과 연달아 결혼하는 황당한 시나리오를 만들어 예수님을 책잡으려고 했다. 그들은 그 여자가 과연 새 세상에서 일곱 남편 중 누구의 아내가 되겠느냐고 물었다. 그들은 미래에 대해 부활의 삶이 아니라 좀비와 같은 상태, 곧 이 시대의 우선순위와 부르심이 영원에까지 이어지는 상태를 전제했다.

우리는 초자연적인 세계에 대해 무지하기 때문에 천사처럼 존재하면 외롭고, 열정도 없고, 정적이어서 지루할 것이라고 생각한다. 그러나 사실 천사들은 다스리는 "통치자들과 권세들"이며, 하나님께 받은 사명을 수행하는 자들이다(히 1:14). 우리의 사명은 바뀔 것이지만, 더 축복이 넘치는 삶이지 덜하지는 않을 것이다. 가족은 우리가 예수님을 보는 수단이지, 예수님을 가족이라는 목표를 위한 수단으로 만들어서는 안 된다.

예수의 흘린 피로
만들어진 가족

타고난 헌신과 충성은 매우 강한 것으로 하나님이 그렇게 디자인하신 이유가 있다. 그러나 타락한 우주의 성향은 그러한 본래적 헌신을 한층 더 강화시켜 종교로 만들어 버린다. 그것은 애국심과 유사하다. 왜냐하면 애국심(patriotism)이라는 단어가 아버지(father)라는 단어에서 나오기 때문이다. 고국을 사랑하는 것은 자연스럽다. 애국심은 국가의 일원으로서 물려받은 축복에 대해 하나님과 다른 사람들에게 감사하는 좋은 의식이다. 그러나 애국심이나 국가주의가 궁극적인 목표가 되면 추하고, 폭력적이며 심지어 마귀적인 것이 된다. 이 땅에서 최고의 국민은 그 시민권이 궁극적이지 않다는 것을 아는 사람이다. 국가에 대한 충성보다 더 중요한 것이 있다. 어느 국가든 국가를 하나님 나라보다 우선시하면 그것은 우상숭배일 뿐 아니라(가장 중요한 문제) 애국하는 것도 아니다. 국가나 부족, 마을은 그 정치적 단위를 초월하는 원칙을 갖고 이상과 포부에 맞추어야 한다. 만일 그것을 상실한다면, 진정한 애국심은 사라지고 광신 집단이 될 것이다.

하나님 나라보다 가족을 우선시할 때 생기는 문제는, 우선 살아계신 하나님 대신에 우리 자신을 예배하게 된다는 것이고, 둘째로 가족을 사랑할 능력을 잃게 된다는 것이다. 가족도 마찬가지다. 가족을 사랑하는 것은 좋은 것이며 성경의 명령이다. 그러나 가족을 사랑하는 것이 궁극적인 것이 되면 기껏해야 다원주의자와 무신론자가 될 뿐이다.

만일 커피숍 창밖으로 교회에 가는 사람들을 내다보던 나의 친구가 가족에 속해야만 교회에서 환영받을 수 있다는 말을 들었다면, 그것은 예수 그리스도의 복음이 아닐 것이다. 다행히 그 교회는 그녀에게 복음을 전했다. 그 친구와 같은 사람들이 많다. 아마도 그들은 지금도 안전한 거리를 둔 채 교회를 지켜보고 있을 것이다. 그들이 예수님의 초청으로 상상도 못한 가족의 일원이 되게 하신다는 좋은 소식을 들을 수 있을까? 그 가족은 우리의 혈관 속 흐르는 피가 아니라, 그분이 흘린 피로 묶여진 가족이다.

The Storm-Tossed Family

Part 2

가정의 가치,
십자가로
재해석하다

06

올바른
남성성과
여성성이
출발이다

남자와 여자로 지어진
창조의 비밀

자라면서 나는 만화책에서 성취와 업적, 행동에 대한 동기와 추진력을 찾았다. 내가 그 슈퍼 영웅들에게 고무되어 있었던 주된 이유는 그들처럼 혼자만의 요새나 지하 동굴 속 은신처에 은둔하고 싶었기 때문이다. 나는 아무도 하늘의 신호 같은 것으로 내 관심을 끌 수 없는 곳에서 비밀스런 정체성을 가지고 싶었다. 나는 내가 크립톤의 칼엘(슈퍼맨)이나 고담의 브루스 웨인(배트맨) 같다고 느꼈다. 그렇긴 해도 원더우먼과는 꼭 결혼하고 싶었다.

지금 돌이켜보면, 내가 그 아마존 공주에게 반했던 것이 충분히 이해된다. 아름답지 않은가. 그녀는 침례교 소년이 금지된 것에 대한 스릴을 즐길 수 있을 만큼 몸을 드러내지만, 죄책감을 갖게 할 정도는 아니었다. 하지만 그 이상이 있지 않았나 싶다. 내 주변의 현실적인 여자 어른들과 달리, 그녀는 나에게 아무것도 요구하지 않았다. 좋은 성적이나 성구 암송이나 잔디 깎기 등 말이다. 그녀는 나의 도움이나 보호가 전혀 필요하지 않았다. 충분히 강해서 스스로 모든 상황을 헤쳐 나갈 수 있었다. 그런 상황에서는, 오히려 내가 원더우먼이 애초에 돕도록 만들어진 소년 같았다.

원더우먼은 저명한 심리학자 윌리엄 몰튼 마스턴(William Moulton Marston)의 상상에 의해 만들어진 캐릭터이다. 그는 진보적이었고, 페미니즘의 초기 선구자였으며, 그리스 로마 신화의 전문가였다. 그는 미국 만화책들이 "등골이 오싹할 정도로 남성적이어서"[6] 어린이들에게 도덕적으로 위험하다고 생각했다. 그의 주장에 따르면 남성성은 너무 군림하려 들고 폭력적이어서 소년들에게 다른 선택 사항이 있어야 했다. "소년들에게 그들보다 강한 매력적인 여성을 제시해서 굴복하도록 하라. 그러면 기꺼이 자랑스럽게 그녀의 노예가 되고 싶을 것이다."[7] 그 결과는 다이애나였다. 그녀는 그리스 로마의 신들 같은 공주이고, 여전사들의 섬에 살았고, 그곳에는 남자가 없기에 피 흘림이나 전쟁이 없었다. 그녀는 남자들의 세상에 보내져서, 등골을 오싹하게 하는 남성성이 야기한 모든 폭력을 억제하기 위해서 자신의 힘과 지혜, 황금 올가미를 사용한다. 황금 올가미는 마스턴의 다른 발명품인 거짓말 탐지기처럼 거짓말쟁이도 진실을 말하게 했다. 미국 만화책의 다른 여자들처럼 그녀는 남성 영웅의 아내, 혹은 여자 친구나 오랫동안 잃어버렸던 사촌이 아니었다. 그녀는 강한 남자의 구조가 필요한, 전형적으로 약하고 쉽게 기절하는 여자가 아니었다. 그녀는 보호받을 필요가 없었고, 오히려 남자들을 자신의 무서운 남성성으로부터 보호하기 위해 존재했다.

원더우먼에게 반했던 시절은 훌쩍 지났지만, 나는 여전히 그녀를 우러러본다. 소년소녀(그리고 남녀)들에게는 강하고 역동적이고 자신감 넘치는 여성 모델이 정말 필요하다. 그렇게 생각하면 마스턴과 이후의 페미니스트들의 말이 옳다. 그러나 원더우먼이 보내는 메시지는 결국 모순이라고 결론 내려야 할 것이다. 과체중의 매력 없는 원더우먼은 상상조차 할 수 없기 때문이다. 그렇게 보면 원더우먼은 세상 문화의 메시지를 다시 강조하는 것으로 보인다. 그것은 여성의 가치는 최소한 부분적으로라도 남자에게 신체적으로 매력적인 것에 있고, 슈퍼모델이 세상을 지배한다는 메시지다. 더구나 여성과 남성을 대비시키는 성 전쟁이 아니라면 원더우먼은 존재하지 않았을 것이다. 많은 남자들은 기꺼이 그녀의 노예가 되고자 했다. 무엇보다도 남자가 여자를 부양하고 보호해야 한다는 책임감과 부담에서 남자들을 해방시켜 줬기 때문이다. 그리고 여자들은 원더우먼에게서 직장에서부터 심지어 가정에 이르기까지 오랜 세월 만연했던 한 남성의 약탈적 행위에 굴복하지 않는 여성상을 볼 수 있었다. 그러나 21세기에도 우리는 아직 우리를 위해 싸울 여전사 공주님이나 남녀 간의, 특히 서로 결혼한 남녀 간의 긴장과 분열에서 도피할 섬을 찾지 못하고 있다.

사도 바울도 원더우먼에 대해 알았다. 더 정확하게 말해서, 그는 원더우먼의 토대가 된 그리스의 여신 아르테미스(혹은 다이애나)를 비롯한 신화 속 여신들에 대해 알았다. 소아시아의 에베소는 그 여신의 신전으로도 유명했다. 그 여신은 사냥과 전쟁이라는 '강한' 남성성과 다산과 임신이라는 '부드러운' 여성성을 모두 가지고 있다고 여겨졌다. 그녀는 또한 항구 도시 에베소의 남성 권력 구조에 상당히 유용했다.

복음은 에베소를 소란에 빠뜨렸다. 사람들이 복을 빌며 구매하는 아르테미스 여신상(원더우먼 피규어라고 할 수 있을 것이다)을 만드는 은세공업 시장을 불안하게 했기 때문이다. 그 사업을 이끄는 남자들은 예수님의 왕 되심이 다산의 사교를 위협해서, 그들의 마케팅 전략을 위협할 것을 알았다. 아르테미스 신전과 그 숭배에 기반을 둔 도시의 명성이 훼손될 것을 두려워한 은세공업자들은 군중을 선동하여 바울이 복음을 선포할 때 "크다 에베소 사람의 아데미여"라고 연호하게 해서 "온 시내를 요란하게" 했다(행 19:28-29). 그런 문화 속에서, 아마도 그 유명한 신전에서 불과 몇 구역 떨어진 인근에서, 바울이 에베소에 쓴 편지가 촛불을 켠 방의 작은 모임에서 낭독되었을 것이다. 그 편지는 바울이 은세공업자들과 맞선 얼마 후 감옥 안에서 쓰인 것이었다.

그리스도인들은 결혼을 이해하는 데 에베소서 5장이 중요하다는 것을 제대로 알았다. 비록 그 본문이 구체적으로 남편과 아내에게 무엇을 의미하는지에 대한 해석은 분분하지만 말이다. 에베소서 5장은 결혼식에서도 자주 낭독된다. 다만 우리가 잘 인식하지 못하는 것이 있는데 그것은 이 장이 단순히 결혼에 대한 것 이상이며, 실은 남녀에 대한 것보다 훨씬 더 크다는 것이다.

에베소서는 더 큰 틀에 맞는다. 에베소의 은세공업자들이 한 말이 맞다. 그것은 우주를 뒤흔드는 메시지였다. 우리가 헷갈리는 이유는 성경을 장과 절로 나누어 읽는 데 너무 익숙하기 때문이다. 물론 장절 구조는 유용하다. 가령 내가 성경 구절을 장절로 인용한다면 당신은 곧바로 그 말씀을 찾을 수 있을 것이다. 그러나 당시 에베소에서 그 서신을 읽었던 때는 장과 절이 나누어져 있지 않았다. 우리는 자기도 모르게 이렇게 추정한다. 에베소서 앞부분의 장들은 '심오한' 부분으로서, 예정론과 역사에 대한 하나님의 주권, 구원의 계획 등의 주제들을 다루고, 나중의 장들은 '실용적'이어서 결혼, 자녀 양육 등 일상적인 사안을 다룬다고 말이다. 그러나 그렇지 않다. 에베소서는 서로 단절된 가르침들의 '에피소드들'이 아니다 ("…이것으로 유대인과 이방인의 연합에 대한 오늘의 성경공부를 맺겠습니다. 다음 주에는 4장, 영적 은사에 대해 나누겠습니다"가 아니다).

에베소서 전체는 사도 바울이 "그리스도의 비밀"이라고 말한 것에 대한 한 논증의 전개이다. 그것을 일러 '세상의 의미에 대한 열쇠'라고도 한다. 하나님은 이 서신에서 획기적인 것을 드러내신다. 바울은 그것이 이전 세대들에 감추어졌던 것인데 이제 드러났다고 말했다. 그 비밀은 하나님의 목적들이 그리스도 안에서 드러나 보인다는 것이다. "그리스도 안에서 때가 찬 경륜을 위하여 예정하신 것이니 하늘에 있는 것이나 땅에 있는 것이 다 그리스도 안에서 통일되게 하려 하심이다"(엡 1:9-10). 그 비밀은 교회의 구성과 사명에서 더 깊이 설명된다. "이는 이방인들이 복음으로 말미암아 그리스도 예수 안에서 함께 상속자가 되고 함께 지체가 되고 함께 약속에 참여하는 자가 됨이라"(엡 3:6).

그 비밀에서 우리는 그리스도의 복음이 차후에 생각해 낸 구출 작전이 아니라, 처음부터 창조 세계의 핵심이라는 것을 알게 된다. 그것은 예수님이 우주를 다시 제자리로 돌려놓기 위한 '플랜 B'가 아니라, 본래의 청사진이요, 최종 목표였다. 유대인과 이방인 신자들이 나눠져서 어쩔 수 없이 힘들게 살아가야만 하는 것이 아니다. 그 분리 자체가 대안적 복음을 제시한다. 유대인과 이방인의 화해는 하나님의 백성을 그리스도 안에서 구하고 연합시키려는 하나님의 신비한 계획을 계시하고 있다. 바울은 그것이 결혼에 대해 무엇을 의미하는지, 따라서 남녀의 관계가 어떠해야 하는지 회중에게 말했다.

위의 말을 읽고서 성경 본문이 결혼을 표준으로 가르친다고 잘못 결론을 내릴 수 있지만 그렇지 않다. 우리가 이미 살펴보았고 사도 바울의 다른 본문에서도 볼 수 있듯이 이 시대에 결혼은 허락된 것일 뿐이다. 교회를 섬기는 사람들에게 독신은 기본이다. 또 어쩌면 결혼과 관련해서만 남녀를 논하기 때문에 남성성과 여성성이 오직 결혼 관계 속에서만 규정된다고 추정할지도 모르겠다. 하지만 그렇지 않다. 결혼하지 않은 남자도 남자고, 결혼하지 않은 여자도 여자다. 모두 완전한 의미로 남자나 여자다. 초음파 사진으로 보든 실물로 보든 처음 아이를 보았을 때 우리의 반응은 "여자아이네", 또는 "남자구나"라는 것이다. 우리는 "여자가 자기 짝을 찾게 되면 참 여자가 될 것"이라거나 그 반대의 말을 하지 않는다.

결혼이 남녀의 의미에 대해 뭔가 말해 주는 것은 모든 사람이 결혼하도록 되어 있어서가 아니라, 무엇보다, 이 결혼이라는 연합 안에서 남녀의 관계를 가장 밀접하게 볼 수 있기 때문이다. 예를 들어 사도 바울은 (현대의 대다수 그리스도인들이 잘 모르긴 하지만) 교회 안에서 여성이 "머리를 가리는 것"에 대해 논했다(고전 11:1-16). 그 시대를 연구한 학자들의 주장에 따르면, 그 당시 문화 속에서 머리를 덮는 것은 결혼했음을 나타내는 표지였다. 따라서 다른 남자가 그 여자를 결혼 대상으로 생각할 수 없었다. 사도 바울은 그 상징물을 등한시하지 못하게 했다.

이는 우리 시대에 별로 적절해 보이지 않는다. 머리를 가리는 것이 그런 의미를 갖지 않기 때문이다(결혼반지 등의 다른 상징이 있다). 언뜻 보기에는 그 상징이 그 시대 사람들에게도 부적절해 보인다. 가령 결혼하지 않았거나, 다른 이유로 그 상징이 맞지 않을 사람들에게 말이다. 그렇긴 해도 그 가르침은 훨씬 더 폭넓게 적용될 수 있고 세상 문화와 반대의 모습을 보여 준다. 곧 남녀는 서로에게 의존한다는 사실이다. 우리는 서로에게 의존할 수밖에 없다. "이는 여자가 남자에게서 난 것 같이 남자도 여자로 말미암아 났음이라"(고전 11:12). 그러므로 "물고기에게 자전거가 필요하지 않은 것처럼 여자에게는 남자가 필요 없다"는 옛 말은 전혀 사실이 아니다.

남성 우월성에 대한 끈질긴 신화는 아무리 편협한 여성 혐오자라도 여성의 생식 체계에서 생명을 처음 발견했고, 여성의 자궁을 그의 첫 서식지로 삼았다는 사실에 의해 풀리지 않는다. 우리는 서로가 필요하다. 기혼자만 그런 것이 아니다. 결혼은 그것을 모든 사람에게 나타내 보여줄 뿐이다. 왜냐하면 우리 모두가 결혼하든 안 하든, 결혼 관계, 혹은 그것과 유사한 연합에서 나왔기 때문이다. "창조 때로부터 사람을 남자와 여자로 지으셨으니"라는 예수님의 말씀은 문맥상 결혼에 대한 논쟁 속에서 하신 말씀이었다(막 10:1-12). 예수님은 남녀에 대한 성경의 첫 언급에 근거하여 말씀하셨다. 그리고 그 첫 본문은 결혼의 맥락 속에서 나왔다.

결혼 안에 감추인
그리스도의 신비

결혼은 당사자뿐 아니라 교회와 세상에도 시사하는 바가 크다. 결혼에 대한 본문은 남녀의 장점을 보여 주기도 하고, 일반적 남녀에게는 적용되지 않는 결혼 언약의 특정 측면을 나타내기도 한다. 결혼의 기반이 되는 신약의 이 본문을 다루는 흔한 방법은 교회의 결혼하지 않은 나머지 사람들을 배제하면서, 행복하고 건강한 '관계'를 제시하고 조언하는 것이다. 그러나 사실 이 본문은 그 이상을 담고 있다.

바울은 "사람이 부모를 떠나 그의 아내와 합하여 그 둘이 한 육체가 될지니"(엡 5:31)라는 창세기 말씀이 어떻게 그리스도의 신비를 드러내는지에 대해 설명해 준다. 창세기의 권위를 인정하지 않는 사람이라도 이 원리가 사실이라는 것을 알 수 있다. 모든 세대는 다음 세대에게 이런저런 종류의 성교육을 실시한다. 그러나 차세대에게 인류의 미래를 위해 성관계를 하라고 굳이 가르쳐야 하는 것은 아니다. 그들을 이끄는 강력한 힘이 작동하여 성적 연합을 추구하도록 하기 때문이다. 그 힘이 얼마나 강력한지 때로는 미칠 것처럼 느껴지기도 한다.

수천 년 동안 인간 문명은 결혼이 어떠해야 하는지에 대해 다양한 문화적 개념을 가져 왔지만, 인간 커플의 개념은 어느 곳 어느 문화에나 있어 왔다. 모든 문화마다 사랑의 노래가 있다. 그런 면에서 큰 '신비'(비밀)가 분명히 작동하고 있다. 여기서 신비란 이해할 수 없는 것을 말하지 않고, 동반자 관계나 오르가즘 유지를 넘어선 더 큰 우주적 힘이 작동한다는 말이다. 우리 시대의 많은 사람들은 이 '신비'를 비인격적 다원주의의 자연 선택 정도로 치부할 것이다.

그러나 성경은 그 신비를 다르게 설명한다. "이 비밀이 크도다 나는 그리스도와 교회에 대하여 말하노라"(엡 5:32). 우리 모두는 결혼이 '무엇인지'에 대해 어느 정도 알고 있다. 신자들은 결혼 배후에 '누가' 계신지도 안다. 그러나 그리스도의 신비는 그 모든 것이 '왜' 그런지 말해 주고 있다.

그리스도와 교회의 연합은 남녀의 결혼을 예시하기 위해 존재하는 것이 아니다. 이 말이 좀 이상하게 들릴 수 있지만 그런 사고는 마치 침례교인인 내가 침례 없이 세례를 주는 교파 친구에게 예수님이 십자가에 못 박히시고, 장사되시고, 죽음에서 부활하신 것은 올바른 침례 방법을 가르쳐 주기 위해서였다고 주장하는 것과 같다. 사실은 정반대이다. 거꾸로 말하지 않으면, 전혀 말이 되지 않는다. 곧 우리가 침례를 행하는 것은 예수님의 구원 사역 때문이지만, 우리가 침례를 행하게 하려고 그분이 죽으신 것은 아니다.

결혼도 마찬가지다. 그리스도와 교회가 결혼을 예시하는 것이 아니라, 결혼이 그리스도와 교회를 예시한다. 하나님이 이러한 '한 몸으로의 연합'을 주신 것은 단지 인간이 번식하기 위해서가 아니다. 하나님은 우리가 아메바처럼 자가 분열을 하게 디자인하실 수도 있으셨다. 하나님이 결혼을 허락하신 것은 결혼이 복음에 나타난 근본적인 한 몸으로의 연합을 보여 주는 아이콘이기 때문이다. 이 본문은 다른 신약과 마찬가지로 교회 전체를 대상으로 하면서 구체적으로는 '아내'와 '남편'을 대상으로 한다(남편에게 아내 대신 결정을 내리라고 하는 것이 아니다). 성령께서 이 모든 것을 십자가를 통해 행하셨다.

이것이 중요한 이유는 우리가 창조와 십자가에 못 박힌 보편 인류의 진리로 시작하지 않으면, 성차별을 서로 해치는 방식으로 신격화하거나 다른 신을 숭배하게도 될 것이기 때문이다. 바울은 갈라디아 교회를 향해 우리가 예수님이 받으신 저주와 십자가의 생명에 연합한다고 가르치면서, "너희는 유대인이나 헬라인이나 종이나 자유인이나 남자나 여자나 다 그리스도 예수 안에서 하나이니라"(갈 3:28)고 결론짓는다. 그러나 이것은 십자가가 창조 질서를 없앤다는 의미는 아니다. 예수님과 바울은 모두 다른 본문에서 창조 질서를 인정했다.

이 본문은 유산의 의미를 정의하고 있다. "너희가 그리스도의 것이면 곧 아브라함의 자손이요 약속대로 유업을 이을 자니라"(갈 3:29). 그런 면에서 바울이 그리스도의 신비에 대해 논한 것은 가히 충격적이다. 누구든지 그리스도 안에 있는 사람은 이제 하나님의 약속들을 온전히 받는 것이다. 이방인 그리스도인이라고 해서 유대인 그리스도인보다 더 적은 분량을 받지 않는다. 양쪽 모두가 같은 기반에서 약속들을 받았기 때문이다. 그들은 머리이신 예수님의 몸으로 연합하여 예수님과 "공동 상속자"가 된다.

이것은 남녀 모두에게 그러하다(1세기 상황에서는 이 사실이 더 충격적이었을 것이다). 유대인과 이방인, 남녀 모두가 유산을 받는 '상속자'로 여겨진다. 물론 유산은 아버지로부터 아들로, 그것도 보통은 첫째 아들에게로 상속된다. 여자의 유산 상속은 결혼 관계 속에서 이뤄졌다. 그래서 남편이 없는 과부는 특히 경제적으로 위협을 받았던 것이다. 하지만 그리스도 안에서는 남녀 모두가 앞으로 임할 새 창조 질서 속에서 다스리고 통치할 것이다. 그것은 구약이 말하는 바와 조화를 이룬다. 모두가 하나님의 형상으로 창조되었기에 남성과 여성은 동등한 존엄성과 가치를 가질 뿐 아니라(그것은 분명한 사실이다), 하나님이 인간에게 주신, 피조물을 다스리라는 사명까지 공유한다. 하나님은 십자가에서 남자와 그 부양가족을 위해서가 아니라, 모든 인류를 위해서 사명과 유산을 되찾으셨다. 예수님이 생명을 제물로 바치신 것은 천사들을 위한 것이 아니라 오직 인간을 위해서였다(히 2:16). 화목케 하는 복음의 능력은 남성과 여성을 구별하는 것이 아니라, 인간 대 비인간을 구별하고 있다.

남성과 여성의
상보성

에베소서 5장에서 아내와 남편을 구별하고, 성경의 다른 본문에서 남녀를 구별하는 것은 남녀가 공동의 인성과 소명을 갖지만, 또한 각각 다르게 기여하는 부분이 있다는 것이다. 이렇게 말하는 것이 논란을 불러일으킬 수도 있지만, 사실 그럴 필요가 없다. 어머니의 자녀 양육이 아버지의 자녀 양육과 다르다는 것은 우리 모두가 인식하는 바다. 그래서 모든 시대의 종교들에는 '여신'의 개념이 있었다. 그들은 항상 생명을 주고 양육하는 어머니의 특징을 인식했고 그것을 강조한다. 정치 평론가들이 '아버지 당'은 국방과 개인의 책임을 강조하고, '어머니 당'은 사회적 안전망과 약자 지원을 강조한다고 말하는 것도 같은 원리이다.[8]

성이 사회적 산물에 불과하다고 주장하는 사람들조차 비슷하게 인정한다. 트랜스젠더 논쟁의 윤리적 측면은 잠시 놔두고, 생물학적 남성이 사실은 여성이라거나, 혹은 그 반대의 경우라는 주장, 그래서 자신을 그렇게 나타내야 한다는 주장조차도 단지 사회적 관습을 넘어서서 남성성과 여성성 사이에 차이가 있다고 전제한다. 그런 주장들 중 가장 기본적인 것조차 정치적으로 위험해질 수 있지만, 모든 의사들은 여성들에게 테스토스테론을 주사하거나 에스트로겐을 투여하는 것이 남성과 여성의 차이에 따라 일정한 예측 가능한 결과를 가져올 것이라는 것을 알고 있다.

남성과 여성의 상보성에 있어서는, 그것이 다양한 상황 속에서 정확히 무엇을 의미하는지에 대해 그리스도인들마다 의견이 다를 수 있다. 우리는 창조 사명 속의 상보성을 인식해야 한다. 다른 이유는 차치하더라도 "생육하고 번성하라"는 명령은 남녀 모두에 의해 성취되기 때문이다. 생식 때 수행하는 역할은 다르지만, 서로가 없이는 그 명령을 수행할 수 없다. 그래서 성경은 여자를 남자의 "돕는 배필"이라고 했다. 우리는 현대 기업 구조 속에서 그것을 여자가 남자 관리자의 조수 정도인양 생각한다. 그러나 그렇지 않다. 여자가 돕는 배필인 것은 남자보다 밑에 있어서가 아니라, 남자가 단독으로는 맡은 사명을 수행하지 못해서이다. 그는 자신의 옆구리에서 나온 다른 존재의 도움을 필요로 하고, 그래서 여자가 있는 것이다.

모든 문화 속에는 남녀의 구별을 우상화하거나 과장하려는 유혹이 도사리고 있다. 그러나 룻의 경우를 보면 그녀는 아내이자 어머니, 농사꾼이었다. 다윗은 전사이자 하프 연주자였다. 남자는 항상 '야성적'이거나 '전사 같고' 여자는 오로지 '민감하거나' '관계 지향적'이라는 생각은 복음의 질서와 반대된다. 어떤 지역의 교회에는 여전히 그런 경향이 있어서 '남성 사역'은 대개 '야생 동물 파티'를 열어 사냥한 고기를 먹고, '여성 사역'은 대개 식탁 꾸미기와 티 파티가 주를 이룬다. 그렇다면 이 두 가지를 다 강조할 순 없을까? 물론 가능하다. 그러나 남자와 여자가 지닌 의미를 문화적 고정관념이 아니라 성경에서 가져와야 한다. 어떤 기독교 분파에서는 니므롯과 라멕(함의 후손인 남성적 인물들-역자주)은 '남성적'으로 분류되는 반면에 다른 뺨을 돌려 대라는 명령은 '여성적'으로 간주된다. 이 경우 남성성과 여성성을 정의하는 것은 십자가가 아니라 우상이다. 십자가의 남성성은 에서의 거들먹거리는 걸음걸이가 아니라 야곱의 절룩거리는 걸음걸이에 가깝다. 십자가의 여성성은 보디발 부인의 관능미가 아니라 유니게와 로이스가 성경을 담대하게 가르친 것에 있다.

남녀의 차이 중에서 어머니 역할과 아버지 역할의 차이와 관련된 것이 있다. 기억할 것은 모든 그리스도인들이 영적 부모로서 최소한 일부일지라도 그 역할에서 부름 받는 부분이 있다는 것이다. 설령 가족 안에서가 아니라 교회에서라도 말이다. 우리의 처음 조상이 그랬다. 아담은 땅에서 창조되었고, 그 이름에서 그가 흙에 기원을 두고 있음을 알 수 있다(아담은 히브리어로 '땅'을 의미한다). 아담은 땅을 경작하도록 부름 받았지만, 저주로 인해 그의 사명은 좌절되고 만다. 아담이 땅을 경작하고자 할 때 가시덤불과 엉겅퀴가 났고, 그는 이마에 땀을 흘려야만 소출을 거둘 수 있었다. 한편 하와는 인간의 옆구리에서 창조되었고 '생명을 준다'는 이름을 얻었다. 그러나 하와 역시 저주 때문에 새 생명을 양육하는 사명이 방해를 받게 되었다. 그럼에도 불구하고 저주 안에서도 두 사람이 지닌 남녀와 부모로서의 부름은 존재했다. 그것은 은사와 부르심에 대한 전반적인 패턴으로 한쪽이 있으면 다른 쪽이 없는 제로섬 게임이 아니다. 스스로에게 질문해 보라. 남자도 양육을 하는가? 그렇다. 예수님은 남자지만 병아리를 모으는 어미 닭에 자신을 비교하셨다. 마찬가지로 사도 바울도 남자지만 해산하는 여자와 양육하는 어머니에 자신을 견주었다. 여자들도 부양하고 보호하도록 부름 받는가? 그렇다. 사람들은 관자놀이에 말뚝이 박히고 싶지 않으면 야엘에게 집적거리지 말라고 말할 것이다(야엘은 겐 사람 헤벨의 아내로서, 이스라엘과의 전쟁에서 패주하여 온 시스라를 자기 장막에서 죽여서 칭찬을 받았다-역자주). 더 나아가 잠언 31장의 어머니는 어머니날에 침대에 누워 아침상을 받는 것이 아니라, 밖에 나가서 부동산 거래를 한다.

시인이자 수필가인 웬델 베리(Wendell Berry)는 성적 차이와 성적 분열이 어떻게 다른지 설명해 주면서 우리가 이 두 가지를 구별하지 못할 때가 많다고 지적한다. "성적 차이는 상처가 아니다. 혹은 상처일 필요가 없다. 그러나 성적 분열은 상처다. 이 분열은 가정을 파괴하여 성별 간 분리를 만들어낸다. 중요한 것은 이 분열이 남녀 모두 필연적으로 겪는 상처임을 인식하는 것이다."[9]

베리는 '남편 역할'과 '주부 역할'이라는 개념을 언급하고 있는데 이것은 산업화 시대에서는 거의 이해할 수 없었을 뿐 아니라 단어 자체가 말이 안 되는 것이었다고 한다. 산업혁명 이전에는 남자가 하는 일에서 땅을 경작하는 것과 생명체들을 돌보는 것을 분리하기가 불가능했다는 베리의 말은 맞다. 남자의 우선적 부르심은 땅이나 가축을 돌보는 것이었기 때문이다. 또한 베리가 말하는 '주부 역할'은 남편이나 가족의 일과 단절된 여성에 대한 1950년대의 풍자만화와는 거리가 멀다. 그의 말을 빌리자면 이러한 '타락한 주부 역할'은 소비문화에 둘러싸여 있다. '상품을 소비하는 것'에 가치를 두는 '전통적' 여성이든, 오래 전에 남성들이 따라왔던 것처럼 삭막한 직업주의를 추구하는 여성에서든 말이다.[10] 그러나 산업 혁명 이전의 문화에서 '주부 역할'은 가정을 관리하는 복잡한 임무였고, 아마추어 인테리어 장식가보다는 프로젝트 매니저에 가까웠다. 내가 농경 사회로의 회귀를 갈구하는 것은 아니지만, 그것이 어떤 것인지 알아야 성경적 세계 속의 가정과 우리가 '전통적'이라고 보는 현대 모델과의 차이를 알 수 있을 것이다.

결혼생활에서 희화화되고 과장된 '역할'이라는 개념으로 돌아가고 싶어 하는 사람은 극히 드물겠지만 질서와 경제 감각의 상실은 우리가 인정하고 싶은 것 이상의 손실을 끼쳤다. 우리 모두가 동의하듯이 완고한 가부장제는 남자에게 유리하고 여자에게 상처를 준다. 그러나 알고 보면 가상의 모계사회 역시 남자에게만 유리하고 여자에게 상처를 주는 것으로 드러났다.

아시아의 큰 도시에서 일하는 한 그리스도인 사회복지사는 최근에 내게 말하기를 여성들을 대상으로 일하면서 그들이 남성에 대해 적대감을 갖는 것을 목격한다고 했다. 이유는 그 지역에 남성 실직이 만연했기 때문이다. 대부분 여성들이 가족을 전적으로 부양하는 경우가 많았고 남성들은 거의 일하지 않았다. 그 결과 많은 여성들의 마음에는 분노가 끓어올랐다. 남자가 가족을 '부양'하는 것이 아니라 여자가 대신 가족을 부양하고, '전통적으로' 여자가 하는 모든 일을 다 하면서도 재정적 책임까지 져야 했기 때문이다.

남성 실직 그 자체는 가족의 위기가 아니다. 새 직장을 찾는데 에너지를 쏟는 남자는 여전히 봉사와 리더십을 수행하고 있는 것이다. 어쩌면 이전보다 더 그럴 것이다. 그러나 남성 실직이 일상이 되면 위기가 발생한다. 그런 상황 속에서 많은 여성들은 상상할 수 없는 스트레스를 받는다. 남편이자 아이들의 아버지인 남자가 자신들이 부양할 대상이 되어 버리면, 그 상황을 견딜 수 있는 여성들이 많지 않을 것이다. 해나 로진(Hanna Rosin)은 남성 실업으로 황폐해진 노동 계층 여성들에게 왜 아이들의 아버지와 결혼하지 않느냐고 물으면서 그들 중 많은 사람들이 '가족 가치'를 도덕적으로 거부하는 것이 아니라 어깨를 으쓱하는 것으로 반응한다는 것을 발견했다. "그러면 먹여 살릴 입이 하나 더 늘어날 뿐이에요."[11]

현대에는 남성을 리더나 종이 아니라 소비자, 곧 음식, 맥주, 비디오 게임, 혹은 그 외 다른 것의 소비자로 보는 경우가 왕왕 있다. 그들이 여러모로 그렇게 보이는 것은 그들이 실제로 그렇기 때문이다. 더 많은 남자들이 방향을 잡거나 정체성을 찾지 못한 채 더욱 자신의 욕구 충족에만 급급하며 소극적으로 살아간다.

성경은 천직의 이러한 측면을 헐어버리는 대신 일반적인 패턴으로 언급하고 있다. 일반적으로 아버지들은 자녀 양육의 한 측면을 강조하고, 어머니들은 다른 측면을 강조하는가? 그렇다. 인간이 아닌 동물들도 대체로 그렇다. 그렇다고 해서 딸이 울 때 남자가 같이 울면 남자답지 못한가? 절대로 그렇지 않다. 여자 아이가 인형을 가지고 노는 대신에 산악 오토바이를 타면 '여자답지' 못한 것인가? 이 역시 절대 그렇지 않다.

성경에서 어머니와 아버지의 일반적 부르심이 다른 것은 신약에서 하나님이 교회에 다양한 은사들을 주신 것과 비슷하다. 어떤 사람은 전도의 은사가 있고, 어떤 사람은 긍휼의 은사가 있다고 하자. 그렇다고 해서 그런 은사가 없는 사람은 전도하지 말아야 한다거나 아픈 사람이 구덩이에 빠져 죽어가게 내버려 둬야 한다는 말인가? 전혀 아니다. 전도의 은사를 가진 사람은 다른 은사를 가진 사람들을 보완할 뿐 아니라, 다른 사람들도 전도자가 되도록 도와준다. 긍휼의 은사를 가진 사람은 긍휼을 베풀 일을 계획할 특별한 책임이 있지만, 혼자서 하는 것이 아니라, 어떤 면에서, 교회 전체가 긍휼을 베풀도록 돕는다. 마찬가지로 영적, 문자적 부모에게도 하나님이 남성과 여성으로서의 영향력을 미치도록 일반적인 패턴을 주신다.

성경에서도 그런 구별을 볼 수 있다. 성경은 일반적으로 그리스도의 제자들을 대상으로 말하지만, 때로는 남자나 여자, 어머니나 아버지, 남편이나 아내에게 주는 구체적 교훈을 담는다. 성경은 남성이나 여성이 흔히 받는 유혹에 대해 직접적으로 말하는 경우가 많다. 가령 남자들에게는 분노와 다툼을 피하라고 하고(딤전 2:8) 여자에게는 비싼 옷과 외적 아름다움으로 자신의 가치를 가늠하지 말라고 한다(딤전 2:9-10, 벧전 3:3-4). 그렇다고 해서 자신의 외모로 남들에게 어필하는 남자가 전혀 없는 것은 아니다. 분명히 그런 남자들도 있다. 물리적이고 야만적인 폭력을 행사하는 여자가 없는 것도 아니다. 한번은 고인의 전처가 법원의 명령으로 참석할 수 없는 장례식에 참석한 적이 있는데, 그 이유가 전날 밤 두 번째 부인을 때려 기절시켰기 때문이라고 한다. 그것도 바로 관 앞에서 말이다.

성경은 이런 현실을 간과하지 않고 남자나 여자로서 우리의 부르심이 어떻게 왜곡될 수 있는지 일반적인 패턴을 다루고 있다. 남자에게는 수동성이나 책임 회피를 주의할 뿐 아니라(고전 16:13), 공격성으로 이어지는 과도한 남성성도 주의하라고 한다. 여자에게는 남자가 필요 없다는 태도뿐 아니라, 여성의 가치를 성적 매력에 두고 "하나님 앞에 값진… 마음에 숨은 사람"(벧전 3:3-4)을 함양하지 않는 과도한 여성성에 대해서도 경고한다. 이 모든 것 가운데 하나님의 궁극적 목표는 우리를 '진짜 남자'와 '진짜 여자'로 만드시는 데 있다기보다 우리를 자아에서 끌어내어 서로를 향해, 십자가를 향해 가까이 나아가게 하는 것이다. 여기서 바울이 아내들에게 쓴 "아내들이여 자기 남편에게 복종하기를 주께 하듯 하라"와 남자들에게 쓴 "아내 사랑하기를 그리스도께서 교회를 사랑하심 같이 하라"가 핵심적으로 작용한다. 그것은 결혼의 올바른 역학을 위해서 뿐 아니라, 온 교회가 복음의 의미를 확실히 붙잡는 데도 중요하다.

복종은
굴종이 아니다

　　아내들에게 복종하라고 하는 말씀은 논란의 여지가 많다. 이것은 비단 교회 밖에서만 해당되는 이야기가 아니다. 어떤 그리스도인은 에베소서 5장 22절에 대해 부정적으로 반응하며 "네안데르탈 시대의 생각"(초기 신약 서신서 시대에만 해당된다는 뜻인 듯)이라고 말하기도 했다. 그 부분적 이유는 우리가 성경에서 말하는 복종과 머리됨을 십자가가 아닌 힘으로 규정하는 경향이 있기 때문이다.
　　성경은 전 부분에 걸쳐서 우리가 "그리스도와 함께 다스릴" 것이라고 말하고 있다. 요한계시록 20장에는 승천하신 메시아와 다스릴 사람들의 보좌가 나온다. 사람들은 "그리스도와 공동 상속자"가 되는 것이 무슨 의미인지 처음 깨닫게 되었을 때 무척 놀란다. 예수님의 유일성이 손상되기라도 하는 듯 말이다. 그러나 구속받은 죄인인 우리가 그리스도와 함께 다스릴 것이라는 메시지는 우리의 생각과 영혼, 애정, 의지가 성화되어 그의 형상으로 화한다는 의미다. 신자들이 그리스도와 함께 통치하는 것은 말다툼과 의사진행 방해, 타협이 만연하는 시의회의 그것과 다르다. 머리와 몸은 온전히 하나를 이루고 우리는 그리스도의 마음을 갖는다(고전 2:16). 그분의 목적이 이제 우리의 목적이 되고, 그분의 우선순위가 이제 우리의 우선순위가 된다. 물론 그것은 현실적 결혼 속에서 보는 연합과는 다르다. 왜냐하면 예수님은 죄 없는 주이고, 우리는 그렇지 않기 때문이다.

우리가 이끌 책임을 맡았다 하더라도 그것이 다른 사람을 지배한다는 뜻은 아니다. 핵심은 유기적 연합 때문에 이런 종류의 공동 통치가 가능하다는 것이다. 위계질서와 상호성은 서로 상반되지 않는다. 따라서 에베소서 5장 및 다른 곳의 복종은 가차 없는 순종이 아니라 남편의 영성을 존중하고 함양하려는 것이다. 이 본문을 처음 들은 사람들에게 논란이 되었을 법한 것은 복종과 머리됨이 아니라 복음이 그 용어들을 어떻게 파격적으로 재정의하고 제한했는가 하는 점일 것이다. 우선 바울은 여기서 "아내들이여"라고 말했다. 베드로도 다른 곳에서 그렇게 말했다(벧전 3:1). 그는 로

마 문화의 많은 사람들이 그랬던 것처럼 아내를 남편의 재산으로 보지 않았다. 더구나 성경은 여자가 일반적으로 남자에게 복종해야 한다는 생각을 폐한다. 일반적으로 그런 태도가 교회 안팎에 만연했지만 말이다.

바울은 아내가 남편에게 복종해야 한다는 말로 새로운 범주의 복종을 만들어낸 것이 아니라, 오히려 다른 수많은 범주에 대한 복종을 폐했다. 여자는 "자기 남편에게" 복종해야 한다. 만일 일반적 남자들에게 복종해야 한다면, 남편에게 복종하기가 불가능할 것이다. 복종하려면 최소한 다른 하나에 복종하기를 거절해야 한다. 하와의 문제는 복종하지 않은 게 아니라, 너무 복종해서, 자신의 미래를 뱀의 지시에 맡겼던 것이다. 마리아는 하나님의 뜻에 복종하기 위해 헤롯에게 복종하지 않았다. 복음의 자유는 우리가 "그리스도를 경외함으로 피차 복종하는"(엡 5:21) 것을 의미한다. 동시에 "다시는 종의 멍에를 메지 않는"(갈 5:1) 것을 의미한다. 성경은 여자들에게 '남자' 혹은 '남자친구' 혹은 '연인'이 남자이므로 복종하라고 하지 않는다. 오히려 아내는 남편과 연합하기 위하여 다른 모든 요구들을 거절한다.

십자가를 품은 결혼생활에서는 아내가 남편의 경건한 리더십을 인정하는 자발적 태도를 기른다. 그것은 굴종이 아니다. 아비가일이 자신의 '무가치한' 남편이 다윗의 집에 대항해 죄를 지으려 하는 것을 돕지 않았을 때 성경은 그녀가 하나님께 충성했다고 말한다(삼상 25:14-42). 한 여성이 한번은 내게 자기 남편이 에베소서 5장을 읽어 주면서 세 명이 같이 성행위를 하자고 종용했다고 말했다. 자신의 쾌락을 위해 그렇게 비극적으로 성경을 왜곡한 것은 웃어 넘기기도 어렵다. 그럴 때 그 아내의 책임은 마태복음 18장의 절차를 따라 남편에게 회개를 촉구하는 것이다.

머리 됨은
권력이 아니라 책임이다

마찬가지로 성경에서 '머리됨'은 애굽의 바로와 같은 통치가 아니라 그리스도가 치른 희생으로 정의된다. 남자와 여자는 주변 피조물에 대해 지배권을 갖지만 서로에 대한 지배권은 없다. 바울은 "교회가 그리스도에게 하듯"(엡 5:24) 아내가 남편에게 복종하라고 썼다. 그렇다면 그것이 무슨 의미인지 알기 위해 사회 생물학이나 성 전쟁에 따른 권력 투쟁이 아니라, 예수님이 교회를 어떻게 이끄시는지를 보아야 한다. 예수님은 다음과 같이 말씀하셨다. "사람이 친구를 위하여 자기 목숨을 버리면 이보다 더 큰 사랑이 없나니… 이제부터는 너희를 종이라 하지 아니하리니 종은 주인이 하는 것을 알지 못함이라 너희를 친구라 하였노니 내가 내 아버지께 들은 것을 다 너희에게 알게 하였음이라"(요 15:13, 15).

머리됨은 권력이 아니라 책임을 말한다. 남편과 아버지로서의 부르심을 받아들이는 남성들은 자신이 미래에 꾸릴 가족들을 어떤 영적 방향으로 이끌지 특별한 책임을 진다. 그렇다고 해서 여성의 책임이 없어진다는 뜻은 아니다. 그것은 아버지가 어머니와 동일하게 양육에 참여하는 것과 같은 이치다. 다만 아버지는 좀 더 가시적으로 책임을 진다. 역사학자 로버트 갓프리(Robert Godfrey)가 말했듯이, 개인주의적인 생태계에서는 성경을 통해 세상을 묘사하는 인류가 이상해 보일 수 있지만, 그것은 "지도자가 자신이 이끄는 공동체를 대표하고 책임지는 문화를 장려한다."[12]

남편의 머리됨은 "여자여, 나의 간식을 대령하라"는 것이 아니다. 좀 더 성화된 버전으로, "사랑하는 아내여, 나의 간식을 대령하고 나서 같이 기도합시다"도 아니다. 사실은 정반대다. 머리됨은 자신의 권력과 특권을 못 박아서 자신의 아내를 "그리스도께서 교회를 사랑하시고 교회를 위하여 자신을 주심 같이 하여 곧 물로 씻어 말씀으로 깨끗하게 하사 거룩하게 하고 자기 앞에 영광스러운 교회로 세우사 티나 주름 잡힌 것이나 이런 것들이 없이 거룩하고 흠이 없게 하려 함"이다(엡 5:25-27).

그리스도께서 당신의 교회를 어떻게 사랑하시고 이끄시는가? 그리스도는 자신의 생명을 내어 놓기를 십자가에서 죽기까지 하셨다. 남편의 리더십은 아내와 자식들의 이익을 위해 미래지향적인 계획을 가지고 자신의 욕구와 취향을 내려놓는 특별한 책임에 관한 것이다. 머리됨은 자신의 깨끗한 셔츠와 맛있는 식사, 성욕에 대한 필요를 아내가 충족시켜야 한다는 것이 아니라, 가족을 위해 어떻게 자신의 생명을 내어 놓을지 항상 살피는 것이다. 머리됨을 외부에서 보면 전혀 "한 집의 가장이 되는 것"으로 보이지 않을 때가 많다. 머리됨은 많은 경우에 연약함으로 보일 것이다. 십자가도 그렇다.

사실 하나님은 당신이 바알과는 전혀 다른 신임을 거듭 드러내시며 십자가의 이런 면에 대해 백성들을 준비시키셨다. 랍비 조나단 삭스(Jonathan Sacks)는 '바알'의 뜻이 '주인'이라는 것은 남편이 힘의 우위를 내세워 아내를 '다스린다'는 개념과 연결된다고 정확하게 지적했다. 호세아서에 계시된 말씀에 따르면 하나님은 당신의 백성들에게 "바알"이라 불리지 않고 "나의 남편"으로 불릴 것이라고 하셨다. 그 차이는 매우 큰데 삭스는 다음과 같이 말하고 있다. "호세아서에서 바알 숭배의 핵심은 신이 힘으로 세상을 다스린다는 원초적 개념이다. 권력이 관계의 구조를 결정하는 사회에서 남편이 가족을 다스리듯이 말이다. 이것에 대항해 호세아는 상당히 다른 가능성을 그려 준다. 그것은 결혼 파트너와의 관계가 사랑과 상호 신뢰 위에 세워지는 것이다. 하나님은 힘으로 다스리는 바알이 아니시고, 사랑으로 관계하시는 이쉬(Ish)이시다. 이쉬는 아담이 하와를 처음 봤을 때 사용한 단어이다."[13]

분명히 이것은 진정한 리더십을 요한다. 어떤 그리스도인 남자들은 집에서 일어나는 일을 편안한 소파에 앉아 수동적으로 지켜보면서 자신을 '섬기는 리더'라고 여긴다. 마치 성경에서 말하는 '섬김'이 방관을 뜻하기라도 하듯 말이다. 그러나 예수님은 교회를 위해 자신을 내어 주시고, 교회를 물로 씻기신다. 교회도 처음에는 그것이 왜 필요한지 잘 몰랐다. 예수님이 예루살렘으로 가고자 하실 때, 교회의 주춧돌인 시몬 베드로는 반대하며 예수님이 십자가 처형에 넘겨지는 일만은 절대 있을 수 없다고 말했다(마 16:22). 해골이라 하는 곳으로 가게 되었을 때는, 칼로 싸워서 막으려 했다(마 27:51).

예수님은 그 사건들에 대한 반응으로 지배권을 휘두르지 않고 왜 십자가가 필요한지 가르치셨다(마 16:21, 24-28, 27:52-54). "물로 씻는다"는 말은 하나님이 그 백성에게 "물을 뿌려" 정결하게 하시고, 새 언약 안에서 생명을 주신다는 언약에서 나왔다(겔 16:9, 36:25). 물을 뿌리는 것은 제사 의식 중에서 제사장이 하는 일이었다(레 8:6-7). 예수님이 죽음을 앞두고 다락방에서 그의 교회를 물로 씻기셨을 때도 역시 교회는 그 필요성을 몰랐다. 시몬 베드로는 자신을 씻기지 말라고 했지만, 예수님은 수동적이거나 공격적으로 반응하지 않으셨다. 곧 그 일을 그만두시거나 억지로 베드로의 발을 물에 밀어 넣지도 않으셨다. 다시 한 번 예수님은 친절히 가르치셨다(요 13:5-12).

남자가 머리의 역할을 하는 것은 자신의 만족을 추구하기 위해 지시할 때가 아니라 가족의 유익을 위해 자신을 쏟아 붓기로 마음먹을 때다. 남자가 '가장'이 되는 것은 아내에게 뭘 하라고 명령할 때가 아니다. 예를 들어, 음란물 중독을 십자가에 못 박고, 그것을 위해 외부의 도움을 받되, 단지 자신의 영혼만을 위해서가 아니라, 아내를 사랑하고 아내의 최선을 위해서 그래야 한다. 내가 아는 좋은 예는 아내가 자녀를 원하지만 임신이 되지 않아서 우울해 하고 있는 것을 깨달은 경우였다. 그녀는 생물학적으로 임신 가능 연령이 끝나가고 있었다. 게다가 갚아야 할 학자금 융자도 많이 남아 있었다. 그 빚을 갚으려면 그녀가 24시간 내내 일을 해야 했으므로 그녀가 임신할 가능성은 거의 없어 보였다. 그 남편은 아내에게 어떻게 명령할지 궁리해 낸 것이 아니라, 아내의 두려움과 소망에 대해 경청하고 나서 자신이 짐을 지기로 결심했다. 아내의 빚을 갚을 계획을 짰고 아내가 느끼는 하나님의 소명대로 어머니가 될 수 있도록 힘을 보태 주었다.

우리는 성경의 머리됨이라는 용어를 '누가 누구를 다스린다'로 본다. 그러나 사실 그것은 자기희생의 짐을 누가 우선적으로 지느냐 하는 문제이다. 우리의 착각은 복음이 아닌 우리 자신의 이기적 성향을 보여 줄 뿐이다. 성경의 모든 리더십은 세상의 리더십과 다르다. 로마의 '후원자들'이 명령하는 것과 달리, 예수님은 하나님 나라의 상속자들이라면 서로 섬기고, 서로를 위해 목숨을 내려놓아야 한다고 말씀하셨다(눅 22:24-30). 무엇보다 우리는 십자가로 구원되어 십자가의 능력으로 전진한다.

또한 우리는 가끔씩 성경이 가족을 대할 때 역행적이고 가부장적인 방식에 잡혀 있다고 잘못 추정하여 성경이 말하는 바를 오해하기도 한다. 만일 가부장적이라는 것이 남자가 여자를 지배한다는 의미라면, 신약의 가정 코드는 반 가부장적이다. 우리를 둘러싸고 있는 현대 세상의 분위기보다 훨씬 더 반 가부장적이다. 그 하나의 예로, 사회학자 로드니 스타크(Rodney Stark)는 1세기 기독교가 여성들에게 매력적일 정도로 힘을 부여하여서 370년에 발렌티니아누스 황제가 교황에게 기독교 선교사들이 가정에 있는 여성들을 전도하는 일을 중단시키라고 칙령을 내렸을 정도였다고 말한다. 스타크는 그 이유가 여성들이 새 신앙으로 회심할 가능성이 컸기 때문이고, 무엇보다도, "기독교 문화 안의 여성이 전반적인 그리스 로마 세계의 여성보다 훨씬 더 높은 지위를 향유했기 때문"[14]이었다고 주장한다.

우리 사회는 최근 몇 년 동안 여성의 평등과 존엄성을 인정하는 데 있어서 많은 면에서 큰 진전을 보였다. 예를 들어, 적어도 이상적 측면에서는 성희롱에 대해서 이전과는 다른 태도들을 가지게되었다. 그러나 여전히 폭압적인 정권 하에 있는 나라에서는 여자들이 야만적인 취급을 당하고, 소위 가장 '진보적' 사회에서도 여성이 성적 대상으로 비하되기도 한다. 많은 젊은 여성들이 대중매체의 모델처럼 마른 몸매를 가지려 섭식장애라는 큰 질병을 앓고 있는 것은 또 어떠한가? 이전에 최악의 남성들이 요구하던 바대로 어린 소녀들이 성적으로 개방되라는 압력을 받는 작금의 현실이 정녕 여성들에게 능력을 부여하는 것인가? 무엇이 잘못되었기에 이 시대가 성폭력과 여성과 소녀의 인신매매, 여성에 대한 남성들의 성적 능력을 자랑하는 것 등이 용인되고 기념까지 되는 대중문화로 특징지어지게 되었을까? 그것은 청동기 시대에 전투를 하던 부족장들에게나 걸맞을 약탈적 가부장제다.

결혼은
십자가에 관한 것이다

현재의 어둠 속에서, 남성성은 종종 그것이 성적 정복이나 물리적인 지배 또는 경제적 진보 중 무엇이 되었건 '쟁취' 또는 '이김'으로 정의된다. 그것은 새로운 것이 아니라 라멕이 선사 시대에 많은 여자를 거느리고 적에게 원수를 갚았다고 자랑하며 노래한 것과 같다. 상처받고 불안정한 남성성은 종종 무기처럼 사용되어서 모든 도전들과 싸워 자신의 '남자다움'을 증명하려 하고 어떤 수단을 써서라도 '쟁취'하려고 한다.

그러나 예수님의 '이김'은 그런 정의와는 전혀 다르다. 예수님은 패배하신다. 그러나 의도하지 않게 지는 것이 아니다. "이를 내게서 빼앗는 자가 있는 것이 아니라 내가 스스로 버리노라"(요 10:18). 자신의 강함을 극적으로 연출하려는 약한 남성성과 달리, 예수님은 자신의 정체성과 미래를 온전히 확신하며 패배함으로써 이기고, 교회를 위해 자신을 내어 주심으로써 이기는 계획을 세우셨다. 아내에게 서원한 것을 지키고, 자녀와 함께 기도하고, 외로운 사람을 찾아가고, 가난한 자에게 거처를 제공하고, 교회를 섬기는 남자는 술집의 모든 남자를 때려눕히고 더 많은 여자들에게 오르가즘을 안겨 주는 남자보다 더 남성적이다.

만약 남자들에 의한 여성 착취가 단지 바깥세상인 '저 밖에서' 일어나고 있다 해도 그것은 충분히 나쁜 일이다. 그러나 그러한 여성 착취는 종종 교회 안에서도 일어난다. 사도 바울은 늑대 같은 남자들이 교회에 숨어 들어와서 육신의 욕망을 위해 여성을 이용하는 것에 대해 경고했다(딤후 3:1-9, 벧후 2:21-22). 교회에서 남자가 여성과 어린이를 성적으로 학대하는 것은 기독교 역사의 끔찍한 스캔들이다. 그런 끔찍한 일을 직면하고도 은폐하거나 침묵하는 사람은 불의의 공범일 뿐만 아니라, 예수 그리스도의 복음이 아닌 다른 복음을 받아들인 사람이다. 결혼을 했든 하지 않았든, 여성들이 학대나 착취에 '복종'해야 한다고 말하는 남성들은 자신을 신격화하여 백성을 해치는 권세와 같다(계 13장). 우리는 그러한 권세에 저항하듯이 그런 남성들에게 저항해야 한다. 교회는 어릴 때부터 아이들에게 예방 교육을 하고, 가능하다면 그런 학대 상황을 교회와 당국에 보고해야 한다. 예수님은 그의 교회를 학대하거나 착취하지 않으신다. 그런 것이 '머리됨'의 한 측면이라고 주장한다면 그것은 복음이 아니라 마귀적이다.

그렇기 때문에 성경은 혼인 언약에서 강조하는 바와 같이 남녀 관계에 대해 말하는 것이다. 모든 문화 속에서, 이 타락한 세상 어디에서나, 남자가 비교적 물리적 힘이 있고 출산과 양육의 생물학적 욕구가 있다 보니 남자가 의도적으로 자기희생을 하지 않으면 여성과 어린이가 심한 타격을 받는다.

그래서 사도 바울은 남자들에게 이렇게 썼다. "남편들아 이와 같이 지식을 따라 너희 아내와 동거하고 그를 더 연약한 그릇이요 또 생명의 은혜를 함께 이어받을 자로 알아 귀히 여기라"(벧전 3:7).

그것은 여성이 열등하다는 의미가 아니고, 여성이 정서적, 정신적으로 약하다는 고정관념을 말하는 것도 아니다. 십자가의 관점에서는 약함이 부정적 특징이 아니라는 것을 기억하라.

취약성은 열등감이 아니라 우주에서 가장 강력한 현실의 핵심이다. 십자가에 못 박히신 그리스도는 취약성을 통해 승리하셨고, 우리 또한 약함 속에서 강점을 발견하도록 인도하신다(고후 12:9-10, 13:3-4). 여기서 베드로가 말하는 것은 모든 여성이 남자보다 신체적으로 약하다는 것도 아니다(그렇지 않다는 것은 분명하다). 베드로의 말은 우리가 여기서 말한 대로 여성들이 신체적, 성적, 사회적, 경제적 손해에 특히 취약하다는 것이다.

이것은 또 남성들의 기사도나 노블레스 오블리주(높은 사회적 신분에 상응하는 도덕적 의무를 뜻하는 말-역자 주)를 말하는 것도 아니다. 우리는 교회에서 얼마나 자주 남자들이 "드디어 결혼을 했구나"라든지 "아이가 엄마를 닮아서 다행이다"는 말을 듣게 되는가? 대부분 반대로는 말하지 않는다. 많은 경우 여자에게 그렇게 말하면 여자를 높이는 것이 아니라 비하하는 것이 되고 만다. 성경은 남자가 아내를 높이는 것은 "생명의 은혜를 함께 이어받을 자"이기 때문이라고 말한다(벧전 3:7). 다시 한 번 핵심은 남녀 공통의 사명이다. 남녀는 하나님의 형상 안에서 사명을 공유하고, 오는 시대에 그 사명을 이루도록 되어 있다. 우리가 서로 관계할 때, 그 방식은 서로의 차이를 무시하는 것도 아니고 차이를 부풀리는 것도 아니다. 우리는 협력하고 보완하도록 창조되었다. 우리는 권력욕이 아니라 십자가의 길을 통해 그렇게 한다.

그리스도의 신비는 결혼을 통해 남자와 여자가, 몸이 머리와 연합하듯이, '한 몸'이 되는 것에 있다. 십자가에서 그리스도와 그의 교회는 계약 거래가 아니라 언약 연합이다. 예수님이 다메섹 도상의 사울에게 나타나셨을 때 질문하신 것은 "사울아, 사울아, 나의 교리적 원리들을 시인하는 단체를 네가 왜 박해하느냐?"나 "사울아, 사울아, 나의 가치를 지지하는 연합을 네가 왜 박해하느냐?"가 아니었다. 예수님의 질문은 "사울아 사울아 네가 왜 나를 박해하느냐"였다(행 22:7 강조 추가).

남편이 자신을 희생하여 아내를 사랑한다고 영웅이 될 수 없는 것은 "자기 아내를 사랑하는 자는 자기를 사랑하는 것"이기 때문이다. 그리고 "누구든지 언제나 자기 육체를 미워하지 않고 오직 양육하여 보호하기를 그리스도께서 교회에게 함과 같이 하나니 우리는 그 몸의 지체"(엡 5:28-30)이기 때문이다. 배에서 꼬르륵 소리가 나서 음식을 먹는다고 누가 칭찬하지 않는다. "이 사람이 자신의 배를 얼마나 잘 챙기는지 좀 봐! 마치 엄마 새처럼 딱딱한 빵을 입에 넣고는 잘 씹고 으깨어 식도로 떨어뜨려서 영양분을 공급했어!" 어떤 사람이 샤워한 것을 가지고 환호할 사람은 없다. "그가 비누로 거품을 내고 피부를 부드럽게 문질러서 모든 때를 씻어낸 것을 좀 봐!" 그는 배가 고파서 먹었을 뿐이고, 몸이 더러워서 씻었을 뿐이다. 그렇게 하지 않는다면 자기를 미워하고 파괴하는 것이다.

그것이 핵심이다. 남편과 아내가 머리와 몸이라고 하는 것은

'국가의 수장' 같은 의미가 아니라, 몸의 머리와 같은 의미다. 따라서 결혼은 남자가 자기 마음대로 하고 여자가 따라가거나 그 반대인 다원주의적 권력 투쟁이 아니다. 다시 말하거니와, 이것은 사업 모델이나 기업의 조직도나 정치적 구조가 아니라, 유기적 연합체인 '한 몸'이다. 남편과 아내가 말씀 안에서 함께 성화될수록 인체의 신경계, 사지, 장기처럼 서로 함께 부드럽게, 자연스럽게, 총체적으로 기능하게 될 것이다. 그럼으로써 결혼생활이 그 자체뿐 아니라 그 모델의 청사진인 그리스도와 그의 교회의 연합을 드러내게 될 것이다.

그런 이유로 결혼은 이미 결혼했거나 앞으로 결혼할 사람만이 아니라 교회 안의 모든 사람에게 중요하다. 당신은 교회 벽면에 걸린 성경 구절에 자기 이름이 적혀 있지 않다고 해서 읽기를 외면하지는 않을 것이다. 그것과 마찬가지로, 결혼은 십자가로 연합한 예수님과 그의 백성이 어떤 모습인지 온 교회에 보여 주는 그림이다. 모든 사람이 어머니나 아버지가 되지는 않을 것이지만, 모두가 하나님 나라의 공동체 안에서 어머니와 아버지의 모델이 되도록 부름 받았다. 모든 사람이 결혼하도록 부름 받지는 않았지만, 모든 사람이 복음으로 부름 받았다. 결혼은 모든 사람에게 중요하다. 왜냐하면 그것이 단지 결혼만을 위한 것이 아니기 때문이다. 결혼은 십자가에 대한 것이다.

서로가
필요하다

여러 해 전, 수차례 결혼하고 이혼하고 재혼한 것으로 알려진 한 신문 칼럼니스트가 마침내 결혼식을 포기한다고 선언했다. 그는 다시는 아내를 찾지 않을 것이고, 중간 단계를 생략하여 시간과 수고를 줄이겠노라고 말했다. "이제는 그냥 나를 미워하는 여자를 찾아서 집을 사줄 거예요."[15] 그가 재치 있게 말했다. 그 말은 예상대로 사람들의 폭소를 자아냈다. 비극적인 개인사에도 불구하고, 그 말이 남녀 간의 갈등이 만연하는 오늘날의 문화를 잘 대변했기 때문이다.

이러한 긴장의 보편성은 악의 없는 농담에 잘 나타난다. 거의 모든 문화마다 그런 농담이 있기 마련이다. 매사에 늦는 여자라든가 뒷정리를 못하고 다니는 남자라든가 그 순간의 고정관념이 무엇이든 말이다. 그러한 긴장 배후에는 사실 알고 보면 훨씬 더 어두운 측면이 있지만 사람들은 농담으로 넘기고 만다. 이혼 문화가 그 뚜렷한 예다. 남녀가 갈등을 일으켜 결혼이 깨지고 법정에서 자녀의 양육권을 두고 다투는 일이 지구상 모든 도시와 마을, 동네에서 벌어지고 있다.

그러나 이것보다 더한 것은 많은 성 혁명들, 다시 말해 우리를 해방시켜 준다는 많은 운동들은 기껏해야 서로를 신뢰하지 않고, 최악의 경우 서로를 착취하고 싶어 하는 사람들의 아주 얇게 가려진 자기 보호 메커니즘일 뿐이다. 성의 구별이 없는 유니섹스 유토피아로 통합되기는커녕, 남녀가 서로에게 자신을 온전히 내어 주기가 거의 불가능해졌고, 성의 구별이 무의미하다는 말과 달리, 성의 구별이 정체성을 집어삼켰다. 더 심각한 것은 거의 모든 문화 속에 존재하는 폭력과 황폐화다. 그래서 많은 사람들은 '등골을 오싹하게 하는 남성성'이 원래부터 위험한 것이었나 의문을 품는다.

고대 에베소든 현대의 엘패소든, 우리의 상상력은 때때로 자신을 위해 싸울 뿐 아니라 여성의 존엄성과 평등을 대변할 수 있는 이상화된 신화적 인물을 갈망하고 있는 것은 아닐까? 공동체가 힘들게 애쓰지 않아도 스스로 남성성과 여성성의 최고의 이상을 대변하는 영웅을 갈구하고 있는 것은 아닐까? 그런 시나리오 속에서는 여성이 남성으로부터 상처 받는 데 취약해지지 않고, 남자는 자신 외의 사람들에 대한 책임을 지느라 부담스럽지 않다. 그러나 그것은 답이 아니다. 우리는 삶에서 서로가 필요하다는 것을 깨달아야 한다. 남자와 여자로서 우리의 삶은 그리스도와 그의 교회가 서로 경쟁하지 않고, 서로에게서 숨지 않고, 서로에게서 자신을 보호하려 하지 않는 모습과 같아야 한다. 남자와 여자로서 우리의 삶은 역사 전체가 "신부가 남편을 위하여 단장한 것"처럼 하늘에서 내려오는 교회를 향해 나아가고 있다는 것을 보여 주어야 한다(계 21:2). 우주는 회사의 이사회실이나 놀이공원이 아니라 어린양의 혼인잔치를 향해 돌진해 나아가고 있는 중이다.

07

나의 언약이
아닌
그분의 언약이다

끔찍한 신혼여행으로
시작된 결혼생활

우리의 신혼여행은 그야말로 엉망진창이었다. 결혼식 날 아침, 심한 후두염 때문에 잠에서 깼을 때 문제가 터질 줄 알았어야 했다. 나는 속수무책이었고 속상했다. 계속해서 "나 러셀 무어는 그대 마리아 해나를…"이라고 되뇌며 연습했지만, 소용이 없었다. 나는 마치 산소 치료실에 누운 폐기종 환자처럼 쇳소리를 내고 있었다. 보통 때라면 마리아가 나서서 걱정하는 나를 안심시켜 주었겠지만, 나는 전통을 고수하는 사람이라서 결혼식 전에는 신부를 보지 않으려 했다. 어쩔 수 없이 목 사탕만 연신 먹으며 수시로 허브 차를 마셨다. 마침내 결혼식을 시작할 때가 다가오자 목소리가 나왔다. 이제 모든 것이 잘 돌아가는 것 같았는데, 신혼여행이 문제였다.

만일 20년 전인 그때 SNS가 있었다면, 친구들은 우리가 올린 사진을 보고 우리가 좋은 시간을 갖고 있는 줄 알았을 것이다. 그러나 우리는 힘들었다. 우선 둘 다 지쳐 있었다. 시끌벅적한 결혼식 자체만으로도 피곤한데다가 리허설 날에 한 손님이 기분이 상해서 아프다는 핑계를 대며 결혼식에 불참하겠다고 위협했다. 게다가 우리 둘 다 신혼여행에서 돌아오자마자 월요일부터 새 직장에 출근해야 했다. 그리고 그 주에 새롭게 구한 신혼집으로 이사해야 했다. 무엇보다 우리는 신혼여행이 버거웠다. 둘 다 성적인 경험이 없는 데다 서로 사랑에 빠져 있어서 우리에겐 그냥 단순한 여행이 아니었다고만 말하겠다. 나의 신부는 로맨틱 코미디의 마지막 부분을 기대하고 있었다. 나는 토끼의 짝짓기 다큐멘터리 같은 것을 기대했다. 하지만 그때 우리는 둘 다 몸이 아팠다. 연극 무대에 선 가족 구성원으로서 아프다는 것이 아니라, 진짜로 아팠다.

나는 바이러스에 감염되었고 마리아는 알레르기 반응이 생겨서(나에 대한 알레르기는 아니었다) 우리는 한동안 응급실 신세를 져야 했다. 항생제를 사려고 약국에 줄을 서서 기다리는 동안 마음이 힘들었다. 우리는 이 여행을 위해 분에 넘칠 정도로 많은 돈을 썼다. 게다가 우리가 함께하는 삶이 첫 시작부터 엉망이 된 것 같아서 더 우울해졌다. 물론 우리는 첫날밤을 치렀지만 솔직히 내가 기대한 정도는 아니었다. 한 사람이 병원에 누워 있으니 원하는 만큼 함께할 수도 없었다. 나는 우리가 함께 만들어야 할 추억을 이것 때문에 망쳤다고 생각했다. 누구나 그렇듯 은혼식이나 금혼식 때 기억하고 싶은 장면은 달빛 아래 산책했던 것이나 곤돌라를 함께 탔던 것이지, 신혼여행 때 서로 토했던 모습은 아닐 것이다. '신혼여행이 이렇다면 결혼 생활은 어떨까?'

나는 우리에게 닥친, 낭만과는 거리가 먼 현실적인 곤경 때문에 정신이 들었다. 그리고 몇 가지 기본적인 문제들을 해결하는 데 초점을 맞추었다. 아내가 나보다 더 아팠기 때문에 나는 치킨 수프 통조림을 가져와 오프너 없이 캔을 열려 애썼다. 그리고 숟가락도 없이 수프를 먹이며 아내를 간호했다. 그 여행 말미에 우리는 웃으며 우리가 결혼생활의 가장 쉬운 부분에 실패했으며, 그래서 앞으로는 더 나아질 것이라고 농담을 했다. 그리고 실제로 그렇게 되었다.

그 후의 세월 동안 우리는 신혼여행 때의 소동보다 훨씬 더 심각한 위기들에 직면했다. 우리는 불임을 함께 견뎌냈다. 그리고 모험을 감행하여 러시아의 고아원에 가서 두 아들을 입양했다. 그때, 혹은 그 후에, 무슨 일이 일어날지 우리는 알지 못했다. 우리는 다섯 아들을 키웠다. 어떤 사람들은 나를 '극단적인 우파'라고 비난했고,

또 어떤 사람들은 나를 '보수주의를 가장한 자유주의자'라고 공격했다. 우리는 사랑하는 사람들을 떠나보냈고 그들의 무덤에서 함께 애도하기도 했다. 아직도 너무 마음이 아파서 여기에 쓰고 싶지 않은 일들도 겪었다. 그러나 우리는 그 어떤 일에도 서로 함께 있었다.

우리는 동시에 같이 화내지 말자는 불문율을 만들었다. 내가 우울함에 빠지거나 걱정에 빠지는 것을 보면 마리아가 초자연적인 평정을 유지했고, 나도 마리아를 위해 그렇게 했다. 때로는 순식간에 우리의 그런 상태가 서로 뒤바뀌기도 했다. 아마도 그 모든 것이 힘들었던 신혼여행 덕분이었다. 우리의 결혼생활을 여는 신혼여행 기간에 우리는 최선을 다했고, 그 여행은 삶으로부터의 도피가 아니라, 결혼한 커플로서 맞는 하나 된 삶의 전주곡이 되었다. 나는 신혼여행이 한 몸이 되는 것이기를 바랐지만, 무의식적으로 그것을 성적인 측면으로 규정하고 있었는데, 결국은 하나님의 섭리에 의해서, 더 포괄적으로 몸만이 아닌 정신과 애정이 연합하는 첫 걸음이 되었다. 우리가 신혼여행을 망쳤기 때문에 이후의 결혼생활을 구했는지도 모르겠다.

결혼,
계약인가 언약인가

결혼에 관한 한, 신혼여행은 우리가 알든 모르든 현대인의 의식에서 항상 맴돌고 있다. 성의 혁명을 이끈 어떤 계파는 결혼이 시대에 뒤떨어진 사회적 구성 요소이거나, 더 심하게는, 인간의 성적 자유를 억압하는 제도라고 말한다. 물론 어떤 면에서 보면 최근 들어 결혼이 극적으로 감소하고 동거 비율이 증가했으며, 평균 결혼 연령도 매년 높아지는 추세이다. 그러나 이와 동시에 결혼식 및 이와 관련된 문화적 기준은 어떤가? 요즘의 프러포즈는 남자가 무릎을 꿇고 반지를 내미는 것보다 훨씬 더 극적으로 바뀌었다. 근래에는 프러포즈가 계획적으로 이루어져, 가족과 친구들이 숨어 있다가 청혼을 한 후에 파티를 연다. 프러포즈를 받은 여자는 깜짝 놀라고 이 모든 것을 사진사가 찍는다. 여유가 있는 계층에서는 드물지 않게 '교외 결혼식'을 올린다. 가족과 친구들이 모두 휴가 겸 이국적 장소로 가서 결혼을 축하하고, 이를 완벽하게 사진으로 기록한다.

많은 목회자들이(나도 그중 한 명이다) 결혼식보다는 차라리 장례식을 인도하는 것이 낫다고 말하곤 한다. 장례식 때 고인의 어머니로부터 비난당하는 목사는 한 명도 없기 때문이다. 결혼식이 종종 긴장감으로 가득 찬 것은 그것이 너무 이상화되기 때문이다. 결혼식에서 뭔가 문제가 생기면 그 사람의 인생의 틀이 되는 완벽한 하루가 위험에 처했다고 생각한다. 결혼을 그렇게 이상화하게 되면 비단 결혼하는 사람뿐 아니라 미혼인 사람에게도 문제가 생긴다. 하나님이 결혼하지 않은 삶으로 부르신 사람들도 때로 자신의 상황을 원망하거나 결혼한 사람들을 샘낼 수 있다. '바로 그 사람'을 찾는 것이 삶을 완전히, 무한히 행복하게 해줄 것이라는 생각을 받아들였기 때문이다.

　그러나 결혼에 대한 기독교의 비전은 결혼을 손상시키지도 이상화하지도 않는다. 성경이 말하는 결혼은 자기실현의 방편이 아니다. 그랬다가는 오히려 환멸이나 실망에 빠질 것이다. 결혼은 복음을 보여 주는 그림이고, 전도지다.

　결혼이 소중하고, 즐겁고, 삶을 북돋는 것일 수 있지만 그러려면 복음의 맥락 속에서 결혼을 바라 보아야 한다. 곧 십자가의 맥락 속에서 보아야 한다. 결혼과 결혼생활의 행복에 대한 최대의 장애물은 이상적 배우자, 이상적 관계, 이상적 결혼 등 이상에 대한 추구다. 사실 그것은 일종의 이기심이다. 자신의 욕구를 충족시키기 위해 모든 역량을 결혼에 투자하는 것이다. 그러나 자아로부터 초점을 돌려 상대방에게 초점을 맞출 수 있어야 결혼생활 안에서 참 행복과 만족을 발견할 수 있다. 십자가의 결혼은 그 연합을 세상과 다르게 규정한다. 복음을 묵상해 보면 이 좋은 소식을 반영하는 결혼이 복음 그 자체와 비슷한 모습으로 나타날 것임을 알 수 있다. 사랑은 객관적 정절과 주관적 친밀함 모두로 정의된다. 십자가를 품은 결혼은 십자가를 품은 복음과 마찬가지로 언약과 관계로 정의된다.

　이것이 왜 중요한지 알려면 우리를 구원한 복음을 생각해 보라. 마르틴 루터의 말을 빌리자면, 복음은 한편으로 온전히 우리 바깥에 있다. 우리는 우리 자신의 행위나 가치가 아니라 하나님의 약속, 하나님의 신실하심에 근거하여 하나님 앞에 선다. 하나님의 백성이 하나님의 성품과 사명을 대표할 자격이 없을 때도 하나님은 그들을 제외해 버리지 않으시고, 하나님이 역사 속에서 객관적으로 하신 약속대로 행하셨다.

이스라엘이 금송아지를 만들어 숭배했을 때 모세는 하나님께 이렇게 아뢰었다. "주의 종 아브라함과 이삭과 이스라엘을 기억하소서 주께서 그들을 위하여 주를 가리켜 맹세하여 이르시기를"(출 32:13-14) 이에 하나님은 백성을 멸하려던 계획을 돌이키셨다. 비슷한 패턴으로, 지금 우리가 하나님 앞에 서는 것은 예수 그리스도의 삶과 죽음, 부활, 항구적 제사장직에 나타난 언약의 객관적 실체 때문이다.

또한 복음은 언약에 대한 신의뿐 아니라 관계적 친밀 때문에 우리에게 임한다. 우리는 머리이신 그리스도께 몸으로 연합하고 그리스도는 우리를 통해 사신다. 십자가에서 베푸신 그분의 사랑으로 우리는 혜택을 누릴 뿐 아니라, 성령이 우리 안에 거하셔서 그를 사랑하고 그가 사랑하는 것을 사랑하는 법을 배우게 된다. 결혼에도 똑같은 것이 있다. 언약과 관계 안에서 우리는 서로 하나가 되기 위해 우리 자신의 이기심과 맞서 싸우게 된다.

결혼에서는 언약이 먼저다. 결혼 예식은 시대와 장소마다 다 다르고, 각각의 문화마다 다른 방식으로 연합을 나타내 왔다. 그러나 모든 문화는 항상 남편과 아내 사이의 정절을 서원해 왔다. 언뜻 보기에 그것은 논란거리가 아닌 것 같아 보인다. 서구 현대 문화에서 성과 결혼에 대한 논란이 분분한 중에도, 대부분의 사람들이 최소한 정절의 개념에는 동의하기 때문이다. 대부분은, 심지어 일부일처제를 비난하는 사람조차도 한 파트너가 상대방을 속이거나 서로에 대한 헌신을 깨뜨리는 것을 좋아하지 않는다. 그러나 언약 연합으로서의 사랑의 개념에 대해서는 생각 이상으로 논란이 많고, 그것은 교회 밖만의 문제가 아니다.

　나의 고질적 죄는 사람들이 나를 인정하고 좋아해 주는 데서 나의 정체성을 찾는 것이라고 밝혔다. 이 사실을 미루어 봤을 때, 고등학교 때 진로 지도 선생님이 내가 이 직업을 갖지 않도록 말렸어야 하는 것이 아닌가 싶다. 나는 매일 종교, 문화, 정치적 이슈들을 다루고, 그날의 화제 중에 가장 논란이 심한 질문들을 다룬다. 그러나 내가 가장 심하게 논쟁하게 되는 때는 텔레비전의 '문화 전쟁' 토론 같은 것이 아니라, 내 사무실에서 결혼을 앞둔 커플과 결혼식에 대해 얘기할 때다. 그런 논란이 일어나는 것은 내가 양심에 꺼리는 결혼식 주례를 맡기 싫어하기 때문이다(신자와 불신자의 결혼 등). 결혼식을 가볍게 만드는 피냐타 때리기(사탕이 든 통을 매달아 놓고 신랑, 신부가 막대기로 때려서 터뜨리는 것-역자 주)나 신부의 아버지가 만일 사위가 바람을 피우면 총으로 쏴 죽이겠다고 위협하는 것(그런 일이 한 번 있었다) 등을 내가 허락하지 않아서 논란이 생기기도 한다. 그러나 보통 논란이 되는 것은 결혼 서약서를 신랑 신부 마음대로 작성하지 못하게 하는 것이다. 때로는 커플이 화가 나서 가버리기도 한다. 어떻게 자기네 결혼식에 내가 감히 결혼 서약서도 맘대로 작성하지 못하게 한단 말인가? 그러나 거기에 핵심이 있다. 이것은 그들만의 의식이 아니다.

결혼은
둘만의 것이 아니다

결혼은 남녀가 자신들의 언약을 만들어 내는 것이 아니다. 공동체를 떠나면, 그들은 무슨 서약을 해야 하는지 모른다. 물론 그들이 서로를 얼마나 사랑하고, 남은 평생을 함께 보내기를 얼마나 고대하는지 말할 수 있지만, 언약 서약의 일차적 목적은 그 순간의 감정을 밝히는 것이 아니라, 예측할 수 없고 상상할 수 없는 것 앞에서 약속하는 것이다. 누가 먼 미래를 보고 와서 그 커플에게 언젠가 아내가 유방암으로 항암치료를 받을 때 남편이 간호하게 될 것이라거나, 어느 날 집이 은행에 차압당하게 될 것이라거나, 언젠가 그 부부가 평생 저축한 돈을 은퇴생활이나 세계 일주가 아닌 아들의 마약 중독 재활 프로그램에 쓸 것이라고 말해 주는 일은 없을 것이다. 결혼을 이미 경험한 사람들은 결혼의 좋고 나쁜 모든 가능성에 대해 증언한다. 결혼식 때 남녀는 증인들 앞에서 "무슨 일이 일어나더라도 나는 아내와 함께하겠습니다," 또는 "남편과 함께하겠습니다"라고 서약한다. 그것은 객관적 서약이며, 부부의 구체적 상황과 무관하다. 나의 한 친구는 약혼한 커플들에게 종종 그들의 결혼식에서 가장 중요한 것은 다른 결혼식과 무엇이 다르냐가 아니라 다른 결혼식과 똑같은 부분이라고 이야기한다고 한다.

결혼식은 크든 작든, 그들의 개인적 사랑을 축하하는 커플만을 위한 파티가 아니다. 결혼식은 어떤 종류든 언약 의식이다. 따라서 모인 사람들은 청중이 아니라 증인이다. 이런 이유로 우리의 많은 결혼식에는 현재의 문화와 맞지 않는 특징이 있다. 그것은 흔적 기관처럼 현재는 기능이 없지만 진화의 이전 단계의 기능을 나타내는 것과 같다. 내가 말하고자 하는 것은 많은 결혼식에서 주례자가 "이 두 사람이 연합하면 안 되는 정당한 이유를 말할 사람이 있으면 지금 말하십시오. 아니면 영원히 침묵하십시오"라고 말하는 것이다. 그럴 때 누가 일어나서 이의를 제기할 것이라고 예상하는 사람은 아무도 없다(설령 실내의 모든 사람이 그 커플이 어울리지 않는다고 생각할지라도 말이다). 우리가 기껏 상상할 수 있는 시나리오는 진부한 영화에서 옛 남자친구가 일어나서 신부에게 같이 도망가자고 하는 것이다. 그러나 결혼식의 이 부분은 결정적으로 중요하다. 국가는 결혼 증명서를 발급하여 결혼 서약을 허위로 할 경우(이미 결혼했거나 서로 형제자매간인 경우) 법적 결과가 있을 것이고, 그 서약을 어길 경우도 그럴 것이라고(그럴 경우 이혼 소송에만 서류가 필요하겠지만) 말한다. 그리스도인의 결혼식에 모인 증인들은 교회가 그들의 결혼 서약을 하나님 앞에서 주시하며 돌볼 것이라는 징표다. 결혼은 그 커플에 대한 것만이 아니라, 복음에 대한 것이다. 그것은 결혼이 온 교회의 일이라는 것을 의미한다.

이 책임이란 우선 한 몸 조합의 언약적 측면, 곧 충실성과 영속성에 대한 맹세를 말한다. 언약에 대한 신의는 "하나님이 하나 되게 하신 것을 아무도 나누지 못한다"는 것을 의미한다. 예수님이 교회와 언약한 징표로 세례와 성만찬을 주셔서, 속죄 사역으로 우리를 그와 연합시키신 객관적 일을 상기시켜 주시듯이, 결혼은 어떤 힘이 우리를 떼어놓으려 하더라도 우리는 한 몸이라는 사실을 지켜내겠다는 지속적 서약이다. 그것은 단지 성적 정절만을 의미하지 않는다(성적 정절은 한 부분이다). 신의는 어떤 값을 치르더라도 "그리스도께서 교회를 사랑하시고 그 교회를 위하여 자신을 주심 같이" 서로 적극적으로 사랑하겠다는 헌신이다(엡 5:25).

나는 몇 년 전에 한 텔레비전 설교자가 어떤 시청자의 질문에 대답해 주는 이야기를 듣고 있었다. 그 절박한 남자는 자신의 딜레마에 대해 나누었다. 그의 아내는 치매에 걸려서 남편도 못 알아볼 정도로 증세가 악화되었고, 그 남자는 다른 여자들과 데이트하고 싶어 했다. 내가 보기에 그건 복음주의자라고 하는 사람에게는 간단한 대답이었다. "간음하지 말라"는 성경 해석이 복잡하지 않기 때문이다. 그러나 그 그리스도인 토크쇼 진행자는 다른 여자와 데이트하기 전에 먼저 아내와 이혼하라고 말했다. 나는 그 소리를 듣고 깜짝 놀랐다. 그 설교자는 그의 아내가 '없는 것이나 마찬가지'라고 말했다.

그것은 당혹스러움 이상이었다. 그것은 잔인함 이상이었다. 그것은 예수 그리스도의 복음을 거부한 것이었다. 물론 그의 논리는 타당해 보였다. 그의 말대로 아픈 여성은 남편이 다른 사람과 식사를 해도 모를 것이다. 그녀는 이혼을 당해도 모를 것이다. 그런 면에서 그녀는 없는 것이나 마찬가지다. 그것은 일리가 있고, 그래서 더욱 문제다. 그러나 하나님 앞에서 일생을 서약한 아내를 떠나는 것은 그리스도의 비밀이 아닌 다른 비밀을 투영한다. 그것은 남자가 자기 육신은 사랑하면서 아내는 사랑하지 않는 것이다. 그것은 그리스도가 그의 백성을 위해 십자가를 지지 않는 것과 같다. 그것은 단지 결혼생활에 대한 조언 문제가 아니라, 나쁜 복음이다. 왜 치매에 걸린 아내를 떠나고 싶은 유혹을 받는지 이해는 한다. 아내가 그런 질병에 걸리면 남편을 위해 아무것도 할 수 없다. 낭만도 없고, 섹스도 없고, 파트너십도 없고, 동반자 관계도 없다. 만일 결혼이 그 모든 부분들의 총합에 불과하다면, 그것들이 사라졌을 때 왜 배우자를 떠나지 않겠는가?

예수님께도 자신을 더 이상 알아보지 못하는 신부가 있었다. 그 신부는 자신이 누구인지 잊었고, 신랑이신 예수님까지 부인했다. 그리스도의 신부는 그분의 곁을 떠나 옛 생활로 돌아갔다. 그러나 예수님은 이혼하지 않으셨고 신부를 떠나지도 않으셨다. 예수님이 부활 후 교회에 오셨을 때, 교회는 예수님을 처음 만났을 때와 같은 모습이었다. 그들은 배에 탄 채 그물을 내리고 있었다. 그래도 예수님은 그들 곁에서 말씀을 지키며 함께 계셨다. 그분은 신부를 위해서 해골의 골짜기와 스올의 골짜기 그 너머까지 가셨다. 결혼은 이것을 반영하기 위한 것이며 그렇게 함으로써 우리 모두가 취약한 자, 소외된 자, "이들 중 가장 작은 자" 중에 계신 그리스도께로 되돌아가는 것이다.

그러나 때로 그리스도인들은 결혼이 자신의 욕구와 바람을 충족시켜 주지 못할 때 어떻게 할지에 대해 은연중의 혼전 합의를 가지고 결혼한다. 비록 절대로 입 밖으로 내뱉지는 않지만, 많은 커플들이 비밀 핵무기를 갖고 있는데, 그것은 이혼 가능성이다. 그들은 대부분의 국가들이 핵무기를 사용하는 방식으로 그것을 사용하고 싶어 한다. 상대방에게 상처 받지 않도록 하기 위한 방법이다. 이를테면 "내가 당신하고 함께 살 만한 동안에는 이혼하지 않을 거야"라는 것이다.

그러나 결혼을 이렇게 계약으로 보는 것은 기독교의 복음이 아니다. 그것은 만일 입이 영양분을 공급하지 않으면 위가 어떻게 복수할지 계획을 짜는 것처럼, 말이 안 된다. 커플이 한 몸으로 연합했는데, 비록 말은 안 했더라도 미리 정해 놓은 출구 전략이 있다면 그것은 이혼을 미리 협상해 놓은 것이나 마찬가지다. 만일 당신이 이혼의 가능성을 열어 둔다면, 이혼할 이유를 찾게 될 것이다. 당신의 배우자는 당신의 모든 기대를 충족시키지 못할 것이고, 당신도 배우자의 모든 기대를 충족시키지 못할 것이다. 분명히 당신은 배우자를 살해할 경우 어떻게 금융 자산을 관리할지 미리 계획하지 않았을 것이다. 왜 하지 않는가? 때로 부부 사이에 살인 사건이 일어나는데 말이다. 당신이 그런 계획을 하지 않는 것은 배우자를 살해하는 일은 상상조차 할 수 없기 때문이다. 그러나 슬프게도, 한 몸 연합을 깨뜨리는 일은 많은 그리스도인들조차 충분히 생각할 수 있는 일이 되었다. 만일 우리 자신을 언약으로 연합한 한 몸으로 본다면 그런 일은 생각할 수 없을 것이다.

이 언약은 기억을 통해 갱신된다. 성경에서 얼마나 자주 하나님이 우리를 위해 객관적으로 하신 일을 "기억하라"고 했는지 보

라. 이스라엘 백성이 버림받았다고 느꼈을 때 하나님은 애굽으로부터 해방된 일을 기억하라고 하신다. 다윗이 사망의 음침한 골짜기를 걸었을 때 그는 선하신 목자의 지팡이와 막대기를 기억했다. 우상숭배와 방탕한 삶으로 굴러 떨어지려는 유혹을 받을 때, 그리스도인인 우리는 우리가 자신의 것이 아니며 값으로 산 바 되었음을 기억해야 한다. 복음에 대해 그렇고, 결혼에 대해서도 그렇다. 모든 결혼은 위기를 맞닥뜨리는 순간이 있다. 가족 중 누군가가 아플 것이다. 누군가가 해고를 당할 것이다. 누군가 바람을 피울 수도 있다. 그 외에도 여러 가능성이 있다. 이처럼 세상과 육신, 마귀가 우리를 떼어놓으려 위협할 때 우리는 그들과 싸우기 위해 언약을 기억하고, 결혼에 대한 복음의 비밀을 기억해야 할 것이다.

언약 안에는
낭만적 사랑이 있다

언약은 반드시 무엇인가와 연결되어 있다. 성경이 정의하는 사랑은 활동적이면서도 감정적이다. 이웃을 사랑하는 것이 무엇인지에 대한 예수님의 비유에서 선한 사마리아인은 강도들에게 맞아서 길가에 쓰러진 사람을 보고 긍휼함을 느꼈다. 동시에 그는 능동적으로 섬겼다. 그리스도도 교회를 사랑하시되 능동적으로 자신을 내어 주며 사랑하셨다. 구원에 대한 우리의 객관적 지식은 차가운

지적 믿음이나 거래가 되기 쉽다. 우리는 하나님이 객관적으로 그리스도 안에서 하신 일을 근거로 서지만, 또한 새로운 삶을 산다. 그 믿음은 그리스도가 사랑으로 우리 안에 거하시듯이 사랑으로 실행된다. 구원받는 순간부터 우리는 그리스도 안에 있지만, 또한 평생 동안 성화를 통해 그리스도에까지 자라간다. 결혼이 그리는 한 몸 연합은 복음처럼 법적이고 관계적이며, 객관적이고 주관적이면서, 언약으로 연결되어 있다. 우리가 서로 서약한 것은 우리가 객관적으로 한 몸 연합을 이루었다는 의미를 지닌다. 결혼생활의 친밀함은 서로 조화롭게 살아서 한 몸 연합을 이루어 간다는 의미다. 친밀함은 신의와 마찬가지로 생각보다 어렵다.

때때로 사람들은 결혼의 기본인 낭만적인 사랑과 친교를 모두 무시한다. 결혼에 대한 전통적 개념에 반대하는 사람들은 대부분의 사람들이 정의하는 결혼 관계 속의 사랑이 현대에 국한된 현상이라고 주장할 것이다. 어떤 사람들은 결혼에 대한 '성경적' 정의가 경제적 결합을 말하며, 친척과의 관계에 질서를 부여하고 재정적 안정을 확보하기 위한 것이라고 할 것이다. 그런 관점에서 바라보는 결혼은 경제적, 정치적 장치로 이해되며 개인적이고 낭만적인 사랑의 문제가 아니다. 그것은 배우자를 얻기보다 배우자의 가족(시가나 처가)을 얻는 것이다.[16] 그 주장도 일리가 있다. 세계 많은 문화권에서는 지금도 부모가 신랑신부를 중매하고, 때로 고대 성경 시대처럼 큰 지참금을 요구하고 있다. 그런 중매결혼은 사랑이라기보다 일종의 거래에 불과하지만, 오히려 진정한 애정과 다정함,

심지어 낭만까지 가득한 경우도 많다.

성경이 이야기하는 결혼에 낭만적인 사랑이 전혀 없는 것은
아니다. 창세기의 권위를 인정하지 않는 사람이라도, 창세기가 고
대의 문서로서 그 당시 독자들에게 타당했다는 것을 알 것이다. 그
이야기 속에서 첫 인류인 아담과 하와가 연합하는 모습은 단지 경
제적인 데만 있지 않았고, 다정다감한 애정도 듬뿍 배어 있었다. 아
담은 여자를 보고 "이는 내 뼈 중의 뼈요 살 중의 살이라"(창 2:23)고
하면서 기뻐했다. 또한 야곱이 라헬을 만났을 때도 "라헬에게 입 맞
추고 소리 내어 울었다"(창 29:11). 만일 그가 장인의 염소만 원했다
면, 레아와의 결혼으로 만족했을 것이다. 그러나 야곱은 라헬과 결
혼하려고 7년 동안 일했고 "레아보다 라헬을 더 사랑했다"(창 29:30).
이러한 개인적 애정으로서의 사랑은 아가서의 관능적인 찬가에도 잘
나타나 있다. 성경적으로 말해서 결혼은, 비록 그것이 가족의 중매로
이뤄졌더라도 단지 경제적 제도만은 아니었다.

그러나 사랑을 낭만과 동반자 관계로 정의하는 것이 비교적
최근의 현상이라는 말은 맞다. 우리의 문화 속에서 낭만적 사랑은
결혼 뿐 아니라 자기 성취와 자신이 온전케 되는 데도 가치가 있다.
그러나 낭만을 그렇게 신성시하는 것은 신의와 친밀감, 그리고 언
약과 연합 모두에 치명적일 수 있다. 죄와 파멸의 힘은 완전히 새로
운 어떤 것을 창조하여 역사하는 것이 아니라, 하나님이 선하게 창
조하신 것을 오용하고 왜곡하기 때문이다. 사랑에 대한 열정적 갈
망도 예외가 아니다. '사랑을 위한 결혼' 프로젝트가 실패했다는 비

판자들의 말은 상당히 일리가 있다. 이혼율이 치솟고, 불륜과 동거가 만연하기 때문이다. 그러나 내가 생각하는 이유는 중매결혼에서 사랑을 위한 결혼으로 바꿨기 때문이 아니라, 우리가 사랑을 정의하는 데 있어서, 혹자가 말했듯이, 결혼 제도를 감당이 안 될 정도로 이상화하고 거기에 과도한 짐을 부여했기 때문이다.[17]

하나님은 우리가 부모를 "떠나" 서로 "합하여" "한 몸"을 이루게 하셨다(창 2:24). 어떤 면에서 그 전환은 출생만큼이나 트라우마가 된다. 우리는 익숙한 것을 떠나서 새로운 세상으로 발을 들여 놓는다. 그리고 그곳에서 서로에 대해 책임을 진다. 하나님의 계획 속에서, 우리가 그렇게 하는 이유 가운데 하나는 서로에 대한 압도적 이끌림 때문이다. 그것은 사랑의 초기 단계에 분출되는 호르몬 작용으로 두 사람은 무한히 함께했으면 한다. 만일 시간이 허락한다면 열두 시간 동안 통화를 할 수도 있다. 그리고 바닷가에 서서 해가 떠오를 때까지 키스할 수도 있다. 그들은 서로에게 자신이 어떻게 느끼는지에 대해 소곤거린다. 그런 낭만적 애정의 분출은 정말로 기분 좋은 것이다. 문제는 그것 자체가 아니라, 그것이 '사랑'이라고 착각하는 데서 발생한다. 대중문화가 그런 생각을 강화시키는 사회에서는 특히나 더 그렇다.

대중문화는 결국 광고에 의해 움직이며, 광고는 젊은이들에 의해 움직인다. 상업 시장은 50대 남자에게 치약을 팔고 싶어 하지 않는다. 그는 이미 쓰고 있는 브랜드가 있어서 특별한 일이 없는 한 자신에게 익숙한 치약을 평생 쓸 것이다. 그래서 기업은 앞으로

50세가 될 사람에게 치약을 팔아서 취향을 굳히려고 한다. 이것은 정치 광고와 반대이다. 정치 광고는 (예외도 있지만) 기성세대의 취향과 성향에 맞추려 한다. 이유는 분명하다. 장년층이 투표를 더 많이 하고 젊을수록 투표하지 않는 경향이 있기 때문이다.

대중문화는 사람들의 경험을 가지고 목표 대상에게 접근한다. 그 한 예가 사랑이라는 감정이다. 그러나 사랑을 십대의 관점으로만 제시하면 깊고 성숙한 사랑에 대해서는 잘 깨닫지 못한다. 짝을 찾지 못해 속상해 하는 젊은이를 만나 보면 대개 그런 원인이 있다. 그들은 모든 면에서 자신을 '완성시켜 줄' 사람, 자신의 모든 신체적, 정서적, 정신적 욕구를 채워 줄 사람을 찾는다. 젊은이들은 그것을 추구하느라 뭔가 새롭고 예측할 수 없으며 흥미를 돋우는 사람을 찾지만, 그들의 결혼생활은 얼마 지나지 않아 어려움과 고통으로 채워질 것이다. 게다가 한 가정을 세우는 일은 특별한 이벤트가 아닌 평범한 일상이다. 그러나 젊은이들은 결혼생활에 장기적으로 적합한 사람을 찾지 않는다.

이전에 알았던 한 젊은이는 결혼이 하고 싶어서 다른 사람들이 부러워할 만한 여성들을 많이 만났는데, 결국 자신에게 상처를 주는 사람들만 따라다니게 되었다고 고백했다. 언젠가 나는 그에게 75세의 여성을 찾아야 하는데 25세의 여성을 찾는 것이 문제라고 말했다. 그때 말을 좀 더 잘했어야 했는데… 그는 내가 이상한 노인성애자가 되라는 줄 알았다고 말했다. 물론 내 말은 실제로 50살이 더 많은 여자와 결혼하라는 뜻은 아니었다. 내 말은 그가 잠재적 짝의 현재만 보고 평가한다는 것이었다. 그녀가 얼마나 '매력적인가?', 얼마나 '재미있어 보이는가?', 직업적으로 얼마나 큰 '성취를 이루었는가?' 등으로 말이다.

　　결혼을 준비하는 것은 긴 인생 동안 함께 사랑하고 사랑받을 사람을 찾는 것이다. 짝을 선택할 때 지혜로운 방법은 신혼여행 때 함께 기뻐하는 모습만 상상하는 것이 아니라, 호스피스 병동의 침상을 지키는 상대방의 모습을 그려 보는 것이다. 전 생애를 아울러 모든 것을 함께할 언약적 관점을 가져야 진정한 기쁨을 누릴 수 있을 것이다. 당신은 나이가 들면서 살이 찔 것이고, 흰머리가 생기고 머리카락도 빠질 것이다. 죄를 지을 것이고 하나님의 영광에 미치지 못할 것이다. 결혼에 대한 언약적 관점은 상대방이 계약서대로 잘하고 있는지 점수를 매기는 파트너가 되는 것이 아니라, 한 몸이 되어, 서로 헌신적으로 사랑하고 섬기되, 거기서 뭔가 얻는 게 있어서가 아니라, 단지 서로 하나이기 때문에 그렇게 하는 것이다.

친밀한 사랑은
배우자의 취약함까지 보듬는다

　　평생 서로를 볼 때마다 손바닥에 촉촉이 땀이 배이거나, 가슴이 두근거리거나 울렁거리는 것은 아니다. 그런 현상은 두 사람이 서로 끌리고 좋아하는 마음이 있다는 표시일 수 있지만, 그 신선함은 애정이 성숙해지고 깊어지기도 전에 사그라진다. 그렇게 되면 "사랑의 약효가 떨어졌다"고 생각할 것이다. 그러고 난 후 사춘기 때처럼 다시 발그레 얼굴을 상기시키는 다른 사람을 만나게 되면, 진정한 '영혼의 짝'을 만났다고 믿어 버리게 된다. 이 사이클은 다시 반복된다. 이것이 육체적 부정이나 이혼으로 끝나지 않는다 하더라도, 어떤 부부들은 자신들의 삶을 다른 이들의 가상의 삶(아마 영화나 로맨스 소설에 등장하는)과 비교하며 서로를 원망한다. 영화나 소설 속 커플들은 서로를 보고 첫눈에 반한다. 그러나 결혼생활에서는 서로에 대한 진정한 사랑과 열정은 가꿔져야 한다. 사랑의 감정은 당신이 변하면서 변한다. 익숙해지는 것은 고역이 아니라 두 사람이 점점 한 몸이 되어 가는 가시적인 결과이므로 감사함으로 받아들여야 한다. 그러려면 두 사람이 진짜 기쁨과 진짜 슬픔이 있는 진짜 결혼에 헌신해야 한다. 그리고 무슨 일이 있더라도 영원한 약속에 헌신해야 한다.

다시 말하지만 내가 중매결혼을 지지하는 것은 아니다. 그럼에도 불구하고 결혼식에서 아내를 처음 만났다는 동양에서 온 한 남자의 이야기에 자꾸 마음이 끌린다. 그는 다음과 같이 말했다. "우리는 서로를 알지 못하고 결혼했어요. 그러나 그건 목사님 부부나 다른 모든 부부에게도 마찬가지예요. 결혼생활을 시작할 때 서로를 온전히 알았다고 말할 수 있는 사람이 누가 있겠어요?" 그의 말은 일리가 있다. 우리가 아무리 조심해서 짝을 고른다 하더라도, 여전히 상대방을 다 알 수는 없으며 시간이 흐르는 동안 차츰차츰

정신적, 정서적, 영적, 신체적으로 화합을 이룰 뿐이다.

나는 그것을 어렵게 배웠는데, 결혼 전에 모든 준비를 갖춰야 한다는 생각에 시달려 결혼을 미루고 있었다. 물론 그것은 틀린 말이 아니다. 서로에 대해 책임질 만큼 성숙함이 없거나 배우자나 결혼생활에 대해 전혀 파악이 안 되었다면 결혼하지 말아야 한다. 그러나 내가 말하는 '준비'는 그런 종류가 아니었다. 나는 첫 데이트 때 벌써 내가 그녀를 사랑하고 평생을 함께 보내고 싶다는 것을 알았다. 그러나 많은 사람들이 우리에게 말했다 "결혼할 여력이 될 때까지 기다려." 맞다. 우리는 아무것도 없었다. 나는 22세의 신학대학원 1년차 학생이었고, 아내는 고등학교를 졸업한 지 얼마 안 된 소녀였다. 아무리 예산을 짜 보아도 생계를 유지할 방도가 없었다. 그래서 아내가 '바로 그 사람'이라는 것을 알고 나서도 청혼을 미뤘다. 그 전에 내 삶이 안정되어야 한다고 생각한 것이다.

그런데 어느 날 저녁 할머니가 '오션 스프링스 출신의 그 여자에게' 언제 청혼할 거냐고 지혜롭게 물으셨다. 나는 "결혼할 여력이 생기면요"라고 대답했다. 그러자 할머니가 웃으셨다. "얘야, 나는 너의 할아버지랑 대공황 때 결혼했어. 그래도 어찌어찌 살았어. 여력이 있어서 결혼하는 사람은 아무도 없어. 그냥 결혼해서 살아 봐." 그 말은 복음 외에, 내가 들어 본 것 중 최고로 안도감을 주는 말이었다. 그래서 나는 그때나 지금이나 아무도 대단하게 여기지 않을 반지를 하나 샀고 아내와 결혼식을 올리기로 했다.

우리 할머니의 지혜는 사회학자 찰스 머레이(Charles Murray)가 말한 '창업(startup)' 결혼과 '합병(merger)' 결혼의 차이점 같은 것이다. 합병 결혼은 〈뉴욕 타임즈〉 결혼 광고란에 등장할 법한 종류로 경제적, 교육적, 정서적으로 '성공적인' 신랑과 신부가 이미 완성된 두 세계를 합치는 결혼이다. 반면 창업 결혼은 완성점이 아니라 출발점으로서, 부부가 서로 외에는 아무것도 없이 성인으로서의 삶을 함께 시작한다.[18] 말할 필요도 없이, 모든 사람이 그런 확고한 토대를 가지고 성년을 시작할 수 있는 것은 아니다. 문제는 현대 문화가 이런 종류의 안정이 없다면 결혼을 열망하는 것조차 잘못된 것이라고 말하는 것이다. 어떤 연구에 따르면 결혼식이 거창하고 성대해지는 것 자체가 동거를 유발하는 요인 중 하나라고 한다. 결혼식이 교회에서의 언약이 아니라 신랑, 신부의 성취에만 초점을 맞추다보니, 많은 사람들이 '적절한' 행사를 위해 충분히 돈을 모을 때까지 결혼식을 미룬다.[19]

　우리는 전혀 결혼할 준비가 되어 있지 않았다. 그건 사실이다. 그러나 우리의 경제적 문제는 걱정거리가 아니었다. 스물 두 살의 나는 부모님이 이혼한다는 소식을 듣고 흐느껴 우는 아내를 어떻게 위로해야 할지 아직 준비되어 있지 않았다. 나 또한 할아버지가 돌아가셨다는 소식을 듣고 아내의 품에 안길 준비가 되어 있지 않았다. 초음파 화면에 태아의 심장박동이 보이지 않자 입을 다물고 만 간호사와 마주할 준비가 되어 있지 않았다. 우리가 자녀를 갖지 못할 거라는 말을 들을 준비도 되어 있지 않았다. 그리고 그 후 의사들의 예상을 뒤엎고 우리가 그렇게 빨리 다섯 아들의 부모가 될 준비가 되어 있지 않았다. 결혼 20주년을 맞이했을 때 두 살 아기를 키우게 될 준비가 되어 있지 않았다. 그 외에도 이루 헤아릴 수 없이 많다. 나는 그 모든 것에 준비되어 있지 않았다. 아주 현실적인 의미에서, '나'는 존재하지도 않았다. 내 삶은 우리가 함께하는 삶으로 정의되었다. 그래서 성경은 결혼을 '한 몸'의 연합, 머리와 몸이 함께하는 것이라고 말한다. 두 개의 분리된 삶이 각자의 계획을 합치는 것이 아니라 두 사람이 연합해 한 삶을 이루는 것이다. 그것은 함께하는 삶이다. 물론 남편이나 아내가 될 준비를 할 수 있지만, 정말로 모든 것을 '완벽히 대비할' 수는 없다.

뒤돌아보면 미래에 대한 백일몽 속에서는 결코 그리지 못했을 강렬한 기쁨이 우리 삶에 있었음을 보게 된다. 먹을 거라고는 치즈 샌드위치밖에 없었던 저녁들을 우리는 사랑했다. 한 학생이 선교여행 때 대마초를 가지고 나타나 골머리를 앓기도 했지만 우리는 함께 중고등부를 섬기는 것도 사랑했다. 내가 박사학위 논문을 쓰는 동안에는 함께 밤을 새며 잠시 틈날 때마다 텔레비전 드라마를 시청하는 것도 좋아했다. 나중에는 그 드라마를 너무 잘 알게 되어 주인공의 대사를 함께 읊조릴 정도였다.

사실 우리는 그 예산으로 생활할 수 없었다. 그리고 하나님이 우리를 위해 예비하신 섭리에 '맞출' 만큼 성숙할 수도 없었다. 우리는 서로가 필요했다. 우리는 함께 자랄 필요가 있었고, 서로에 대한 우리의 사랑이 우리가 그것을 모두 함께 가지는 것에 있지 않다는 것을 알아야 했다. 모든 걸 다 갖추고 시작하지는 않았지만, 우리에게는 서로가 있었다.

우리는 확실히 처음부터 열정을 가지고 있었지만, 부부의 친밀감에 대해서는 많이 알지 못했다. 그런 종류의 친밀함을 가지려면 오랜 기간에 걸쳐 서서히 삶을 맞추어야 하고, 거기에는 자신의 취약성을 드러내고 위험을 감수할 용기가 따라야 했다. 성경은 우리의 첫 조상이 "벌거벗었으나 부끄러워하지 아니하니라"(창 2:25)고 말한다. 일반적으로 우리는 그 부분에 크게 주의를 기울이지 않고, 다만 어린이 성경 이야기의 삽화에 일부러 나뭇가지나 기린의 목을 배치하여 은밀한 부분을 가리게 할 뿐이다. 그러나 거기에는 결혼을 만드신 하나님의 가장 핵심적인 의도가 담겨 있다.

이전에 섬겼던 교회에서 있었던 일인데 예배 후 한 무리의 노년 부부들과 담소를 나누고 있을 때였다. 그중 한 부부가 카리브 해 유람선 여행에서 막 돌아온 참이었다. 즐거운 여행 이야기를 들으려고 누군가 여행에 대해 물었을 때, 그 부부는 얼굴이 새빨개졌다. 부인이 말했다. "아, 말도 마세요. 우리가 이 유람선을 선택한 것은 가격이 가장 저렴해서였는데, 배를 타고서 선상 수영장에 가 봤더니 상의를 탈의하는(topless) 유람선이었어요."

그 성실한 복음주의 부부는 유럽의 해변처럼, 여자들이 상의를 벗고 다니는 모습을 예상하지 못했다. 부인이 다시 말했다. "상의를 벗는 유람선이라니 상상이나 되세요?" 어색한 침묵이 흐른 후에 더 연로하고 헌신적인 한 여성도가 말했다. "멋지네요. 나는 늘 토플리스(topless) 유람선을 타고 여행을 하고 싶었어요." 우리는 모두 두 눈을 둥그렇게 뜨고 서로를 쳐다보았다. "밤에 그렇게 별들을 바라보면 정말 예쁠 거예요." 모두 안도의 한숨을 내쉬며 깨달았다. 그 연로하고 착한 성도가 말한 것은 지붕이 없는 배였다. 그러나 아무도 우리의 연로한 자매님에게 토플리스가 무엇을 의미하는지 설명하지 않았다. 우리들 대부분은 그분이 그 사실을 모른 채 안전하게 무덤에 들어가는 게 낫다고 여겼다. 설령 그렇지 않더라도, 아무도 진실을 알리고 싶어 하지 않았다. 그분은 어떻게 점잖은 그리스도인이 그런 것을 아냐고 생각했을 수도 있다. 그런 면에서 보면 그분이 나보다 낫다고 해야 할 것 같다.

모든 사람이 반라를 싫어하는 것은 아닐 것이다(그렇지 않다면 그 유람선이 만원이었을 리가 없다). 왜 사람들이 누드에 매료되는지, 그리고 연소자나 누드를 싫어하는 사람들이 그것을 주의해야 하는지 이유가 있다. 누드를 도덕의 문제로 보지 않고 취약성 노출의 문제로 볼 수 있다. 모든 사람들은 알몸인 것을 부끄러워하고 당혹스러워한다. 학교나 직장에 갔는데 옷을 제대로 입지 않은 꿈을 꿨다면 그 사람의 심리가 불안하거나 취약성이 드러났을 때다. 벌거벗었다는 느낌은 올바른 상황 속에서는 친밀감이지만, 그렇지 않을 때는 취약성이 노출되는 것이다. 그런 어색함은 신체 구조가 다른 이성 간에도 나타나는데 단순히 신체적인 것 이상이다. 원 인류의 벌거벗음과 수치심은 사탄의 말을 빌리자면 "하나님과 같이" 되려고 한 데서 나온다(창 3:5).

친밀함은
불완전함에서 싹튼다

그러나 철학자 레온 카스(Leon Kass)의 말과 같이, 자신의 알몸을 보는 것은 그것과 다른 메시지를 준다. "자신의 몸을 성적 존재로 처음 보는 순간, 우리는 자신이 신적인 존재가 아니라는 것을 깨닫는다. 더 구체적으로 말하자면 우리의 내면이나 외면 모두가 영구적으로 불완전하다는 것을 발견한다. 우리 몸의 본질을 실현하고 만족시키려면 그것을 보완하는 다른 상대방이 필요하고, 우리는 그 상대방에게 의존한다. 성은 우리가 반쪽이며 온전하지 않고, 더 나쁘게는, 우리에게 필요하고 우리를 보완하는 절반의 존재에게 우리가 마음대로 명령할 수 없다는 것을 의미한다."[20] 결혼은 두 보완적 개체들을 하나로 합하도록 의도되었다. 그것은 신체 기관의 연합만큼이나 실제적이다.

어떤 의미에서 이것은 당연히 성적 연합에 관한 것이지만(다음 장에서 살펴볼 것이다), 그것보다 훨씬 더 많은 것이 있다. 물론 당신의 생식기와 XX, XY 염색체만이 당신을 보완하는 요소는 아니다. 결혼하는 모든 사람은 특정한 장점과 취약성을 가지고 있다. 누군가를 적극적으로 사랑한다는 것은 상대방의 장점과 취약성이 무엇인지 알고, 그것을 서로 보완해 주는 것이다. 친밀감은 당신이 배우자를 사랑하게 될수록, 상대방의 장점을 당연하게 여기거나 혹은 다른 강점을 갖지 못한 것에 대해 원망하지 않고 이러한 역학관계를 사랑하게 된다는 것이다.

결혼생활에서 '다른 여자'나 '다른 남자'는 배우자가 바람을 피우는 실제 대상이 아니라, 배우자와 끊임없이 비교하는 상상 속의 이상화된 남편이나 아내인 경우가 많다. 만일 내 아내가 남편에 대해 고장 난 물건도 잘 고치고, 마당에서 일하는 것도 즐기고, 지붕도 수리하고, 마당의 두더지도 잘 잡는 것을 기대한다면 우리의 결혼생활은 불행할 것이다. 아내는 이 모든 것 대신 설교하고 책을 쓰는 사람과 결혼했다. 그것이 내가 가진 전부다. 나는 이스라엘과 유다 왕들의 계보라면 누구에게든 잘 설명해 줄 수 있지만, 계란을 어떻게 삶는지에 대해서는 정말 아는 게 없다. 누가 부탁한다면, 방송에 나가서 지구촌 기아 대책에 대해 논할 수는 있지만, 설사 법원의 명령이라도, 우리 집 전구가 어디에 보관되어 있는지는 말해 줄 수 없다.

이와 대조적으로, 나처럼 대중 사역을 하는 목사들 가운데는 늘 성도들을 만나고, 사역의 사명이나 모금, 업무에 참견하는 사모들을 둔 이들도 있다. 그러나 나의 아내는 연설을 하거나 어떤 컨퍼런스의 패널로 참석하느니, 차라리 병원에서 고통스러운 수술을 받으려 할 것이다.

그 점은 나에게 큰 축복으로 다가온다. 내가 일하는 세상의 어떤 사람들과 달리, 나는 실제로 집에서는 무척 자유롭다. 많은 사람들이 나와 내 사역에 대해 야심과 의욕에 차 있어서 가끔은 내가 무엇을 해야 하는지 아는 사람들로부터 온갖 종류의 압력을 받을 수 있다(적어도 그들 마음속에서는). 그러나 내 아내 마리아는 그런 사람이 아니다. 정말로 오늘 당장 집에 돌아가서 이제부터는 시골로 돌아가 새우잡이 배를 타며 평생 무명으로 일하려 한다고 선포해도 아내는 동의할 것이다. 그것은 내 아내가 무심해서가 아니다.

아내는 나의 '설교 강단'이나 나의 '브랜드'가 아닌 나 자체를 사랑한다. 대중이 내 이름을 알기 전부터 아내는 나를 알고 사랑했다. 아내와의 관계에서는 아무것도 변한 것이 없다. 만일 내가 일종의 '잘나가는 커플'(power couple)이 되고자 했다면(나는 그렇지 않다), 아내를 그런 사람으로 바꾸고 싶은 유혹을 받았을 것이다. 반대로 만일 아내가 더 '평범한' 삶을 사는 남편을 바랐다면, 내가 연구와 출장에 많은 시간을 보내는 것을 싫어했을 것이다. 친밀함은 좋은 점이든 부족한 부분이든 상대방이 누구인지 알고, 상대방의 약점을 나의 장점으로 보완하기 위해 최선을 다하는 것이다.

더 나아가 친밀함은 상대방에게 기쁨을 주는 것과 고통을 주는 것이 무엇인지 아는 것이다. 다시 머리와 몸의 비유로 돌아가서, 우리는 어디가 다쳤는지 알아야 자기 몸을 사랑할 수 있다. 친구와 팔씨름을 하는 것은 좋지만, 만약 친구가 팔을 다쳐 깁스를 하고 있다면 이야기가 달라질 것이다. 해산물을 먹는 것은 좋지만, 조개 알레르기가 있는 사람에게는 치명적일 것이다.

대학생들은 소위 '경고 문구'에 대해 많이 조롱한다. 그것은 글이나 영화, 음악, 연설 속의 어떤 내용에 대하여 미리 경고해 주는 말이다. 대체로 그런 조롱은 정당하다. 많은 학생들이 경고 문구를 보고 자신이 동의하지 않는 개념에 대해 논쟁하기보다 아예 배제해 버리기 때문이다. 그러나 원래 '경고 문구'는 진짜 트라우마를 경험한 사람들을 위한 합당한 우려 때문에 생겨난 것이었다. 자신의 부모가 최근에 칼에 찔려 살해당한 경험이 있다면 그 주에 칼을 든 연쇄 살인마가 나오는 범죄 영화를 보고 싶지 않을 것이다. 그러나 일반적 시청자라면 주저 없이 그 프로그램을 볼지 모른다. 결혼생활에서도 마찬가지다. 배경이 어떻든 상관없이 서로에게 절대 하지 말아야 할 언행이 있다. "당신은 당신 엄마처럼 변해가고 있어"라는 말은 마구간에서 하늘의 별을 보며 태어난 누군가에게는 칭찬일 수 있지만, 대다수 사람에게는 그런 의미가 아닐 것이다. 그렇게 받아들여지지도 않을 것이다.

친밀함은 우리가 한 인간인 상대방과 결혼하는 것만이 아니라, 상대방이 지닌 기억이나 경험과 결혼한다는 의미이기도 하다. 만일 당신이 목소리를 높여 토론하는 것을 좋아하는 가정에서 자랐다면, 그런 종류의 짓궂은 말을 주고받으며 가족의 유대를 느꼈을 것이다. 그러나 높은 목소리가 다툼과 미움을 의미했던 가정에서 자란 배우자라면 그것을 다툼과 미움으로 느낄 수 있다.

진솔한 성격을 가진 어떤 친구는 시댁 식구들이 냉소적으로 비꼬는 말을 항상 주고받기 때문에 시가를 방문하는 일이 너무 힘들다고 말했다. 그녀의 시가에서는 비꼬는 말로 소속감을 나누었다. 상대방을 놀림으로써 "너는 우리 편이야"라는 신호를 보냈고, 상대방이 곧바로 되받아칠 것을 기대했다. 그러나 그녀에게는 그것이 스트레스였다. 결혼생활 속에서는 서로가 어떻게 사랑으로 행동해야 할지 뿐 아니라, 구체적으로 어떤 말이나 행동이 서로에게 어떻게 받아들여질지 알아야 한다.

　내가 아는 어느 부부는 장인이 늘 바람을 피웠었다. 그래서 그 아내에게 가장 힘들었던 것이 남편을 신뢰하는 일이었다고 한다. 남편이 예상보다 조금 늦게 귀가하면, 그녀는 남편을 심문하며 1분 1초까지 해명하라고 요구했다. 그가 아내를 사랑하려면, 상대방의 그런 배경을 알고, 아내에게 신뢰를 심어 주려고 공을 들여야 한다. 그리고 아내가 자신의 행방을 알 수 있도록 늘 전화로 알려 줘야 할 것이다. 다른 아내들은 그런 것에 신경 쓰지 않는다고 자기 아내를 탓할 수도 있겠지만, 그렇게 한다면 진짜 아내가 아니라 다른 가상의 아내를 사랑하는 것이다.

스물 두 살의 내게
들려주고 싶은 이야기

　관계는 다양한 빛깔의 기쁨으로 가득 차 있다. 그것이 바로 관계가 어려운 이유이다. 어떤 사람들은 성적인 측면이 어렵다. 어떤 사람들은 정서적 면에서, 가령 두렵거나 우울하거나 화났을 때 표현하기가 어렵다. 어떤 사람들은 영적 친밀감을 나누기가 어렵다.

　나의 경우 친밀한 부부관계도 쉬웠고, 아내에게 나의 정서적 상태를 표현하는 것도 일반적으로 매우 쉬웠지만, 아내와 친밀한 기도를 하는 것은 매우 어려웠다. 그것은 좀 의아한 일이었다. 왜냐하면 나는 비행기에서 만난 낯선 사람과 쉽게 기도할 수 있고, 많은 사람들이 참석한 기도회도 잘 이끌 수 있기 때문이다. 아내와 아이들이 다 함께 드리는 기도는 쉽다. 그러나 아내와 단 둘이 기도하는 것은 어색하고 거의 고통스러울 정도로 깊게 느껴진다. 마치 불을 환하게 켜고 거울을 가까이 들여다보는 것과 같다. 그건 아내보다 나를 더 잘 아는 사람이 없기 때문인 것 같다. 아내는 나의 모든 위선, 내가 나의 이상에 얼마나 미치지 못하는지를 안다. 그러나 그것이 합리적인 이유는 못 된다. 복음주의 그리스도인이라면 모든 기도가 은혜로 드려지고, 비록 우리가 죄인이지만 항상 그리스도를 통해 하나님 앞에 나아감을 알기 때문이다. 그러나 나의 무의식 속에서 그것이 장애물이 된다는 것을 알아야 했고 그것과 싸워야 했다. 부부 간의 친밀함을 가로막는 당신의 장애물은 나와는 다른 종류일 것이다. 그것을 찾아서 부부가 함께 싸우는 것이 한 몸으로 성장하는 데 필요하다. "벌거벗었으나 부끄러워하지 않으려면" 싸워야 한다.

몇 년 전에 구급차 전조등 불빛 가운데, 구급대원들이 서로 신호를 외치며 아내를 들것에 실었다. 아내는 그 당시 유산한 지 얼마 안 되었다. 그것은 네 번째 유산인데, 그 이후로 뭔가가 매우 나빠졌다. 그러던 어느 날 아내가 하혈을 하며 거실 바닥에 쓰러졌고 나는 급히 구급차를 불렀다. 두 살부터 여덟 살에 이르는 아들들이 한 방에 모여 앉았다. 나는 태연한 척하며 아이들을 진정시켰다. "다 괜찮을 거야. 엄마가 몸이 좀 안 좋을 뿐이야. 곧 괜찮아질 거야." 당시 네 살이던 새뮤얼은 쉽게 넘어가는 법이 없었다. 새뮤얼은 내가 거짓말하고 있다는 것을 알았다. 새뮤얼은 내가 간호사였던 이웃의 눈 속에 있던 공포를 보았다는 것을 알았다. 그 간호사 또한 나를 위해 아무렇지도 않은 척했다. 내가 아이들을 위해 그랬듯이 말이다. 새뮤얼이 울며 말했다. "아빠, 엄마는 괜찮지 않을 거야. 나는 구급차가 왜 왔는지 알아. 나는 그 피가 뭔지 알아. 엄마는 죽을 거고 우리는 고아가 될 거야." 나는 현기증이 나는 걸 참으려 애썼다. 새뮤얼의 말이 맞을까봐 두려웠기 때문이다.

사람들이 아내를 들것에 싣고 나갈 때, 나는 아내를 따라 곁에서 걸으면서 아내의 핏기 없는 창백한 얼굴을 보고 기겁을 했다. 아내가 누운 들것의 금속 바에 벽에 걸린 우리의 결혼사진이 비쳤다. 그 모습을 보니, 액자 속의 그 행복한 얼굴들은 신혼여행을 망칠지 모른다는 염려밖에 없었다. 과거 그날의 기쁨은 현재 이 날의 공포를 더욱 부각시켰다. 나는 과거 그때보다 지금 더욱 아내를 사랑하고 있었다. 아내를 잃는다는 것이 무엇을 의미하는 건지 나는 알았다. 병원에서 험난한 밤을 보내고 혈액 부족으로 죽을 것 같은 고비를 여러 번 넘기고 나서야 마리아의 징후들이 모두 안정되었다. 두 번의 수혈 후 마리아는 살아났다. 아이들은 고아가 되지 않았다. 아내가 갈아입을 옷을 가지러 집에 들렀을 때, 나는 그 결혼 사진을 다시 보았다. 깡마른 스물 두 살의 나에게 시간을 거슬러 메시지를

182

보낼 수 있다면 사랑과 결혼에 대해 뭐라고 할까 생각해 보았다.

나는 그에게 엉망이 된 신혼여행에 대해 하나님께 감사하라고 말할 것이다. 너는 사랑이나 결혼에 대해 아직 아무것도 모른다고 말할 것이다. 어떤 결혼식도 완전하지 않으며, 모든 신혼여행은 사소한 문제들을 가지고 있기 마련이라고 말할 것이다. 그리고 그에게 그것은 좋은 일이라고 말하고 싶다. 왜냐하면 우리의 인생은 자신이 쓴 대본 속의 추상적 이상대로 살아지는 것이 아니라, 시련과 투쟁, 십자가를 견디는 힘, 이 모든 것이 함께 어우러진 데서 이뤄지는 것이기 때문이다. 갓 결혼한 네가 당면한 사소한 어려움은 이후에 닥칠 시련에 비하면 새 발의 피라고 말할 것이다. 나는 그에게 그렇게 터무니없이 고지식하고 '나는 다르다'는 특권의식같은 것은 버리라고 말한 뒤, 그런 아내를 데리고 이런 삶을 사는 그에게 선을 베푸시는 하나님께 감사를 드릴 것이다. 이십대의 나는 고집이 세서 아마 말대꾸를 할 수도 있을 것이다. 그러면 그냥 웃으며 이렇게 말할 것이다. "결혼 서약을 하려면 목소리를 좀 아껴야 하지 않을까?" 나는 젊은 나에게 나의 진짜 문제가 무엇이었는지 말할 것이다. 나는 평온을 행복이라고 착각했다. 그리고 결혼식이나 신혼여행이 좋은 기억으로 남으려면 내 계획대로 되어야 한다고 생각했다. 나는 심하게 어리석었다. 이제는 성장해서 그렇지 않다고 말할 수 있으면 좋으련만, 그런 것도 아닌 것 같다. 지금으로부터 20년 후의 나도 지금의 나에게 비슷한 말을 할 것 같다.

사랑하라,
그리고 싸우라

　　결혼식에서 우리는 종종 우리 주 예수님이 가나 마을의 혼인 잔치에 참석하셔서 축복하셨다는 이야기를 듣는다. 거기서 예수님은 물을 포도주로 바꾸셨다. 그것은 사실이다. 그런데 우리가 종종 놓치는 것은 그 혼인 잔치를 전체적으로 아우르는 것이 십자가였다는 사실이다. 혼인 잔치에 포도주가 모자라서 그 가족이 친척과 이웃 앞에서 사회적 수치를 당할 위기에 처하자, 예수님의 어머니가 예수님께 요청을 했다. 여기서 놀라운 건 단지 예수님이, 요한이 말하는 바, 첫 번째 표적을 일으키신 것이 아니라, 십자가를 염두에 두고 그렇게 하셨다는 사실이다. 예수님은 어머니를 가볍게 꾸짖으시며 "내 때가 아직 이르지 아니하였나이다"(요 2:4)라고 하셨다.

　　모든 복음서들은 그 '때'를 향해 나아간다. 예수님은 자신이 죽으실 곳인 예루살렘을 바라보셨다. 요한은 그 결혼식에서 예수님이 포도주를 공급하셔서 그분의 영광을 나타내셨다고 말한다(요 2:11). 후에 요한은 예수님이 예루살렘에 발을 들여놓으시며 "인자가 영광을 얻을 때가 왔도다"(요 12:23)라고 선포하셨다고 말한다. 그 영광이자 사명은 십자가였다. 그리스도의 영광은 십자가에 못 박힌 영광이다. 예수님이 그것을 결혼식에서 처음 보여 주신 것이다. 그리고 지금도 그러신다.

　　결혼생활에 대한 조언이 넘쳐나지만 특히 그리스도인들을 위한 조언이 많다. 그중 어떤 것은 심오한 치료 효과가 있고, 더 나은 소통에 대한 과학적 통찰도 제시해 준다. 어떤 것은 거의 산부인과 임상 수준이어서, 부부관계의 테크닉과 체위 등으로 친밀감을 북돋으라고 말한다. 그런 조언은 많은 부분 지혜롭지만, 일부는 공허하고 육적이다. 대부분 그리스도인의 우선적 문제는 우리가 어떻게 함께 살아가는지를 모르는 것이 아니다(그것이 일부이긴 하지만). 우리의 우선적인 문제는 우리가 복음을 충분히 붙잡지 않는 것이다. 우리는 그 복음으로 구원받았고, 그 복음을 세상에 다시 전하도록 부름받았다.

결혼을 했든 안 했든, 우리는 하나님의 가족으로서 결혼생활을 지원해 주고, 말씀대로 살도록 서로 점검해 줘야 한다. 결혼 여부와 상관없이, 우리는 주변의 부부들이 어떻게 살고 있는지 관심을 기울여야 한다. 비록 최고의 부부라도 죄와 결점들이 가득하다. 그러나 그 결혼생활 안에서 우리는 신부와 한 몸이신 그리스도, 언약과 연결, 신의와 친밀감을 통해 임재하시는 그리스도를 본다. 교회의 상태가 어떠하든 십자가를 통해 교회와 연합하시는 그리스도를 본다. 즉 우리가 우리의 결혼 안에서 기쁨과 평화와 온전함을 발견하려면 결혼이 우리의 모든 욕구를 채워줄 것이라고 기대하지 말고 결혼을 복음 안에서 만족을 찾기 위한 전쟁으로 보아야 한다. 그 싸움은 우리를 죽음 직전까지 이끌고 가서, 서로 연합하게 하고, 누군가가 우리를 붙잡고 계시다는 것을 알게 한다. 사랑하라. 싸우라. 그리고 사랑함으로 싸우라. 당신의 신혼여행을 십자가에 못 박으라.

08

성,
욕망이 아닌
영의 결합이다

성은 단지
강한 욕망일 뿐인가

그 아이는 예수님을 원했다. 그러나 성이 먼저였다. 교회 승합차 안에서 그 여자아이의 말을 들으면서 일종의 신성모독적인 발언에 경악하면서도 그녀가 말하는 진실에 은밀히 마음을 빼앗겼다. 솔직히 말하면 나도 그 애처럼 믿고 있었다. 그 중고등부 여행에 참여하는 다른 모든 열네 살 아이들도 나같이 느꼈을 것이다.

미국 남부의 어느 고속도로를 타고 내려가는 십대들이 심야에 나눈 이 대화의 맥락을 이해하려면, 기독교의 미래에 관한 복잡한 역사를 좀 알아야 한다. 2천 년 동안 그리스도인들은 예수 그리스도의 재림을 고대해 왔다. 어떤 시대에는 그 기대가 더 두드러졌다. 나는 1980년대의 종말론적 열기 속에서 성년이 되었다. 그 당시 우리 교회는 현재의 사건들을 종말과 관련시키는 정교한 예언 도표를 자주 다루었다. 목사님과 부흥사들은 우리가 '종말의 세대'이며 그 징조가 분명하다고 말했다. 그리고 언제든 하늘이 폭발하며 약속대로 그리스도가 도래하실 것이라고 했다. 우리는 그래도 괜찮았다. 왜냐하면 이번 학기 수학 수업을 마치고 싶지 않았으니까. 하지만 그 여자아이는 한숨을 쉬며 말했다. "난 정말 천국을 위해 준비된 사람이고 싶은데, 예수님이 내가 기회를 가질 때까지는 기다려 주셨으면 좋겠어. 너희도 알다시피… 최소한 단 한 번이라도… 성관계를 해봤으면 해."

그 여자애가 원한 것은 사실 부도덕한 것이 아니었다. 그 애는 우리 교회의 혼전 순결 서약에 동의했고, 그 서약을 지킬 계획이었다. 그 아이의 말은 완전히 도덕적이고 합법적인 부부의 연합을 경험하고 싶다는 것이었다. 내 생각에 그녀는 단지 성 이상을 원했던 것 같다. 그녀는 사랑에 빠지고 사랑하는 경험, 낭만 및 다른 사람과의 연합을 경험하고 싶었다. 그 애가 종말을 통과하도록 기꺼이 자원해서 도왔을 소년이 거기 서너 명은 있었으리라 짐작한다. 내가 그 대화를 생생하게 기억하고 있고, 나의 박사 학위와 사역 전체의 기반이 종말론이라고 해서 그것에 대해 더 깊은 정신분석을 하고 싶지는 않다.

아마겟돈 전에 오르가즘을 느끼고 싶다고 해서 그 십대 소녀가 우상숭배자나 환자는 아니다. 그녀는 정상이었다. 성은 강력한 원동력이고, 우리 모두가 그렇다. 여러 해 후에, 나의 자녀가 청소년이 되었을 때, 사춘기의 호르몬 분출과 불편한 욕망에 대해 설명해 주자 한 녀석이 경악하며 물었던 것이 기억난다. "그게 얼마나 오래 가요?" 나는 말했다. "평생이라고 할 수 있지." 아이는 인간으로 존재하는 여생 동안 늑대인간과 공생하게 될 것이라는 말이라도 들은 것처럼 나를 쳐다봤다. 때로 정말 그렇게 느껴진다. 성이라는 동력은 너무나도 강력하여 우리는 그것을 경험하기 위해 영원까지도 미루고 싶어 한다. 그리고 그것이 너무 무서워서 성이 우리를 무너뜨릴까봐 우려하기도 한다. 왜냐하면 성은 단지 성이 아니기 때문이다.

성적 연합 안에서 누리는
자유와 기쁨

만일 사랑과 결혼이 단지 애정과 동반자 관계, 경제 문제에 대한 것이라면, 우리는 지금보다 더 쉽게 우주가 인간의 의지와 첨단 기술로 정복되기를 기다리는 백지 같은 대상이라고 결론을 내릴 것이다. 그러나 성은 우리 안에 우리가 통제할 수 없는 어떤 것이 있다는 사실을 늘 일깨워 준다. 물론 우리는 성욕을 자제할 수 있고, 그것을 훈련할 수 있다. 그러나 성욕 자체는 도무지 어디서 나오는지 알 수 없다. 그것은 그렇게 디자인되었다.

프레데리카 매튜스-그린(Frederica Mathewes-Green)은 성행위의 이해할 수 없는 독창성에 대해 그것이 은혜의 징표라고 쓰고 있다. "그것이 아니라면, 둘이 하나가 되는 것, 어느 한 쪽이 소멸되지 않으면서도 함께 연합하는 것이 어떤 것인지 우리가 어떻게 이해할 수 있겠는가? 하나님은 보편적이고, 흔하고, 즐거울 만한 인간의 경험을 생각해 내면서 '봐, 이런 거야. 여기가 너희가 갈 곳이야'라고 하셨다."[21] 그녀의 말은 정확하다. 성적 연합은 두 사람이 각각 구별되는 개인으로 남으면서도 즐거운 신비 속에서 하나로 합해지는 복음의 실체를 생생히 보여 준다. 바로 그런 이유 때문에 성적 연합은 지속적으로 영적 전쟁의 장이 된다.

타락 이후로, 인류는 항상 성을 하찮게 여기거나 신성시하는 양극단에서 좌초되었다. 예를 들어 우리 시대에 만연한 모순을 보면 한편에서는 성이 그렇게 많은 의미가 없다고 생각한다. 사람들은 평생에 걸쳐 여러 명의 성 파트너를 가질 것으로 예상하며 가벼운 '잠자리'는 오르가즘의 파도가 사라지고 나면 별 다른 영구적 영향을 끼치지 않는 것으로 여긴다. 그러면서도 동시에 성은 매우 중요한 것으로 보인다. 무수한 책들과 비디오들은 성적 테크닉에 대해 많은 것을 쏟아낸다. 그래서 성적 충족을 얻지 못한다고 느끼는 사람들은 종종 자신이 인생 자체를 놓치고 있다고 믿게 된다. 성에 대한 기독교의 비전은 그 어느 것도 아니다. 그러나 눈에 보이지 않는 지배자들의 점령 하에 있는 우주에서 우리는 성생활이 복음으로부터 아무런 영향도 받지 않는 것을 보고 놀라지 말아야 한다. 그리고 실제로 많은 경우에 성 자체가 반 복음적이다.

우리 시대에 교회 밖의 많은 사람들은 적어도 어거스틴에게까지 거슬러 올라가는 '성적 억압'에 주목하면서 그리스도인들이 '성에 집착'한다고 비난할 것이다. 한 예로 어떤 사람들은 모세의 율법에서 월경이나 사정, 성 행위 후에 일정 기간 부정하다고 말한 것을 가지고 성경이 인간의 성적인 면을 거부한다고 말할 것이다. 그러나 성경의 그런 규정은 그런 것을 죄악시하거나 '혐오스럽다'고 선언하는 것이 아니다. 대신, 이러한 율법은 조심스럽게 하나님에 대한 예배를 이스라엘 주변의 이방 나라들이 주장하는 일종의 성적 우상숭배로부터 분리시킨다. 다산의 신들과 신전 창녀가 있던 세상 속에서, 하나님의 말씀은 단호하게 이 사실을 재천명해야 했다. 하나님은 피조물 밖에 계시고, 번식의 리듬이 아무리 강력하더라도 그것을 하나님과 동일시해서는 안 된다는 것을.

성에 집착하는 그리스도인이 있을까? 당연히 있다. 그렇다면 성을 본질적으로 수치스럽게 여기는, 몸에 대한 비 성경적 관점을 가진 그리스도인은 어떤가? 물론 있다. 잘못된 가르침을 고수하는 그리스도인은 항상 있어 왔다. 그럼에도 불구하고 전반적으로는 그렇지 않다. 성경은 종종 성의 선함을 무시해서가 아니라 그것을 긍정하기 때문에 성적인 부도덕성을 말해 왔다. 성에 대한 기독교의 비전은 너무나 숭고하고 긍정적이어서 그것을 왜곡하면 인간의 풍성한 삶이나 복음의 좋은 소식을 이해하는 데 큰 손해가 생긴다. 더구나 이 시대가 성에 집착하다보니(방식만 다를 뿐 대부분의 시대가 그렇다), 기독교의 메시지가 이 시대의 영과 어떻게 다른지 밝혀야 한다. 회개라는 단어는 우리가 무엇을 회개해야 하는지 말해 주어야 한다. 용서라는 단어는 우리가 무엇을 용서받았는지 말해 주어야 한다. 영적 전쟁이란 단어는, 우리가 무엇과 싸워야 하고, 무엇을 위해 싸워야 하는지 말해 주어야 한다.

대부분 신실한 그리스도인들은 영적 전쟁으로서의 성이라는 개념에 대해 너무 쉽게 성적 유혹에 대한 전쟁이라고 이해한다. 앞으로 살펴보겠지만, 물론 그것도 한 부분이긴 하다. 하지만 거기에는 단지 부정적인 것을 피하는 것 이상의 의미가 있다. 사도 바울은 고린도 교회에 쓴 편지에서 부부라면 부부관계를 오랫동안 피해서는 안 된다고 명령하고 있다. 부부가 기도와 금식을 위해 부부관계를 당분간 금할 수는 있지만, 그 시간은 제한적이어야 하고 빨리 다시 합쳐야 한다고 말한다. "이는 너희가 절제 못함으로 말미암아 사탄이 너희를 시험하지 못하게 하려 함이라"(고전 7:5).

사도의 이 가르침은 단순히 성적 절제가 지나치면 다른 데서 성적 만족을 찾게 된다는 뜻이 아니다. 물론 분명히 그런 의미도 있긴 하다. 그런 제한된 관점을 취하는 것은 성이 일종의 거래라는 현대적 가정에서 나온 것이다. 곧 한 쪽 '파트너'가 상대방을 달래는 대가로 육체적 쾌락을 교환한다는 것이다. 하지만 바울은 남편과 아내가 언약과 유기적인 유대 관계를 맺었다고 가정한다. 남편의 몸은 아내의 것이고, 반대로 아내의 몸은 남편에게 속했다(고전 7:4).

우리가 살펴보았듯이, 한 몸 연합은 단지 성관계 이상이지만, 분명히 그것도 한 부분이다. 창조 이야기에서, 한 몸 연합은 남자가 아내와 '합하는 것', 또는 아내를 '아는 것'을 포함하고 있다. 처음에 사탄은 수치심과 갈등을 통해 남자와 여자를 분리시키려 했다. 옛 뱀은 지금도 그렇게 한다. 성관계는 기독교적으로 보자면 연합이고, 일종의 서약 갱신이다. 부부가 성관계를 통해 서로에게 속한다는 신호를 보내는 것이며 그것은 복음의 징표다. 거기에는 성적 연합에 따르는 쾌락도 포함한다. 결혼 관계 속의 성은 수치심과 갈등이 아니라, 완성된 사랑의 아름다움을 나타낸다.

혹자는 성경에서 말하는 성의 일차적 목적이 생식이라고 주장한다. 그래서 성을 쾌락으로 보는 소위 '해방된' 현대적 관점과 대조시킨다. 창세기 이야기와 성경 전체를 통해 볼 수 있듯이 성에 대한 성경의 이야기가 생식을 중심으로 펼쳐진다는 사실에 대해서는 논쟁하지 않겠다. 성적 사랑은 출산의 결과가 없을 때도 세대 간의 연결, 사랑의 성육신적 결실을 나타낸다. 그러나 성경의 성적 연합은 단지 생식하기 위해 수행하는 실용적 업무가 아니다. 성경은 성적 연합에 따르는 기쁨에 대해 거듭 말하고 있다. 그 기쁨은 서로가 서로를 이끌도록 되어 있다(창 2:22-24, 엡 5:25-31). 성경은 성적 연합에 대해 서로를 '안다'는 용어를 사용한다(창 4:1, 17, 삼상 1:19). 그것은 고상한 척하는 완곡어법이 아니라, 성적 연합이 무엇인지에 대한 미묘한 계시다.

어떤 결혼에서는 남편이 아내가 성에 대해 주도적인 태도를 보일 때 즉시 반응하거나 반대로 아내가 남편에 대해 그렇게 한다. 다른 결혼에서는 좀 더 미묘하게 접근하는 것을 좋아한다. 어떤 남편은 자신의 아내가 모닝커피를 마시기 전부터 성관계를 갖는 것을 싫어한다는 것과 자신이 코 감기에 걸렸을 때도 거부한다는 것을 차차 알게 된다. 남편은 성관계 중에 아내에게 말을 시키는 것을 좋아하는지, 아니면 그런 상황을 어색하고 당황스럽게 여기는지 알아간다. 그런 것은 수도 없이 많다. 그런데 그 지식은 처음 침실에 들어갔을 때는 전혀 모르는 것들이다. 시간이 지나며 서로에 대한 지식이 자람에 따라 그런 지식도 자라간다.

일부일처제와 정절은 성적 자유를 제한하지 않는다. 오히려 성적 자유를 부채질한다. 내가 결혼 전 상담을 하면서 그리스도인 커플들에게 자주 하는 말이 있다. "만약 모든 게 다 잘되고 있다면, 두 분의 신혼여행은 생애 최악의 부부관계가 되어야 합니다." 내 말은, 하나님이 디자인하신 바대로라면 부부간의 친밀함은 서로에 대한 지식으로 점점 더 성장한다는 뜻이다. 나이가 들면서 분명 성욕은 수그러들 것이지만, 함께하는 시간이 길어질수록 하나 됨의 기쁨은 오히려 강화된다. 성 경험을 계약처럼 여기고 파트너가 무엇을 좋아하고 무엇을 필요로 하는지 협상하는 소위 성적 자유와 즉흥성의 문화 속에서 그것만은 분명 틀림없다.

성적 기쁨을 빼앗는 하나의 원인은 비현실적으로 섹시해지려 하는 것이다. 성적인 '자유'를 추구하며 성 경험을 사냥이나 쇼핑과 거의 비슷하게 여기는 많은 사람들은 시간이 흐를수록 비교적 낯선 사람에게 매력적으로 보이고 자신의 자신감을 유지하는 데 필요한 싱싱한 '외모'를 잃게 된다는 것을 알게 된다. 그러나 그리스도가 정의하신 결혼 속에서 우리가 서로 사랑하는 것은 상대방이 성적으로 매력적이어서가 아니다. 오히려 그 반대로, 배우자에 대한 사랑과 애정이 있기 때문에 배우자에게 점점 더 성적인 매력을 느끼게 된다. 배우자가 나를 떠날까봐 두려워하지 않게 될 때, 배우자와의 관계에서 성적으로 더 자유롭게 행동하게 된다.

얼마나 많은 남자들이 대머리가 되거나 배가 나오기 때문에 성적으로 매력을 잃는다고 느끼는가? 또한 얼마나 많은 여성들이 (누구든 나이가 들면 당연하지만) 흰머리가 생기거나 몸무게가 늘어서 '섹시하지 않다'고 느끼는가? 그러나 만일 남편이 운동선수와 경쟁한다고 느끼지 않고, 아내가 모델과 경쟁한다고 느끼지 않으며, 평생의 연합이 안전하다는 것을 안다면, 그런 것과 상관없이, 서로 사랑하고 연합할 수 있다. 원한다면, 성관계 때 불을 켜둘 정도로 자유로워질 수 있다.

이는 자신의 신체를 방임하라는 의미가 아니다. 결혼 서약을 지키는 커플이라면 상대방에게 매력적인 것이 무엇인지 알고 최대한 그 매력을 유지하도록 노력할 것이다. 남편은 아내를 사랑하기 때문에 아내를 아름답게 보는 것이지, 아내가 아름답기 때문에 사랑하는 것이 아니다. 아내가 남편과 성관계를 갖고자 하는 것은 그가 남편이기 때문이지, 남자와 성관계를 갖기 원해서 그를 남편으로 두는 것이 아니다. 서로에게 충실해지려는 자유 속에서는 쾌락이 깨어난다.

성관계는
영의 결합이다

하나님은 신부 된 이스라엘에게 다음과 같이 말씀하셨다. "마치 청년이 처녀와 결혼함 같이 네 아들들이 너를 취하겠고 신랑이 신부를 기뻐함 같이 네 하나님이 너를 기뻐하시리라"(사 62:5). 한 학자가 말했듯이 황홀경과 환희를 동반하는 성경의 성적 친밀감은 미래의 소망을 예표하며, 그것의 부재는 종국의 파멸을 나타낼 때가 많다.[22] 기쁨이 없는 성관계는 결혼이 무엇을 예표하는지 그려내지 못한다. 결혼은 하나님이 그 백성을 향해 가지신(그리고 그리스도가 그의 교회를 향해 가지신) 풍성하고 자기희생적인 사랑을 나타낸다.

사도 바울이 각각의 배우자들에게 '부부 간의 성적 권리'를 지키라고 한 것은 종마가 암말을 수태시키는 계약서 같은 것이 아니라, 사랑하는 사람 간에 서로 관심을 기울이라는 것이다. 부부관계

에서 비롯된 성적 쾌감은 마치 고기로 만든 섹스 장난감처럼 말초
신경을 조종하는 것이 아니다. 아내에게 쾌락을 주는 것이 무엇인
지 남편이 알아가고, 또 그 반대로 아내가 남편을 알아갈 때, 부부
는 서로를 가장 친밀하게 알아간다. 그것은 부부 모두에게 자신이
아닌 상대방에게 기쁨을 주기 위해 살아야 한다는 것을 일깨운다.

성경과 기독교 전통은 모두 성적 표현이 오직 결혼의 언약 안
에서만 허용된다는 점을 분명히 밝힌다. 하지만 그렇다고 해서 기
혼자들만 성적 특징을 갖는 것은 아니다. 만약 그렇다면 성적 감정
과 욕망이 결혼생활 안에서만 일어날 것이고 노년에는 가라앉을
것이다. 하지만 그런 경우는 거의 없다. 중학교와 고등학교는 성적
인 긴장감으로 가득 차 있고, 실버타운도 그렇다(후자가 전자보다 더할
때도 있다). 결혼하지 않는 사람들도 성적 감정과 끌림에서 자유로워
지기를 기대해서는 안 된다. 언젠가 결혼하도록 부름 받은 사람들
은 이런 감정을 미래의 남편이나 아내에 대한 것으로 봐야 할 것이
다. 독신의 삶으로 부름 받은 사람들 역시 성적 감정과 욕망을 경험
할 것이다.

몇몇 사람들의 조언과 달리, 성적 긴장감이 있다고 해서 반드
시 결혼해야 한다는 뜻은 아니다. 거의 보편적이라 할 수 있는 성적
갈망의 경험은 미혼자를 포함한 우리 모두에게 하나님이 결혼을
통해 보여 주신 근본적 진리 가운데 한 가지를 상기시켜 준다. 그것
은 우리가 우리 자신의 것이 아니며, 다른 사람들을 섬기기 위해 자
신을 쏟아 부어야 한다는 것이다. 독신의 부르심은 단순히 시간적

여유와 배우자나 자녀에 대한 책임에서 자유로워지는 것만 아니라, 이성을 향한 성 에너지를 다른 것에 쏟는 것이다. 곧 그리스도의 사명을 통해 하나님과 이웃을 섬겨야 한다는 부르심이다. 이것은 어느 시대에나 어렵지만, 성적 만족을 의미와 목적을 지닌 탁월한 수단이라고 보는 오늘날의 문화 속에서는 더욱 어렵다.

성관계가 힘이 있는 정확한 이유는 그것이 자아를 초월하려는 의도를 지녔기 때문이다. 황홀경(ecstasy)이라는 단어의 어원은 자신의 바깥에 서 있다는 것이다. 그러나 타락한 세상 질서가 늘 그렇듯이, 하나님의 디자인에서 돌아선 성은 자아를 초월하는 것이 아니라 자아로부터 도피하는 것이 될 수 있다. 어쩌다 만난 사람과 갖는 성관계나 포르노 등을 통해서 사랑하는 사람과 사랑 받는 사람 간의 간격이 사라짐에 따라, 우리는 친밀함을 붐비는 것으로 대체하고 신비에 필요한 긴장감을 포기하게 된다. 그러면 사랑은 긍정적 느낌을 도출하기 위한 수단이 되어 버려서 "더 이상 줄거리나 내레이션, 또는 드라마가 없어지고, 하찮은 감정이나 흥분만 있을 뿐이다."[23] 또한 성은 성공지향적인 사회 속에서 사람들이 원하는 또 하나의 소비재가 될 뿐이다. 성이 오르가즘을 추구하는 신체적 접촉으로 전락해 버리면, 강력한 힘과 매력을 잃고 만다.

하나님이 성적 부도덕과 왜곡에 대해 경고하시는 것은 우리가 쾌락을 누리지 못하게 하려는 것이 아니라(창세기 3장에서 사탄은 그렇게 암시했다), 성이 풍성한 삶을 줄 수도 있고, 우리를 파멸시킬 수도 있다는 것을 아시기 때문이다. 다양한 성 혁명과 그 역사에는 무수한

시도가 있었는데, 언제나 성을 자아로부터 탈출시킬 뿐 아니라(삶의 고통에서 눈을 돌리게 함으로써) 자아를 실현하는 수단이 되게(삶의 목적을 제 공함으로써) 한다고 약속한다. 그러나 그런 시도는 결코 이뤄지지 못한다. 진정하고 항구적인 연합은 피상적인 성적 만남으로 이뤄지지 않는다. 그것은 마치 대포알이 날아다니는 배경을 그린 뒤 롤러코스터를 탄 채 아드레날린의 분출로 용기 있게 돌진하는 모습을 흉내 내는 것과 비슷하다. 당장은 그런 느낌이 들지만 그 느낌이 지속되지는 않는다. 그것이 착각이라는 것을 알게 되면, 결코 현실이 될 수 없다. 마찬가지로 성적 밀회가 한 몸 연합을 대체할 수도 없다. 삶에 대한 그리스도인의 비전은 진정한 산 제물이 되는 것이며, 성을 자기중심적으로 거래하는 것이 아니다. 생명을 얻으려면 내려놓아야 한다. 그것이 십자가의 언어이며, 십자가는 다른 것과 마찬가지로 우리의 성생활도 빚어간다.

그럼에도 불구하고 성에 대한 성경의 패턴은 무엇이 진정한 만족을 줄지 하나님이 아신다는 차원에 그치지 않는다. 그렇게 생각하는 사람들은 한 소년에 관한 해묵은 농담을 흉내 내고 싶은 유혹을 받고 있는 것이다. 교구 학교의 수녀 선생님들은 그 소년에게 자위를 하면 눈이 멀 거라고 (거짓으로) 말했다. 그러자 소년이 물었다. "그러면 안경을 쓸 정도로만 하면 돼요?"

많은 사람들이 결혼생활 속에서 성적 기쁨을 누리는 것이 하나님의 완벽한 이상이라고 말하지만, 그렇지 못할 경우라면 대체용품을 가지고 살 수 있다고 결론 내린다. 그러나 성경은 성적 부도덕성을 단순히 관계적 또는 사회적 결과의 관점에서만 말하지 않는다. 물론 그것은 사실이고, 특히 지혜서인 잠언도 그렇게 말하지만, 그보다 더 나아가서 성경은 성적 부도덕을 일종의 사술, 사교라고 말한다. 선지자들은 우상숭배를 성적 부도덕의 이미지와 거듭 연결시켰다.[24] 특히 그것은 성이 단지 쾌락을 위해 뉴런에 불을 붙이는 것 이상이기 때문이다. 선지자들이 우상을 "아무것도 아닌 것", "호흡이 없는 것", "다른 신들"이라고 했을 뿐 아니라, 또한 진짜 존재하는 귀신들이라고 했던 것처럼, 비언약적 성에 대해서도 의미 없는 허무주의와 어두운 의미가 가득한 것이라고 말한다.

성관계의 원래 의도는 약속하는 두 사람을 하나님 앞에서 생명을 주는 언약적인 연합으로 만드는 것이다. 말라기 선지자는 결혼에 대해 "하나님이 그들을 하나로 만드시고 그들의 연합 속에 성령을 주시지 않으셨느냐?"라고 말한다(말 2:15, 개정개역: 그에게는 영이 충만하였으나 오직 하나를 만들지 아니하셨느냐). 마찬가지로 사도 바울은 창기와 합하는 자는 그와 한 몸이 되어 자신을 창녀의 지체로 만드는 것이라고 경고한다. 왜냐하면 한 몸 연합은 영을 결합시키는 것이기 때문이다(고전 6:15-17).

성적으로 선을 넘어가는 것은 자기 몸에 죄를 짓는 것이다(고전 6:18-20). 그러나 그것은 단 것을 많이 먹거나 흡연처럼 자기 자신만 해치는 죄가 아니다. 그리스도께 속한 자의 몸은 자신의 것이 아니라 성령의 전이기 때문이다. 성적 부도덕은 그 전을 더럽히는 일이다. 이방 종교가 당신네 교회의 성만찬 테이블 위에 염소를 제물로 잡아 바친다면 얼마나 경악하게 될지 상상해 보라. 전례와 형식을 그다지 중요시하지 않는 저교회파(lower-church)인 우리라도 격분할 것이다.

어떤 종류가 되었든 하나님을 섬기기 위해 구별시킨 거룩한 것이 거룩하지 않은 일, 복음과 반대되는 일에 사용되는 것이 성적 부도덕이다. 그래서 성경은 처음 장에서부터 다가오는 심판의 마지막 계시록까지 계속해서 성적 부도덕에 대해 경고하고 있다. 그래서 이스라엘 백성에게 성적 부도덕을 피하라고 명령했고, 예루살렘 공의회 또한 이방인 그리스도인들에게 할례나 모세 언약의 다른 측면들은 강요하지 않았지만, 그리스도 안에 있는 모든 자들에게 똑같이 성적 부도덕을 금했다(행 15:20).

어떤 사람들은 성적 부도덕의 문제가 구약이나 바울의 우선순위일 뿐 예수님의 우선순위는 아니라고 치부해 버린다. 그런 관점을 가진 사람들은 예수님을 바울과는 상반되는, 웃으시며 성적으로 관대한 분으로 제시한다. 그러나 그렇지 않다. 우선 하나님의 말씀은 부활 전 공생애 사역 때 하신 예수님의 말씀으로만 규정되지 않는다. 성경은 그리스도의 영인 성령의 감동으로 기록되었다(벧전 1:11, 벧후 1:19-21). 따라서 구약을 포함하여 성경 전체가 하나님의 말씀임이 확인되었다(마 5:17-18). 뿐만 아니라 예수님은 더 많은 진리를 말씀하셨다(요 16:12-13). 사도들과 선지자들의 영감으로 된 글을 통해서도 말씀하셨다(엡 2:20).

예수님은 부활 후 초대 교회를 향해 성적 부도덕을 관용하면 심판이 임할 것이라고 하셨고(계 2:20-23), 그러한 허용을 "사탄의 깊은 것"(계 2:24)이라고 하셨다. 뿐만 아니라 예수님은 지상 사역을 하시는 동안에도 성적 부도덕에 대해 구약이나 신약의 서신에서보다 더 강경하게, 마음에 음욕을 품은 자는 이미 간음했다고 하셨다(마 5:27-30). 그것은 훈련이 많이 부족한 한 복음주의 대학생이 전에 내게 말한 해석과 반대되는 말씀이다. 그는 만일 남자가 여자에 대해 정욕을 품게 되면 "가서 동침하는 것이 낫다"고 해석했다. 하지만 예수님이 마음의 분노가 살인죄와 같다고 가르치신다 해서(마 5:21-22) 이웃에게 적의를 가진 사람이 이웃을 칼로 찔러 죽이는 것이 정당화되지 않는 것과 마찬가지로, 두 경우 모두 죄가 습관이나 규칙을 고쳐서 조정될 수 있는 외적 행위로 시작되는 것이 아니라, 우리의 정신에서 시작된다고 밝히셨다. 그리고 두 경우 모두, 예수님은 그러한 내적 실체를 깨닫고, 회개하고, 구속의 피로 덮지 않으면 하나님과 분리되어 지옥에 가게 될 것이라고 경고하신다(마 5:22-30). 그것은 중요한 사실이다.

남을 판단하지 말라고 주의를 주신 예수님은(마 7:1-6) 또한 사도를 통해 성적 부도덕을 회개하지 않는 자를 교회가 징계해야 한다고 말씀하셨다(고전 5:1-5). 그것은 성적으로 부도덕한 사람들과 우리가 분리되어야 한다는 의미가 아니다. 예수님도 그러지 않으셔서 비판을 받으셨다. 그 대신 우리는 "형제라 일컫는 자" 곧 교회의 일원인 사람을 돌아보며 점검해야 한다(고전 5:11). 왜 그런가? 구원은 오직 죄인들을 위한 것이기 때문이다. 죄를 뉘우치기를 거부하는 사람은 그리스도가 자신을 위해 중재해 주실 것을 신뢰하지 못하는 것이다. 계속해서 회개를 거절한다면 그는 십자가를 경험하지 않은 사람이다(고전 6:9-10).

하지만 이것은 유혹과 씨름하다가 실족한 사람을 말하지 않는다. 우리는 누구든 반복적으로 죄를 지을 수 있다. 우리는 지팡이와 막대기로 양육되는 양떼이며, 거듭 거듭 절벽에 떨어지지 않도록 인도함을 받아야 하고 덤불에서도 구조되어야 한다. 그러나 이 구절에 해당되는 사람은 자신을 정당화하며, 하나님이 잘못이라고 하시는 것을 옳다고 하고, 그래서 최소한 어느 한 시점에, 자신이 죄가 없다고 하거나, 죄를 사랑하거나, 하나님의 은혜와 교회의 도움으로 죄에서 벗어날 의향이 없는 사람이다.

어떤 사람들은 하나님이 정의하시는 대로 죄를 정의하고 기꺼이 죄를 부인하기 때문에 그들의 교회나 가족이 안전하다고 생각할지 모른다. 그러나 전혀 그렇지 않다. 사도 바울은 "밖에 있는 사람들을 판단하는 것이야 내게 무슨 상관이 있으리요마는 교회 안에 있는 사람들이야 너희가 판단하지 아니하랴 밖에 있는 사람들은 하나님이 심판하시려니와"(고전 5:12-13)라고 썼다. 그러나 우리는 정반대로 하려는 경향이 있다. 곧 교회 밖의 죄에 대해서는 격노하고, 교회 안의 죄에 대해서는 어조를 누그러뜨린다. 그러나 바깥세상은 우리의 사명이지 우리의 거울이 아니다. 하지만 우리는 너무나 자주 성 혁명 같은 것에 영적 전쟁이 아닌 문화 전쟁으로 맞설 수 있는 것처럼 행동한다.

혼전 성관계와
간음에 대하여

알고 보면 우리는 우리가 원하는 만큼만 세상 문화에 맞설 수 있다. 우리는 성서적 정통성의 수호자들과는 거리가 멀다. 우리는 종종 움직임이 느린 성 혁명가로서, 한때는 부도덕하다고 일컬었던 것을 주변 문화보다 10-20년 늦게 수용한다. 그러나 성적 도덕성에 대한 성경의 부르심은 흥정의 대상이 아니다. 그래서 예수님의 제자들도 누가 그 길을 갈 수 있을까 의문을 품었다. 그들은 거룩하라는 예수님의 부르심이 얼마나 파격적인지 깨달았다. 성경이 성적 순결을 위한 영적 전쟁을 선포하는 것은 우리가 도덕적으로 우월하다고 말하려는 것이 아니라, 복음을 선포하려는 것이다.

20세기의 수도사 토머스 머튼(Tomas Merton)은 다음과 같이 말하고 있다. "그리스도를 가장 완벽한 바리새인으로 만드는 것이 사탄의 신학이다. 그러면 세리들은 절망할 것이고 바리새인들은 그리스도께로 와서 자기 의를 입증 받을 것이다."[25] 우리의 성생활, 그리고 우리 삶의 모든 측면에 대한 성경의 높은 기준을 말하는 것은 우리가 남과 다르다고 자랑하려는 것이 아니라, 우리 같은 죄인들에 대한 자비의 좋은 소식을 선포하려는 것이다. 그것은 세상 권력이 아닌 십자가에서 나타난다. 최종 결과는 가족 가치가 아니라, 십자가를 닮은 가족 그 자체이다.

가족이 성과 관련되다 보니, 우리의 가족(여기서 '우리'는 미국이나 서구 문화가 아니라 교회를 뜻한다)이 위기에 처하게 되었다. 우선 무엇보다 음행(fornication)에 대해 생각해 보라. 음행의 행동이 아니라 음행이라는 단어를 생각해 보라. 전 미국 대통령 리처드 닉슨은 인터뷰 직전 한 기자에게 다음과 같은 악명 높은 질문을 던졌다고 한다. "그래서 데이빗, 자네는 이번 주말에 음행을 했는가?" 이 질문이 오래 기억되는 이유는 그것이 닉슨 자신과 관련된 동일한 암시를 불러오기 때문이다. 그 질문은 불편하고, 시대에 뒤떨어지고, 검열하는 것 같고, 심문하는 것 같고, 무리에 끼고 싶어 하지만 실패한 듯한 뉘앙스를 풍긴다. 만약 요즘 시대에 이런 단어가 사용된다면, 보수적인 그리스도인들을 비웃을 것이다. 하지만 그런 농담조차 찾기 힘들 수 있다. 왜냐하면 보수적인 그리스도인조차 그 단어를 사용하지 않은 지 오래 되었기 때문이다. '음행'이라는 단어는 그리스도인을 포함한 다른 누구에게나 괴상하고 엉뚱하게 들린다. 물론 우리는 성적 순결에 대해 얘기하고 성적 부도덕에 대해 경고하지만, 우리가 어린 자녀와 미혼 교인들에게 실제로 가르치는 말은 '성적 절제'나 '혼전 성관계'를 피하라는 것이다.

이것은 어느 정도 불가피하다. 주변 사람들과 소통하기 위해서는 어느 정도 그들이 이해하는 언어와 개념을 사용해야 하기 때문이다. 그러나 '혼전 성관계'와 '음행'(성경이 사용하는 용어)은 똑같은 의미가 아니다. 분명히 음행이 '결혼 전'이긴 하지만, '혼전 성관계'라는 말에서 강조하는 것은 타이밍이다. 성적 행동 자체는 똑같은 것으로 간주된다. 다시 말해 '결혼 후의 성관계'와 '혼전 성관계'의 차이는 언제 선택하느냐 뿐이라고 본다. 혼전 성관계는 그저 너무 빨리 사정한 것으로 제시된다. 그런데 바로 그런 생각이 미국 기독교 성 윤리가 위기에 빠지게 된 근원이다.

성경은 이에 대해 입장이 분명하다. 그리고 정교든, 가톨릭이든, 개신교든, 2천 년 교회 역사의 합의도 분명하다. 성행위는 부부 간의 결합에 한정된다. 성적 결합 자체가 결혼을 구성하는 것이 아니다. 예수님은 야곱의 우물가를 찾은 여인이 남편이 없는 것을 아셨다. 그녀가 당시 누군가와 동거하고(추측하건데 성적으로) 있었지만 말이다(요 4:16-18). 더 나아가 나사렛의 요셉과 처녀 마리아는 성적 연합이 없었지만 정말로 결혼한 상태였다(마 1:24-25). 그럼에도 불구하고 성경은 연합을 서약하고 성적으로 완성하는 것이 정상적인 과정이라고 말한다. 그리고 그 연합 밖의 성적 접촉이 신비하고 실제적인 영적 애착을 만들어 낸다고 말한다. 그러나 그 애착은 그리스도와 교회가 머리와 몸으로서 한 몸으로 연합하는 것과 사뭇 다르다.

많은 교회와 교단들은 지난 세대 동안 청소년과 청년들이 결혼할 때까지 이러한 기준을 지킬 것을 맹세하도록 격려하는 프로그램들을 시도해 왔다.[26] 그 프로그램들이 최소한 성관계를 지연시키는 데는 어느 정도 성공했을지 모르겠으나 세상의 성 문화와 반대되는 반문화를 이뤄냈다고 단정할 수는 없다. 오히려 한 연구에 따르면, 복음주의 개신교에 속한 십대들이 유대인이나 모르몬교, 주류 자유주의적 개신교 동년배들보다 미혼으로서 성에 참여할 가능성이 더 높았다.

복음주의 십대들은 사회경제적 지위가 낮은 반면에, 자유주의적 종교 그룹의 십대들은 사회적 계층이 더 높은 경향이 있다. 상류층 자녀들은 성공에 대한 압력이 크기 때문에 위험을 감수하려고 들지 않는다. 그들이 성관계를 피하는 것은 지옥에 가고 싶지 않아서가 아니라, 대학교에 가기를 원하기 때문이다. 보수적 복음주의자들도 사회경제적 지위가 상승하면, 경제적 생존 전략에 초점을 맞춰 성에 대해 위험을 관리하는 방법을 채택할 가능성이 커진다.[27] 게다가 이 연구가 보여 주는 또 다른 진실은 그리스도인 청소년과 청년의 '절제'가 사실은 전혀 절제가 아니라는 것이다. 그것은 구강성교나 다른 방법으로 성교를 대신하여 기술적으로는 동정이나 처녀성을 유지하면서, 성행위를 하지 않았다고 말하는 것이다.[28] 현실이 그러한데, 청소년의 성행위 비율과 십대 임신이 줄었다고 득의만만하며 경축할 일은 아닌 것 같다.

실은 우리의 설교와 가르침이 그런 현상을 더욱 부추기고 있다. 사도들이 성적으로 부도덕하고 회개하지 않는 사람은 "하나님의 나라를 유업으로 받지 못한다고"(고전 6:9-10) 경고했다는 것을 알리기 위해서 무서운 눈빛으로 '지옥불과 유황'을 외치는 설교자가 될 필요는 없다. 그러나 우리는 위험 방지 차원에서 성적 부도덕을 멀리해야 한다는 생각을 강화시키고 있다. 다시 말해서 우리는 세상 가치에 따라 경고할 뿐, 그리스도의 심판대에 관해 경고하지 않는다. 우리는 포괄적인 용어로 톤을 낮추어 서로 점검하고 애써야 한다고 말하지만, 예언적 어조로 강하게 말하지는 않는다.

　너무 많은 그리스도인 부모들이 자녀들이 성적 부도덕을 행하도록 부추긴다. 피해야 할 주된 문제는 너무 일찍 결혼하는 것이라고 전제하기 때문이다. 물론 결혼 서약을 지킬 수 있을 정도로 나이가 들고 성숙해야 하지만, 위험 요소는 그것만이 아니다. 사도 바울은 "만일 누가 자기의 약혼녀에 대한 행동이 합당하지 못한 줄로 생각할 때에 그 약혼녀의 혼기도 지나고 그같이 할 필요가 있거든 원하는 대로 하라 그것은 죄 짓는 것이 아니니 그들로 결혼하게 하라"(고전 7:36)고 조언했다. 왜냐하면 "정욕이 불 같이 타는 것보다 결혼하는 것이 낫기"(고전 7:9) 때문이다. 가족의 경제적 수준에 따라 다르긴 하지만, 부모는 흔히들 장성한 자녀가 여러 개의 대학원 학위를 갖고, 학자금을 다 갚고, 직업이 안정되고, 집을 사고 돈을 좀 모으고 나서 결혼해야 한다고 생각한다. 말은 하지 않지만 자녀가 하나님께 죄를 짓는 것보다 사회에서 성공하지 못하는 것이 더 나쁘다고 생각하기 때문이다.

　또 다른 연구에 따르면, 앞 세대의 간통죄와 마찬가지로, 그리스도인이라고 고백하는 청소년과 청년들의 성 경험이 성 도덕에 대한 기독교적 가르침을 전면 거부하면서 시작되지는 않았다는 것이다. 구강성교를 하는 교회 출석자들을 대면 조사해 보았더니, 최소한 그들은 처음에 전면적으로 허용한 것이 아니라 '선택적으로' 허용했다. 그들은 도덕적 요구를 거절한 것이 아니라, 두 개의 경쟁하는 도덕적 요구 사이에서 줄다리기를 하고 있었다. "사랑에 빠진 남자친구와 여자친구가 서로 무엇을 원하는지, 또는 어떻게 해야 하는지에 대한 각본과 미혼 그리스도인의 행동이 어떠해야 하는지에 대한 각본 사이에 줄다리기가 있었다. 그들은 두 가지 모두를 충족시키기 원하지만, 결국 합리화하고 있는 자신을 발견하게 된다."[29] 문화적 기대(생물학적 역동성으로 인해 더 강해졌다)는 도덕적 요구로 여겨진다. 여기서 고민하게 되는 것은 도덕성보다 정체성이고, "무엇이 옳고 그른가?"보다 "나는 누구인가?"이다. 나 자신을 그리스도의 몸의 지체이면서도 또래 집단 소속으로 보고, 두 개를 같은 수준으로 보면, 전자가 후자에게 굴복할 것이다.

이는 많은 교회들에서 아동 발달 과정과 복음주의라는 '생활주기(life cycle)'에 의해서 더 강화된다. 거기에는 결혼 전 성관계를 거의 전제하고 있다. 아미쉬 공동체는 다른 미국 문화와 단절되어 있는데, 우리에게는 잘 알려지지 않은 '럼스프링가(rumspringa)' 또는 '방랑(running around)'이라는 관습을 가지고 있다. 고립된 아미쉬 문화 속에서 자란 아이들이 청소년기 후반이 되었을 때 바깥세상에 나가서 '방랑하며' 바깥 문화를 경험하는 시간을 갖는 것이다. 그들은 자동차와 현대식 옷차림, 담배 등에서부터 성 경험, 술, 마약 등에 이르기까지 다양한 것을 경험한다. 이런 "방랑은 청소년들이 아미쉬 마을로 돌아와서 침례를 받기로 동의하고 공동체의 성숙한 일원으로서 책임을 감당할 때 끝이 난다."[30]

우리는 교회가 미국 복음주의 버전의 럼스프링가를 채택한 건 아닌지 물어보아야 한다. 교회생활은 종종 자녀들이 조금 일찍 신앙을 고백하고, 고등학교 때 다소 방황을 하다가, 대학을 다닐 나이가 되면 믿음을 떠나 있다가, 결혼을 하고 자녀를 가진 후에는 다시 교회로 돌아와 2년 안에 집사나 소그룹 리더가 되는 과정으로 이루어진다. 탕자들이 집으로 돌아오는가? 그렇다. 그리스도인들이 주를 떠나 방황하는 때가 있는가? 그렇다. 하지만 이것이 암묵적인 가정이라면, 뭔가 성경적 기대에서 벗어나 있다. 이 '일'은 명목적이고 문화적 기독교의 맥락 안에서 성립되는데, 우선은, 사람들이 교회를 '안식'의 일부로 본다는 것, 그리고 둘째로, 사람들이 실제로 습관과 취향이 고착되기 전 충분히 어린 나이에 결혼해서 자녀를 가졌다는 것이다. 이런 조건을 갖춘다 할지라도 이 프로젝트는 휘청거릴 수밖에 없는데, 첫째는 세속화가 되면서 사회 구성에 교회가 필요하다는 개념이 사라지고 있고, 둘째로 사람들의 결혼 연령이 점점 더 늦어지고 있기 때문이다.

지금은 가족의 개념이 명백히 희박해질 뿐 아니라, 더 중요하게는 복음의 메시지가 실종되고 있다. 우리 문화는 추상적이긴 하지만 아직까지는 간음이 잘못이라는 인식을 가지고 있다. 자신의 외도를 정당화하는 사람은 있을 수 있으나, 배우자에게 배신당하는 것을 도덕적으로 중립적이라고 보는 사람은 거의 없을 것이다. 그리고 불륜으로 인해 지속적으로 고통당하는 모습을 어렵지 않게 목격하게 된다. 심지어 부부가 계속 함께 살더라도 말이다. 하지만 '혼전 성관계'라는 용어는 일단 시기와 행동이 맞춰지고 나면, 곧 결혼 후에 성관계를 하면 문제가 해소된다는 것을 전제한다. 결혼 전에 성관계를 갖는 커플은 결혼식 후에는 모든 것이 괜찮을 거라고 추정하면서, 그들의 잘못된 행동의 결과가 지속된다는 것을 인식하지 못한다. 더 중요하게는 그들의 음행이 교회와 언약으로 결속된 그리스도를 나타내지 못한다는 것을 인식하지 못한다.

어떤 면에서 간음은 회개하기가 더 쉽다. 무엇을 회개해야 할지 더 쉽게 알기 때문이다. 결혼 서약을 깨뜨린 사람은 자신이 결혼생활에 상처를 줬고 회복시켜야 한다는 것을 안다. 반면 '혼전 성관계'는 결혼하고 나면 문제가 해결된 것처럼 보인다. 그러나 사실은 남편이 아내를 영적으로 이끌기 어렵거나 아내의 신뢰를 완전히 얻기가 어려울 수 있다. 당장 그렇기도 하고, 여러 해가 지난 후 그런 문제가 나타나기도 한다. 그 뿌리는 한 저자가 창세기 최초 커플의 분리에 대해 말한 것과 같다. "함께 죄를 짓는 것만큼 커플을 서로 멀어지게 하는 것은 없다." 더구나 만일 남자가 결혼 전에 기독교 신앙을 고백했다면, 그녀는 그의 성적 충동이 그의 양심보다 강하다는 것을 알게 된다. 만약 그가 그녀와의 성적인 죄를 정당화할 수 있었다면, 다른 사람과도 그렇게 하지 않으리라고 어떻게 확신할 수 있을까? 물론 그것은 고칠 수 없는 문제는 아니다. 이 세상 어느 것도 십자가 앞에서 고칠 수 없는 것은 없다. 그러나 고친다는 것은 시간이 흘러 죄가 저절로 치유되는 것이 아니라, 하나님과 서로에게 죄를 고백하는 것에서부터 시작된다.

성적 유혹과 죄에서
자유로운 사람은 없다

혼전 성관계에 대한 영적 전쟁은 그 죄가 예상 가능하고 자연스럽다는 착각과 함께 온다. 반대로 결혼 후의 성적 죄의 경우, 사랑하면 불륜을 예방할 수 있다는 착각에서 비롯된다. 약혼한 커플과 결혼 예비 상담을 할 때, 내가 항상 시키는 것이 있는데, 거의 모든 커플이 상당히 동요하는 모습을 보인다. 나는 그들 각자가 몇몇 시나리오에 따라 생각해 볼 수 있도록 하고 상대방에게 편지를 쓰도록 숙제를 준다. "만일 내가 바람을 피우게 된다면, 아마 나는 이렇게 할 거예요"나 "내가 이런 징후를 보인다면 내가 바람을 피우고 있는 거예요" 등이다. 대부분의 커플에게는 그런 질문을 한다는 것 자체가 충격이자 심지어 모욕감을 주는 것이다. 그들은 상대방을 배신할 수 있다는 것을 상상조차 못한다. 서로가 사랑에 빠져 있어서 함께 상대의 눈을 바라보며 영원히 함께하는 것 외에는 바라는 것이 없기 때문이다. 그런데 바로 그것이 내가 그런 연습을 시키는 이유다.

물론 이런 연습을 한다고 해서 부정을 미리 예방할 수는 없을 것이다. 우리는 아직 저지르지 않은 죄를 정확하게 예측할 수 없다. 우리는 그 정도로 자신을 잘 알지 못한다. 위기에 처한 많은 부부들을 상담해 보면 현실에 대한 부정이 너무 강해서 배우자에게나 부부 사이에, 또는 자기 자신에게 무슨 일이 일어나는지 잘 모르는 경우가 많다. 그러나 그런 부분은 다 부수적이다. 그런 질문지를 작성하는 것은 미래의 청사진을 그려 보라는 의미가 아니다. 그보다는 커플들에게 경종을 울려서, 단 몇 분이라도, 자신들이 성적 죄와 상관없는 사람들이 아니라는 것을 깊이 생각하도록 하려는 것이다. 더 나아가 그들이 자신들의 성적 취약성과 유혹에 대해 서로 대화해 볼 최소한의 소재를 제공해서, 그런 이야기가 너무 어색하거나 쓸데없는 분란을 일으키는 게 아니라는 것을 보여 주려는 것이다. 결국은 결혼생활과 성이라는 영적 전쟁에서 어떻게 가장 잘 싸울지 생각하게 하려는 것이다.

앞에서도 언급했듯이, 사도 바울은 보편적으로 간음의 가능성을 가진 모든 부부들에게 그것이 단순히 생물학적 끌림이 아니라 마귀의 유혹임을 경고했다. 그리고 이에 맞서 싸우는 핵심적인 방법으로서 지속적인 부부의 성생활에 대해 말했다. 하지만 우리가 흔히 생각하듯이, 배우자를 성적으로 만족시키는 것이 상대방을 행복하게 하고 방황하지 않게 하는 방법이라고 생각한 것은 아니다. 오히려 성적 연합은 서로가 서로에게 '붙어 있게' 하고, 창세기의 표현을 빌리자면, 서로를 '아는' 방법이기 때문에 그렇다.

처음에는 호르몬 분출 때문에 서로가 뜨겁게 사랑할지 모르겠지만 그것이 계속해서 둘을 하나로 엮어 주지는 못한다. 하나 됨을 유지하려면 작곡가 조니 캐시(Johnny Cash)의 가사를 마음에 새겨야 할 것이다. "난 이런 나의 마음에 촉각을 곤두세우고 있어. 항상 내 눈을 크게 뜨고 있어." 그렇게 하려면 혼자서는 싸울 수 없다.

남편의 성은 아내에게 속한다. 그리고 아내의 성은 남편에게 속한다. 우리는 서로를 더 알아 갈수록 상대방이 성적으로 어떻게 반응하는지도 배워가야 한다. 그리고 그 지식은 성적 문제와 유혹의 영역에서 서로를 위해 싸우는 것으로 이어져야 한다.

나는 사역을 하는 내내 배우자의 부정 때문에 결혼 관계가 깨어진 수백 쌍의 커플들과 상담을 해왔다. 지금까지 만난 사람들 중에 단 한 사람도 배우자의 성적 매력이 부족해서 바람을 피웠던 사람은 없었다. 솔직히 말하자면, 대부분의 사람들이 평가하기에, 외도의 대상이 배우자만큼 매력적인 경우도 드물었다. 또한 그 모든 시간 동안, 서로 행복하다고 해서 외도를 하지 않는 것도 아니었다. 부부 사이가 나빠져서 거기서 도피하려고 외도하는 경우도 드물었다. 일반적으로 외도가 일어나는 것은 행복하지 않아서나 부부 사이에 성관계가 없어서가 아니다. 왜냐하면 간통이 결혼과 같은 종류의 성적 연합을 약간 다른 경로를 통해 얻으려는 수단이 아니기 때문이다.

거기에는 더 많은 일이 일어나고 있다. 한 치료사가 주목한 사실은, 간통하는 사람이 선택한 '외도의 파트너'는 그 사람이 인생의 동반자로 원하지 않을 종류의 사람인 경우가 많았다는 것이다. 즉 더 나은 연인이나 더 나은 배우자를 찾는 것이 아니라 '경험해 보지 않은 자아'를 찾기 위해 외도한 것이다. 불륜은 오르가즘을 위한 것이 아니라 향수를 달래기 위한 것이다.[31] 그 상담가의 주장에 따르면, 바람을 피우는 사람은 매일 매일 직장과 가정을 돌보아야 한다는 책임감에서 벗어난 이전의 자기 자신과 다시 연결되고자 한다. 가령 고등학교나 대학교나 이전 직장의 사람을 만나는 이유는 옛날의 관계를 그리워하는 것이라기보다 그 관계 속에 있었던 자기 자신을 다시 되찾고자 하는 것이다. 그들이 던지는 질문은 이것이다. "내가 여전히 과거 그때와 같은 사람인가?"

불륜 관계에서 내가 흔히 관찰하는 현상은 외도가 옛 배우자의 부족한 점을 대체할 새 배우자를 찾는 것이 아니라는 것이다. 그보다는 청소년기나 청년기의 느낌을 되찾으려는 것이다. 그리고 극적인 성적 쾌감을 찾는 것도 아니다. 물론 잠시 동안은 "나는 당신을 사랑해요. 당신도 나를 사랑하나요?"라는 극적 로맨스에 몰두할 수 있다. 누가 방과 후에 아이를 학교에서 데려올지, 무슨 요일에 재활용 쓰레기를 내놓아야 하는지 등의 걱정거리 없이 말이다. 그 비밀스런 애인은 모든 것이 무너질 때까지 그 결혼한 사람에게 다시금 젊음이나 '살아 있다'는 느낌을 주는 것 같다. 바람을 피우는 사람은 대안적 우주를 찾고 있고, 다른 선택을 했더라면 무슨 일이 일어났을지 보고 싶어 한다.

결혼을 '행복하게' 하는 것이 무엇인가에 대한 우리의 생각과 기대가 간음에 일조할 수 있다. 우리가 자신의 모든 필요를 채워 줄 바로 그 사람, 곧 '영혼의 짝'을 기대해야 한다고들 말하기 때문이다. 그 치료사는 이렇게 말했다. "우리는 새로운 올림포스를 만들어냈어요. 거기서는 늘 무조건적인 사랑이 있고, 마음을 사로잡는 친밀감과 흥미진진한 섹스, 한 사람과 오랫동안 함께할 수 있는 안정감이 있죠. 그리고 그 기간은 점점 더 길어지고 있어요."[32]

  그러나 내가 아는 가장 안정적인 결혼들은 자기실현 면에서 전형적으로 '행복하게' 보이는 결혼이 아니다. 오히려 깊은 고통을 통해 부부가 자기희생과 서로 돌보는 모범을 보이는 결혼이다. 그리스도와 교회처럼, 그들의 한 몸 연합은 한 사람이 다른 사람의 필요를 채우는 것이 아니라 공통의 목표와 공통의 사명 의식을 통해 이뤄진다. 이처럼 건강한 결혼에서는 한 배우자가 다른 배우자에게 자신의 정체성을 제공해 달라고 하지 않는다. 두 사람은 모두 그리스도 안에서 자신의 정체성을 발견한다. 그러면 내 삶을 보다 행복해 보이는 다른 결혼과 비교하거나, 더 이상적이고 젊은 삶과 비교하는 위험에 빠지지 않게 된다. 자신의 삶이 그리스도 안에 있기 때문이다. 이것은 성경이 말하는 대로, 젊어서 얻은 아내(혹은 남편)를 사랑하고, 그 안에서 즐거워할 자유를 준다(잠 5:18). 모든 커플들은, 비록 견고한 그리스도인 커플이라 할지라도, 서로 사랑하기 때문에, 행복하기 때문에, 또는 성적으로 매우 만족하고 있기 때문에 부정에 대해 걱정할 필요가 없다고 가정해서는 안 된다. 마귀는 사람을 쓰러뜨리는 가장 효과적인 방법이 부족한 배우자를 통해서가 아니라 부족한 자신을 통해서라는 것을 알고 있다.

  성적 연합은 결혼생활을 지키는 데 도움을 주는데, 어떠한 잠재적 경쟁자보다 '나아서가' 아니라, 그것이 단순한 신체적 밀착을 뛰어넘는 일종의 친밀감 쪽으로 두 사람을 끌어들이기 때문이다. 간통의 힘은 그것이 가지는 은밀함과 비밀스러움에 있다. 그러므로 한 배우자가 정신적으로 표류하거나 다른 사람에게 주목하기 시작할 때, 그 유혹의 시작점에서 자신의 상태를 상대방에게 고백할 줄 아는 일종의 취약성(vulnerability)을 배워야 한다. 물론 다른 사람에 대한 성적 공상이나, 다른 여자의 목선을 유심히 쳐다볼 때마다 배우자에게 얘기해야 한다는 말은 아니다.

그럼에도 불구하고 배우자가 외도의 유혹을 받을 때 충격을 받아서는 안 된다. 모든 결혼생활은 그럴 수 있다. 하지만 서로에게 솔직하고, 나의 몸과 성적 상상을 배우자의 것이라고 보면 불륜의 온상이 되는 은밀한 드라마의 힘을 깨뜨릴 수 있을 것이다. 파트너가 유혹을 받는 것을 알고 기분이 상한다면, 그것은 우리가 교만하다는 표시이다. 우리가 유혹을 경험한다는 것을 부인하는 것도 마찬가지다. 왜 자신의 결혼생활이 영적 공격에서 면제될 거라고 기대하는가? 우리의 결혼은 우리의 기술로 좌우할 수 있는 것이 아니다. 왜 우리는 어둠의 권세가 이 연합을 싫어하고 깨뜨리려 할 때 이에 대항할 만큼 자신이 충분히 강하다고 믿는가?

우리의 결혼생활 초기에 나는 한 교회의 부목사로 섬기고 있었다. 당시 중고등부를 맡고 있었지만, 전 교인 앞에서 설교하는 일이 잦았다. 설교가 끝난 후에 한 여성도가 내게 와서 나의 설교가 탁월했다고 하거나 본문에 대해 질문하는 일이 종종 있었다. 내가 설교하지 않을 때는 예배 전에 내 옆에 앉아서 질문을 하거나 예배 후 같이 걸으면서 주해나 신학에 대해 토론하기도 했다. 어느 날 아내가 말했다. "그 여성도가 당신에게 푹 빠졌다는 거 당신도 알고 있죠?" 나는 전혀 모르는 일이었고, 강하게 항변했다. "먼저 내 얼굴을 좀 봐. 귀뚜라미처럼 생긴 나한테 관심이 있을 리 없어."

참고로 젊은 남편들에게 조언하건대, "나 같은 사람이 그 여자에게 상대가 될 것 같아?"라는 말은 의심하는 아내를 절대로 안심시켜 주지 못한다.

나는 그저 새로 시작한 아모스서의 종말론에 대해 더 알고 싶어 하는 착하고 경건한 여성도를 아내가 판단하는 것이라고 계속 말했다. 그러나 아내는 그 상황을 너무 감정적으로 받아들이지는 않았다. "내가 틀릴 수도 있지만, 여자가 남자를 좋아하면 어떻게 행동하는지 나는 알아요. 다만 당신이 좀 신경을 써 주길 바랄 뿐이에요." 아내는 분노로 들끓지 않았다. 그리고 성관계를 거부하지도 않았다. 단지 그 여성도가 내게 올 때마다 내 손을 잡고 곁에 있었다. 그 여성도에 대한 아내의 말이 옳았는지 아닌지 잘 모르겠다. 결혼의 안전을 위해서 과민하게 반응하고 모든 여자를 남자들이나 유혹하는 요부로 보는 경우도 있지만, 나의 아내는 절대로 그런 타입이 아니었다. 나의 여자 친구들이나 동료들도 늘 편안하게 받아들였다. 아내나 내가 그 상황을 올바로 보았는지 잘 모르겠지만, 내가 거기서 교훈을 배워서 미래에 있을지 모를 어떤 종류의 유혹에서 우리의 결혼을 지켰을 수도 있지 않을까 싶다.

수많은 결혼이 성적인 부정함으로 깨지는 것을 보면서 내가 배운 한 가지는 죄에 빠진 사람이 합리적으로 행동하리라 기대할 수 없다는 것이다. "왜 그런 일로 결혼이나 자녀를 위험에 빠뜨리세요? 이렇게 가다가는 그들이나 당신이나 얼마나 불행해질지 보이지 않으세요?"라고 아무리 거듭거듭 말해도 소용이 없는 경우가 많다. 왜냐하면 그들은 열정의 도가니 속에서 제정신이 아닌 채 느끼고 행동하기 때문이다. 오히려 바람을 피우는 쪽이 종종 무고한 쪽을 향해 '미쳤다'고 말하기도 한다. 그래서 진짜 피해자가 상대방의 말을 사실인 것처럼 느끼기도 한다. 그러나 실제로 현실 감각을 잃은 쪽은 간통하고 있는 사람이다.[33]

우리 부부는 지금까지 감사하게도 부정의 문제는 없었다(그렇다고 우리가 그런 문제에서 앞으로도 자유로울 것이라고 추정하는 건 아니다). 하지만 우리는 두 사람이 동시에 이성을 잃지 않는 법을 배워야 했다. 서로의 짐을 진다는 것은 배우자가 언제 나의 안정적 태도, 합리성, 인내, 이해심을 필요로 하는지 아는 것을 의미한다. 나는 여러 상황 속에서 그것을 배울 수 있었다. 뿐만 아니라, 내가 실족할 위험에 처하더라도 아내가 충격을 받거나, 감정이 상하거나, 길길이 화를 내거나, 나를 탓하거나 하지 않고 내 곁에서 통치자들과 권세들과 싸울 것이라는 것을 알게 되었다. 주변에 무슨 일이 일어나고 있는지 나 자신이 잘 모르는 때라도 말이다. 그것이 지혜요, 성숙이다. 그러기 위해서는 우리가 취약하다는 것을 알아야 한다. 우리는 살아오면서 서로가 필요했고, 십자가의 능력이 필요했다. 그리고 지금도 여전히 그렇다.

상상 속 로맨스는
신기루일 뿐이다

결혼생활의 성적인 측면은 우리의 취약성과 서로에 대한 의존성을 보여 주는 것이다. 그래서 성경은 우리에게 성적 연합 안에서 서로 즐거워하라고 말하고 있다. 그것은 성이 충족되어야 할 욕구라서가 아니라, 성이 우리를 서로 연합시키고, 우리가 누구인지, 곧 우리가 서로 사랑하고 섬기도록 부름 받은 존재임을 상기시켜 주기 때문이다. 이것을 보고 배우는 것은, 우리가 약속을 지키고 서로 의지할 수 있는 사람이 되기 위해 반드시 필요하다. 그것은 사랑을 자신을 위대하게 하는 수단이 아닌 상대방을 위해 자신을 쏟아 붓는 수단으로 보는 것이다. 결혼생활에서 사랑은 상대방이 하는 대로 나도 따라하는 거울이 아니라 상대방을 위해 나를 희생하는, 십자가에서 이뤄진 일을 아는 것이다.

종종 결혼생활에서 영적 전쟁은 부부의 관계에 불법적인 육체관계를 더하는 것이 아니라 육체적 관계가 사라지는 데서도 벌어진다. 당황스럽긴 하지만 그리스도인이든 아니든 젊은 커플들 가운데 섹스리스 결혼생활을 어떻게 해야 하느냐고 묻는 경우가 자주 있다. 그것은 연로하여 신체적 변화와 씨름하는 노인이나 바쁜 스케줄과 자녀 양육으로 스트레스가 커서 정기적으로 친밀한 시간을 갖기 힘든 중년들에겐 비교적 흔하다. 그러나 이십대나 삼십대의 젊은 커플들에게는 흔한 일이 아니었다. 그런데 그런 일이 일어나고 있고, 그들은 친밀감을 형성하는 데 어려움을 겪고 있다.

그 배후에는 다양한 요소들이 있다. 어느 한 쪽이 자기 잘못이 아닌 과거의 트라우마 때문에 죄책감이나 수치심과 싸우고 있을 수도 있고, 다른 이유일 수도 있다. 그것은 서로의 노력을 통해서 그리고 배우자의 사랑과 이해를 통해서 더 깊은 친밀감을 만들 기회가 된다. 섹스리스 결혼에 정착하여 그냥 룸메이트로 사는 커플은 고기를 먹지 않기로 한 채식주의자와 다르다. 의학적 이유 외에 그렇게 하는 사람은 연합을 이루는 성경적 방법을 포기하는 것이다.

당신의 성생활은, 물론 많은 의미에서 당신의 일이다. 그러나 당신의 성생활은 부부의 연합을 증진시키기 위한 것이기도 하다. 그것은 당신의 아이들이 당신의 성생활에 달려 있다는 것을 의미한다(아이들은 그것에 대해 듣고 싶지 않겠지만). 교회도 당신의 성생활에 달려 있다(물론 우리도 당신의 성생활에 대해 듣고 싶지 않다). 결혼생활이 따분하고 에로틱하지 않은 것은 하품만 하고 말 일이 아니라 원수의 기습적 공격의 빌미가 된다. 사탄은 복음을 영적으로 공격하기 위해 분열을 조장한다. 하나님은 나눠진 것을 그리스도 안에서 함께 통합시키고 합하신다(엡 1:10). 반면 어둠의 세력은 하나 되어야 할 것을 나누려고 한다. 거기에 성도 포함된다. 때로 마귀와 싸우는 가장 직접적인 방법은 부부가 함께 침실로 가는 것이다.

그렇다면 결혼 언약을 유지하기 위해서 교회는 어떤 도움을 줄 수 있을까? 중세의 알레고리 해석가들이 느헤미야서 곳곳에서 삼위일체를 찾아내듯이, 몇몇 인기 있는 복음 설교자들은 아가서에서 각종 기발한 성적 테크닉을 찾아내어 청중을 감탄하게 한다. 물론 그런 것도 있겠지만, 교회가 건강한 성생활을 증진시키는 방법은 강단에서 더 뜨거운 성생활에 대한 팁을 주는 것보다(물론 설교하고 성경을 가르칠 때 건강한 성생활을 계속 권면해야 하지만), 우리의 언약 서원을 어떻게 갱신하는지 교회 안에서 직접 보여 주는 것이다.

초대 교회 전통에서는 분명히 매주 성만찬을 행했음에도 불구하고 많은 교회가 성찬식을 4분기에 한 번만 하거나 더 적게 하는 모습을 보면 좌절감이 느껴진다. 그들은 성만찬 물품을 준비할 시간이 없다거나 예배 중에 성만찬에 대해 설명할 시간이 없다고 핑계를 댄다. 또 성만찬이 너무 교회 내부에만 초점이 맞춰진 경향이 있어서, 불신자에게 다가가는 예배를 드리려면 어쩔 수 없다고 말한다. 대다수 다른 사람들은 성만찬을 이따금씩만 행해서 그것이 일상적 의식이 되거나 지루해지지 않도록 해야 한다고 말한다. 그런데 바로 섹스리스 결혼에 대한 논리가 그렇다. 그들은 우리의 언약 서원을 물리적으로 갱신하는 수고를 왜 해야 하느냐고 말한다. 그러나 4분기에 한 번 성관계를 갖는다고 해서 성관계가 더 특별해지는 것이 아니라 오히려 그 반대다. 예수님은 성만찬으로 교회를 먹이시고, 우리를 앞으로 있을 어린 양의 혼인 잔치 속으로 순간 이동시켜 주시고, 우리의 구원의 통로인 십자가를 선포하신다. 그것을 아무리 많이 한들 어떻게 '너무 자주'일 수 있겠는가? 교회가 교회를 윤택하게 하는 이 물리적 의식을 소홀히 하는 것처럼 결혼생활을 윤택하게 하는 물리적 면을 소홀히 하는 사람이 생기는 것은 어찌 보면 당연하다.

그럼에도 불구하고 그 문제는 종종 성욕이 없거나, 다른 사람에게로 그 욕구가 향하기 때문이 아님을 발견하게 된다. 그보다는 성적 욕구가 영화의 이미지나 책 속의 인물에게로 향하고 있는 것을 보게 된다. 어떤 면에서 포르노그래피는 새롭지 않다. 예수님은 언약을 깨뜨리는 성적 행위에 대한 인간의 정욕이 우리 밖에 있는 것이 아니라 우리의 타락한 열정 안에 있다고 말씀하셨다(마 5:27-28). 모든 세대에 걸쳐 그리스도인들은 포르노그래피 문제에 직면했었다. 디오니소스를 그린 이교의 그림이든, 재즈 시대의 누드 댄서든, 잡지의 화보든 말이다. 달라진 것이 있다면 요즘에는 첨단 기술의 도움으로 지구 어디서나 그것을 접할 수 있고, 익명성이 보장된다고 착각한다는 것이다. 포르노그래피는 무기화되고 있다. 우리는 죽음에 이를 정도로 자신의 성욕을 자극하고 있다.

포르노그래피는 그 본질상 결코 욕구를 충족시키지 못한다. 마음속에 저장되어 있는 한 장의 그림은 결코 사람을 계속 자극하기에 충분하지 않을 것이다. 무엇보다도 하나님은 남녀가 단 한 번의 성행위로 만족하는 것이 아니라 서로를 지속적으로 갈구하고 육체와 영혼이 연합하여 생식하도록 디자인하셨다. 결혼이라는 연합 안에서가 아니라 디지털 매춘부들 사이에서 이 비밀을 찾고 있는 사람은 결코 자신이 원하는 것을 찾지 못할 것이다.

포르노그래피는 다른 사람의 시각적 혹은 언어적 이미지를 통해 그 사람을 대체물, 곧 자위행위를 위한 물리적 대상으로 사용한다. 포르노그래피 사용자는 둔감해지고 공허해진다. 왜냐하면 인간의 성은 단지 신체 부위를 서로 문지르는 것 이상이기 때문이다. 더구나 포르노그래피는 가짜 회개를 일으킨다. 포르노그래피를 보고 난 사람은 반감이나 자기혐오, 더 심하게는 스스로에게 진절머리가 난다. 그는 '다시는 하지 않겠다고' 작정한다. 그러나 그것은 회개가 아니다. 에서도 팥죽을 먹고 배부른 후 잃어버린 장자권 때문에 울었지만 "눈물을 흘리며 구하되 버린 바가 되어 회개할 기회를 얻지 못했다"(히 12:17).

진정한 회개가 없다면 그 순환은 계속될 것이다. 해답은 죄를 자백하는 것이다. 대체 성행위의 유혹을 받는 사람은 유혹을 받는 그 순간에 소리 내어 외치는 습관을 들여야 한다. "예수님, 제가 이 죄의 유혹을 받습니다. 저를 건지소서." 더 나아가 교회의 지시에 따라 그 유혹에서 피할 적절한 수단을 찾아야 한다. 사탄의 세력은 교묘한 방법으로 인간의 에로틱한 에너지를 조종하여 그것을 빼앗아 간다. 그렇게 시간이 지나면 인간 사이의 친밀함을 누릴 가능성마저 사라지게 된다. 이 시대의 세력은 인간의 생물학적 충동과 함께 작동하여 그 유혹이 항거 불가능하다고 믿게 하고 가짜 회개를 하게 한다. 그것은 마귀의 일로 우리 주 예수님이 멸하려고 오신 것 가운데 하나이다(요일 3:8).

대체 성행위가 추구하는 것은 친밀함이 아니라 '동일성 (sameness)'이다. 어떤 형태의 대체 성행위이든 그 기반은 항상 환상에 바탕을 둔, 성적으로 흥분되어 있는 여자나 늘 동정심이 많은 남자다. 남자들이 원하는 것은 여성의 몸을 가졌지만 성적 반응에 있어서는 남자 같은 환상 속 여자인 경우가 너무 많다. 여자들이 원하는 것도 '진짜 남자'이지만 로맨스에 있어서는 여자 같은 환상 속의 남자다. 인위적 에로스와 인위적 로맨스는 자신에 대한 사랑이지, 상대방에 대한 신비가 아니다. 그런 경우 모든 결점과 단점을 가진 진짜 배우자에 대한 만족이나 하나님 앞의 신실하고 순결한 삶에 대한 만족이 파괴되고 만다. 그러므로 우리는 늘 질문해야 한다. "내가 소비하는 것이 나를 배우자(혹은 미래의 배우자)에게 가까워지게 하는가, 멀어지게 하는가? 그것이 나를 한 몸의 연합으로 이끄는가, 아니면 한낱 나의 욕망의 에로틱한 구현일 뿐인가? 그것은 신비인가, 신기루인가?"

결혼생활 안에서 성은 적당한 선이든 불이 붙든, 참 어렵다. 우리가 결혼을 하고 나서 성 개념을 형성하는 것이 아니라, 각자의 성 개념을 가지고 결혼생활을 시작하기 때문이다. 그것은 우리가 통제할 수 없는 수많은 영향과 경험으로 형성된 것이다. 결혼생활에서는 우리의 몸뿐 아니라 이런 배경도 결합된다. 그것은 자신의 삶을 맹세하지 않은 사람과 우연히 일시적으로 불장난을 하는 것보다 더 무서울 수 있다.

언어학자 노암 촘스키(Noam Chomsky)는 왜 다른 단어보다 죽음과 생식기를 가리키는 속어가 더 많은지에 대해 다음과 같은 이론을 제시했다. "죽음과 생식기는 사람을 두렵게 한다. 사람들은 겁을 먹으면, 은폐의 수단과 공격의 수단을 더욱 더 개발한다."[34] 나는 거기에 한 가지를 더하고 싶다. 바로 하나님이다. 우리 문화 속에 성과 죽음(우리가 동물 같이 죽을 수밖에 없으며, 우리의 몸과 존재 속에 죽음과 노쇠가 있다는 의식), 혹은 하나님의 이름과 하나님이 하실 수 있는 행동에 대한 불경이 얼마나 많은지 생각해 보라. 그 모든 실체들이 우리를 두렵게 한다. 왜냐하면 그것들은 우리보다 크기 때문이다. 우리는 그것들 앞에서 취약해진다.

그러나 십자가는 죽음과 성이라는 취약성 안에서 영광을 보여준다. 성경은 죄책감과 수치심이 아닌 기쁨과 안식으로 성적 죄와 깨어짐에 맞서 싸우라고 말한다. 그것은 예수 그리스도 안에서 발견하는 은혜를 통해서만 임한다. 그 성경적 긴장 속에서 수많은 이단들이 발생했다. 복음은 십자가를 통하여 하나님이 "자기도 의로우시며 또한 예수 믿는 자를 의롭다 하려 하셨다"(롬 3:26)고 말한다.

이 좋은 소식의 한 면이나 다른 면을 비껴가려고 하는 '유사 복음들'은 항상 있어 왔다. 그 하나는 하나님이 자비를 베푸시므로 "은혜를 더하게 하려고 죄에 거해야"(롬 6:1) 한다는 허황된 반 율법주의다. 그러나 성령은 거기에 대해 매우 강경하게 "결코 그렇지 아니하니라"고 대답하신다. 다른 하나는 똑같이 위험한 유혹으로서, 십자가의 자비 없이 하나님의 율법과 의를 강조하는 것이다. 그런 오류는 분명 복음만 낮게 보는 것만이 아니라 율법도 낮게 본다는 증거이다.

성경은 한 번이라도 율법을 어긴 사람은 범법자라고 말한다. 성적인 영역에서도 예수님은 우리 모두가 마음이나 행위로 율법을 어겼다는 것을 보여 주셨다. 그러나 나는 이 진리를 놓치고 있는 사람들을 본다. 그들은 성적 부도덕을 회개했지만 여전히 수치감와 죄책감으로 자신이 더럽다고 믿으며 자책하고 있다. 마치 하나님이 아직도 그들을 그렇게 보신다는 듯이 말이다. 십자가를 보라!

다른 한편으로 부도덕한 사람들과 달리 자신이 성적인 면에서 도덕적이라고 보는 사람들도 그 진리를 놓치고 있다. 그들은 자신을 있는 그대로, 곧 비록 용서함을 받았지만 지금이라도 성령 모독죄 외에 어떤 죄든 지을 수 있는 취약한 존재로 보지 않는다.

하나님의 은혜로 성적 죄와 싸워낸 사람들에게도 때로 그런 모습이 나타난다. 그들은 자신의 배우자가 될 만한 사람이 (회개를 통해) 자신과 똑같이 하지 않았기 때문에 그럴 자격이 없다고 믿는다. 여기서도 답은 십자가다. 만약 순결한 사람과 그렇지 않은 사람들만 있다면, 우리는 세상을 두 그룹으로 나누어서 그 안에서만 결혼하면 될 것이다. 그러나 하나님의 법정에서 판단할 때 순결은 상대적인 것이다.

그리스도인은 자비를 베푸는 사람들이다. 만일 우리가 "주님, 저는 저 간통한 사람과 같지 않아서 감사해요"라고 기도한다면, 그것은 잘한 것이 아니다. 동정이나 처녀성을 지킨 채로 얼마든지 지옥에 갈 수 있다. 관건은 성적 부도덕이 지옥에 갈 죄인가 아닌가가 아니다. 그것은 당연히 지옥에 갈 죄다. 질문은 그 정죄가 돌이켜질 수 있는가 하는 것이다. 그리고 십자가는 그것이 돌이켜질 수 있다고 말한다. 골고다의 십자가 처형과 무덤의 부활이 그것을 가능하게 한다. 첫 결혼은 동정남과 동정녀 사이에서 이뤄졌다. 그것은 사실이다. 그 최초의 한 몸 연합이 반영하는 진리는 이후 그리스도의 메시지로 드러났다. 예수님은 동정이셨고, 그의 신부는 처녀가 아니었다. 그래도 예수님은 우리를 사랑하셨다.

자유하게 하는 십자가의 능력이 임하는 것은 성이 인간의 궁극적 경험이 아니라는 것을 깨달을 때다. 미혼자들은 성을 경험하지 못했기 때문에 가끔씩 자신이 삶의 어떤 면을 놓치고 있다고 느낀다. 기혼자는 때로 통속 잡지에서 말하는 '굉장한 섹스'를 하고 있지 않기 때문에 자신이 삶에서 뭔가를 놓치고 있다고 느낀다. 부부의 성적 리듬과 습관이 확립되고 서로에 대한 만족이 증가하더라도 그런 것과 비교하면 지루해 보일 수 있다.

하지만 사실 성을 지루하게 만드는 것은 성 혁명이다. 결국 인간에게 성을 흥분되게 하는 것은 뉴런에 불을 붙이는 것이나 금지된 것에 대한 스릴이 아니다. 그런 것은 양심이 굳어지면서 사라진다. 간음을 많이 해본 사람이라면 그것을 알 것이다. 성생활을 흥분되게 하는 것은 성적 연합의 신비로움이다. 그 연합의 행위가 일상의 삶을 초월한다는 인식, 그 행위가 우리 존재의 중심에 도달한다는 인식이다. 사도의 믿음은 그것이 왜 그런지 우리에게 말해 준다. 그것이 성 혁명이 뜨겁게 시작해서 지루함으로 끝나는 이유다. 성적 흥분에 대한 추구는 생화학적 강렬한 느낌을 찾는 것이 아니다. 궁극적으로 서로를 찾는 것도 아니다. 우리는 성이 가리키는 궁극적인 것을 찾는다. 우리는 그것이 존재하는 것을 알지만 그것이 뭔지는 모른다. 우리는 죽음처럼 강한 사랑(아 8:6), 아니 죽음보다 강한 사랑을 찾는다. 우리가 알든 모르든, 우리는 성을 통해 그리스도를 찾고 교회를 찾는다.

성은 궁극적인 것이
아니다

성에 대한 기독교의 관점은 실제로 성을 더 만족스럽게 할 수 있다. 성이 궁극적이라는 관념을 깨뜨리기 때문이다. 이것이, 그리고 이것만으로도 부부간의 성관계를 정말 좋게 만들고 회복시킬 수 있다. 그것은 어떻게 해야 한다는 압박감이 없기 때문에 가질 수 있는 재미와 애정이다. 성이 인생에서 최고가 아니라면, 그냥 자유롭게 성을 잘 누릴 수 있다. 성경은 성의 기쁨에 대해 자주 얘기하지만, 기독교적 성 매뉴얼이 있다는 식이 아니라, 다만 서로 안에서 즐거워하고, 자주 그렇게 하고, 결혼의 침상을 더럽히지 말라고만 한다(히 13:4).

우리의 복음주의적 기독교 문화는 보통 그 반대로 하고 있다. 내가 거듭 듣는 말은 복음주의 기독교나 그 안의 순결 문화가 성을 더럽다고 느끼게 하고 사람들을 성적으로 억압한다는 것이다. 물론 그런 일이 일어날 수 있겠지만, 나는 그런 일이 실제로 일어나는 것을 잘 보지 못한다. 오히려 그 반대 경우를 자주 본다. 성경은 더 나은 것을 가리킨다. 그것은 그리스도와 그가 십자가에 못 박히신 것이다. 그 진리가 마음속에 있다면 이웃의 뜨거운 성생활에 대해 상상하거나 비교하며 살 필요가 없다. 그리고 일시적이든 평생이든 독신으로 부름 받은 사람은 성적으로 자유로운 동시대의 무리와 비교하며 살 필요가 없다.

몇 년 전 중고등부 목사로 섬길 때, 승합차 가득 학생들을 태우고 십대들을 위한 복음 전도 컨퍼런스에 갔었다. 아마도 젊고 세련되어서 선택된 것 같은 강사는 모인 청중에게 자신의 간증을 했다. 그는 몇 년 동안 제멋대로 살다가 그리스도께로 돌아왔는데, 거기에는 성적 문란도 포함되어 있었다. 이제 그는 그리스도를 발견하고 사역자로 섬기고 있었다. 그는 청중 가운데 있던 아내를 가리키며 그녀가 얼마나 매력적인지 말했고, 동화책 속에나 나올 법한 예쁜 아이들에 대해서도 말했다. "하나님은 제게 꼭 필요한 간증을 주셨습니다. 제가 어떤 것도 놓치기 싫어한다는 것을 아시고 이 모든 것을 다 경험하도록 하신 것이죠. 그리고 나서 저를 구원하시고 이처럼 굉장한 결혼생활을 허락하셨습니다."

나는 분노로 부글부글 끓어올랐다. 왜냐하면 나도 중2 시절을 지내 온 터라 그곳에 있는 모든 중2 남학생들이 어떻게 생각하는지 다 보였기 때문이다. '저것이 바로 내가 원하는 간증이야. 내가 경험할 수 있는 모든 성관계를 갖고, 그 후에 천국에도 가고 매력적인 아내도 갖는 거야.' 그것은 내가 중학교 시절 승합차 안에서 만났던 그 여학생이 아직은 공중에서 그리스도를 만나고 싶지 않다고 했던 것과 같은 생각이다. 그런 생각은 이 시대의 정신과 완벽하게 맞아떨어지는데, 많은 독신 그리스도인들을 절망이나 부도덕에 빠뜨리고 많은 기혼 그리스도인들을 불만족이나 부도덕에 빠뜨리는 사고다. 그 영은 우리에게 진리를 말해 주지 않는다. 예수님의 말씀대로 만일 십자가가 우리에게 모든 것을 주었다면, 사람의 삶이 얼마나 많은 오르가즘을 가지느냐에 달려 있다는 우리 문화의 관점은 거짓이다. 우리가 성적으로 위축되어 있든, 성적 매적이 넘치든, 우리는 아무것도 놓치고 있는 것이 없다. 우리는 우리에게 능력을 주시는 그리스도로 말미암아 모든 것을 할 수 있다. 설령 우리가 아무것도 하지 않도록 부름 받더라도 말이다.

성이 좋은 것이지만 당신 삶의 최고의 것은 아니다. 이것을 안다면(당신이 결혼했을 때), 배우자를 성적으로 기쁘게 해주고, 그 연합 안에서 만족할 수 있을 것이다. 이것을 안다면(당신이 독신이라면) 자신의 성욕을 다른 사람을 섬기는 데로 돌릴 수 있을 것이다. 어느 경우가 되었든 십자가로 빚어진 성은 유혹과 싸우는 힘을 주고, 현재 이 순간에서 기쁨을 발견하게 한다. 그리고 우리가 놓치고 있을지 모른다고 걱정하는 감각적 느낌을 추구하지 않도록 힘을 준다. 예수님은 당신이 원하시는 때 언제든 재림하실 수 있다.

09

이혼, 더 이상 교회 밖의 문제가 아니다

자기중심적인 한 남자의 이야기

"요즘 여자들은 확실히 세속적이에요"라며 말문을 연 그는 데이트에 대한 나의 조언을 듣고 싶어 했다. 나는 그를 처음 보았다. 그는 나의 사무실로 찾아와서 오늘날 이런 문화적 환경 속에서 어떻게 경건한 그리스도인 짝을 찾을지 알고 싶다고 했다. 그리고 잠언 31장의 여인을 찾기 원한다고 말했다. 교리적으로, 특히 선택과 예정 교리에 관해 그와 동의하는 여자를 찾는다고 했다. 몇 분 동안 함께 대화하고 나서 내가 어느 성경 구절에 대해 말하자 그가 대꾸했다. "예, 제 아내가 늘 말하는 게 그거예요." 나는 몇 초 동안 말문이 막혔다. "아내라고요? 결혼하셨어요?" 그는 결혼했다고 말했다. "그러면 어떻게 데이트 이야기를 하신 거였어요?" 그는 내가 어리둥절한 것을 보고 웃으며 말했다. "오, 걱정하지 마세요. 제가 바람을 피우는 게 아니고요, 곧 이혼할 거예요."

그는 다른 멍에를 메고 있으면 이혼할 수 있다고 하지 않았냐고 물었다. 내가 '아니요'라고 대답하기도 전에 그는 자신의 아내가 불신자는 아니지만, 자기 생각에는 다른 멍에를 메고 있다고 생각한다고 말했다. 왜냐하면 그는 영적으로 성숙한 반면에 아내는 그의 말로 '확실히 세속적'이었기 때문이다. 그가 아내에게 제기하는 주된 문제는 아내가 결혼 전의 성(姓)과 남편의 성(姓)을 하이픈으로 연결시켜 쓴다는 것이었다. 그는 이것이 자신을 '가장'으로 존중하지 않고 복종하지 않는 증거라고 봤다. 뿐만 아니라 아내가 성경에 무지해서 늘 신학적 논쟁을 일으키다 보니 자녀들이 자주 혼란에 빠진다고 했다. 그래서 그는 아내와 이혼하고 나면 선량하고, 제대로 복종하고, 신학적 지식을 갖춘 여성을 찾을 거라고 했다.

나는 궁금해서 신학적으로 의견이 다른 문제가 뭐냐고 물었고, 그는 술을 적당히 마시는 문제라고 얘기했다. 앞서 언급했듯이 내가 속한 교단에서는 금주가 지혜롭다고 보지만, 교회사 속에서 그것은 소수 의견일 뿐 많은 그리스도인들은 그렇게 하지 않는다. 그래서 나는 그것 때문에 교리적으로 싸워서 친구나 심지어 부부 사이가 갈라진다는 것을 상상할 수 없었다. 나는 그런 논쟁이 언제 생기냐고 물었다. "대개는 제가 술을 적당히 마신 것을 아내가 알았을 때죠." 나는 그가 술을 적당히 마시는 게 어느 정도냐고 자세히 물어보았다. "음, 매일 저녁 전 버번 한 병으로 시작해서 잠자리에 들 때까지 맥주 12병 정도를 마셔요." 그제야 나는 감을 잡았다. 나는 술 취함에 대한 성경 구절들을 말하기 시작했고, 다양한 교회에서 제공하는 중독과 재활 관련 프로그램을 소개해 주었다. 그는 황당한 표정으로 나를 보았다. 마치 내가 샐러드 요리법을 교환하자고 했다거나 다른 전혀 무관한 사안을 꺼내기라도 했다는 듯 말이다. 그는 손을 저으며 말했다. "아니에요. 저는 평생 취해 본 적이 없어요."

나는 술에 대해 잘 모르지만, 술을 마시는 많은 사람들을 겪어 보았고, 세 살부터 컨트리 뮤직을 듣고 자라서 위스키 한 병과 맥주 열두 병을 마시고 기절하는 것은 술 취한 것이 분명하다는 것을 알았다. 그러나 그는 잘라 말했다. "목사님도 제 아내처럼 말하기 시작하시네요. 그런데 무엇보다 아내가 친정의 성을 하이픈을 넣어 사용한다는 것이 문제예요."

정말 확실히 세속적이었다. 문제는 그의 아내가 아니었다. 그 남자는 결혼에 대한 성경의 지침을 사용하여 자신의 취향을 정당화하고 결혼 서약을 어길 자유를 얻으려 했다. 그는 자신의 주장이 이기기를 바랐고, 십자가를 지고 싶어 하지 않았다. 그의 아내가 그의 성을 이름의 일부로라도 사용한다는 것이 놀라웠다. 하이픈을 넣었든 아니든 말이다. 나는 그 남자가 가고 난 후 곰곰이 생각했다. 그가 다니는 교회는 어디일까? 그 부부가 어떻게 되었는지 모르겠지만 그가 빨리 회개하는 쪽으로 돌아서지 않았다면, 그 아내와 자녀들의 삶이 힘들어졌을 것이다. 그러면서도 그들은 그것이 예수님의 뜻이라는 말을 들었을 것이다. 그가 앞으로 만나게 될 잠언 31장의 여인을 하나님이 도우시길 바란다. 물론 그것은 극단적인 경우였다. 게다가 외부에 있는 남의 문제는 나 자신의 내면을 살펴보는 것보다 상대적으로 쉽기도 하다.

그가 떠난 후 나 또한 결혼생활 속에서 얼마나 자주 내 생각과 내 취향만을 고수했는지 생각해 보게 되었다. 그러면서도 얼마나 자주 내가 성경적으로 성숙했다고 믿고 있었는지. 가끔은 결혼생활만큼 우리의 자기중심성을 가장 잘 드러내는 것도 없는 것 같다. 물론 앞의 사례는 매우 극단적인 경우였다. 대부분의 사람들은 그렇게 뻔뻔하게 고집을 피우지 않는다. 그러나 그가 남긴 상처는 너무 흔한 현상이다. 그 남자를 악당이나 바보로 치부해 버리면 그만이겠지만, 나는 그의 삶에 무슨 일이 일어났었기에 결혼을 그런 관점으로 보게 되었을까 궁금했다. 그리고 의미 있는 삶을 산다는 건 무얼까 생각하게 되었다. 아마도 그 모든 것의 배후에는 내가 짐작도 못할 상처가 있으리라.

실제로 그의 다소 명백해 보이는 자기기만에도 불구하고, 뻔뻔스럽다는 것을 빼면 그렇게 특이한 사람은 아니었다. 사실은 교회 안의 다수가 그 남자가 간 길로 가고 있다. 타인의 죄는 큰 소리로 비난하면서도 자신이 예수님의 명령에 반해 행동할 때는 예수님이 자기편이라고 스스로를 다독인다. 다른 무엇보다 결혼에 대한 우리의 태도에 그런 면이 분명하게 드러나곤 한다. 그것은 결혼이 어떠해야 한다는 우리의 이상적 개념을 말하는 것이 아니라, 결혼이 힘들어지거나 무너질 때 그리스도인이 실제로 어떻게 생각하느냐는 것이다.

이혼은 더 이상
교회 밖의 문제가 아니다

북미의 복음주의 그리스도인들은 우리가 '반문화적'이어서 사회의 주류 밖에 서서 그리스도를 증거한다고 말하기 좋아한다. 그러나 우리의 슬로건이 아니라 우리 삶의 실제 데이터를 보면 이야기가 상당히 달라진다. 한편 미국 복음주의가 지닌 상업적 특성은 개인의 회심에 중점을 두면서 공적 제도에 대해서는 회의적이다. 그들은 다른 교회의 유산에서는 절대로 불가능한 방법으로 선교와 교회 개척을 위해 같은 생각을 가진 신자들과 마음껏 유대관계를 맺어 왔다. 그것은 제국주의와 더딘 속도의 다른 교회들(이를테면 가톨릭, 정교 등-역자 주)의 관료주의에서는 불가능한 것이었다. 그러한

'자유 시장 교회론'은 흥정에 능하다보니 애초에 세상에 제시해야 할 교회의 특징마저 스스로 잠식하고 있다.

사실 서구 그리스도인의 일반적 이미지는 기성 문화에 대항하여 질책하고 적대적 분리주의를 외치는 일종의 부정적 캐리커처를 가지고 있지만 그것은 사실과 다르다. 우리의 문제는 실상 그보다 낫지 못하다. 서구 기독교가 주류 문화에 반해 잘하고 있는 것들도 있다. 예를 들어, 성 도덕에 대한 관점과 자선이나 기부이다. 그러나 실제로 데이터를 보면 성적 순결과 같은 다른 분야에서도 우리가 원하는 만큼만 반문화적이라는 것을 알 수 있다.

한 학자가 말했듯이 우리가 문화 전쟁을 벌이고 있다는 것은 대부분 착각이다. 애초에 우리에게 성 혁명을 안겨 준 자율적 개인주의와 소비적이고 치료적인 환경에 교회도 기꺼이 빠져 있었기 때문이다.[35] 그의 말에 따르면 포르노그래피와 혼전 성관계, 기타 많은 쟁점들에서 복음주의 그리스도인들은 오히려 반대편을 위해 싸우고 있는 형국이다. 우리가 그 사실을 잘 인지하지 못하고 있을지라도 말이다. 그것이 가장 잘 나타는 것은 침례(세례) 받은 사람 중에 이혼하는 사람이 충격적으로 많다는 것이다. 실제로 복음주의 기독교인이 많은 지역은 그렇지 않은 지역보다 더 이혼율이 높다는 연구 결과도 있다.[36]

그러나 그 통계치 중에는 왜곡된 것도 있다. 미국 바이블 벨트(Bible Belt-기독교 세력이 강한 미국 남부 지역-역자 주) 지역의 40세가 넘은 사람에게 거듭났거나 복음주의 그리스도인이냐고 질문하는 것은 다른 지역의 미국인에게 조국을 사랑하느냐고 묻는 것이나 마찬가지다. 다른 대답을 하는 것은 명목적, 문화적 기독교가 근간인 사회제도에서 탈퇴하겠다는 것과 마찬가지다. 최소한 미국에서 복음주의 그리스도인들이 많은 지역은 장기적 경제 침체 지역이다. 연구에 따르면 그들은 상대적으로 더 일찍 결혼하고, 더 많이 결혼하고, 더 많이 이혼한다. 물론 헌신된 교회 출석자들이 같은 상황 속의 세속적 동년배들보다 이혼율이 낮다는 데이터를 제시하여 반대로 설명할 수도 있겠지만 그런 것들은 거의 증명되지 않을 것이다. 이런 것을 논한다는 사실 자체가 복음이 우리의 문화를 변화시키고 있다는 생각이 틀렸음을 보여 주기 때문이다. 그리스도인들의 정확한 이혼율이 얼마가 되었든 일반인들보다 더 나쁘지는 않더라도 아주 비슷하다.

군이 통계치를 보지 않더라도 기독교계 내 이혼 문화에 대한 문화적 편의 시설이 상당하다는 것을 알 수 있다. 우리 주변의 문화 전쟁에 관한 이슈들이 난립해 있지만 여기서 이혼은 거의 언급조차 되지 않는다는 사실에 주목하라. 성경이 이혼에 대해 말하지 않아서인가? 아니다. 성경은 우리가 기독교적 세계관으로 제기하는 다른 많은 질문들보다 이혼에 대해 훨씬 더 많이 언급하고 있다. 정치계나 심지어 교계의 많은 지도자들이 결혼 서약을 깨뜨렸고 때로는 스캔들을 일으켰지만, 교회로부터 아무런 항의나 심지어 도덕적 평가도 받지 않았다. 교회가 사안을 심사숙고하고 고민한 끝에 다른 결론을 내린 것이 아니라, 도덕적 분석이 전혀 없었던 것이다.

몇 년 전에 나는 교단 내의 다양한 논문과 설교 중에서 가족에 대한 언급들을 살펴보았다. 그중 가장 인상적인 것은 교파 내 한 목사가 내가 지금 이끄는 단체가 주관했던 1980년대의 컨퍼런스에서 강연했던 것이었다. 그는 복음주의 그리스도인들을 비판하는 예언적 메시지를 전했다. 이혼 문제에 대해 "현실을 있는 그대로 묘사하는 말만 무성하고 하나님으로부터 오는 표준이 되는 말, 신성한 말, 예언적 말, 권위 있는 말, 초월적인 말"은 없다는 것이었다. 그 리더는 내가 보기에 이혼에 관해 내가 본 중에 가장 뚜렷한 목회적 용기를 가지고 이혼이 복음 교회들을 얼마나 황폐하게 했는지 말하며, 그것이 전 세계에서 그리스도를 증거하는 데 어떤 영향을 미칠지 논했다. 그 리더는 문화를 탓하거나 정치적 적수들을 공격하지 않았고, 다만 그가 속한 교파가 유독 이혼이라는 큰 쟁점에 대해서만 "혀를 묶고… 침묵하는 반역"을 저지른다고 통탄했다. 나는 수십 년이 지난 지금도 그의 경고가 여실하다는 사실에 경각심을 가졌다. 그래서 나의 강연에 그 말을 인용하려고 저자의 이름을 찾던 참에, 그 자신도 이혼했다는 사실을 알게 되었다.

이혼에 너무 쉽게
면죄부를 주어서는 안 된다

보수적 개신교인들 중에는 이혼이나 재혼을 성경적으로 허용할 수 있는지에 대해 다양한 견해가 있다.[37] 그러나 성경의 예외 규정을 최대한 확대 해석하더라도 현대 미국 문화 속의 이혼은 대부분 제외된다. 그리스도인이, 문화나 정치면에서 좌파든 우파든, 어떻게 사회 정의와 공익에 대해 얘기하면서 "고아와 과부"(약 1:27) 양산의 주된 원인에 대해서는 함구할 수 있는가? 가족 가치에 대해 논할 때 이혼 문제에 대해서는 어조를 누그러뜨리고 다른 사안에 대해서만 목소리를 높인다면 어떻게 도덕적 신뢰성을 얻겠는가? 매우 보수적인 교단의 설교에 대한 한 조사에 따르면, 이혼에 대해서는 설교가 뚜렷이 '부드러워지고', 이혼하고 재혼한 사람들에 대해 용서나 '두 번째 기회'를 말하는 경우가 많았다.[38]

물론 용서와 두 번째 기회를 말하는 것은 맞는 것이다. 그러나 먼저 그것을 죄로 보지 않으면 어떻게 용서하겠는가? 교인들이 자신의 간음을 잘못이라고 보지 않고, 잘못이라 하더라도 그 상황에서는 불가피했다고 여기는데 어떻게 용서를 선언하겠는가? 아니다. 우리는 그리스도 안에서 완전한 용서를 선포할 것이지만, 먼저 '그 행동은 사실 죄악'이라는 신과의 합의를 포함한 회개를 촉구해야 할 것이다. 그러나 이혼에 관해 흔히 우리 교회들은 '이혼 관리' 사역과 '돌싱'들의 위한 성경공부 식으로만 대응하고(물론 둘 다 바람직하고 선교적으로 적절하다), 예언적 설교나 교인에 대한 징계는 거의 하지 않는다.

그것은 앞 세대의 많은 그리스도인들이 이혼한 사람들을 향해 검열하고 정죄하는 태도를 가졌던 것에 대한 반작용이기도 하다. 이혼이 드물었을 때는 이혼한 사람들이(이혼을 주도했든 피해자든) 다른 사람들로부터 소외되었고, 천민으로 여겨지기도 했다. 남편에게 버림받은 한 여자가 내게 말했다. "나는 복음을 절실히 원했지만, 내가 받은 무언의 메시지는 이혼은 용서할 수 없는 죄라는 거였어요." 그것은 복음과 다르며, 예수 그리스도의 십자가에 초점을 맞추는 교회라면 당연히 고쳐야 한다. 예수 그리스도의 구속에 자신을 맡기는 사람은 누가 되었든 온전한 용서와 칭의를 제공해야 한다. 그렇다고 해서 죄의 삯은 사망이고 일시적 결과는 파멸인데 죄를 경고하지 말아야 하는 것은 아니다. 또한 그것은 왜 우리가 모두 죄인이라고 하면서도 이혼은 죄라고, 그리스도가 그 죄를 위해 죽으셨고 우리에게 용서가 필요하다고 말하려 하지 않는지 설명해 주지 못한다.

여기서 문제는 목회자가 용기가 없는 것이다. 그리스도인인 국가적 지도자가 모금이나 정치적 영향력 면에 요긴한 인물이 회개하지 않고 이혼이나 재혼을 하는 순간 이혼에 대한 도덕적 판단을 회피하는 것을 볼 수 있다. 덜 주목받는 개 교회 차원에서도 같은 일이 발생한다. 그런 일은 비극이긴 하지만 이해할 수 있다. 성경이 강경하게 말하는 이혼의 사안으로부터 모든 교인들의 가정이 영향을 받는데 누가 거기에 대해서 말하고 싶겠는가? 세례 요한이 헤롯에게 남의 아내와 결혼할 수 없다고 말한 것은 어느 시대에나 보기 드문 일이다. 문화에 영향력을 미치는 사람들은 그들이 듣고 싶지 않은 목소리를 잠재우기 위해 한 다발의 돈만 있으면 된다.

결혼의 영속성에 대한 복음주의 진영의 태도 변화는 신학적

심사숙고나 대화를 통해 이뤄진 것이 전혀 아닌 것으로 보인다. 오히려 이혼에 대한 우리의 접근은, 슬프지만 정상적인 삶의 일부로 받아들이는 '한 번에 한 명의 배우자 갖기'라는 미국 주류 문화의 패턴을 조금 뒤에서 따라가고 있는 것 같다. 우리가 이혼에 익숙해진 것은 어쩌면 미래에 우리의 손자손녀, 혹은 증손자증손녀가 다처다부제나 인공 지능 섹스 로봇에 익숙해지는 것과 마찬가지일지도 모른다. 그들이 우리보다 더 반문화적으로 될까?

많은 그리스도인들이 이혼에 대해서 가족 쇠퇴의 다른 측면만큼 경각심을 갖지 않는다. 이혼하는 모습을 너무 자주 보다보니 이혼이 그들에게 정상이 되었다. 바로 그것이 문제다. 지난 세기의 어떤 시인이 했던 말이 옳았다. "강자가 승리하고 약자가 실패하며, 삶은 죽음으로 끝난다는 사물의 질서를 정상으로 여기는 자마다 마귀의 지배를 받아들이는 것이다."[39] 마귀의 지배는 우리 주변에서 복음에 내재된 이미지(그리스도와 교회의 한 몸 연합)를 손상시키고 있는 모든 것에 관한 것이다. 사람들은 이혼 문화라는 시계를 되돌릴 수 없다고 말하지만, 닐 포스트만(Neil Postman)은 한 세대 전에 우리에게 다음과 같이 경고했다. "어떤 면에서는 시계가 잘못되었다."[40] 해방이라는 단어를 가져오려면 우리도 기꺼이 그렇게 말해야 할 것이다.

우리가 문화적 영역에서 개인으로 옮겨갈 때 이것은 훨씬 더 가시적이다. 나는 수년 전 낙태에 반대하는 미국인들의 수가 증가하면서, 한 해설자가 뻔뻔스럽게 낙태 토론을 언급했던 것을 기억하고 있다. "대부분의 미국인들은 낙태를 반대하지만, 세 가지 예외가 있다. 그것은 강간, 근친상간, 그리고 나의 상황이다."[41] 그녀의 요점은 여론조사 기관의 질문에 대답할 때는 비교적 쉽게 도덕적 추상성이 나타난다는 것이다. 하지만 '낙태를 반대하던' 남성의 십대 딸이 임신했거나, '낙태를 반대하던' 여성이 의대 재학 중에 임신을 하게 되면, 그런 추상적 개념을 쉽사리 던져 버린다는 것이다.

이혼에 대해서도 마찬가지다. 결혼의 영속성에 대한 도덕적 약속은 언제나 쉽게 상정된다. 우리 문화에서, 심지어 불신자들조차도 결혼식에서 '죽음이 우리를 갈라놓을 때까지 함께하겠다'고 서약하지 않는 커플은 거의 없다. 결혼생활의 갈등을 전혀 유발하지 않은 가족 구성원들도 이혼에 따르는 깊은 고통을 당하고 있다. 지금 얼마나 많은 어린이들이 어머니와 양아버지, 아버지와 양어머니 사이를 오가며 살고 있는가? 그리고 얼마나 많은 아이들이 마치 부모의 결혼을 지키지 못한 것이 자기 탓인 양 죄책감에 시달리고 있는가? 혹은 부모가 가정을 지켜 주지 못했다고 마음에 분노를 품은 채 살고 있는가?

이혼은 개인적인 문제 이상이다

우리는 어쩌다 이렇게 되었는가? 어떤 사람들은 결혼을 일찍

하는 것이 문제라고 할 것이다. 일반적으로 20대까지는 결혼을 미루거나, 심지어 30대에도 결혼이 늦어지는 지역은 일찍 결혼하는 지역보다 이혼율이 더 낮은 경향이 있다. 어떤 면에서 그것은 확실하다. 우리는 모두 결혼하기에는 너무 어린 사람들이 많다는 것에 동의할 것이다. 그렇기 때문에 만일 내 아들이 고등학교 때 약혼하겠다고 한다면 나는 거부권을 행사할 것이다. 그럼에도 불구하고 사실 결혼 연령은 역사적으로 볼 때나 전 세계 다른 지역을 둘러볼 때 지금보다 훨씬 어렸다. 이삭과 리브가 때처럼 아주 오래 전만 그런 것이 아니다. 나의 할머니는 1940년대에 열네 살에 결혼하셨다. 혼전 임신을 했던 것도 아니고, 미시시피 주의 작은 마을에서 스캔들이 있었던 것도 아니었다. 그 당시의 문화도 사회적, 도덕적, 구조적 악이 많았지만, 이혼은 흔하지 않았다. 결혼을 헤쳐 나갈 성숙함이 없는 사람은 나이가 얼마나 먹었든 결혼하지 말아야 한다. 그러나 무작정 결혼을 연기하는 것은 문제를 해결해 주지 못한다.

결혼을 늦추는 것은 우리의 문화 생태계에서 현실적인 문제이다. 만일 그것이 결혼을 위해 자신을 준비하고, 신실한 남편이나 아내가 되기 위해 스스로 훈련하는 시간을 갖기 위해서라면 어떤 면에서 좋다. 그러나 결혼 지연의 이유가 그것과 다를 때도 많다. 결혼 지연은 종종 어느 정도 청소년기를 연장시키기 위해 이뤄진다. 다시 말해 그들은 어른이 되어 헌신하고 책임을 지는 것을 두려워한다. 그러나 내가 보기에 그것은 결혼 연령이 점점 높아진 주된 이유는 아니다. 주된 이유는 결혼을 이상화한 것이다.

나의 모든 필요를 채워 줄 영혼의 짝을 만나서 영원히 꿈같은 낭만을 누리는 것을 결혼으로 보는 문화 속에서는 끝없이 그런 사람을 찾지만, 끝내 발견하지 못한다. 게다가 이혼을 줄여 줄 사회적 유대가 없으면, 더 큰 난관에 처하게 된다. 수십억 인구 중에서 누가 '내 영혼의 짝'인지 찾아내야 하고 그 파트너가 절대로 나를 떠나거나 고통을 주지 않아야 하는데 그것은 불가능하다. 그래서 어떤 사람들은 누가 되었든 간에 일단 결혼을 하면 '성공했다'고 보는 것이다. 그러나 결혼을 십자가를 공유하는 것, 함께 고통을 감당하는 것, 새 예루살렘을 향한 순례 길을 함께 걸어가는 것으로 본다면, 그림은 극적으로 달라진다.

우리 문화 속에서 결혼을 늦게 하는 사람들이 일찍 결혼하는 사람보다 이혼율이 낮지만, 종종 그것은 그들이 결혼을 아예 하지 않거나 청년기에 여러 파트너들과 동거하기 때문일 수 있다. 그것은 실제로 이혼을 없앴다고 볼 수 없다. 다만 법정에서 이혼하지 않았을 뿐이다. 그들은 '결혼'을 연달아 했지만, 일종의 헌신이나 책임지는 일을 하지 않았을 뿐이다. 그들은 실질적 이혼이라고 할 만한 것을 여러 번 겪었다. 그래서 그런 통계 수치는 혼란을 일으킨다.

만일 사람들이 차를 전혀 사지 않아서 우리 동네의 교통사고율이 줄었다면, 교통사고 문제를 해결했다고 말할 수 없을 것이다. 게다가 만일 그 시나리오 속에서 차 대신 오토바이 사고가 그만큼 생겼다면 더욱 황당할 것이다. 문자적, 수치적으로는 자동차 사고 문제가 해결되었지만, 그것은 실체가 없다. 부모의 이혼이라는 트라우마를 겪은 사람들이 왜 이혼의 무대인 결혼을 피하여 자신을 보호하려 하는지 이해가 되지만, 그것은 해결책이 못 된다.

이혼에 대한 많은 연구들이 문화적으로 좀 더 보수적인 주에서 이혼율이 높다는 것을 보여 준다. 그중 한 논문이 나온 후, 나는 사회학자인 친구와 그 결과에 대해 문자 메시지를 주고받았다. 그는 그것이 컨트리 뮤직 때문이라고 했다. 많은 부분 그가 나를 놀리는 말이었지만(그는 내가 구식의 무법 컨트리 뮤직 팬이라는 것을 알고 있었다), 완전히 농담은 아니었다.

그는 컨트리 뮤직이 미국 애팔래치아 지역과 남부의 민요에 뿌리를 두고 있는데 남부 사람들이 다른 미국인들보다 결혼에 대해 더 '낭만적인' 관점을 갖고 있다는 것을 보여 준다고 말했다. 나는 남부 사람들은 다른 것들도 모두 더 낭만적으로 보는 것 같다고 대꾸했다. 내가 보기에 컨트리 뮤직은 사춘기 무렵 호르몬이 분출할 때의 낭만을 이상화하는 대중음악보다는 문제가 덜한 것 같다. 최소한 옛날 컨트리 뮤직의 가사를 보면 늙을 때까지 함께하는 결혼생활에 대해 노래하고 있고, (자주) 이혼을 다룰 때도 이혼에 대해 슬퍼하며, 그래서 때로 오랫동안 여운이 남는다. 그래도 내 친구의 말이 완전히 틀린 것은 아니라는 것도 인정한다. 이혼 문화에 있어서는 컨트리 음악이 정말 문제가 된다. 그러나 이것은 결혼에 대한 비전(흔히 현저하게 좋은 것) 때문에가 아니라 바이블 벨트 복음을 암묵적으로 수용했기 때문이다.

테네시 주의 세속화된 보수 복음주의자들은 코네티컷 주의 세속화된 자유주의 성공회 교인보다 훨씬 더 나쁜 처지에 있다. 무엇보다 코네티컷 주의 성공회 교인은 경제적 안정과 사회 시설 면에서 훨씬 더 유리하다. 게다가 세속화된 복음주의자들은 자신들이 세속화되고 있는 줄 모른다. 코네티컷 주의 명목적 성공회 교인이 있는 지역은 그들의 조부모가 청교도 가정에서 벗어나서 사회 구조와 공동체 결속에 대한 강한 의식을 가질 때부터 세속화되어 왔다. 그런 사람은 미국을 기독교 국가로 착각하지 않는다.

한편 남부의 복음주의자도 세속화되고 있어서 선조들이 스캔들로 여겼을 법한 상황을 정상으로 받아들이지만, 다른 점은 그들이 부흥주의에서 벗어나서 세속화되고 있다는 것이다. 물론 내가 보기에 예수 그리스도와의 인격적 관계는 성경적이며 필요한 것이다. 그러나 교회에 소속되지 않고 '그리스도를 영접하기 위해 기도하는 것'은 유사 복음으로 이어지기 쉽다. 거기에는 그리스도가 삶의 주인이라는 의식이나 교회에 대한 개인의 책임의식이 없다. 게다가 성경에 대한 무지와 신학적 미니멀리즘까지 더해지면, 그 결과는 개인과 결혼생활 및 가족 모두에게 재난이 된다.

그리스도인의 삶이 나 개인이 하나님을 감정적으로 경험하는 것이라면, 그것은 결혼에도 쉽게 적용되어, 결혼은 나의 배우자에 대한 나의 감정적 경험이 된다. 그러한 부흥회의 신비주의 느낌이 기독교 문화에 더해져서 어떤 교회도 내가 뭘 하는지 주목하지 않고, 나는 다만 예수님에 대해 옳은 말을 하고 올바른 후보에 투표하기만 하면 된다. 그러면 바울이 로마서 6장 1절에서 금하는 것을 믿는 게 자연스러워진다. 곧 이혼은 하나님이 용서하실 만한 한 가지 사안일 뿐이며, 하나님은 늘 용서하신다는 생각이다. 신학적 정의나 교회 안의 정체성, 공동체 안의 상호 점검이 없는 기독교는 이혼 문화를 조장한다. 곧 결혼이 이상화되어 배우자가 항상 나의 필요를 채워 주는 '그 사람'이 되어야 하고, 복음이 이상화되어 예수님도 나의 배우자처럼 나의 필요를 채워 주시려고 존재해야 한다. 다른 점은 예수님은 영원히 그렇게 하신다는 것이다.

컨트리 뮤직이 문제라는 나의 사회학자 친구의 말이 맞을지도 모른다. 그러나 내 생각에 가장 문제가 되는 것은 이혼과 간음에 대한 노래가 아니라, 제일 마지막에 부르는 가스펠 송이다. 컨트리 뮤직 콘서트에서 술 취하고 바람피우는 것에 대한 노래를 부르다가 마지막에 가스펠을 부르는 것은 바이블 벨트 부흥주의의 가장 좋은 면을 보여 준다. 즉 너무 멀리 떠나가서 구속되지 못할 사람은 아무도 없다는 것이다. 그러나 그것은 최악의 측면이기도 하다. 거기서는 예수님이 나의 구원자지만 내가 뭘 해야 하는지 말씀해 주시지 않는다.

그것은 복음과 복음의 아이콘인 결혼을 보는 관점을 안 좋은 쪽으로 기울게 한다. 두 관점 모두 제단에서, 그리고 결혼식 단상에서 '치러야 할 대가를 계산해 보지 않고 다 드립니다'라고 감정적으로 헌신한 결과물이다. 명목적 기독교가 세속주의나 이교주의보다 그것을 한층 더 쉽게 강화시킨다. 왜냐하면 명목적 기독교 하에서는 강한 공동체나 제자 훈련 없이도 결혼하라는 사회적 압력을 받기 때문이다. 복음은 이혼을 조장하지 않지만, 유사 복음은 분명히 그것을 조장하는 측면이 있다.

그리스도인들에게 이것은 단지 사회적 문제나 개인적 상처 또는 위기의 문제 이상이다. 말라기 선지자는 그가 하나님의 백성에게 말한 대로 "주가 갑자기 그의 성전에 임하실"(말 3:1) 날을 고대했다. 포로 생활에서 돌아와서 성전을 건축하고 메시아가 오기만을 기대했던 백성들에게 그것은 좋은 소식으로 들렸을 것이다. 그러나 말라기는 안심시키는 것이 아니라 경고로 그 말을 썼고, "그가 임하시는 날을 누가 능히 당하며 그가 나타나는 때에 누가 능히 서리요"(말 3:2)라고 했다.

말라기 선지자는 무엇 때문에 그렇게 강한 경고를 했을까? 유다 백성이 언약을 깨뜨렸기 때문이다. 그것은 두 가지로 표현되었다. 첫 번째는 직설적으로 영적인 것이다. "유다는 거짓을 행하였고 이스라엘과 예루살렘 중에서는 가증한 일을 행하였으며 유다는 여호와께서 사랑하시는 그 성결을 욕되게 하여 이방 신의 딸과 결혼하였으니"(말 2:11). 늘 반복되는 사례처럼, 국가는 우상 숭배에 빠져들었다. 그리고 하나님 역시 반복적으로 그랬듯이, 이 우상숭배를 결혼 서약 위반에 비교하셨다. 그 영적 이혼의 문화는 문자적 이혼 문화와 밀접히 관련되어 있었다.

하나님이 그 백성에게 한탄하시는 두 번째는 이것이었다. "눈물과 울음과 탄식으로 여호와의 제단을 가리게 하는도다 그러므로 여호와께서 다시는 너희의 봉헌물을 돌아보지도 아니하시며 그것을 너희 손에서 기꺼이 받지도 아니하시거늘 너희는 이르기를 어찌 됨이니이까 하는도다 이는 너와 네가 어려서 맞이한 아내 사이에 여호와께서 증인이 되시기 때문이라 그는 네 짝이요 너와 서약한 아내로되 네가 그에게 거짓을 행하였도다"(말 2:13-14). 이것은 하나님이 말라기와 그 밖의 다른 곳에서 자기 백성을 포괄적으로 기소한 사회적 불의의 문제였지만, 그 이상의 의미가 있었다.

이혼이 개인적 서약의 파기만이 아닌 것은 성전에서 우상숭배를 하는 것이 단지 공간을 잘못 사용한 문제가 아닌 것과 마찬가지다. 결혼에 대해 말라기 선지자가 선포하는 말씀을 보자. "하나님이 그들을 하나로 만드시고 그들의 연합 속에 성령을 주시지 않으셨느냐(개역개정-그에게는 영이 충만하였으나 오직 하나를 만들지 아니하셨느냐) 어찌하여 하나만 만드셨느냐 이는 경건한 자손을 얻고자 하심이라"(말 2:15). 결혼은 단지 개인의 사랑과 헌신에 대한 것이 아니었다(물론 그것도 일부다). 그리고 사회 붕괴 문제만도 아니었다(물론 그것도 일부다). 결혼은 신비로운 영적 연합의 문제였다. 하나님은 이 커플들을 하나로 만드시고 그 연합 안에 그분의 성령을 나누어 주셨다. 그래서 하나님은 아내와 부당한 이혼을 한 사람들을 대적하는 증인이 되셨다. 다른 곳에서 근로자와 가난한 사람을 학대하는 자들에 대해 하나님이 대적하는 증인이 되신다고 한 것과 마찬가지였다(말 3:5, 약 5:4).

하나님의 메시지는 심판만이 아니라 아직 그 상황에 있지 않은 사람들에게 경고하시는 것이다. "그러므로 네 심령을 삼가 지켜 어려서 맞이한 아내에게 거짓을 행하지 말지니라"(말 2:15). 그리고 나서 하나님은 다시 한 번 더 이혼 문화에 대해 선포하셨다. "이스라엘의 하나님 여호와가 이르노니 나는 이혼하는 것과 옷으로 학대를 가리는 자를 미워하노라 만군의 여호와의 말이니라 그러므로 너희 심령을 삼가 지켜 거짓을 행하지 말지니라"(말 2:16). 하나님은 결혼 서약을 깨뜨리는 것이 일종의 폭력 행위라고 말씀하신다.

이혼이 허용되는
몇가지 예외 상황들

말라기가 약속한 대로 하나님은 성전에 오셨지만, 사람들이 기대한 방식으로는 아니었다. 하나님은 새 성전을 주셨다. 그것은 아들이신 예수님의 몸이었다. 하나님은 예수님을 통해 성전 장막을 치고 그 백성과 함께 거하셨다(요 1:14). 어떤 사람들은 예수님을 '하나님의 부드러운 측면'이라고 보면서, 예수님이 심판이나 보복을 하지 않으신다고 말한다. 어떤 남자가 한 사람을 때리겠다고 위협하며 "너에게 구약 식으로 해줄게"라고 말하는 것을 들은 적이 있다. 물론 예수님이 하나님의 은혜와 용서를 구현하시는 건 맞지만, 십자가는 하나님이 거룩하심과 정의를 포기하지 않으셨다는 것을 보여 준다. 예수님의 가르침도 그것과 일치한다. 예수님은 주변의 사람들이 모두 놀랄 만큼 사마리아 여인에게 자비를 베푸셨지만, 그렇게 하시면서도 그녀가 다섯 번 결혼에 실패했고 현재 또 다른 남자와 동거하고 있음을 드러내셨다(요 4:16-17). 예수님은 그녀를 이끌어 은혜에 이르게 하시려고 은혜가 필요한 이유를 보여 주셨다. 우리도 마찬가지다.

　예수님에 대한 감상적인 묘사와 가장 극명히 배치되는 것은 결혼의 영속성에 관한 그분의 가르침이다. 바리새인들은 이혼에 대해 물으며 예수님을 시험하려고 했다(막 10:1-11). 종교 지도자들이 종종 예수님을 시험하여 대중의 의견과 다른 점을 부각시키려 했던 것을 보면(예를 들어, 가이사에게 세금을 내야 하느냐 마느냐, 혹은 부활이 있을 것인가에 대해), 이혼 문제는 오늘날과 마찬가지로 1세기에도 개인적으로 민감한 문제였던 것 같다. 바리새인들은 모세 율법에서 이혼을 허용하는 것을 근거로 삼았다(신 24:1-4). 그러나 예수님은 모세 율법은 임시방편이며, 하나님의 음성을 듣지 못할 정도로 굳은 심령들을 억제하기 위한 것이었다고 가르쳐 주셨다(막 10:5). "이제 둘이 아니요 한 몸이니 그러므로 하나님이 짝지어 주신 것을 사람이 나누지 못할지니라"(막 10:8-9). 그러자 제자들까지 가세하여 캐물어 보았지만, 예수님은 물러서지 않고 오히려 한 단계 더 나아가셨다. "누구든지 그 아내를 버리고 다른 데에 장가드는 자는 본처에게 간음을 행함이요 또 아내가 남편을 버리고 다른 데로 시집가면 간음을 행함이니라"(막 10:11-12).

　그렇다면 이혼할 정당한 사유는 전혀 없으며 이혼한 사람은 계속 독신으로 살아야 한단 말인가? 일부 그리스도인들은 그렇게 믿고 있다. 로마 가톨릭 교회는 역사적으로 최초의 결혼이 진정한 결혼이 아니었다고 교회로부터 인정되어 무효화되지 않는 이상, 이혼하고 재혼한 사람들은 영구적인 간통 상태에 있다고 가르쳤다. 따라서 이런 상태에 있는 사람들은 성체를 받지 못했다. 많은 개신교인들도 거기에 동의한다. 그러나 나는 동의하지 않는다. 이혼 후 재혼할 경우 간통하는 것이 된다는 말에 대해 많은 사람들이 '예외 조항'이라고 부르는 것이 마태복음에 있다. 그것은 음행한 경우이다(마 19:9). 어떤 사람들은 이것이 단순히 성적으로 부도덕한 경우, 이혼과 재혼하기 전에도 이미 간통을 하고 있다는 것을 의미한다고 주장할 것이다. 나는 그것이 그 본문의 과도한 해석이라고 본다. 그리고 구약 전체에서 성적 부정행위가 실제로 한 몸 연합을 깨뜨린다는 점을 간과한 것이다.

사도 바울은 고린도 교회를 향해 배우자에게 버림받은 사람들의 곤경에 대해서도 적고 있다. 추측하건대, 그리스도인이 믿음을 갖게 된 후 믿기 전에 결혼했던 배우자와 이혼할 수 있다고 생각하기가 쉬웠을 것이다. 가령 이렇게 결론을 내리기가 쉽다. "나는 '새 피조물'이야. 그러므로 나는 이 사람과 결혼하지 않았어. '이전의 내'가 결혼했어. 그리고 그 옛 자아는 그리스도와 함께 십자가에 못 박혀서 이제 살아 있지 않아." 그러나 바울도 예수님처럼 결혼을 창조 때의 제도이고 죽을 때까지 존속하는 것으로 보았다.

더 나아가 어떤 사람은 불신자와 결혼을 유지하는 것이 신자와 불신자 간의 결혼처럼 서로 다른 멍에를 매는 것과 같다고 걱정할지도 모른다(고후 6:14). 그러나 사도 바울은 그렇지 않다고 말한다. 오히려 믿는 배우자를 통해 믿지 않는 배우자가 거룩하게 된다고 말했다(고전 7:13-14). 그러므로 배우자가 그리스도인이 아니라고 해서 이혼하려 해서는 안 된다(고전 7:12). 결혼은 현실이며, 심지어 거룩한 것이다. 한편 그리스도께로 회심한 후 배우자에게 버림받은 사람들이 있었다. 사도 바울은 그들이 구애될 것이 없다(고전 7:15)고 말했다. 그들은 이제 자유로워서, 배우자와 사별한 사람들에게 성경이 지시하는 것처럼, 주 안에서 재혼할 수 있다.

다시 말하지만 이런 예외 조항들이 보편적으로 행해지지는 않지만, 나는 그것이 성경적으로 정확하다고 믿는다. 한 몸 연합이 깨지는 것은 결혼의 유대를 깨뜨린 성적 죄를 회개하지 않은 경우와 결혼의 유대를 저버린 경우다. 그런 경우에 무죄한 쪽의 이혼은 죄가 아니며, 재혼해도 상관없다. 그 요건을 더 상세히 말하겠다.

여기서 성적 부도덕은 간음만이 아니다. 포르네이아(porneia)라는 단어는 광범위한 의미의 성적 부정이다. 나는 여기서 예수님이 그러한 부도덕을 당한 경우에 이혼을 허락하신다고 믿는다. 그러나 이혼을 명령하시지는 않는다. 당신의 배우자가 바람을 피운 경우에 제1단계는 교회 안에서 다른 죄를 다룰 때와 마찬가지로 화해를 시도하는 것이다(마 18:15-18). 만일 바람을 피운 배우자가 회개하면, 그 후 신뢰를 회복하고 경계선을 확립하는 것이 어렵더라도, 법적 결혼 자체는 손상되지 않을 것이다.

그러나 바람피운 배우자가 화답하지 않는 경우에는 무죄한 배우자가 그 사안을 교회로 가져가서 잘못한 배우자에게 다시 회개를 촉구해야 한다(마 18:17). 그 배우자가 장기간 회개하지 않는 것이 분명하고 상황을 돌이킬 수 없을 때만 이미 벌어진 결혼을 공식적으로 취소할 근거가 되는 것이다. 만일 당신이 남편과 자신의 친한 친구가 주고받은 성적인 내용의 문자 메시지를 본다면, 당신의 자연스러운 반응은 이혼 변호사에게 전화를 거는 것일 것이다. 그렇더라도 제일 먼저는 남편에게 회개를 촉구하라. 이런 결혼은 구원될 수 있고, 종종 마땅히 그래야 한다.

더 나아가 '포기'는 내가 보기에 물리적으로 집에서 나가는 것 이상이다. 바울은 한쪽 파트너가 결혼이 끝났다고 결정한 경우에 대해 말한다. 그것이 분명한 경우는 부인이 남편을 떠난 후 집에 돌아오기를 거절하면서 자신의 삶을 살겠다고 말하는 경우다. 또 다른 경우는 배우자의 폭력으로 자신이나 자녀들이 집이 안전하지 않다고 여길 때다. 만일 당신이나 자녀가 학대당할 위험이 있다면 즉시 집을 떠나라. 학대가 벌어지고 있다면 정부기관(롬 13:1-4)과 교회가 모두 대응해야 한다. 먼저 경찰에 전화해서 물리적 안전과 일시적 정의를 실현하고, 그 다음에 교회 지도자에게 전화하라. 어떤 경우에도 자녀들이 신체적, 성적 폭력을 당할 위험에 노출되지 않도록 하라. 교회는 그런 학대가 일어나고 있다는 의심이 든다면 당국에 알리고 그 사안에 영적으로 적절한 행동으로 대응해야 한다. 약자에 대한 그런 마귀적 행위는 집을 거주할 수 없는 곳으로 만들므로 내가 보기에 분명히 버림받은 상황이 된다. 그런 학대로부터 도피하는 사람은 학대하는 배우자와 이혼하더라도 죄가 아니며 재혼할 자유가 있다.

　어떤 사람들은 그와 같이 버림받아서 예외 조항이 성립하는 경우는 배우자가 불신자일 때라고 말하겠지만, 신약에서 '믿는다'고 하는 것은 단지 교회에 공식적으로 등록했다는 뜻은 아니다. 만일 어떤 사람이 죄를 회개하지 않는다면, 그 사람은 거듭났을 수도 있고 거듭나지 않았을 수도 있다. 우리는 그 마음을 알 수 없지만 회개하지 않는 사람은 결국 "이방인과 세리와 같이"(마 18:17) 여겨야 한다. 그렇다고 해서 구원 받을 여지가 아예 없다는 말은 아니다(예수님이 죄인들, 이방인, 세리를 어떻게 대하셨는지 생각해 보라!). 그 사람을 하나님의 백성에 속하지 않은 것으로 여겨야 한다는 말이다. 그러나 만일 그 사람이 회개하면 "네가 네 형제를 얻은 것"(마 18:15)이다.

　이 예외 조항은 개인이 결정하지 않는다. 예를 들어 내가 결혼의 위기를 맞았을 때 나의 배우자의 성적 부도덕이 돌이킬 수 없는 것이라고 나 스스로 결론을 내려서는 안 된다. 결혼은 교회의 치리 하에 있어야 한다. 자율적 개인주의가 만연하는 시대이다 보니 어떻게 결혼이나 혹은 이혼이 다른 사람의 일이 되는지 잘 이해하지 못할 수도 있다. 그러나 성경은 그렇다고 선언한다(고전 5:1-5). 나중에 더 자세히 설명하겠지만, 교회의 치리는 우리가 흔히 생각하듯이 단지 최종 단계의 파문(물론 그런 경우는 드물어야 한다)만이 아니다. 치리의 목표는 북돋고 회복시키는 것이다. 그래서 교회는 상황이 시작되기 오래 전부터 이혼을 막아야 하는데, 그러려면 무엇보다도 교회 앞에서 자기 책임을 지고 교회의 치리를 받아들이는 사람을 결혼시켜야 한다.

교회는 결혼에
책임을 진다

결혼은 창조 때 세워진 제도이며 신자만을 위한 것이 아니다. 불신자도 창세기 2장의 요건에 맞는다면 결혼할 수 있고 결혼해야 한다. 그러나 그것은 교회가 아니라 국가의 일이다. 국가는 무엇보다도 어린이를 보호해야 하므로 부모가 결혼 서약과 차세대에 대한 책임을 지도록 해야 한다. 그 연합은 다른 관계와 달리 사회적 차원의 일이다. 결혼이 깨지는 일에 국가가 권위를 행사하는 것은 당연하다. 우리의 이혼법이 불공정할 때도 종종 있지만, 이혼법이 아예 없다면 정의가 전혀 실현되지 않을 것이다. 사람들은 여전히 결혼생활에서 떠나겠지만 경제적 박탈, 양육권, 그리고 수천 개의 우발적 사건들로 인해 야기될 수 있는 문제에 대한 제약은 받지 않는다. 자신의 경제적 이익을 위해 이혼을 종용하는 이혼 변호사는 나쁘지만, 버림받은 배우자가 경제적으로 힘들지 않도록 하고 성적으로 학대하는 배우자가 자녀를 양육하지 못하도록 막는 변호사는 정의를 위해 일하는 것이다. 이혼은 타락한 이 세상에서만 가능한 일이지만, 이 타락한 세상 속에서는 가해자가 아닌 피해자로 이혼을 경험하는 사람들이 종종 있다. 이들은 이혼을 강요받은 사람들이며 당연히 보호가 필요하다.

　그러나 교회는 복음을 통해 교회와 연합한 사람에 대해서만 권위를 갖는다(고전 5:9-13). 그리고 교회가 거행한 결혼에 대해서는 교회가 책임을 져야 한다. 내가 신랑으로서 주의 결혼 허가서에 서명할 때 나는 내가 그 서약을 어길 경우 국가에 대한 책임이 있다고 말하는 것이다. 만일 내가 그리스도인으로서 교회 안에서 결혼해도 같은 것을 예상할 수 있다. 문제는 많은 사람들이 결혼생활을 시작할 때 교회에 간다는 것이다(성직자에게 결혼 주례를 의뢰하기 때문이기도 하고, 교회가 결혼사진을 찍기에 아름다운 장소이기 때문이다). 하지만 결혼생활이 파탄 날 때는 법정으로 간다. 따라서 교회는 교회나 국가, 결혼식에 모인 증인들에게 서약을 지키겠다고 하는 책임 있는 사람들만 결혼시켜야 한다.

　신랑 신부에게 미리 준비한 대본을 건네는 결혼식 코디네이터나, 어떤 커플이 나타나도 서류에 정중히 서명해 주는 '주례 전문 목사'는 하나님의 신비를 수호하는 청지기라고 할 수 없다. 그는 사역을 그만 두고 평화를 위해 다른 정직한 일을 해야 한다. 가이사에게 속한 것은 가이사에게 기꺼이 줘야 하지만, 결혼의 연합에 새겨진 이미지는 가이사와 가이사의 법정이 아닌 그리스도와 그분의 교회이다. 그것은 또한 결혼생활에 닥칠 어려움에 대비해 교회가 커플을 준비시켜야 한다는 것을 의미하기도 한다. 교회가 해야 할 일은 바로 결혼을 감상적으로 이상화하는 것을 종식시키는 것이다. 결혼의 이상화가 특히 이 시대에 이혼의 주된 원인이기 때문이다. 우리는 이혼의 문제가 무엇인지 정서적인 면뿐 아니라 하나님 앞에서 도덕적인 면까지 솔직히 얘기해야 한다. 그리고 결혼생활 중에 힘들어하는 사람들을 위해 그들을 안내해 줄 수 있는 나이 많은 멘토들을 연결해 줘야 한다.

만일 교회가 성경적 책임을 잘 받아들여서 몸 안의 결혼들을 돌보고 서약을 깨뜨리거나 타인을 해친 사람들에게 책임을 묻는다면 어떤 일이 일어날까? 교회 안에서 커플들이 힘든 결혼생활에 대해 부끄러움이나 수치심이나 판단 받는다는 느낌 없이 앞에 나와서 몸 된 교회에게 기도를 요청할 수 있다면 어떨까? 만일 우리의 모든 교회에서 학대가 은폐되지 않고 형사적으로나 교회의 돌봄 면에서나 제대로 다뤄진다면 어떨까? 우리 공동체 안에서 버림받거나 이혼을 당한 많은 싱글맘들이, 과부를 돌보라고 한 성경 말씀대로, 온 교회의 영적, 정서적, 사회적, 심지어 재정적인 돌봄을 받을 수 있다면 어떨까? 그렇게 되면 우리는 바깥세상에 우리가 어떤 존재로 부르심 받았는지 실제로 보여 주게 될 것이다. 우리는 시민 클럽이나 정치 지역구, 자기 계발 모임이 아니라 십자가에 의해 형성된 공동체이다.

결혼생활에 침투하는 이혼 문화에 대항하기 위해 커플들은 무엇을 해야 할까? 다시 말하거니와, 결혼을 시작할 때부터 대비하는 것이 좋다. 당신의 서약은 단지 사랑에 대한 계약이 아니라 영구적 연합이라는 것을 정말로 믿으라. 이혼을 최후 방책으로 숨겨둬선 안 된다. 만일 이혼을 하나의 가능성으로 열어 둔다면, 설령 그것이 최후의 수단이었다 하더라도, 그런 일이 발생할 것이다. 의식적으로나 무의식적으로 영원을 결단하지 않은 결혼은 살아남을 수 없다. 설령 법적으로는 멀쩡하더라도, 그런 결혼은 원만할 수 없다. 현대의 선택 문화는 우리에게 더 나은 배우자, 더 나은 결혼, 더 나은 삶의 기회가 있다는 착각과 환상을 심어주고 있다. 그런 것을 찾아다닐 수 있는 시대에는 특히나 더 그렇다.

결혼 예비 상담을 하는 커플이 혼전 계약서를 작성하는 것이 좋은지를 물으면, 나는 그 의도가 이혼시 조건을 협상하려는 것인지부터 짚고 넘어간다. 만일 신랑이 신부를 신뢰하지 못해서 돈을 맡길 수 없거나, 그 반대로 신부도 그렇다면, 어떻게 서로의 삶, 자녀, 미래를 신뢰하고 맡기겠는가? 관건은 이 사람이냐, 다른 사람이냐를 선택하는 것이 아니라, 십자가의 패턴 안에서 결혼하느냐, 아니면 자아의 혼란 안에서 결혼하느냐 선택하는 것이다. 그것이 결론이다.

결혼에 대한 우리의 접근법은 한 유명 음악가의 아내가 오랜 결혼생활의 '비밀'이 뭐냐는 기자의 질문을 받고 대답한 것과 같아야 한다. 그녀는 다음과 같이 말했다. "가장 큰 이유는 우리가 아직 죽지 않았다는 거예요." 그녀에게 있어서 이혼은 그들이 피했던 선택이 아니라 아예 선택 사안이 아니었다. 사실 그것이야말로 오랫동안 지속된 결혼생활의 비결이다.

결혼 초기에 나는 한 친구와 불륜 때문에 헤어진 커플에 대해 이야기를 나눈 적이 있다. "만일 마리아가 바람을 피운다면, 내 마음이야 찢어지겠지만, 나는 절대 이혼하지 않을 거야. 필요하다면 천 번이라도 마리아를 다시 받아줄 거야." 그러자 내 친구가 말했다. "마리아에게 그렇게 말해 주지 그래." 나는 좀 움찔했다. 아내에게 그렇게 말하고 싶지는 않았다. 그렇다면 어떤 것이 마리아가 정절을 유지하도록 해줄까? 글쎄다. 자신이 바람을 피워도 남편이 여전히 자신을 사랑할 정도로 결혼에 헌신적이라는 사실이 아닐까. 우리는 결혼생활에서 자신의 무기를 내려놓음으로써만 앞에 있는 그 어떤 전투도 감당해 낼 사랑을 찾을 수 있을 것이다.

하지만 그런 영속성의 이면에는 서로를 사랑하는 법을 배우고 알기 위한 지속적인 몸부림이 있다. 그것은 단지 사랑의 느낌이 아니라, 하나님이 우리를 위해 아들을 십자가에 못 박으면서 보여 주신 이타적이고 자기희생적인 사랑이다(요 3:16). 어떤 사람들은 사랑이 느낌이 아닌 선택이라고 말한다. 그 말이 전적으로 맞지는 않지만, 그 말에 일리가 있음을 인정한다. 그 말은 우리가 항상 사랑에 빠져 있다고 느끼지 않는다는 것이다. 그러나 그것은 사랑이 그저 냉철한 이성적 선택이라는 의미는 아니다. 아가서 안에 넘쳐흐르는 감정을 보라. 덜 어려운 미래를 함께 만들어 가려면 어려운 때를 함께 헤쳐 나가야 한다. 그리고 싶지 않을 때도 함께 있기를 선택하면, 나중에는 함께 있고 싶게 된다. 사실, 항상 사랑을 느끼려는 욕구를 포기할 때만 일시적인 감정을 넘어 더 오래 지속되는 사랑을 느낄 수 있다. 그러려면 십자가 안에서만 알 수 있는 헌신과 충성, 자기희생이 있어야 한다.

부부가 서로 싸우지 않을 것을 기대하며 결혼생활을 시작해서는 안 된다. 심지어 예수님과 그의 신부인 교회도 그분의 사명에서 가장 중심 진리인 십자가를 포함하여 의견의 불일치가 있었다. 물론 이런 비유를 일대일로 적용할 수는 없을 것이다. 왜냐하면 그리스도와 교회의 연합에는 당신이나 나의 결혼과 달리, 죄 없고 무한히 지혜로운 한 배우자가 계셨기 때문이다. 그래서 그리스도와 교회의 의견이 다를 때는, 그 결과를 예측하기 쉽다. 그리스도가 옳고 교회는 틀렸기 때문이다.

그러나 타락한 사람 사이의 결혼은 그렇지 않다. 해결책은 누가 옳고 누가 그른지 정하는 것이 아니라, 예수님이 말씀하신 대로 우리가 이제 둘이 아니라 하나임을 상기하는 것이다. 아내와 내가 논쟁해서 아내가 진다고 해도 내가 '이긴' 것이 아니고, 반대도 마찬가지다.

비유에 대한 한계에도 불구하고, 우리는 예수님이 교회의 의견 불일치에 어떻게 대응하셨는지에 대해, 특히 반석인 시몬 베드로에게서 교훈을 얻을 수 있다. 예수님은 어떤 경우에도 갈등을 피하지 않으셨지만, 또한 제자들을 충분히 알고 계셔서 그들을 말로 짓누르지 않으셨다. 그리스도의 길을 따르게 되면, 우리는 상대에게 인내하면서도 많은 커플이 직면하는 전형적 방식인 서로 냉담하게 거리를 두는 것, 분노를 폭발시키는 것, 성(sex)을 무기로 쓰는 것, 떠나겠다고 위협하는 것 등을 피하게 된다. 의견 불일치가 있다고 해서 결혼이 위험에 처했다고 결론 내리지 말라. 오히려 위험에 빠진 결혼은 논쟁이 전혀 없는 결혼이다. 배우자 중 한쪽이나 두 사람 모두 서로에게 신경조차 쓰지 않아서 안 싸우는 것이기 때문이다. 의견 불일치는 충분히 있는 일이다.

앞으로 나아가는 방법은 그런 의견 불일치를 미리 대비하여 계획을 세우는 것이다. 서로에 대해 애정을 가장 많이 느낄 때 미리 논쟁을 하라. 사실 그렇게 하고 싶은 사람은 거의 없다. 왜 하필 남편이 자신에게 "당신은 당신 어머니랑 똑같아!"라고 말했을 때의 기억을 들춰내어 완벽한 주말을 망치고 싶겠는가? 그러나 바로 그때가 지혜로운 개미가 겨울을 위해 추수한 양식을 저장할 때다(잠 6:8-10, 30:25). 그런 순간에는 냉정을 찾을 수 있고, 애정도 돈독하기 때문이다. 그런 대화가 논쟁이 될 필요는 전혀 없다. 오히려 장난처럼 재미있게 자신의 단점에 대해 털어놓고 웃으면서, 서로를 사랑하기 위해, 어떤 상황 속에서도 상대방의 생각이나 마음에 무슨 일이 일어나는지 읽으려 애쓴다는 것을 보여 줄 수 있다. 부부가 함께 계획하는 시간을 반대로 한다면 많은 이혼을 피할 수 있을 것이다. 싸우는 중에 낭만적인 부부만의 시간을 계획하고, 낭만적인 부부만의 시간에 어떻게 싸울지 계획하라.

논쟁의 여지가 없을 때도 결혼의 연합을 파괴할 수 있는 스트레스의 시기를 미리 대비해야 한다. 서로 간에 강한 유대를 형성하면서 둘 중 한 사람이 큰 실망을 겪을 때 어떻게 해야 할지 작은 방법들을 배우게 되면, 언젠가 자녀의 사산이나 간암, 장성한 자녀의 감옥행, 혹은 배우자의 치매에 직면했을 때 필요한 회복력을 구축

할 수 있게 된다. 서로의 짐을 질 줄 알고, 용서를 베풀고 인내할 줄 아는 것은 그저 단지 잘 지내기 위한 것이 아니다. 그것은 고통을 견딜 강한 사랑의 불꽃을 일으킨다. 함께 요단 강가까지 이르려면 그런 사랑이 필요하다.

경고 사인들을 주목하라. 자신이 배우자를 무시하는 기분이 들거나 실제로 무시할 때 주의하라. 배우자에게서 벗어나 바깥세상의 위로를 찾고자 할 때 주의하라. 성관계가 줄어들 때 주의하고, 왜 그런지 스스로 이유를 생각해 보라. 그 다음에는 두려워하지 말고 전문가에게 도움을 요청하라. "내 결혼생활에 문제가 있어요"라고 말하는 것은 부끄러운 일이 아니다. 모든 사람의 결혼생활이 언젠가는 문제가 생긴다. 자신의 결혼생활에 문제가 있다는 것을 아는 사람만이 싸워서 결혼생활을 구할 수 있다.

우리는 교회 안에서 이혼을 막기 위해 애쓰고 있고, 별거 중에 있거나 이혼한 부부들까지도 서로 화해할 수 있도록 노력하겠지만, 현실은 우리들 중 많은 사람들이 여전히 이혼할 것이고, 그중 많은 사람들이 다른 사람들과 재혼한다는 것이다. 만약 이미 이혼을 했다면 어떻게 해야 하는가? 질문은 그런 사람들이 성경적으로 잘못이 없고 그렇게 결정한 성경적 근거가 있느냐 하는 것이다. 나는 그런 경우가 있다고 믿는다. 문제는 그 가운데 대다수의 이혼은 죄였고 재혼이 성경적으로 허락되지 않았을 거라는 것인데, 그들에 대해 어떻게 할 것인가이다. 다시 한 번 우리는 십자가를 바라보아야 한다. 우리는 세상을 정죄하지 않는다. 또 그 주제를 회피하여 그들의 양심을 자유롭게 하지도 않는다. 그들 중 다수가 하지 말아야 할 이혼을 하고 죄책감에 짓눌리고 있다. 우리는 이혼에 대해 정직하게 말하지만 단지 치료 차원에서만이 아니라, 그들이 하나님의 거룩함을 거스른 것에 대해 정직하게 말해야 한다.

하지만 우리는 거기서 멈추지 않는다. 예수님은 의인이 아니라 죄인을 구하러 오셨고, 우리 모두에게 회개하라고 하신다. 그런 상황 속에서 회개는 어떤 모습일까? 비성경적으로 이혼하고 재혼한 커플 중 최악의 경우를 생각해 보자. 사실상 그들의 재혼은 간음 행위이다(마 5:31-32). 이제 우리는 그들에게 어떻게 해야 할까? 다시 이혼해서 간음을 회개하게 해야 하는가? 어떻게 죄를 반복함으로써 죄를 회개할 수 있는가? 또 한 번 배우자를 버리고, 또 한 번 서약을 깨뜨림으로써? 아니다. 성경은 많은 사례에서 결혼을 깨뜨리고 다른 결혼을 하는 것을 간음 행위로 본다. 그렇다고 해서 그것이 결혼이 아닌 것은 아니다. 우물가의 사마리아 여인은 남편이 다섯이나 있었다고 한다.

성경은 그리스도인이 비 그리스도인과 결혼하는 것을 금한다. 그래도 그것은 진짜 결혼으로 간주된다. 불신자와 잘못 결혼한 것을 회개하는 사람이 예수님을 따르려면, 이혼하는 것이 아니라 신실하게 결혼생활을 해야 한다(고전 7:12-17, 벧전 3:1-2). 우리는 과거의 죄를 새로운 죄로 덧입혀 치료하지 않는다. 성경이 허락하지 않았던 이혼이나 재혼을 뉘우치고 있는 사람이나 그 부부는 과거로 돌아가서 과거를 바꿀 수 없다. 그들은 다만 "가서 다시는 죄를 범하지 않겠다고"(요 8:11) 헌신할 수 있다. 자신의 죄를 인정하고, 그리스도의 구속 사역을 통해 온전한 용서를 받았음을 주장하고, 이제부터 모든 서약에 신실하기로 해야 한다. 이런 사람들과 커플들은 자신들이 깨지고 부서진 곳에서 그리스도를 섬길 수 있고, 실제로 그런 일이 일어나고 있다.

오래 전에 한 작가가 자신은 "뚱뚱한 혁명가나 최근 이혼한 결혼 상담가들을"[42] 신뢰하지 않는다고 말했다. 맞다. 그러나 이혼을 잘 극복한 사람들도 많다. 많은 경우에 그들은 젊은이들을 무장시켜 주는 멘토가 될 수 있다. "내가 간 방향으로 가지 마. 그러나 이미 그렇게 했다면, 돌아가는 길은 이거야"라고 말이다. 그들은 거기에 얼마나 많은 것이 달려 있는지 알고 있고, 우리 모두가 여러 면에서 알아야 할 것을 알고 있다. 그들은 많이 용서받는 것이 어떤 것인지 안다.

결혼의 본질은
자신을 내주는 것이다

이혼 문화는 이혼이 실제로 '새로운 출발'을 하게 한다는 가정으로 만들어진다. 그러나 이혼 경험자들은 전 남편이나 전처 같은 것은 사실상 없다고 말할 것이다. 법적으로나 도덕적으로는 있더라도 말이다. 이혼하더라도 함께했던 역사와 이혼할 수는 없다. 우리의 교인 중에 이혼하여 상처 받은 사람들 중에는 실패한 결혼에 대해서만 아니라 속칭 '돌싱의 외로움' 때문에 슬퍼하는 사람들이 있다. 이혼이 끝나면 새 출발이 있을 거라고 생각했던 많은 사람들이 슬퍼한다. 다음 결혼이 그들의 모든 필요를 충족시켜 줄 거라고 생각하지만, 옛 결혼이 정신이나 의식 속에 여전히 어른거린다. 결혼 서약은 상자에 담아 내다버릴 수 없다.

십자가의 복음에 닻을 내린 교회는 위기에 처한 커플들에게 "결혼 상태를 유지하세요. 이혼하지 마세요"라고 말할 수 있고, 옳지 않은 이혼을 한 사람에게 "가족과 하나님 앞에서 당신이 지은 죄를 회개하세요"라고 말할 수 있다. 또한 이혼하고 회개하는 사람에게 "하나님은 당신에게 분노하지 않으세요. 당신은 용서 받았어요"라고 말할 수 있다. 가족과 교회, 목회자, 지도자들이 이혼한 사람들에게 평판이 나빠질까봐 두려워하는 마음보다 그들을 더 사랑할 때만 그렇게 할 수 있다. 그리고 결혼이 무엇인가를 십자가로 해석할 때만 그렇게 할 수 있다.

한 결혼 연구자가 말했듯이, 현대의 결혼이 어려운 이유 가운데 하나는 소위 고슴도치 딜레마 때문이다. 그것의 정의는 "자신이 고통당할 여지를 주지 않으면서 깊은 친밀감을 얻고자 하는 갈망"[43]이다. 그러나 우리는 십자가를 통해 그런 친밀함은 불가능하다는 것을 안다. 우리는 취약성 안에서만, 그리고 상처받지 않을 수 있다는 착각을 버림으로써만 참된 공동체를 얻는다. 그는 결혼을 와해하는 것이 '전부이거나 아무것도 아니거나'라는 이상적 개념이라고 말한다. 즉 결혼이 모든 것을 충족시켜 줘야만 비로소 '좋다'는 것이다. 이런 일이 일어나지 않을 때(천국에 못 미치는 모든 유토피아는 실망스럽다), 남는 것은 쓰라림과 원망뿐이다. 십자가는 결혼이 그렇지 못하다는 사실을 우리에게 일깨워 준다. 우리는 앞으로 어린양의 혼인잔치에 참여할 것이다. 우리는 결혼을 그것의 그림자 수준으로만 기대해야 한다. 결혼이 어린 양의 혼인잔치 같을 거라고 기대해서는 안 된다. 결혼은 우리에게 하나님 나라의 친교를 갈망하도록 알려 주기 위한 것이지, 그것을 대체하기 위한 것이 아니다.

십자가는 보혈로 인친 언약을 통해 우리에게 결혼의 영속성을 보여 준다. 십자가는 또한 결혼의 본질이 자아의 희생이라는 것을 보여 준다. 그것은 우리가 서로에게 자신을 준다는 것을 의미한다. 우리는 자신을 보호하기 위한 수단으로 이혼하겠다고 위협하지 않는다. 대신 그리스도와 교회의 한 몸 연합을 우리가 할 수 있는 최선의 방법으로 반영하는 결혼을 세운다. 그리고 난 후 실패했을 때도 십자가의 복음으로 달려간다. 그리스도의 신부는 혼전 계약서가 필요 없다. 그리스도의 신부는 이혼 변호사도 필요 없다. 그리스도의 신부는 결혼 전 성(姓)도 가질 필요가 없다.

10

나의 아이들도 예수로 다시 살아날 수 있다

앞으로
어떡하려고?

나도 모르는 사이 자연 식품 판매점에서 소란이 일어났다. 내가 환경 친화적이고, 현지에서 생산된 자연 식품 매장을 걸어가고 있을 때, 주변의 손님들이 동시다발적으로 나를 쳐다보기 시작했다. 어떤 사람들은 나를 뚫어지게 보다가 곧 시선을 내리고 당혹스러워했다. 그 순간 악몽에서처럼 혹시 내가 옷을 입지 않은 것은 아닌지 염려되었다. 내 몸을 살피고 주변을 두리번거리고 나서야 나는 비로소 깨달았다. 내 옆과 뒤, 그리고 카트 앞에서 함께 걸어가고 있는 나의 다섯 아이들의 존재 말이다. 한 여자가 자연 방목으로 생산된 계란 상자를 들고 목청을 가다듬더니 내게 물었다. "모두 다 댁의 아이들이에요?" 내가 그렇다고 하자 그녀는 눈알을 굴리더니 한숨을 쉬었다. 나는 어깨를 으쓱하고 나서 말했다. "뭐랄까요, 저희는 일종의 자연 방목적인 가족계획을 하거든요."

이 이야기를 일종의 문화 전쟁 충돌로 충분히 몰아갈 수도 있겠지만 그것은 정확한 진단이 아니다. 이러한 반응은 보수적 그리스도인과 반 가족적이고 가족 개념을 적대시하는 히피의 대결이 아니다. 어떤 그리스도인들(사실은 교회사의 대다수)은 인공적 피임을 전면적으로 반대해 왔지만, 나는 그렇지 않다. 보다 최근에는 하나님의 주권에 따라 가능한 많은 수의 아이를 임신하고 출산하는 것이 옳다고 믿는 그리스도인들도 생겨났다. 나는 그쪽도 아니다.

만일 그곳에 있던 모든 손님들이 어떤 리얼리티 프로그램에 나온 가족들이 혼수용품 목록에 미니밴을 포함시킨 것을 알았다면 우리 아이들을 더 기이하게 봤을 것이다. 그와 동시에 만일 내가 진보주의인 쇼핑객들과 얘기를 나누었다면, 가족에 대해서 내가 기대했던 것보다 더 많은 합의를 찾았을 것이라 생각한다. 게다가 우리 아이들에 대한 그들의 태도는 단지 진보적이고 세속적인 돈주머니와 따로 떨어져 있지 않다. 깔끔한 정장 차림의 사람들뿐 아니라 부흥회에서 만난 사람들조차도 내게 이런 질문을 한다. "도대체 어떻게 된 일이래요?" 사실 내 아이들을 보고 이웃들이 황당해하는 것 때문에 짜증이 날 때도 있다. 그들의 태도를 이해해야 한다. 한때는 나도 그랬으니까. 그리고 가끔은 지금도 그러니까.

다양한 하위문화에서 사람들이 어린이를 바라보는 방식에는 큰 차이가 있다. 어떤 도시의 기본적인 문화 이데올로기와 세속화 정도를 알려면 어린이 놀이터와 애완견 부티크의 비율을 보면 된다는 말이 있다. 나는 거기에 어느 정도 일리가 있다고 본다. 그러나 더 '보수적인' 지역이 꼭 '가족 친화적'이거나 '어린이 친화적'인 것은 아니다. 어린이가 많은 지역 중 상당수가 혼외 자녀가 많거나 복잡한 양육권 문제로 주말마다 다른 집으로 가는 어린이들이 많았다.

그보다 더한 것은 나이 든 사람들과 심지어 보수적인 교회 내에서조차 신혼부부들에게 '너무 빨리 아이를 갖지 말고 먼저 둘만의 삶을 즐기라'고 말하는 것이 보편화되었다는 것이다. 내가 결혼하던 시절에는 그것이 매우 당연한 것이었다. 결혼 후 처음 몇 년 동안 내가 가장 두려워한 것은 우리가 아직 '준비되지' 않은 상태에서 '사고'로 임신을 하게 되는 경우였다. 그래서 우리는 만전을 기하기 위해 처음 몇 달 동안 세 가지 '보호' 방법을 썼다. 한두 가지가 실패할 경우에 대비해서였다. 그 당시 나에게 임신 테스트기의 두 줄은 무서운 일이었다.

여러 해가 지나고 아내와 내가 아이를 가질 여력과 준비가 되었다고 판단했을 때, 우리는 몇 달 동안 임신 테스트에 두 줄이 나타나기를 고대했지만 연달아 유산이 되었다. 마침내 의사들은 우리가 아기를 낳을 수 있을지 의문이라고 말했다. 나는 내 감정을 잘 감출 줄 아는 편이라 그 누구도 눈치 채지 못했지만, 내 속은 분노로 들끓고 있었다. 내 삶의 수면 밑에는 나 자신과 아내, 하나님에 대한 분노가 있었다. 나의 모든 계획이 수포로 돌아간 것 같았다. 그래서 또 한 번의 유산이 일어난 날 밤에 나는 아내에게 말했다. "마침내 난 우리가 외롭게 죽을 거라는 걸 깨달았어."

결혼 초기에는 우리가 자녀를 갖지 않을 권리가 있다고 믿었다. 그리고 다음에는 우리가 자녀를 가질 권리가 있다고 믿었다. 두 경우 모두 나는 틀렸다. 앞에서도 말했듯이, 하나님은 우리 삶에 개입하셔서, 다각도로 나를 깨뜨리시고 재구성하셨다. 만일 임신을 피했던 것처럼 쉽게 아이를 가질 수 있었다면 아마도 나는 나쁜 아빠가 되었을 것이다.[44] 자녀의 축복에 관해서라면 나는 결코 "잃었던 생명 찾았고 광명을 얻었네"라고 간증할 수가 없다.

아내와 나는 마침내 자녀를 가졌다. 처음에 너무 일찍 갖지 않도록 간절히 기도했던 자녀, 그 다음에 처음에는 입양으로, 그 다음에는 보다 일반적인 방법으로 갖기를 간절히 기도했던 자녀 말이다. 마흔 살이 되었을 때 나는 지쳐 있었다. 당시 나는 큰 교육기관을 이끄는 중대한 일을 맡고 있었고, 게다가 매주일과 수요일에 설교해야 했고, 주일학교부터 신학 박사 과정까지 여러 수업에서 강의를 해야 했다. 게다가 책과 기사를 써야 했고, 미국 전역에서 강연을 해야 했다. 게다가 이미 네 아들의 아버지였다. 위의 두 아이는 어릴 때 외국의 고아원에서 경험한 박탈감 때문에 특별한 돌봄이 필요했고 우리는 그들에게 에너지를 쏟아야 했다. 밑의 두 아이는 서로 친했고, 에너지가 넘쳤다. 나는 일에서나 가정의 아버지로서나, 내가 무엇을 해야 하는지 안다고 자부하고 있었다.

어느 날 이사회에 연달아 참석하고 나서 귀가한 나는 소파에 쓰러졌다. 그런데 아내가 소파 옆에 서서 거의 사과하는 어조로 말했다. "언제 말해야 조금이라도 덜 나쁠까 생각했어요. 나 임신했어요." 나의 반응은 쿠션으로 얼굴을 가리고 신음하는 것이었다. 그때 나는 자녀의 축복에 대해 한 권의 책과 수많은 글을 썼었다. 그 당시 나는 아들들과 시간을 보내는 것이 가장 큰 기쁨이었다. 그럼에도 불구하고 뜻밖의 아기를 가진 아내에게 내가 한 말은 "앞으로 어떡하려고?"였다. 그것은 내가 그렇게 싫어했고, 그렇게 하지 말라고 설교해 왔던 말이었다. 친절하고, 온화하고, 신학적으로 훈련된 내가 그랬다.

아이의 탄생은
축복이자 위기이다

어떤 면에서 보면 아이들의 생각만큼 순수하고 위협적이지 않으며 마음을 따뜻하게 하는 것은 없어 보인다. 다른 면에서는 아이들에 대한 우리의 책임감만큼 두려운 것도 없어 보인다. 자녀를 너무 일찍 가지지 말라고 한 사람들이 정신이 나간 것이 아니다. 오늘날 사회 질서에서 우리가 안고 있는 가장 큰 도전 중 하나는 아이들을 자기 자신보다 우선시하면서 개인적인 성숙함에서 결혼, 출산으로 이어지는 삶의 패턴을 방해하는 사람들로부터 비롯된다. 성인이 된 딸이나 며느리가 임신한 것을 보고 한숨을 쉬는 상당수의 부모들은, 만약 부부 사이가 안 좋아지거나, 산후 우울증이 너무 심하거나, 부부 중 남편이 중년의 위기를 맞아 누드 댄서와 플로리다로 떠나게 된다면 무슨 일이 생길지 걱정할 정도로 부정적이지는 않다. 이런 잠재적인 조부모들은 만일 그 모든 입을 다 먹여 살릴 만한 여유가 없게 되면 어쩔까 염려한다. 그러면 모두가 부모 집에 얹혀살게 되는 것은 아닐까? 그것은 불합리한 두려움이 아니다.

우리 사회가 아이들에게 친화적인지 아닌지 결론을 내리기 전에 감소하는 출산율과 인구통계 수치를 보는 것 말고도 뭔가를 더 해야 한다. 1926년의 테네시 주 시골 지역에서 여섯 자녀를 둔 소작농 가정과 현대 내슈빌의 교외 지역에 사는 서비스 업종 근무자 가족의 사회 경제적 현실 및 인지된 비용에는 큰 차이가 있다. 개인적 비용도 매우 다르다. 남편과 자녀만 데리고 직장 때문에 어느 도시로 이사한 젊은 엄마가 겪는 스트레스 수준은 대가족과 함께 살면서 옆집에 다른 젊은 엄마들과 자주 교류하는 엄마가 겪는 스트레스 수준과 매우 다르다.

그 모든 것을 감안하더라도, 성경이 어린이를 보는 관점은 오늘날 우리 시대의 일반적 관점(표현을 하든, 안 하든)과 매우 다르다는 것을 부인할 수 없다. 성경은 말한다. "보라 자식들은 여호와의 기업이요 태의 열매는 그의 상급이로다 젊은 자의 자식은 장사의 수중의 화살 같으니"(시 127:3-4). 성경에는 자녀를 가질 수 없다가 하나님의 축복을 받아서 자녀를 가진 사람들의 이야기가 거듭 나온다. 때로 그것은 간절한 기도의 결과이기도 하고(예를 들어 사무엘상 1장의 한나), 때로는 하나님의 놀라운 말씀의 결과이기도 하다(사라가 이삭을 낳은 경우).

피조물에 대한 최초의 명령에서 하나님은 인간에게 생육하고 번성하여 땅에 충만하라고 하셨다. 그것은 땅에 대한 저주가 아니라 세상에 대한 축복이었다. 혹자는 그것이 이스라엘이 농업 경제였기 때문이라고 할지 모른다. 자녀가 함께 농사를 지을 수 있어서 농사 도구처럼 축복으로 간주되었다는 것이다. 그러나 그것만이 아니다. 이스라엘의 초기 역사 중에서 가장 가혹하고 어두웠던 애굽 체류 시절에도 하나님은 자녀를 축복으로 보셨다. "이스라엘 자손은 생육하고 불어나 번성하고 매우 강하여 온 땅에 가득하게 되었더라"(출 1:7).

반면 바로는 이스라엘 백성의 자녀들을 볼 때 관리해야 할 짐, 때가 되면 없앨 짐으로 여겼다. 그러나 바로가 가혹한 경제적 짐을 그 백성에게 가해도 그들은 위축되지 않고 "학대를 받을수록 더욱 번성하여 퍼져나가니 애굽 사람이 이스라엘 자손으로 말미암아 근심하게"(출 1:12) 되었다. 애굽 정부가 남자 아이를 죽이라고 명했을 때도 이스라엘 백성은 이에 굴하지 않았고, 산파들 또한 바로에게 복종하지 않았다. "하나님이 그 산파들에게 은혜를 베푸시니 그 백성은 번성하고 매우 강해지니라"(출 1:20). 어린이를 죽이지 않은 산파들에 대한 바로의 분노를 하나님의 축복이 압도했다. 뜻밖에도 그 축복은 산파들이 자녀를 갖게 된 것이었다(출 1:21).

성경은 어린이를 축복으로 보지만 그렇다고 해서 아이들을 이상화하지 않는다. 그러나 우리 시대의 문화적 조현병은 아기를 두려워하면서도 이상화한다. 적어도 여력이 있는 집에서는 이전 시대의 술탄의 자녀들보다 더 호화롭게 자녀 방을 꾸며 준다. 대중문화에서는 아이들이 착하고 친절할 것이라 예상하고, 종종 어른이 놓치는 것을 말해 주는 지혜로운 존재로 묘사한다. 소설《파리 대왕》에서 어린이들의 잔혹성을 충격적으로 묘사하지만 그것이 놀라운 이유는 이상화된 어린이에 대한 기대를 뒤엎기 때문이다. 따라서 그것은 뭔가 심각하게 잘못되었다는 신호이다. 하지만 플래너리 오코너(Flannery O'Connor)가 예전에 언급한 대로 "경건한 어린이들에 대한 이야기는 거짓인 경우가 많다."[45]

성경은 비교적 순수한 어린이는 아직 선악을 구별하지 못한다고 말하며(신 1:39, 왕상 3:7-9), 어린이도 죄를 짓거나 잔인해질 수 있다는 사실을 전혀 숨기지 않는다. 다윗은 자신의 죄를 보며 "어머니가 죄 중에서 나를 잉태하였나이다"(시 51:5)라고 선언했다. 가인과 아벨 이후로 아이들의 출생은 기쁨뿐 아니라 죄나 고통의 가능성도 가져왔다. 인간의 본성에 대한 그런 현실적 관점에도 불구하고 성경은 아이의 출생을 기쁨과 축복으로 본다.

그 기쁨과 축복은 우리가 말하는 '핵가족'만을 위한 것이 아니다. 그렇다, 어머니와 아버지들에게 주어지는 구체적인 지침들이 있다. 핵가족이 확대가족에서 분리되어 나온 것은 현대적 혁신이라고 주장하는 사람들의 말은 상당히 옳다. 하지만 이것은 핵가족 자체가 성경적이지 않은 혁신이라는 의미는 아니다. 대가족 안에서도 아버지, 어머니, 자녀들의 관계는 여전히 기초 단위이다.[46] 그럼에도 불구하고 우리가 어머니, 아버지, 그리고 미래의 부모들에게 지침을 줄 때, 어떤 사람들은 다음과 같이 질문할지 모르겠다. "아이가 없는 그리스도인은 어떻게 하나요?"

사실 아이가 없는 그리스도인이란 없다. 당신은 교회의 일부분이고, 하나님의 집이다. 하나님은 모든 세대에 걸쳐 가정의 구성원인 우리에게 아이들을 허락하신다. 당신은 그 아이들을 그리스도의 몸의 지체로, 또한 당신이 책임져야 할 존재로 대해야 한다. 그것도 아니면 적어도 고아로 대해야 한다. 모든 그리스도인이 주일학교에서 가르쳐야 하는 것은 아니다. 다만 어린이는 하나님의 축복의 징표이며, 당신이 그리스도 안에 있다면, 생물학적 자녀가 있든 없든 상관없이, 그 축복이 당신 주변에 있는 것이다.

그것은 어떤 면에서 누구나 쉽게 알 수 있다. 문화마다 다르긴 해도, 최소한 이론적으로는 모두가 아기의 탄생을 행복과 감사로 받아들인다. 모든 시대에서 아이의 출생은 또한 무서운 일일 수 있다. 영유아와 산모의 사망률이 지금의 산업화된 세계보다 더 높았던 시기에는 더욱 그랬을 것이다. 그럼에도 불구하고 문화적 변화는, 때로는 우리가 우리 자신을 완전히 인식하지 못하는 방식으로 어린이를 보는 방식을 바꾸어 놓았다.

모든 시대에서 아이들의 탄생은 '위기'가 된다. 우리가 전환점 (turning point)을 위기로 생각한다면 말이다. 탄생은 태어나는 사람에게, 우리가 경험하는 많은 위기들 가운데, 첫 번째 위기이다. 자신이 태어난 날을 기억하는 사람은 아무도 없지만, 우리는 매년 생일을 기념한다. 그래서 우리가 존재하지 않았던 때가 있었다는 것을 주목한다.

아이의 탄생은 아이의 부모에게도 '위기'가 된다. 환경이 어떻든 상관없이 우리는 아이들을 통해 기쁨과 공포를 동시에 경험한다. 극도의 환멸을 느끼는 세속주의자들조차도 전형적으로 자기 자식의 탄생을 경외감과 경이로움으로 본다. 무신론자나 불가지론자인 친구들이 자녀의 탄생에 대해 말하는 것을 들어 보면, 가장 자주 등장하는 단어가 '기적'이다. 나는 내 친구들이 문자적 의미의 기적을 말하지 않는다는 것을 안다. 그들은 기적을 믿지 않는다. 그러나 그것이 시사하는 바는 크다. 언뜻 보기에 어린이의 탄생은 기적과는 거리가 멀어 보인다. 번식은 이 세상에서 가장 자연스러운 일이다. 그렇게 해서 종이 보존되고, 그런 일은 매일 일어난다. 그러나 갓 태어난 자기 자식의 얼굴을 보면서 감사의 눈물을 흘리고 경이로움 속에 말문이 막히지 않는 사람은 없다.

동시에 가장 잘 준비된 최상의 상황에서도, 아기의 탄생은 암묵적인 두려움을 안겨 준다. 갓 태어난 아기의 얼굴을 보면서 우리가 그 아기를 실망시키지 않을 자신이 있다고 말하는 부모나 조부모, 교회가 과연 있겠는가?

아이들의 탄생은 우리에게 책임 의식을 주고, 그와 더불어 우리가 그 책임을 완수할 수 없을 것이라는 공포도 준다. '친가족적' '반가족적' 또는 '친 어린이' '반 어린이'에 대한 논쟁이 난무하지만, 진짜 문제는 어린이에 대한 적대감보다 훨씬 더 근본적인 두려움이다. 거의 모든 사람들은 어떤 종류의 공포증을 가지고 있다. 고소공포증, 뱀 공포증, 대중 앞에서 말하는 것에 대한 공포증 등. 그러나 훨씬 더 강력한 공포증을 인정하는 사람은 드물다. 그 공포증에는 상반된 감정이 뒤섞여 있기도 하다. 그것은 아기들에 대한 공포이다. 그 두려움은 비합리적이지 않다. 그것은 다른 사람을 위해 우리의 삶을 포기하는 데 대한 두려움이다.

아기의 탄생과 더불어, 그리고 그 다음에는 아기가 성장하는 중요한 순간들마다 우리는 행복과 고통이라는 역설적인 느낌을 갖는다. 예를 들어 자녀가 처음 학교에 가는 날, 혹은 대학교로 떠나는 날, 결혼하는 날을 생각해 보라. 그것은 C. S. 루이스가 '즐거움 (joy)'이라고 불렀던 것과 비슷한 것으로 우리가 경험할 수는 있지만 완전히 묘사하지는 못하는 달콤함과 고통이 모두 섞인 일종의 그리움이다. 무슨 일이 일어나고 있는지 주의를 기울여 보면 아기의 요람에서 곧장 십자가로 시선을 돌리게 된다. 아이가 새로 태어났을 때 소망했던 것을 우리는 궁극적으로 십자가에서 발견하게 된다. 그리고 아이가 태어났을 때 가장 두려워했던 것을 또한 궁극적으로 십자가에서 발견하게 된다.

출생이 선택이 아니었듯
거듭남도 주어지는 선물이다

우리가 지적한 바와 같이, 결혼에 대한 예수님의 태도는 십자가를 지라는 것으로 조금 복잡하다. 마찬가지로 어머니와 아버지에 대한 예수님의 태도도 같은 요인 때문에 더욱 복잡해진다. 그러나 어린이에 대한 예수님의 태도는 성경 전체를 볼 때 복잡하지 않다. 예수님은 어린이들을 사랑하신다. 전혀 종교에 익숙하지 않은 사람들조차 어린이들이 예수님의 무릎 위에서 분주히 돌아다니고, 그들에게 축복하시기 위해 팔을 뻗고 있는 예수님의 그림이 떠오를 것이다.

이 장면은 복음서에 등장한다. 자주 그렇듯 예수님이 군중에게 둘려 싸어 있을 때, 이번에는 부모들이 기적을 일으키는 랍비에게 자신의 어린 자녀들을 축복해 주기 바라며 찾아오는 장면이다(막 10:1-16). 아이들을 데리고 예수님께 몰려든 부모들은 우리들 대부분처럼 자녀가 잘되기를 바라는 부모였을 것이다. 그들은 우리 시대 부모들이 아기를 정치가나 유명 운동선수에게 안겨 주고 사진을 찍는 모습 같았을 수 있다. 아니면 절박한 사정이 있었는지도 모른다. 그들의 어린 자녀가 아프거나 다쳤을 수도 있다. 그들은 복음서의 다른 부모들처럼, 자녀가 죽음의 위기에 직면하자 간절한 마음으로 예수님께 나왔을 것이다. 그들은 귀신에게 명령하고, 자연을 다스리고, 심지어 질병이나 죽음마저도 돌이키시는 분께 도움을 요청하려 했다.

제자들은 이런 부모들과 아이들을 막아섰다. 그러자 예수님은 "노하시어" 제자들을 꾸짖으셨다고 마가는 기록했다(막 10:14). 왜 제자들이 어린이들을 막았는지 성경은 자세히 설명하지 않지만, 그들이 어린이를 혐오하는 사람들은 아니었을 것이다. 필시 그들은 자주 그랬듯이 무리가 스승에게 너무 몰려드는 걸 막으려 했을 것이다. 그렇긴 해도 제자들이 아이들을 볼 때 자신들의 사명을 방해하는 존재로 여겼다는 암시가 있다. 예수님 안에 타오른 분노는 복음서에서 오직 두 경우에만 나타난다. 그것은 종교적 위선과 힘 있는 자들이 약한 자들을 배제한 경우였다(예를 들어, 예수님은 성전이 만민이 기도하는 집이 아니라 강도의 소굴이 된 것에 분노하셨다). 더 나아가 복음서를 자세히 살펴보면 예수님이 반복적으로 제자들의 권력이나 지위, 힘에 대한 생각을 꾸짖으신 것을 알 수 있다. 예수님은 여기서도 정확히 같은 말씀을 하신다. "내가 진실로 너희에게 이르노니 누구든지 하나님의 나라를 어린아이와 같이 받들지 않는 자는 결단코 그곳에 들어가지 못하리라"(막 10:15).

마가복음에서는 어린이를 환영한 사건이 서로 무관한 사건들 사이에 무작위로 배치된 것처럼 보인다. 예수님은 바로 앞 구절에서 이혼과 재혼의 윤리를 다루시면서, 결혼의 영속성과 일부일처제의 근거를 하나님의 창조 디자인에 두셨다(막 10:1-13). 어린이들을 환영하시고 난 후에는 젊은 부자 관원에게 모든 소유를 팔아 가난한 자에게 나눠 줘야 하나님 나라에 들어갈 수 있다고 하셨다(막 10:17-31). 그러나 이 모든 사건들에 그림자를 드리우는 것은 나중에 같은 장에서 제자들에게 하신 말씀이다. "보라 우리가 예루살렘에 올라가노니 인자가 대제사장들과 서기관들에게 넘겨지매 그들이 죽이기로 결의하고 이방인들에게 넘겨 주겠고"(막 10:33).

앞의 이야기들은 예수님이 결혼과 아기, 그리고 가난한 자를 사랑하신 것과 무관해 보일 수 있지만, 사실은 연결되어 있다. 복음서의 모든 것이 예수님의 사명인 "인자가 온 것은 섬김을 받으려 함이 아니라 도리어 섬기려 하고 자기 목숨을 많은 사람의 대속물로 주려 함이니라"(막 10:45)로 연결되기 때문이다. 예수님은 십자가 때문에 어린이들을 환영하셨다. 아이들이 십자가를 지는 삶의 일부분이라는 것을 이해하려면 예수님이 어린이를 어떻게 보시고, 구질서의 적대적 세력이 그들을 어떻게 보는지 이해해야 한다. 아이들을 이해하려면, 복음을 이해해야 한다.

어린아이 같지 않으면 아무도 하나님 나라에 들어갈 수 없다는 예수님의 말씀은 무슨 의미일까? 우선은 우리가 생물학적 삶에 들어온 것과 똑같은 방법, 곧 순전히 선물에 의해서만 영적 삶에 들어갈 수 있다는 것을 의미하는 것 같다. 예수님은 니고데모에게 사람이 거듭나지 아니하면 하나님의 나라에 들어갈 수 없다고 말씀하셨다(요 3:3). 물론 용서될 수 있지만, 니고데모는 예수님의 말씀을 너무 문자적으로 받아들여서, 심판대를 통과하기 위해 어떻게 어머니의 자궁에 다시 들어갈 수 있냐고 물었다. 어떤 면에서 니고데모는 너무 황당무계한 생각을 했지만 예수님이 말씀하신 의도에 우리보다 가까웠다. 왜냐하면 많은 사람들은 '거듭난다'는 것을 특정한 종류의 그리스도인, 소위 '예수 그리스도와의 인격적 관계'를 가진 그리스도인에 대한 비유로만 생각하기 때문이다.

우리는 이 비유에 너무 익숙해졌지만, 사실 이 비유는 우리에게 충격을 주어야 한다. 새 탄생과 일반적 탄생을 연결시키는 것은 우리가 하나님의 새 피조물이 되는 데 완전히 무력하다는 것을 충격적으로 느끼기 위해 필요하다. 우리는 이 땅에 태어나기 위해, 혹은 우리의 유전자 부호나 임신 기간을 구성하기 위해 아무것도 하지 않았다. 가끔은 화가 난 아이들이 엄마에게 대들며 이렇게 소리치곤 한다. "나는 낳아 달라고 한 적 없어!" 물론 우리 모두가 사실 그렇다. 생명은 선물이다.

하나님이 인류의 존속을 위해 디자인하신 방법을 보아도, 우리가 차세대를 제조하는 것이 아니다. 우리는 다만 신비로운 것, 우리가 통제할 수 없는 것을 받아들일 뿐이다. 최소한 자연적 방법에서는 아이가 잉태될 때 의지적으로 계획해서 되는 것이 아니고 두 사람이 가장 자신을 통제할 수 없는 순간에 성적 연합을 통해 착상이 된다.[47] 생명이 선물이라는 의식은 우리를 더욱 궁극적인 현실로 이끈다. 하나님이 우리 자신보다 더 잘 우리를 알고 계심을 알려 주려 했을 때, 그분은 모태에서부터 우리를 아셨다는 사실을 밝히셨다. "내가 너를 모태에 짓기 전에 너를 알았고"(렘 1:5). 다윗도 이렇게 노래했다. "기이하게 지음을 받은 때에 나의 형체가 주의 앞에 숨겨지지 못하였나이다"(시 139:15).

하나님 나라에서 우리의 삶도 마찬가지다. 요한은 그리스도의 십자가를 통해 우리가 하나님의 자녀가 되는 권세를 받았다고 말한다. "이는 혈통으로나 육정으로나 사람의 뜻으로 나지 아니하고 오직 하나님께로부터 난 자들이니라"(요 1:12-13). 당신이 누구든, 당신의 상황이 어떠하든, 당신의 이야기는 은혜의 역사로 시작되었다. 그 은혜의 역사를 획득하기 위해 당신이 할 수 있는 것은 아무것도 없었다. 왜냐하면 그때 당신은 존재하지도 않았기 때문이다.

이것은 어린이가 하나님 나라를 상속 받았다는 예수님 비유의 중심 포인트를 우리에게 일깨워 준다. 곧 아이들이 취약하기 때문에 하나님께 의지하게 된다는 것이다. 이것은 예수님이 거듭해서 하신 말씀이었다. 우리는 일용할 양식을 구해야 하는 사람들이고, '아빠 아버지'라고 외치는 법을 배우는 사람들이다. 어린애 같은 말투는 특히나 그런 종류의 의존성과 취약성을 떠오르게 한다.

종종 아기가 태어나면 부모는 실수로 아기를 떨어뜨릴지도 모른다는 두려움을 경험하게 된다. 새롭게 엄마가 된 여자는 남자아이를 보면서 "만지면 부서질 것 같아"라고 말한다. 새롭게 아빠가 된 남자는 딸아이를 보면서 "아기가 너무 섬세해서 내가 망가뜨릴 것만 같아"라고 말한다. 아기는 정말 연약하다. 아기는 스스로 존재하지 못한다. 성경의 표현을 빌리자면, 우리는 우리를 보호하는 모태 안에서 함께 짜여야(knit together) 한다. 그러고 나서 우리는 음식과 따뜻함, 자연으로부터 기본적인 보호를 받기 위해 어머니에게 의존해야 한다. 우리 인생의 가장 첫 순간들은 우리가 나머지 평생 동안 반대로 증명하려고 애쓰는 것을 여실히 증명한다. 곧 우리가 신이 아니라 남자와 여자라는 것이다. 심지어 처음에는 남자와 여자도 아니었고 그저 남자 아기와 여자 아기였다.

그 의존성은 십자가 안의 삶과 엮여 있다. 내가 생각하기에 가장 중요한 성경 가운데 하나인 히브리서는, 예수님이 마귀를 물리치신 가장 중요한 측면이 우리와 같은 인간성을 공유하신 데 있다고 말한다. 예수님은 우리와 같은 인간이시다. 그래서 우리 죄를 위한 제물로서, 우리를 하나님 앞에 드리는 제사장으로서 섬기실 수 있다. 히브리서 저자는 하나님이 만물을 인간의 발아래 두셨다는 시편의 주장을 지적하면서, 만물이 인간에게 통치되고 다스려지는 것을 보지 못하는데 어떻게 이런 일이 가능해질 수 있는지 질문한다(히 2:5-8). 만약 그랬다면 우리는 인간이 허리케인으로 집을 잃거나 울혈성 심부전으로 질식하거나 암세포에게 잠식당하는 것을 보지 않았을 것이다.

"오직 우리가 천사들보다 잠시 동안 못하게 하심을 입은 자 곧 죽음의 고난 받으심으로 말미암아 영광과 존귀로 관을 쓰신 예수를 보니 이를 행하심은 하나님의 은혜로 말미암아 모든 사람을 위하여 죽음을 맛보려 하심이라"(히 2:9). 우리는 부와 명성, 뛰어난 운동 기량, 논쟁에 이기는 것 등의 영광과 지배력을 추구하지만, 진정한 영광과 지배력은 독립성과 으쓱대는 자신감에 있지 않고, 겸손히 의존하는 것, 예수님의 십자가 처형 안에 있다.

성경에서 예수님이 권위로 면류관을 쓰시고 영광과 존귀를 입으셨다고 하는 순간은 그분이 가장 의존적이고, 가장 무력하고, 겉으로 보기에 가장 쓸모없어 보일 때였다. 그리고 자신을 고통스럽게 하는 십자가를 누군가 대신 운반해야 했던 순간이다. 그 순간에 예수님은 로마 군인들에게 수염을 뜯기시고 학대와 구타를 당하셨다. 그 순간에 예수님은 자신의 힘이 아니라 죽이려는 자들의 힘에 의해 높이 들리셨다. 예수님은 목이 말랐지만 스스로 물도 마실 수 없으셔서 막대 끝에 달린 해면의 신 포도주를 마셔야 하셨다. 하지만 바로 그 순간 예수님은 오로지 '영광과 존귀'를 나타내셨다.

십자가에서 예수님은 세상의 힘보다 하나님의 약함이 더 강하고, 하나님께 의존하는 것이 자신의 능력으로 독립하는 것보다 위대하다는 것을 보여 주셨다. 하나님은 우리가 태어나는 방식에 있어서도 그 십자가를 닮으라고 하신다. 우리는 자급자족하는 생산자가 아니라 흙으로 만들어진 연약한 아이들이다. 우리가 하나님 나라에 들어가는 방법은 승진이나 채용을 통해서가 아니다. 우리는 하나님 나라에 태어난다(요일 5:1). 우리는 새로운 삶으로 거듭난다. 그것은 우리의 첫 탄생과 같은 방식이다. 우리 자신의 힘이 아닌 다른 힘이 우리를 태어나게 한다. 하나님 나라를 발견하려면, 다시 그 취약성을 찾아야 한다.

자녀양육에 관한
가장 성경적인 조언이란

우리 자신이 아무리 강하고 영향력이 크다고 생각해도, 유치원 교실에 걸린 사진은 우리가 그렇지 않음을 보여 준다. 어린 꼬마였던 우리의 모습을 돌아보면, 그 당시에 가졌던 두려움과 불안이 거의 단번에 느껴진다. 우리가 정직하다면, 여러 면에서 그 꼬마와 같은 사람이며, 여전히 상처받지 않도록 자신을 보호하려 애쓰고 있음을 인정할 것이다. 그와 같이 자신의 취약성을 느낄 때 우리는 자신에 대해 상반된 감정을 갖게 되고, 어린이에 대해서도 그렇게 느끼게 된다. 왜냐하면 어린이는 우리가 어디서 시작했고 어디서 끝날 것인지 일깨워 주기 때문이다.

한편으로 취약성은 대부분의 사람들이 인간이든 동물이든 아기를 사랑하는 정확한 이유가 된다. 우리가 동물원 우리 안에서 위풍당당하게 걷는 호랑이를 보고 감탄할 수는 있겠지만, 새끼 호랑이는 다른 이유로 군중을 끌어들일 것이다. 그중 몇 사람은 필시 "정말 귀여워!"라고 외칠 것이다. 이 같은 이유로 광고주들은 어른들을 대상으로는 절대 찍지 않을 장면에서 아기들과 유아들의 이미지를 사용한다. 아기들은 위협적이지 않다. 아기들은 적어도 그런 방법으로는 우리를 해칠 수 없다. 아이러니하게도 우리가 아이들을 겁내는 이유 또한 바로 이 취약성이다. 아이들은 물리적으로 우리를 해치지 못하지만, 우리는 그들에게 상처를 줄 수 있다. 그리고 조만간, 우리도 알고 있듯이, 아이들도 우리의 마음을 아프게 할 수 있다.

　게다가 동물과 마찬가지로 인간들이 힘과 공격성을 발휘하여 서로로부터 자신을 보호하려 하는 타락한 세상에서 어린아이는 뭔가 어울리지 않아 보인다. 그래서 아이들의 취약성과 의존성은 우리가 그들을 보고 싶지 않을 때 그들을 궁지로 몰아 보이지 않는 존재로 만드는 우리의 무기가 된다. 부모가 아이를 '원할' 때는 모태에서 가장 취약한 상태에 있는 아이를 대단하게 여긴다. 그러나 원하지 않는 아이일 때는 '배아'나 '수정란'이라는 의학적 용어를 써서 그들을 보이지 않는 존재로 만들어서 그들에게 가하는 폭력에서 양심을 둔하게 만들어 버린다. 난민이나 이민자의 자녀도 그런 언어를 통해 보이지 않는 존재로 만들어 버린다. 사람들은 그런 어린이들을 문화적, 혹은 정치적 용어로 '기생충'이라고 하거나 더 부유한 나라의 복지 혜택을 받으려는 부모들의 '미끼'라고 한다. 우리는 그런 아이들이 방치되거나 무방비 상태에 있을 때 어떤 일이 일어나는지 볼 수 있다. 그리고 그 결과는 비극적이다. 십자가의 길과는 아주 다르다.

　안타깝게도, 권력에 대한 우리 교회의 우선순위를 뒤엎지 않는다면, 우리는 아이들을 환영하는 참된 문화를 결코 창출하지 못할 것이다. 왜 교회는 끊임없이 정치적, 경제적 권력을 추구하는가? 중세의 교황이나 현대 문화 전쟁의 전사처럼, 교회의 최고 수준에서만 그런 것이 아니다. 그런 모습은 지역 교회에도 나타난다. 우리는 유명한 운동선수나 미인 대회 수상자, 리얼리티 방송 스타들의 회심 간증을 좋아한다. 왜냐하면 그들이 갖는 무게와 영향력 때문이다. 그들이 복음에 무게와 영향력을 준다고 우리가 보기 때문이다. 얼마나 많은 교회가 누가 가장 많이 헌금하고, 누가 헌금하지 않을지에 대한 발언이나 무언의 결정에 근거하여 결정을 내리고 있는지 아는가? 이런 상황에서 우리의 진정한 믿음이 어디에 있는지 알 수 있다. 그것은 예수님의 십자가 선상에 있지 않은 맘몬의 달러를 보여 주는 표시이다.

우리가 탁월한 예배를 추구할 때도 마찬가지 원리가 작용한다. 우리는 마치 우리가 절대 실수하지 않는다는 것을 세상에 보여 줘야 한다는 식이다. 그러나 교회가 권력이나 영향력, 인맥, 전문성, 완벽성을 우선순위로 한다면, 어떻게 우리 자신을 어린아이로 볼 수 있겠는가? 만약 우리가 이 모든 환상을 보류하고, 수만 년의 세월을 척도로 우리가 어디에 있는지를 보게 된다면, 우리가 실은 하나님 나라에서 배아와 수정란에 불과한 존재임을 알게 될 것이다. 우리는 상처받을 수 있지만, 우리 하나님의 보호하시는 품에 둘러싸여 있다.

우리가 어린이를 볼 때, 세상이 대단하다고 여기는 아이든, 부족하다고 여기는 아이든, 그들의 잠재력을 보아서는 안 된다. 마치 그들이 자라서 사회에 공헌해야만 그들의 삶이 중요하다는 듯 말이다. 대신에 우리는 자신의 가능성을 보아야 한다. 우리가 남보다 우월한 척하는 것, 자신감과 전문성을 가진 척하는 것을 내려놓고 단순히 손을 들고 '아빠 아버지'라고 외침으로써 권력에 대한 욕망을 십자가에 못 박아야 한다. 우리 아버지는 우리가 무엇을 할 수 있기 때문에 우리를 사랑하시지 않는다. 하나님 아버지의 뜻을 이루기 위해 우리가 필요한 것도 아니다. 아버지는 우리가 간절하고 의존적인 어린이로서 아버지께 나아가기를 바라신다.

의존성은 아이들의 선함을 표출할 뿐 아니라, 우리가 부모로서 그들을 어떻게 양육해야 하는지도 정의해 준다. 이 시대의 자녀 양육에 대한 조언의 대부분은, 교회에서든 바깥세상에서든, 테크닉이 주류를 이룬다. 우리는 어떤 전략을 취하라는 말을 듣는다. 어린이용 카시트를 부착하는 방법이든, 배변 훈련 방법이든, 데이트의 기준 정하기든 말이다. 그중 많은 것이 가치 있고 필요하지만, 뜻하지 않게, 어린이도 테크놀로지의 수단이 되거나 코드를 배워서 사용하는 운용 시스템이 되어 버린다. 물론 그리스도인의 자녀 양육에 그런 전략도 포함되지만, 참된 기독교 자녀 양육은 우리가 뭘 해야 할지 알 때 시작되는 것이 아니라, 우리가 뭘 해야 할지 모를 때 시작된다. 우리가 뭘 해야 할지 모르고 아버지의 은혜와 능력에 의지해야 한다는 것을 인정할 때 우리는 비로소 자녀들을 십자가의 방식으로 양육할 수 있다.

때로 사람들은 내게 자녀 양육에 대한 가장 성경적인 조언이 무엇이냐고 질문한다. 그들은 잠언의 훈육에 대한 구절이나 신명기의 구절 등 익숙한 말씀일 것이라고 생각한다. 그러나 나는 거대한 이방 군대 앞에 선 유다 백성의 이야기를 선택한다. 백성들의 지도자 여호사밧은 이스라엘 역사의 구원 이야기와 언약의 약속들 안에 하나님이 함께하셨음을 일깨워 주었다. 하지만 그는 "우리는 할 수 있어!"라는 일종의 구호가 아니라, 하나님께 개입해 달라고 소리 내어 기도했다. "우리를 치러 오는 이 큰 무리를 우리가 대적할 능력이 없고 어떻게 할 줄도 알지 못하옵고 오직 주만 바라보나이다"(대하 20:12).

가정이나 교회 안의 어린이들이 약탈하는 군대는 아니지만(때로 우리는 그렇게 느낀다), 이 구절은 자녀 양육에서 상당히 깊은 의미를 지니고 있다. 성경을 보면 여호사밧과 이스라엘에게 무엇이 가장 중요했는지 알 수 있다. 거기에는 그들 자신의 생명뿐 아니라 "그들의 아내와 자녀와 어린이"(대하 20:13)가 포함되어 있었다. 가족의 안녕이 달려 있었지만 그들은 방어할 힘이 없었다. 그것은 자녀 양육과 직결된다. 아무리 많은 책과 기사를 읽어도, 아무리 경건한 모범을 따르더라도, 모든 부모는 결국 무력함과 절망의 지점에 이를 것이다. 그것을 알고 하나님을 의지하는 것이 하나님 앞에 어린아이로서 오는 것이다. 거기에 하나님 나라가 있다.

성경은 항상 십자가 지향적 의존을 요구한다. 그래서 나는 유아 세례에 대한 생각을 바꾸었다. 유아에게 세례를 행하는 교단이라면 특히 내가 뭘 말하는지 모를 것이다. 우리 교단에서는 유아세례를 주지 않는다. 우리는 복음을 믿는다고 고백하고 제자가 되려는 사람에게만 침례를 준다. 그래서 예배 중에 부모가 갓난아기를 안고 서서 아기의 삶을 하나님께 봉헌하는 유아 세례식에 대해서

회의적이다. 나는 그것을 저교회파 개신교에서 하는 '건식 침례(물을 찍어 머리에 뿌리는)' 정도로 여겼다. 그러나 세월이 흐름에 따라 이러한 봉헌의 시간이 가족과 교회의 절실한 필요를 채워 준다는 것을 알게 되었다. 그것은 어린이를 위한 것이라기보다 부모와 교인들을 위한 것이다. 예수님께 몰려든 부모들은 어린 자녀에게 축복의 말씀을 해주시기를 바랐다.

우리가 사는 초자연적인 시대에는 '축복'의 개념이 식사 전 기도나 운이 좋다는 뜻의 영적 표현 정도라고 여기는 경향이 있다. 그러나 성경은 축복에 대한 이야기로 가득 채워져 있다. 축복을 받기 위해서 씨름을 하거나 거짓말을 하고, 죽음을 목전에 두고 자녀들을 축복하기도 한다. 축복은 어떤 사람을 하나님의 선하신 목적에 의탁하는 것이다. 올바로 거행된 유아 세례식은 어린이가 부모에게 '속하지' 않고 주께 속한다는 것을 나타낸다. 더 나아가 어린이의 양육이 단지 부모의 소관만이 아니라 온 교인 전체가 해야 하는 일임을 나타낸다.

여러 해 전 기독교 잡지에서 봤던 만화가 생각난다. 한 어머니가 범죄 현장에서 자신의 아들이 수갑을 차고 체포되는 모습을 곁에서 지켜보고 있었다. 그 어머니는 울면서 이렇게 소리쳤다. "오, 아들아! 오, 아들아! 너의 중고등부 목사님이 뭘 잘못한 거니?" 그만화의 요지는 많은 그리스도인 부모들이 자녀 훈육을 소홀히 한 채 교회 전문가들에게만 맡긴다는 것이었다. 물론 그것은 큰 문제이고, 교회가 고쳐야 할 부분이다. 그러나 반대로, 부모 혼자 자녀를 양육해야 하고, 그것은 교회의 일이 아니라는 생각도 문제이다. 전문지식은 아무리 많아도 부족하기 때문이다. 우리에겐 하나님의 은혜가 필요하고, 서로가 필요하다.

한 세대가 가고
다음 세대가 올 때

아이들은 하나님 나라를 다른 식으로 보여 준다. 하나님 나라는 앞으로 있을 하나님의 통치가 예수님의 십자가 통치에 의해 거꾸로 현재에 침노해 오는 것이다. 마찬가지로 아이들도 미래를 나타내며, 그것은 하나님으로부터 오는 축복이다. 나는 가끔씩 그리스도인이나 다른 사람들로부터 아이를 가지는 일에 회의적인 이야기를 듣는다. "나는 아이들이 이런 세상에서 자라는 걸 바라지 않아"라고 말이다. 심지어 한 젊은 그리스도인 커플은 결혼 전에 불임 수술을 받았다. 계획적으로 문화적 퇴보와 환경 재앙과 핵전쟁의 세상에 아이가 태어나지 않게 한 것이다.

대부분의 사람들은 그렇게 극단적인 행동을 하지 않지만, 우리가 자녀들 때문에 두려워하는 이유는 자녀에 대해 소망을 갖는 이유와 같은 근거를 갖는다. 다시 말해 우리는 자녀들이 살아갈 미래를 알지 못한다. 우리는 자녀들이 고통스러운 세상에서 살기를 바라지 않는다. 그러나 그것은 가장 완곡하게 표현한다 해도 헛소리일 뿐이다. 우리는 십자가의 사람들이다. 예수님은 우리에게 우리가 직면하게 될 시간들이, 그것이 언제 무엇이건 간에, 갖가지 고난들로 가득 차 있을 뿐 아니라 또한 그리스도의 영이 직접 함께할 것이라고 미리 말해 주셨다(마 28:20).

한편 우리는 자녀가 당할 고난을 걱정하는 것과 반대로 대응하기도 한다. 곧 그러한 가능성을 모두 부인하고, 복음이 우리 아이들과 그들의 미래를 만사형통하게 할 것이라고 스스로를 안심시킨다. 이러한 태도는 미국 기독교 문화의 새로운 요한복음 3장 16절이라고 할 만한 예레미야 29장 11절로 요약된다. "여호와의 말씀이니라 너희를 향한 나의 생각을 내가 아나니 평안이요 재앙이 아니니라 너희에게 미래와 희망을 주는 것이니라." 이 구절은 벽에 걸린 액자는 물론이고 각종 인터넷 밈과 심지어 문신에도 등장한다.

나는 1기 부시 행정부 이전부터 교회에 나가지 않는 사람들이 이 구절을 강력하게 '선포하면서' 그들의 미래가 밝다고 강변하는 것을 보았다. 가까운 미래의 번영만 얘기하는 것은 낙관주의 마케팅 전략의 미국 소비문화와 잘 맞아떨어진다. 많은 사람들이 이 구절을 그렇게 해석해서, 자신감을 가지고 자신의 마음을 따르라고 하고, 하나님이 삶의 계획을 이루어 주실 것이라고 한다. 그러나 예레미야서에서 그런 메시지를 찾는 사람은 이 구절의 앞뒤 구절을 전혀 읽어 보지 않은 사람이다.

예레미야서는 하나님이 그 백성의 계획을 어지럽히시고 그들의 꿈을 뒤엎으신다는 내용이다. 먼저 예레미야 자신부터 그랬고

이 구절 또한 똑같은 것을 말한다. 이스라엘 백성은 본토에서 바벨론으로 끌려갔고 하나님은 멀리 계신 것 같았다. 그 상황에서는 끌려온 자신들이 하나님의 심판을 받은 것 같았고, 예루살렘에 '남은' 사람들은 축복을 받은 것처럼 보였다. 그러나 예레미야의 예언은 반대였다. 하나님이 포로로 끌려간 자들을 통해 이스라엘 나라를 축복하신다는 것이다.

　　그것은 세상을 향한 좋은 소식이자 나라를 위한 좋은 소식이었다. 그러나 그 상황 속에 있던 당사자에게는 좋은 소식이 아니었다. 예루살렘에 남아 있던 사람들은 그 메시지가 싫었다. 그래서 평화가 코앞에 다가왔다고 말해 줄 다른 선지자들을 찾아냈다(종교와 상술의 결합은 현대 사회나 미국만의 현상이 아님이 증명된다). 포로로 끌려간 사람들에게도, 최소한 가까운 미래에는, 그 메시지는 별로 달갑지 않았다. 예레미야의 편지에서 그들은 포로생활로부터의 귀환은 자기 세대에는 일어나지 않을 것이라는 말을 들었다. 그러면 바벨론에서 새 삶을 꾸려야 했다. 만일 포로로 끌려간 사람들이 바라는 대로 당장 해방된다고 했다면, 집으로 돌아갈 때까지 결혼과 출산을 미루는 것이 합리적이었을 것이다. 만일 그들이 이스라엘 민족에게 희망이 없다는 것을 알았다면, 그들도 마찬가지로 미래를 완전히 포기했을 수 있다. 하지만 하나님은 그들에게 미래와 소망이 있으므로 자녀를 낳으라고 하셨다. 그 미래가 너무 멀어서 그들의 눈에 보이지 않았지만 말이다. 모든 것이 혼란스럽고 아무렇게나 되는 것 같을 때, 하나님은 그들에 대한 목적을 가지고 있었다. 포로

생활은 영원하지 않을 것이다.

그런 면에서 예레미야 29장 11절은 우리에게도 적용된다. 우리도 미래와 소망이 있고, 그것은 그리스도의 생명과 함께한다. 그러나 우리의 그리스도는 일반적 그리스도가 아니라 십자가에 못박히신 그리스도다. 우리의 계획이 무너질 수 있다. 우리의 꿈이 깨질 수 있다. 우리의 삶이 끝날 수 있다. 그러나 하나님의 복음, 우리가 멸망하지 않고 잘될 것이라는 좋은 소식은 전진할 것이다. 우리가 기다리는 미래는 주변 문화가 대단하다고 여기는 모습이 아닐 수 있다. 우리의 미래를 수정 공으로 본다면 덜덜 떨릴 수도 있다. 그러나 장기적으로 우리의 미래는 그리스도와 함께한다. 바벨론으로 끌려갔던 우리의 조상들은 상황이 아니라 하나님의 약속으로 말미암아 자신들에게 미래가 있음을 알았다. 그래서 그들은 아기를 낳았고 가족을 부양하면서 하나님을 신뢰할 수 있었다. 우리도 마찬가지다.

'어린이가 미래다'라는 진리의 말은 진부해 보인다. 그러나 그것은 우리가 붙잡아야 할 가장 어려운 진리 가운데 하나이다. 우리는 이론적으로는 우리가 존재하기 전에 긴 시간이 있었음을 안다. 우리가 지상의 삶을 마친 후에도 긴 시간이 있을 것이다. 그러나 그 진리를 아는 것과 그 진리에 실제로 직면하는 것은 다르다.

성경에는(특히 시편) 인생이 짧다는 구절이 많이 등장한다. 그래서 우리는 현재에 대한 지혜를 가지기 위해서 "우리의 날을 계수"(시 90:12)하는 법을 배워야 한다. 우리 삶이 어느 날 피었다 사라지는 들꽃과 같다는 것을 알아야 한다(시 103:13). 자신을 위한 오만한 계획과 삶은 "잠깐 보이다가 없어지는 안개"라는 진리 사이에서 균형을 이루어야 한다(약 4:14). 우리는 그것을 자주 기억해야 한다. 그렇지 않고 그냥 놔두면 우리가 독립적이고, 스스로 존재하며 불멸의 존재라고 착각하는 죄를 짓게 되기 때문이다.

요컨대 우리는 자신이 신과 같아서 하나님의 심판대에 영원히 서지 않을 것이라고 믿는다. 그러나 십자가는 우리를 일깨워 그렇지 않다고 말한다. 아기도 그렇다. 그것이 우리의 문화가 젊음과 활력을 대단하게 여기고, 흰머리나 축 늘어지는 배에 경악하는 이유다. 우리는 죽는다는 사실을 기억하고 싶어 하지 않는다. 그것이 모든 세대가 차세대를 헐뜯는 이유이다. 차세대가 우리를 대신할 것이라는 사실을 기억하고 싶지 않은 것이다.

나의 아내는 내가 자주 뜬금없이 하는 말에 놀라곤 한다. "우리가 결혼했을 때 어머니 나이보다 지금 내가 더 나이가 많은 거 알아?" 혹은 "우리 고향 교회의 주일학교 선생님들보다 지금 우리가 10년이나 더 나이가 들었다는 게 믿어져? 그때는 그 선생님을 구석기 시대 사람으로 봤는데 말이야." 나는 때로 열여섯 살 아들들을 보면서 내가 열여섯 살일 때 부모님이 얼마나 나이 들어 보였는지를 회상하곤 한다(부모님이 지금의 나보다 나이가 더 젊으셨는데도 말이다!). 한 친구가 성인이 된 아들과 며느리가 곧 아기를 낳을 것이라고 하자, 나는 먼저 그 가족의 경사에 기뻐하면서도, 나의 동년배가 할아버지가 된다는 소식에 나 자신이 꽤나 늙었다는 것을 느꼈다. 아이들은 우리가 퇴물이 되어 가고 있음을 일깨워 준다.[48] 그러나 이것 또한 은혜이다. 아이들은 우리의 미래가 우리의 노력과 성취에 달려 있지 않다는 것을 보여 준다. 이 사실을 깨닫는 것은 우리가 온전한 사람이 되는 데 매우 중요하다.

고대 가나안의 다산 종교는 사람들에게 축복을 가져다주기 위해 그들의 아이들을 희생 제물로 바칠 것을 요구했다. 그들은 너무나 피에 굶주려 있었다. 그들은 현재를 위해 미래를 저당 잡혔다.[49] 예수님이 지옥의 심판을 묘사하기 위해 사용한 힌놈의 골짜기는 쓰레기장으로서 항상 불타고 있었다. 원래 그곳은 이방 신을 숭배하는 장소였고, 거기서 몰록 신에게 자녀를 제물로 바쳤다(왕하 16:3, 렘 32:35).[50] 그곳의 황폐함은 성경에도 등장하는데 그곳은 쓰레기를 소각하는 데만 알맞은 장소였다. 어린이를 제물로 바치면 현재가 안정될 것처럼 보이지만, 사실은 지옥으로 이어질 뿐이다. 우리 시대에는 물리적으로 아이의 생명을 제물로 바치는 사람은 거의 없지만, 많은 이들이 방임이나 유기 혹은 다른 다양한 방법으로 그렇게 하고 있다. 아이들이 우리의 현재 필요를 채워 주기만 바라고, 그들의 미래를 위해 우리 자신을 쏟아 붓지 않는다면, 우리는 바라던 안정을 얻는 것이 아니라 지옥의 전율을 경험하게 될 것이다.

젊은 지도력을 함양시키지 않는 교회, 혹은 우는 아기나 시끄러운 청소년이나 불안정한 새 신자들을 다루는 부담을 떠안기를 거부하는 교회에서 가끔 이런 현상을 볼 수 있다. 이러한 교회나 교단들은 사실상 장로들의 조직이 되는데, 그들은 주변에 젊은이들이 점점 줄어드는 것에 주목하지 않는다. 어떤 음악을 틀어야 하는지, 혹은 어떤 프로그램을 제공해야 하는지 신경 쓰고 싶지 않은 사람들에게는 그것이 당장은 홀가분할 수 있다. 그들은 교회가 '집같이 편안하다'고 느낀다. 왜냐하면 교회가 선교의 장이 아니라 향수를 달래는 장이 되었기 때문이다. 그러나 새 생명이 없다면 교회는 교인들과 더불어 사멸하고 말 것이다. 그것은 십자가에 못 박히시고 부활하신 그리스도를 증거하는 것이 아니라, 사자가 자기 새끼를 잡아먹는 형국이다.

경건한 연장자들이 젊은 세대에게 그들의 삶을 쏟아 붓고 교회도 그렇게 하는 경우를 보면 대개 한 가지 공통점이 있다. 그것은 나이 든 세대의 마음에 놀라울 정도로 신랄함이나 질투심이 없다는 것이다. 젊은 세대가 이런 멘토들을 포용하는 것은 그들이 자신들과 잘 맞아서가 아니다. 오히려 그들은 젊은 척하지 않는 사람들이다. 그들의 장점은 장차 자신들을 대체할 젊은이들에게 위협을 느끼지 않는다는 것이다. 그들은 그리스도 안에서 안정된 정체성을 가지고 있어서 자신의 힘과 유용성이 감소되어도 이를 자기 존재에 대한 위협으로 받아들이지 않는다.

고통 없이는
사랑도 없다

미래의 어린이들이 가져오는 것은 기쁨이자 희생이며, 희생이면서 또한 기쁨이다. 한 언론인은 이 시대 부모들이 가진 이 역설에 대해 '기쁨만 있고 재미는 없다'고 말했다. 엄마와 아빠, 아이들의 역할이 바뀌고 있다는 것은 아이들이 결혼과 직업에서부터 습관과 취미, 심지어 자기 자신의 자아에 대한 의식까지 부모들의 삶을 근본적인 면에서 종종 개조시키고 있다는 의미이기 때문이다.[51] 이것은 사실이고, 현대 부모의 역할에서 그것이 강조될 수도 있지만, 현대의 부모 역할만 그런 것은 아니다. 잠언에서처럼 성경은 자식들이 부모의 가장 큰 성취가 될 수 있다고 증언한다. 그리고 아들 압살롬에 대한 다윗 왕의 애통과 탄식을 통해서도 잘 나타나고 있다. 이런 일이 생기는 이유는 대부분 우리가 부모로서 자녀를 양육할 때 모든 일이 어떻게 될지 알 수 없기 때문이다.

한번은 한 커플이 내게 자녀를 입양해도 너무 큰 위험은 없을 거라고 안심시켜 달라고 부탁했다. 내가 무슨 말이냐고 묻자, 그 남편은 내게 '어떤 아이를 맡게 될지 전혀 모르기' 때문에 입양과 위탁 양육이 무섭다고 말했다. 물론 나는 입양과 위탁 양육에 특별한 헌신이 따르고, 그것에 뛰어드는 사람이라면 준비되어야 한다는 데 동의한다. 그러나 아이가 어떤 식으로 오든, 입양에 의해서든, 위탁 양육에 의해서든, 생물학적 출생에 의해서든 어떤 아이를 맡게 될지는 아무도 알 수 없다.

아이는 부모의 복제판도 아니고, 어머니 60퍼센트, 아버지 40퍼센트처럼 부모를 뒤섞어놓은 조합도 아니다. 모든 인간은 고유하며 자신만의 독특한 재능과 약점, 소명, 고질적 죄, 성격 등이 있다. 부모들이 자녀 때문에 좌절하는 한 가지 이유는 그들이 자신들과 같은 성향이나 희망, 열망, 관심사를 가진 복사판이 아니라는 것 때문이다.

예수님은 해골이라 하는 곳에 가실 때까지 어린아이를 영접하시며 가족에 대해 늘 가르치셨다. 예루살렘 입성 후에는 제자들에게 다음과 같이 말씀하셨다. "내가 진실로 진실로 너희에게 이르노니 한 알의 밀이 땅에 떨어져 죽지 아니하면 한 알 그대로 있고 죽으면 많은 열매를 맺느니라 자기의 생명을 사랑하는 자는 잃어버릴 것이요 이 세상에서 자기의 생명을 미워하는 자는 영생하도록 보전하리라"(요 12:24-25). 영광 받으실 때가 이르자 자신이 들리셔서 모든 사람들을 당신께로 이끄실 것이라고 하셨다. 요한은 "이렇게 말씀하심은 자기가 어떠한 죽음으로 죽을 것을 보이심이러라"(요 12:33)고 말했다.

예수님은 가르침이나 기적을 통해 세상을 이끌지 않으시고, 자기희생과 십자가로 그렇게 하셨다. 예수님은 부활 후 아버지께로 승천하셔서 성령을 부어 주셨다. 성령은 수색 구조 활동에 나서셔서 모든 나라와 족속의 사람들을 불러 모으시는 일을 역사 속에서 행하시고, 우리 모두를 한 새 가족으로 연합시키셔서 모두가 십자가에 못 박히신 그리스도 안에서 새 생명을 찾게 하신다. 십자가에서 완성된 그리스도와 교회의 사랑은 풍성한 결실을 이루었다. 십자가에서 연합이 이루어졌을 때 '어떤 아이가 태어날지' 몰랐던 그리스도의 신부는 열매 맺기 시작했다. 사실 거기서 신약의 대부분의 싸움과 갈등이 발생한다. 유대인 그리스도인들은 이방인 새 신자들과 사는 법을 배우기 시작했고, 이방인 새 신자들은 유대인 그리스도인들과 사는 법을 배우기 시작했다. 십자가가 의미하는 것은 미래가 자기 보존에 관한 것이 아니라 자기희생에 관한 것이라는 사실이다.

교육이든, 직업이든, 영적 활력이든, 그것이 무엇이 되었든 자신의 삶에 결여되었던 것을 자녀가 성취해 주기를 바라는 사람들은 실망할 수밖에 없다. 우리의 자녀는 세상이 정의하는 '성공'일 필요가 없다. 자녀는 부모의 결핍(실제 결핍이든 인식 속의 결핍이든)이나 부족한 부분을 채워 주기 위해 존재하지 않는다. 어떤 부모는 자녀를 우상화하여, 자녀의 삶에서 자신의 정체성을 찾으려 한다. 어떤 부모는 자녀를 버린다. 어떤 부모는 자녀를 동년배 그룹이나 주변 문화, 또는 자녀의 입맛에 따라 방임한다. 그런 것은 십자가의 길이 아니다.

부모가 자녀들을 어려워하는 또 하나의 이유는 아이를 성인으로 키우는 책임만큼 자신의 자아를 여실히 드러내는 것이 없기 때문이다. 나는 십대일 때, 부모 역할에 대한 전문가였다. 입 밖으로 꺼낸 적은 없었지만, 나는 부모님, 특히 아버지가 나를 기르시면서 뭘 잘못하셨는지 기억하고 있다. 나는 아버지가 단지 성숙한 정도가 아니라 전지전능해야 한다고 생각했다. 아버지가 실수하신다고 느낄 때마다 나는 어떻게 그럴 수 있냐고 생각했다. 그러나 내가 아버지가 되고 나서 보니 나 또한 아버지가 했던 말을 똑같이 아이들에게 하고 있었다. 아버지가 그렇게 말씀하시는 것이 어리석다고 생각했으면서 말이다. 예를 들자면, 나는 왜 아버지가 가족 휴가 후 며칠 동안 쉬어야 했는지 지금은 이해한다. 그러나 그 당시에는 이렇게 생각했다. "아버지가 이렇게 쉬실 거면, 며칠 더 휴가를 보내야 했어. 왜 이렇게 집에 일찍 온 거지? 아버지는 소파에서 잠만 자는데 말이야." 물론 지금은 다 이해한다. 그리고 내가 깨달은 더 중요한 사실은 어린이는 어른을 정확히 이해할 수 없다는 것이다.

우리는 사람들이 어른이라고 느끼니까 어른처럼 행동한다고 추정한다. 사실은 그 반대다. 자기가 장성했다고 느끼는 사람은 아무도 없다. 아무리 성숙하더라도 우리는 모든 선택과 행동에 자신감을 갖지 못한다. 우리는 많은 면에서 여전히 두렵고 어리둥절한 어린이처럼 느낀다. 그러나 부모가 되면 어쨌든 결정하고 책임을 져야 한다. 하나님이 우리에게 주신 자녀를 위해 우리의 삶을 내려놓아야 한다. 어른이 되고 부모가 되었기 때문에 요구되는 시간과 에너지, 성숙함, 재정적 책임에 대해 회피하거나 싫어할 수 없다. 그러나 또한 우리는 우리 자신의 힘으로 그 모든 것을 감당할 수 있는 것처럼 행동하지 말아야 한다. 우리가 보았듯이, 어린이는 우리가 얼마나 무력한지 보여 주기 때문이다.

아기들은 짐이 아니라 축복이다. 물론 아기들은 우리가 자아 실현의 꿈을 이루지 못하게 할 것이다. 그러나 하나님이 우리에게 원하시는 것은 자아의 실현이 아니다. 하나님은 우리가 복을 받기 원하신다. 여기에 차이점이 있다. 만약 교회가 아메리칸 드림을 추구할 더 많은 자유를 위해서 아기를 가지기 두려워한다면 그 교회는 복음 중심의 복음주의 교회가 아니다. 아기 탄생의 기쁨을 시들게 하는 이기심이라면 거듭남의 기쁨도 시들게 할 것이다. 우리는 물질적 풍요를 영성과 동일시해서는 안 된다. 그것은 옛 가나안 종교의 오류이다. 하나님은 몇몇 신자들을, 아니 어쩌면 많은 신자들을 결혼하지 않게 하셔서 사도 바울이나 교회의 많은 위대한 선교사들처럼 복음을 섬기는 데 온전히 헌신하게 하실 것이다. 어떤 사람들은 결혼할 것이지만 자녀가 많지 않거나 전혀 없을 것이다. 자녀에 대한 우리의 관점을 광고계나 금융계가 아니라 잠언에 따라 가질 수는 없을까?

적어도 어떤 면에서는 아이들에 대한 기독교의 지배적 관점이 옛 지혜와 다시 연결되기 시작했다는 징후가 보인다. 그것은 서구 문화 속의 기독교의 위치와 관련이 있다. 이전 세대의 미국 그리스도인들은 미국을 그리스도께로 인도하려고 미국 문화에서 '별나게' 보이지 않으려고 필사적으로 노력했다. 그래서 '하나님과 국가'에 대한 애국심이나 '문화적 관련성'을 많이 강조했고, 기독교 교리와 영성의 깊은 부분을 덜 드러냈다. 그러나 이제는 점점 더 기독교 윤리의 가장 기본적인 수준만 견지해도 미국 문화 속에서 '별나게' 보인다. 단순히 결혼을 하고 결혼생활을 유지한다고 해서 그리스도인이 동년배 그룹으로부터 소외된다면, 자녀에 대한 다른 관점을 갖는 것은 그렇게 멀리 가야 할 단계가 아니다. 만약 당신이 이미 미국 문화에서 좋은 삶이라고 여기는 것의 경계선 바깥에 있다면, 결혼할 때까지 자녀를 미루고 결혼 관계 안에서 자녀를 낳아 기르는 것이 그리 별나게 보이지 않을 것이다.

우리는 아이들이 부모를 따라 복음을 믿을 것이라고 장담할 수 없다. 하나님은 종종 새로운 일을 시작하시는데, 복음을 듣고 자란 사람들이 떨어져 나가더라도 주님을 전혀 알지 못하는 가족들을 이끌어 오신다. 그러나 성경은 우리에게 두 가지 일을 동시에 하라고 명령하고 있다. 첫째로, 모든 사람들에게 복음을 전하고, 둘째로 자녀를 주의 교훈과 훈계로 양육하는 것이다. 만약 그 점을 놓치게 되면, 우리의 교회나 가족들은 주변 문화의 메시지를 흡수하게 될 것이다. 그 메시지는 자아가 중심이 되고 자녀는 성가신 것으로 보는 것이다. 복음적 기독교의 성장이란 죄인들에게 회개를 촉구하고 우리의 아이들을 잘 양육하는 것이다. 우리는 교회 부흥회와 가족의 밥상 공동체 모두에서 복음을 고수해야 한다.

나는 아이들을 몹시 두려워하면서 성인기를 시작했다. 나는 자녀 양육에 많은 돈이 든다는 것을 알았다. 그러나 돈뿐 아니라 근심과 감정 에너지의 측면에서 얼마나 큰 비용이 드는지는 몰랐다. 또한 고사리 같은 손이 내 손을 잡을 때 느끼는 기쁨이 얼마나 클지도 미처 몰랐다. 나는 자녀에게 그리스도 안의 형제로서 침례를 행할 때 얼마나 영광스러울지 몰랐다. 나는 자녀가 영적 전쟁이 될 수 있다는 것을 몰랐다. 그리고 그 영적 전쟁이 힘들지만 달콤할 것이라는 것도 몰랐다.

가정에서든 교회에서든 어린이는 새 삶과 미래를 위한 하나님의 영속적인 섭리를 나타낸다. 그래서 마귀의 세력은 어린이를 자주 공격한다(바로부터 시작해서 혜롯, 성 인신매매, 낙태 산업에 이르기까지). 우리가 아이들을 포용할 때, 우리는 미래의 기쁨을 함께 나눈다. 아이들은 우리에게 세상과 교회에 아직 미래가 있다는 진리를 일깨워 준다. 하나님은 아직 아담의 아들과 하와의 딸들을 위해 더 하실 일들이 있다. 그러므로 우리는 우리가 삶의 최고봉이 아님을 보여 주는 은혜의 징조인 우리 앞의 어린이들을 보면서 기뻐하고 웃으며 놀수 있다. 우리는 미래로 가는 다리를 놓을 뿐이고, 그 미래에 하나님이 계신다. 하지만 우리는 상처받을 가능성에 대해서도 우리의 마음을 열어 놓는다. 왜냐하면 가정에서든 교회에서든 부모 역할은 상업적 거래가 아니기 때문이다.

양육은 산제사이며, 무조건적인 사랑이다. 우리가 자녀를 축복하는 방법은 자신도 감당 못할 기대로 자녀를 짓누르는 것이 아니다. 그리고 자녀가 인생길을 혼자 헤쳐 나가도록 놔두는 것도 아니다. 우리는 자녀에게 성숙함과 어린아이처럼 되는 모델이 됨으로써 자녀를 축복할 수 있다. 그리고 우리의 약속을 최선을 다해 지킴으로써 자녀들을 축복한다. 또한 자녀를 용서하고, 우리 자신을 용서함으로써 자녀를 축복한다. 그리고 우리는 사랑이 힘보다 위대하며, 아기의 울음이 군대의 사이렌보다 소망이 있음을 보여 줌으로써 미래를 축복한다. 왜냐하면 십자가가 사람들의 무리보다 더 강력하기 때문이다. 아이들은 우리에게 은혜가 사람의 의지보다 나으며, 미래가 과거보다 낫고, 그리스도가 나의 자아보다 나음을 보여 준다. 어린이는 우리가 하나님 나라에 승리한 정복자로서 들어가는 것이 아니라, 갓 태어난 유아로 들어간다는 것을 보여 준다. 우리 자신의 성공이 아니라 다른 사람의 순종으로 하나님 나라로 들어간다. 그것은 우리의 노력으로 획득할 수 없다. 우리는 그것을 오직 받을 수밖에 없다.

프레드릭 뷰크너(Frederick Buechner)는 우리에게 다음과 같이 묻는다. "만일 사람들이 자녀를 갖는 것이 필연적으로 무엇을 내포하는지 진지하게 생각해 본 적이 있다면, 어떤 남자와 여자가 자녀를 가질 수 있을까?" 이어서 또 다시 묻는다. "그러나 그들을 얻고 사랑했다면, 어떤 남자와 여자가 자녀를 원하지 않을 수 있겠는가?" 뷰크너는 누군가를 사랑하는 데 따르는 고통이 마법처럼 사라지면 어떨까 상상해 보았다. 그러나 그럴 수 없었다. "왜냐하면 고통은 사랑의 한 부분이기 때문에 고통이 없는 사랑은 급격하게 사그라져 사랑으로 보이지 않을 것이기 때문이다."[52] 실제로 고통 없이 자녀를 사랑한다면 사랑으로 보이지 않을 것이다. 마치 부활하신 그리스도께 못 자국이 없는 것처럼 말이다.

아이는 우리의 짐이면서
축복이다

내가 너무 일찍 아이를 갖는 것도 두려워하고, 너무 늦게 갖는 것도 두려워하자, 하나님께서는 우리가 의사의 말을 듣도록 예비하셨다. 의사가 아내의 초음파 사진을 보더니 태어날 아기가 다운증후군을 가졌을지 모른다고 했다. 그때는 하나님이 이미 우리를 준비시키셔서 마음의 평화를 잃지 않게 하셨고, 필요한 희생이 뭐든 감수할 준비가 되어 있었다. 또한 새 생명으로 인해 기뻐할 수 있게 하셨다. 우리는 무엇이 우리를 기다리고 있는지 몰랐지만 그건 다른 아이들이 생겼을 때도 마찬가지였다.

의사가 그렇게 말했을 때, 우리는 서로를 바라보았고, 그 아기가 우리에게 선물이 될 것을 알았다. 아기의 가치는 이 시대가 그 아기를 힘이나 성공으로 보는 것에 달려 있지 않고, 하나님의 형상으로 지어졌다는 사실에 근거할 것이다. 우리는 우리 아들을 통해서 우리가 복음을 더 잘 알고, 복음의 더 좋은 증인이 되기를 기도했다. 우리가 영접한 그리스도는 약함 중에 십자가에 못 박히셨지만 하나님의 능력으로 살아나신 분이시다.

출산 예정일 몇 주 전에, 나는 주일 예배 설교 전에 찬송가를 부르다가 아내가 늘 앉던 자리에 없다는 것을 깨달았다. 나는 헌금 시간에 살짝 나가서 교회 현관에 있던 아내를 발견했다. "당신 설교에 방해가 되고 싶지 않았어요. 양수가 터졌지만, 아기가 나오려면 시간이 좀 걸릴 거예요. 가서 설교하고 난 후에 함께 병원에 가요." 나는 아내에게 제정신이냐고 하면서, 찬양 담당 목사님께 대신 설교해 달라고 말하고, 아내와 병원으로 직행했다. 두 시간 후 아들이 태어났다. 다운증후군은 없었다. 우리가 자녀를 갖지 못할 것이라고 했을 때처럼 이번에도 의사들이 틀렸다. 누군가 말했다. "총알을 피한 기분이겠어요." 아니다. 다운증후군은 아니었지만, 언젠가 다른 문제가 생길 것이다. 아이는 아마도 아프거나 다치거나 방황할 것이고, 우리는 그곳에서 그가 선물이라는 것과 우리의 계획이 틀렸다는 것을 되새기게 될 것이다. 그리고 우리는 우리의 계획이 뒤엎어질 필요가 있었다는 것을 깨달을 것이다. 그 녀석은 우리의 주일 아침을 방해했지만, 우리의 삶을 방해하지는 않았다.

앞에서 나는 아이가 짐이 아닌 축복이라고 말했다. 그러나 꼭 그런 건 아니다. 그리스도인의 삶에서 다른 많은 것들과 마찬가지로, 이것도 양자택일이 아니라 둘 다이다. 역설적이게도 아이들은 축복이면서 짐도 된다. 사실 아이들은 짐이라서 축복이고, 축복이라서 짐이다. 짐은 축복이다. 복음은 산상수훈에서 복의 개념을 재정의하고 있다. 이것은 우리가 행복의 개념을 어떻게 보느냐 뿐만 아니라, 주변의 아이들에 관해서 행복을 어떻게 정의하느냐에 대해서도 적용된다. 자녀가 되었든 교회의 다음 세대가 되었든 말이다.

유진 피터슨(Eugene Peterson)은 복의 역설에 대해 다음과 같이 말하고 있다. "옛날 사람들은 신들이 벌을 줄까 봐 자신의 행복을 드러내기를 꺼렸다. 우리 현대인들은 이웃에 대한 두려움 때문에 자신의 불행을 드러내기를 꺼린다. 옛날 사람은 행복을 기대하지 않다가 작은 행복들에 놀랐다. 현대인들은 항상 행복하기를 기대하다가 조금이라도 행복하지 않으면 원망으로 가득하다. 바로 이때 예수님이 나타나서서 팔복에 대해 말씀하신다."[53] 분명히 그것은 역설이지만 우리에게 익숙한 역설이다. 결국 우리는 그런 역설로 삶을 시작하고 끝내니까 말이다. 십자가에서.

미래를 찾으려면, 우리는 가식과 자기방어를 내려놓고 어린 아이처럼 되어야 한다. 그럴 때 우리의 아이들을 사랑하게 될 것이다. 우리는 삶의 새로운 모습, 곧 미래의 징조를 보는 것을 좋아하게 될 것이다. 그리고 새 신자가 그리스도께로 오는 것을 볼 때, 그들의 짐을 지고 그들을 제자로 훈련하여 성숙시키고자 할 것이다. 그럴 때 우리는 하나님의 나라가 고립된 개인들의 외로운 캡슐이 아니라, 미가 선지자가 말했던 "우리의 양떼 같고, 초장의 양떼 같고, 크게 떠드는 많은 사람들"(미 2:12) 같다는 것을 볼 것이다. 우리가 그것을 올바로 나타낸다면, 곧 이 의존성과 취약성, 미래에 대한 이 소망을 올바르게 그려낸다면, 주변의 세상 문화가 북적거리고 통제 불능인 이 교회를 보고 물을 것이다. "도대체 어떻게 된 일이래요?"

그러면 우리는 말할 것이다. "예, 예, 우리도 알아요."

11

자녀를
얻고 싶다면
자녀를
내려놓으라

침례식이냐
훈육이냐

아들 녀석에게 침례를 행해야 하나, 아니면 계속 외출금지를
시켜야 하나? 나는 며칠 동안 고민했다. 그리고 결국 둘 다 포기하
지 않기로 했다. 십대였던 아들은 그리스도에 대한 신앙 고백을 하

고 침례 입문 절차를 마쳤다. 그런데 침례식이 있는 이틀 전 금요일에 우리 집의 행동 수칙을 어겨서 벌을 받아야 했다. 엄청난 잘못을 한 것은 아니었지만 청소년이 흔히 하는 불순종의 문제였다. 내 마음은 둘로 나눠졌다. 나는 아들이 침례를 받아야 한다는 걸 알았다. 그리고 아들이 외출금지 벌을 받아야 한다는 것도 알았다. 그러나 "하나님 나라에 온 것을 환영한다. 그런데 말이야 나머지 한 주 동안은 외출 금지야"라고 말하는 건 좀 이상하고 모순된 것 같았다.

이렇게 하는 것이 내게 힘들었던 이유는 그 순간이 복음과 자녀 훈육을 병행하는 것으로 보기 어려웠기 때문이다. 그러나 둘 중의 하나를 선택한다면, 본의 아니게, 아들에게 이단을 가르치는 것이 될 것이다. 침례를 받는 날이라고 해서 아들의 잘못된 행동에 눈을 감는다면, 나는 값싼 은혜를 가르친 격이 될 것이다. 그것은 하나님의 거룩한 것들을 이용하여 자기 행동의 결과를 피하는 것이다. 반대로 침례의식을 미룬다면, 침례 받은 그리스도인은 죄를 짓지 않는다는(그래서 아들이 죄인이 아닐 때까지 일주일을 기다려서 침례를 줘야 한다는) 더 나쁜 메시지가 될 것이다. 둘 중 하나만 선택한다면, 사도 바울이 나에게 로마서나 갈라디아서나 에베소서 중 어느 것을 이해하지 못한 거냐고 따질 것이다.

나는 두 가지 매우 상이한 책임을 맡고 있었다. 예수 그리스도의 복음의 사역자로서 가지는 책임과 내 자녀의 아버지로서 가지는 책임이다. 최종 결정은 "나는 그리스도 안의 형제로서, 너에게 침례를 행하여 너를 새 생명으로 태어나게 한다. 그러나 너의 아버지로서, 너에게 최대 사흘 외출 금지를 명한다"였다. 나는 일반적으로 우리 아이들이 믿음에 뿌리를 내릴 수 있도록 애쓰지만, 이번에는 믿음으로 아들에게 외출 금지를 명해야 했다.

문제는 내가 그 난국을 현미경으로 보지 않는 한 통과할 수 없다는 것이었다. 아들의 잘못된 행동에 대한 분노는 "이런 일이 일어나지 않은 척 너에게 그냥 침례를 줄 수 없어"라고 말하게 했다. 나의 아버지로서의 애정은 "이 특별한 기념비적 순간을 훈육으로 망치지 말자"라고 했다. 내가 망원경을 통해서 넓게 보아야만 비로소 그날 일어난 일이 아들이 성인이 되었을 때, 그리스도의 종이 되었을 때, 그리고 언젠가 아버지가 되었을 때 유용할 것을 알 수 있었다. 그러나 그것은 때때로 부모가 유아들을 화장실에서 훈련시키고 있거나 교회가 문제가 있는 청소년에게 성경을 가르치려고 할 때 가장 이해하기 어려운 것이다.

가족 구조 안에
하나님 나라의 비밀이 있다

사도 바울은 에베소서에서 "자녀들아 주 안에서 너희 부모에게 순종하라 이것이 옳으니라"(엡 6:1)고 말하고 있다. 이것은 세월이 흘러도 변치 않는 추상적이고 도덕적인 뻔한 말처럼 보인다. 하지만 바울은 이 지시에 대한 맥락을 정하고 있다. "네 아버지와 어머니를 공경하라 이것은 약속이 있는 첫 계명이니 이로써 네가 잘되고 땅에서 장수하리라"(엡 6:2-3). 복음을 떠나 생각하면, 이것은 마치 거래처럼 들릴 수 있다. 부모에게 순종하면 장수한다는 것 말이다. 나는 어릴 때 그런 설교를 자주 들었다. 목사님이 한 할머니를 일으켜 세우고는 연세를 말하라고 한다(목사들은 절대 그러지 말라). 할머니는 상당히 연로했다. "봤죠? 플로씨 할머니는 어릴 때 부모님께 정말 잘 순종했던 게 분명해요. 지금 이렇게 나이가 많은데도 정정하시잖아요!" 우리 어린이들은 그 할머니가 얼마나 심술궂고 까다로운 사람인지 알고 있었다. 그 할머니가 우리에게 일반적으로 주는 메시지는 "예수님이 너를 사랑하셔"가 아니라 "당장 우리 집 잔디에서 나가"라는 것이었다. 그 할머니를 본받으라는 것은 보상이 아니라 사형선고 같았다. 나는 "내가 부모님께 얼마나 불순종해야 중년까지만 행복하게 살까?"라는 생각이 들었다.

물론 성경은 그렇게 가르치지 않는다. 부모를 공경하라는 이 명령에만 약속이 있고 나머지 명령에는 약속이 없다는 게 아니다. 다만 명령 자체에 약속이 들어 있는 첫 번째 명령이라는 것이다. 땅에서 장수한다는 것은 미국이나 당신이 사는 어느 '땅'에서 유한한 생명을 연장한다는 의미가 아니다. 그 계명은 이스라엘 민족이 하나님의 약속대로 출애굽한 후 약속의 땅에서 어떻게 살아야 하는지를 말한다. 그 계명들은 하나님이 그의 백성의 자유나 기쁨을 제약하시는 게 아니라 오히려 그들의 미래를 위해 그들을 훈육하여 준비시키고 계신다는 것이다.

우리 조상들이 그 땅을 위해 준비 받은 훈육에는 가르침과 경계 설정, 그리고 그들이 우상숭배나 언약 파기로 방황할 때 하나님이 개입하셔서 그의 백성을 되찾아 오신 것 등이 포함되어 있다. 하나님의 훈육은 그 자녀에게 필요한 것을 공급하신 데서도 나타나지만(광야에서 길을 인도하시고, 만나와 물을 보내셔서) 또한 그들이 요구한 것을 다 허락하지 않은 데서도 나타난다. "너를 낮추시며 너를 주리게 하시며 또 너도 알지 못하며 네 조상들도 알지 못하던 만나를 네게 먹이신 것은 사람이 떡으로만 사는 것이 아니요 여호와의 입에서 나오는 모든 말씀으로 사는 줄을 네가 알게 하려 하심이니라"(신 8:3). 이것은 하나님이 그의 백성을 벌하신 것이 아니었다. 만약 벌하시려 했다면 다 쓸어버리셨을 것이다.

　　하나님의 훈육은 그 땅에서 필요한 기술과 습관, 애착을 그들 안에 형성하는 것이었다(하나님의 주권을 알고, 하나님께 의존하는 것 등등). 성경에 따르면, 부모에게 다양한 수준의 훈육을 받은 우리는 하나님께 이것을 기대해야 한다. 하지만 그 반대의 경우도 사실이다. 예를 들어 아이들을 가르칠 때 하나님은 부모에게 하나님의 역할을 재현하라고 하신다. 모세는 하나님의 말씀에 대해 백성에게 다음과 같이 말했다. "네 자녀에게 부지런히 가르치며 집에 앉았을 때에든지 길을 갈 때에든지 누워 있을 때에든지 일어날 때에든지 이 말씀을 강론할 것이며"(신 6:7). 하나님은 자기 백성에게 그렇게 하셨다. 애굽에서부터 광야를 통과하여 약속의 땅과 그 이후까지 자기 백성을 가르치셨다. 그때 염두에 두신 목표는 "이는 곧 너희의 하나님 여호와께서 너희에게 가르치라고 명하신 명령과 규례와 법도라 너희가 건너가서 차지할 땅에서 행하는 것"(신 6:1)이었다.

에베소서에서 바울이 부모 공경의 중요성을 말한 것은 그것이 관념적, 도덕적으로 옳아서가 아니라(물론 그렇기도 하지만), 미래를 위한 준비 때문이었다. 결국 우리도 미래의 새로운 창조와 약속의 땅을 위해 준비되는 중이다. 우리가 부모를 공경하는 것은 그것이 의무라서가 아니라 우리를 기다리고 있는 영광이 있어서다. 우리의 부모가 어른으로서 우리가 충분히 예상하지 못하는 미래를 위해 우리를 훈련시키듯이, 우리 아버지 하나님은 우리가 상상조차 할 수 없는 미래를 위해 그리스도 안에서 우리를 준비시키신다. 그리고 우리 또한 다음 세대가 그런 미래를 갖기 바라기 때문에 그들을 길러낸다.

여기서 다시 한 번, 가족 구조는 우리에게 하나님 나라의 비밀에 대해 뭔가를 드러낸다. 히브리서는 가정에서 자녀를 훈육하는 것을 하나님이 그의 백성을 훈련(discipline)시키는 것과 연결시킨다. 히브리서의 배경을 보면 하나님의 교회는 사회적으로 궁지에 몰리는 외적 위협을 받으면서 내적으로는 늘 죄와 씨름하며 동요하고 있었다. 그래서 그들은 그리스도를 따르기를 포기하고, 옛 삶으로 돌아가고 싶은 유혹을 받았다. 히브리서 저자는 그들을 위해 구약을 인용해 말한다. "내 아들아 주의 징계하심을 경히 여기지 말며 그에게 꾸지람을 받을 때에 낙심하지 말라 주께서 그 사랑하시는 자를 징계(discipline)하시고 그가 받아들이시는 아들마다 채찍질하심이라"(히 12:5-6).

　우리가 가정에서 훈육을 어려워하는 이유는 우리에 대한 하나님의 훈육을 잘 이해하지 못하기 때문이다. 우선 우리의 문제는 '훈육'을 징벌이나 지적, 고치는 것으로만 본다. 뭔가 잘못한 것에 대한 반응이 훈육이라고 보는 것이다. 그것은 부모 역할의 불쾌한 측면이다. 그래서 어떤 아내가 남편에 대해 이런 불만을 가질 수 있다. "부모 역할에서 모든 재미있는 것은 아빠가 다하고, 나는 훈육만 해야 해요." 다시 말해 남편이 소극적이어서 자신이 자녀의 잘못된 행동을 교정하려고 나서야 한다는 것이다. 그런 엄마가 속상해하는 것은 당연하다. 더 큰 차원의 그리스도의 몸 안에서도 마찬가지다. 신약은 교회의 치리(discipline)에 대해서 말한다. 흔히 치리라고 하면 마태복음 18장 15-20절의 마지막 단계로서, 스캔들이 적발되었지만 회개하지 않은 사람이 교회에서 추방되는 것으로 생각한다. 그것도 물론 훈육의 일부이지만, 전부는 아니다. 치리는 교회 제도로서, 하나님의 백성을 제자 삼는 위임령에 속한다. 교회 안에서 이뤄지는 대부분의 훈육은 회복시키는 것이라기보다 '형성'하는 것이다. 다시 말해 부정적이라기보다 긍정적이다. 가정에서도 마찬가지다.

　만일 당신이 부모 역할에 대한 이번 장을 읽으면서 훈육에 대해 여기서 말하는 것을 본다면 이의를 제기할지도 모른다. "부모 역할은 훈육 이상이에요. 사랑과 애정과 양육도 있잖아요?" 당신의 말이 맞다. 그러나 사랑과 애정과 양육도 훈육이다. 훈육이라는 단어의 징벌적인 의미는 잠시 접어두고, 운동선수가 훈련할 때 이 단어를 어떻게 사용하는지 생각해 보자. 우리는 이런 말을 할 수 있다. "그녀는 정말 훈련(discipline)을 열심히 해요. 아침저녁으로 계속 연습하고, 음식도 가려 먹고, 그 분야에서 더 뛰어난 사람들로부터 기술을 배우고 익혀요." 이 모든 것, 곧 동료들이 밖에서 파티를 할 때 다음 날을 위해서 잠을 자는 것부터 시작해서, 그녀의 부모가 옆에서 응원해 주는 것까지 다 훈육이다. 그 모든 훈련이 운동선수로서의 그녀의 장래를 형성하고 이끈다. 교회나 가족도 마찬가지다.

아이를 안아 주는 것도 훈육이다. "사랑해"라고 말하는 것도 훈육이다. 아이가 잠들기 전에 책을 읽어 주는 것도 훈육이다. 당신은 다음과 같이 말할지 모르겠다. "그런 건 내게 너무 자연스러워요. 아이를 사랑하니까요." 그 말이 맞겠지만, 당신도 매일 언제나 그렇게 하고 싶은 것은 아닐 것이다. 가끔은 스스로를 다독여야 할 수도 있다. "너무 힘들고 지쳐. 빨리 자러 가고 싶어. 그래도 자기 전에 내 아이에게 '예수 사랑하심은'을 불러 주고, 침대 옆에서 함께 기도해야겠지?" 그것이 훈육이다. 어느 한 순간만 아이에게 애정을 보여 주는 것이 아니라, 장기적인 리듬과 습관을 만들어서 아이가 사랑받는다는 것을 보여 주고 어떻게 다른 사람을 사랑할지 보여 주는 것이다. 당신이 배우자나 부모와 전화 통화를 마치면서 "사랑해요"라고 말하는 것이 어렵지 않은 이유는 그동안 그 말을 무수히 해왔기 때문일 것이다. 이제는 그것이 본성처럼 몸에 붙은 것이다. 그러나 새로운 사람에게 처음으로 "사랑해요"라는 말을 하는 것은 정말 어렵다. 그 사람은 사랑에 빠질 가능성이 있는 사람일 수도 있고, 목사님이 "옆 사람에게 '사랑해요'라고 말하세요"라고 한 경우일 수도 있다(부탁하건데 제발 그러지 말라).

훈육은 곧 제자 훈련이다. 함께하는 삶을 통해 우리는 서로에게 기대하는 것이 무엇인지 전달하고, 그들의 미래에 필요할 애정이나 직관, 기술을 가지고 새로운 세대를 훈련시킨다. 성경을 가르치는 것은 훈육이다. 어떻게 기도할지 모범을 보이는 것도 훈육이다. 함께 찬양하는 것도 훈육이다. 배변 훈련도 훈육이다. 자동차 운전 교육도 훈육이다. 거의 다 큰 청소년에게 어떻게 구직 활동을 하는지 알려 주는 것도 훈육이다. 그리고 물론 가족의 삶이나 영원한 삶과 맞지 않는 행동을 지적하고 교정해 주는 것도 훈육 가운데 하나이다.

성경은 그리스도인인 우리에게 거듭 우리가 하나님 아버지로부터 받는 훈육을 우리가 가족 안에서 주고받는 훈육에 비유한다. 예를 들어 히브리서에서는 육신의 아버지가 자녀를 훈육하듯이 하나님이 그들을 훈육하신다고 교회에 말한다. 저자는 만일 그들이 훈육(징계)을 받지 않으면 아들이 아니요 사생자라고 말한다(히 12:5- 11). 다시 말하지만 만일 우리가 이 구절을 훈육의 징벌적인 틀에서만 본다면 잘못 생각하거나 오해하기 쉽다. 어쨌든 우리 중 많은 사람들이 그렇게 오해하곤 한다.

내 삶 가운데 명백한 죄가 생기면 나는 종종 기도를 멈추는 경향이 있다. 왜 그럴까 살펴보았더니, 무의식적으로 하나님이 나한

테 화가 나셨다고 생각하고 있었다. 이 가운데 일부는 내가 어릴 때 나이 많은 일가친척 몇 명과 자라면서 보고 들은 것 때문이다. 그들 중에는 화가 나면 말을 하지 않는 사람도 있었고, 또 어떤 사람은 자신이 잘못된 것에 대해 긴 설교를 늘어놓기도 했다. 나는 나도 모르는 사이 그런 갈등을 피해야 한다고 훈련되었던 것이다. 내가 주의를 기울이지 않으면, 하나님에 대해서도 그렇게 된다. 나의 죄는 하나님이 내게 화가 나셨다는 것을 의미하고, 그분의 훈육은 나에게 뭔가를 하시겠다는 뜻인 것 같다. 나의 범죄에 대해 보응하실 것이라고 말이다. 그러나 그것은 복음과 거리가 멀다.

사실 그럴 때는 훈육이 무엇인지 이해하지 못하는 것 같다. 그런 순간에 나는 수치심이 들면서도 동시에 교만으로 가득 차 있다. 곧 내 죄가 충격적이고 하나님께 너무 실망을 안겨서 하나님이 나를 멀리하실 것이라고 믿는다. 마치 나머지 내 삶은 하나님 앞에서 죄가 없는 것처럼 말이다. 나 자신을 사랑받는 아들이 아니라 일을 하고 삯을 받는 종으로 본다. 내가 성경을 읽고, 기도하고, 주변 사람들을 사랑하고 용서하며, 계명을 올바로 지키면, 은혜의 보좌 앞에 담대히 나아갈 수 있다고 생각한다. 만일 그렇지 않으면, 하나님이 우주 어디엔가 토라져 계시고, 내가 나아갈 때 나를 치려고 기다리신다고 생각한다. 그것은 내가 받아들이고 믿는 복음이 아니다. 진짜 문제는 십자가 자체에 대한 오해이다. 나는 내 정신 속에서 항상 그 오해와 싸워야 한다.

자녀라면 모두
훈육을 받는다

　하나님은 당신에게 화나지 않으셨다. 그것은 당신이 뭔가를 성취했거나 하나님의 명령을 잘 준수해서 당신이 자랑스럽다는 의미가 아니다. 하나님이 당신을 기뻐하시는 것은 당신 안에 그리스도의 생명이 있기 때문이다. 당신 안에서 당신을 위해 살고 있는 대제사장께서 이 사실을 잘 보여 주고 있다. 하나님은 당신에게 화나지 않으셨고, 화나실 수도 없다. 물론 하나님께 또는 서로에게 지은 모든 죄에 관해서는 정의의 보응이 있을 것이다. 그리고 그 일은 십자가에서 이미 당신을 위해 이뤄졌다. 이제 당신은 하나님의 진노 아래 있지 않고, 그분의 은혜 안에 있다. 예수님이 하나님의 징벌의 날을 감당하셨기 때문에 당신은 지금 영원한 희년, 곧 하나님의 영원한 은총의 해에 있다. 하나님의 훈육을 일종의 카르마로 생각한다면, 다음 세대를 양육하고 지도하는 방법이 왜곡될 것이다. 이런 종류의 생각은 또한 십자가의 능력을 잃게 한다.

　우리는 하나님을 생각할 때 우리를 죄 속에 내버려 두는 얼빠진 할아버지나 우리를 학대하고 때리는 계모 정도로 생각한다. 그러나 두 이미지는 옳지 않다. 여기서 훈육은 벌도 아니고, 분노를 폭발시키는 것도 아니다. 히브리서에서 말하는 하나님의 훈육은 위협이 아니라 격려이다. 히브리서는 우리가 혼자가 아니며, 목표를 향해 달려갈 때 구름 같은 증인이 우리를 둘러싸고 있다고 말한다. 이 본문은 하나님이 당신을 둘러싸고 역사하고 계시며, 로마서에서 보듯이, 그 모든 것 가운데 선을 이루신다고 말한다. 다시 말해 당신을 그리스도의 형상으로 화하게 하신다고 가르친다(롬 8:28-29). 당신의 삶에서 하나님이 어떻게 훈육하시는지 알고 싶으면, 당신이 막 포기하려 할 때 계속하도록 격려해 줬던 사람과의 대화를 떠올려 보라. 그것이 하나님의 훈육이다. 지혜로운 멘토의 도움으로 해로운 습관을 멀리하게 되었던 때를 회상해 보라. 그것이 하나님의 훈육이다. 하나님이 당신을 사랑하심을 절실히 깨닫게 해 주었던 찬양을 떠올려 보라. 그것이 하나님의 훈육이다. 또 절실히 원했지만 갖지 못했던 어떤 것, 당신의 삶을 완전히 뒤바꾸어 놓을 수 있었던 것과 아무리 애써도 안 됐던 시절을 기억하라. 그것 역시 하나님의 훈육이다. 이 모든 것은 한 가지 목표를 염두에 두고 있다. 바울은 장기적으로 그 땅에 들어갈 날을 바라보았다. 히브리서도 단기적으로는 거룩함과 성숙함을 바라보았다.

하나님의 훈육은 그 당시에는 즐겁지 않지만 "우리의 유익을 위하여 그의 거룩하심에 참여하게"(히 12:10) 한다. 최종 결과는 "후에 그로 말미암아 연단 받은 자들은 의와 평강의 열매를 맺어서"(히 12:11) 육신이 원하는 방향으로 가지 않는 것이다. 가령 부도덕함이나 원망, 에서처럼 한 끼의 식사를 위해 유업을 탕진하는 것 등 말이다(히 12:14-17). 하나님은 이스라엘 자손에게 하셨듯이 우리 삶에 개입하셔서, 어떤 영역을 통과하여 강해지게 하시고, 당장은 옳아 보이지만 재난이 될 결정을 하지 않도록 섭리 가운데서 방향을 틀어 주신다. 그것은 가족의 훈육에도 나타나야 한다. 하지만 그것을 추구하려면 미래에 대한 비전이라는 목표가 있어야 한다.

훈육의
단기적 목표

먼저 우리는 단기적인 목표를 가져야 한다. 내가 말하는 단기란 아이들이 살아가게 될 75년이나 다음 몇 세대를 말한다. 이 목표에서 중요한 측면은 성숙함이다. 성경은 우리가 "그리스도에게까지 자라야"(엡 4:15) 한다고 말한다. 사역의 목표는 "각 사람을 그리스도 안에서 완전한 자로 세우려 함"이다(골 1:28). 언뜻 보기에 성숙함은 예수님이 우리에게 어린아이처럼 되라고 하신 것과 모순되게 보인다. 어떻게 성숙한 동시에 어린아이 같을 수 있냐고 할지 모르겠다. 그런데 사실 우리의 문화는 어린아이 같음과 성숙을 하나님의 의도와 반대로 하고 있다. 성경은 우리에게 "선한 데 지혜롭고 악한 데 미련하라고" 한다(롬 16:19).

한 세대 전에 어떤 사회학자가 '아동기의 실종'에 대해 경고했다. 그는 그 예로 어린이 스포츠의 성격이 달라진 것을 들었다. "어린이들이 여전히 놀이를 지배하고 있는 도심의 놀이터를 제외하면, 미국 아이들의 게임은 점점 더 공식화되고, 전문가 흉내를 내며, 극도로 진지해졌다."[54] 정신없이 바쁘게 움직이는 것은 쉽지만,

성숙함에는 값이 따른다. 성숙은 당장의 욕망과 충동을 다른 사람을 위해 자제하는 것을 의미한다. 어른들이 양육이나 제자의 책임을 회피하면 성숙함도 사라진다. 또한 부모가 자녀를 동년배로 취급하거나, 더 심하게는, 자녀를 청중처럼 여겨서 자녀들 앞에서 공연을 보여 주려 할 때도 성숙함을 잃게 된다. 많은 경우에 아이들은 어른들이 어린 시절의 감정을 다시 느낄 수 있도록 하기 위해 어른의 책임을 지게 된다. 우리 시대의 대중문화는 젊음을 진정성과 첨단성의 원천으로 여기면서 권위는 무시한다. 물론 어린 요시야가 구세대의 케케묵은 방식을 고쳤을 때처럼 젊음이 좋을 때도 있다.

'엄격한' 아버지에 대한 반발이 문화 속에 있는 것은 수많은 아버지들이 경솔하게 잘못을 저질렀기 때문이다. 그러나 문제는 우리가 무엇에 반발하는가보다 그 반발이 어디를 향할 것인가이다. 시인 로버트 블라이(Robert Bly)는 다음과 같이 말하고 있다. "아버지한테 화가 났던 우리 모두는 아버지가 권위를 잃었을 때 처음에는 기뻤다. 하지만 아버지를 파괴한 세력이 거기서 만족하지 못하고 어머니에게로 향하고 있음을 깨닫고는 더욱 침울해졌다. 어머니의 가치는 어디에서나 평가절하 된다. 어머니와 아버지 둘 다 떨어져 나가고 나면, 우리 사회는 고아들의 공동체가 될 것이다. 더 정확히 말하자면 사춘기 고아들의 문화가 될 것이다."[55] 우리 시대를 표현할 때 '청소년 고아들의 시대'보다 더 적절한 비유는 없을 것이다.

그러나 성경은 연장자들이, 곧 부모나 친척, 교회의 장로나 교사가 지혜를 가져서, 젊은 세대가 깨닫기 오래 전부터, 젊은 세대에게 필요한 것이 무엇인지 알아내는 지혜를 길러야 한다고 말한다. 신명기는 부모들에게 하나님의 말씀을 자녀에게 가르치라고 훈계한다. 잠언은 아버지가 아들에게 주는 훈계 시리즈다. 바울은 믿음 안의 아들 디모데에게 청년의 정욕을 피하고 성숙을 지향하라고 했다(딤후 2:22). 성숙함은 목표이고, 거기에 이르는 수단은 지혜다.

성경이 정의하는 지혜는 하나님 나라의 상속자로 통치하며 세상을 살아가는 방법이다. 이것은 세상의 지혜와 다르다. 세상의 지혜는 권력이나 전문성을 위한 지식을 말하지만, 그리스도 안에서 우리가 자라가는 목표인 하나님의 지혜는 '미련함'의 지혜이다(고전 1:18-31). 이것은 머릿속에 정보를 저장하는 것 이상이다(물론 그것도 중요하지만). 우리는 거룩함의 아름다움을 깨닫고 권력욕의 추함에서 물러설 수 있는 직관을 계발해야 한다.

부모나 교회가 선악을 분별할 줄 아는 지혜로운 아이들을 훈련시키고 길러내기 위해서 문화 전문가가 될 필요는 없다. 물론 우리는 주변에서 일어나는 일을 인식하고, 그것을 기독교적 틀로 해석해야 한다. 하지만 훨씬 더 중요한 것은 우리 아이들의 상상력을 성경 이야기의 큰 틀 안에 있게 하는 것이다. 우리 자신이 성경 이야기 속에서 어디 있는지 알고, 우리의 인생 순례 길에서 어디 있는지 재확인하기 위해 성경의 이야기를 돌아보는 것처럼 말이다.

자녀가 기독교적 세계관을 갖는 것보다 더 중요한 것은 기독교적 세계를 갖는 것이다. 그것은 성경 말씀이 우리를 불러 그리스도와 그가 십자가에 못 박히신 것을 일깨워 줄 때 가능하다. 우리가 원하는 것은 결국 모든 논쟁에 이기는 아이들이 아니라 "이것과 예수님 둘 중에 하나를 선택해야 한다면, 나는 예수님을 선택하겠어"라고 말할 줄 아는 아이들이다.

그것을 위해, 우리는 인간 존재의 어두운 측면들을 회피하지 않는다. 유혹의 힘은 금지된 죄를 탐스럽고 신비로운 것으로 만드는 데 있다(창세기 3장에서 뱀이 어떻게 질문했는지 보라). 그러면서 죄를 지어도 그 대가가 따르지 않는다고 말한다(뱀의 말을 다시 보라). 성경은 반대로 접근한다. 하나님은 절대로 죄를 미화하지 않으신다. 하나님은 죄에 대해 정직하게 말씀하시고, 죄가 일시적으로 쾌락을 준다는 사실까지 말씀하신다(히 11:25). 그리고 나서 죄가 요구하는 대가를 보여 주신다.

잠언 7장에서 아버지가 아들에게 성적 부도덕에 대해 조언하는 것을 보자. 아버지는 문학적인 표현으로 자세하게 그런 만남이 어떻게 이뤄지며 왜 그것이 탐스럽게 보이는지 묘사한다. 그 다음에는 죄의 큰 그림을 보여 주고, 죄가 죽음까지 야기한다는 것을 알려 준다. 우리 아이들은 온갖 어두운 실체들을 직면하게 될 것이고, 때로는 그런 일이 우리가 생각하는 것보다 훨씬 더 일찍 일어날 것이다. 학교 친구와의 대화를 통해서나 다른 여러 방법으로 말이다. 우리 부모들은 자녀가 어떤 것을 질문하더라도 불쾌해하지 말고, 자녀와 좋은 관계 속에서 십자가가 제시하는 다른 길을 그들에게 깨우쳐 주어야 할 것이다.

아이들이 그런 것에 준비되기 전에 우리가 보호해야 할 많은 것들이 있다. 하나님께서도 "때가 차서" 그리스도의 신비를 드러내시기 전에 오랜 세월 동안 율법이라는 후견인 아래서 당신의 백성들을 준비시키셨다(갈 4:4). 예수님도 그렇게 하셨다. 처음에는 제자들에게 "와서 나를 따르라", "와 보라"라고 하셨지만 점차로 당신의 십자가를 드러내셨다. 우리는 우리를 둘러싼 문화에 대해 "세상에 있는 모든 것은 성과 술, 돈, 권력이야. 하지만 결국 다 헛된 것들이지"라는 네 가지 측면의 전도서를 쓰고 싶어 한다. 우리는 자녀들을 세상으로부터 보호하고 전도서처럼 그들을 세상 속에서 잘 준비시키고 싶어 한다. 마지막으로 "너는 청년의 때에 너의 창조주를 기억하라"(전 12:1)는 권면의 말을 남기고 싶어 한다. 우리는 아이들을 잘 훈련시켜서 그들이 위로부터 오는 지혜를 가지고 세상을 살아갈 수 있기를 원한다. 아이들이 지성이나 의지뿐만 아니라 양심을 가지고 살아가도록 그들을 양육하기 원한다. 우리가 원하는 양육은 아이들이 하나님의 선하심, 그분의 신실한 약속, 그 이야기 속에서 자신의 자리를 알고 있는 것뿐 아니라 또한 "이는 우리로 사탄에게 속지 않게 하려 함이라 우리는 그 계책을 알지 못하는 바가 아니로라"(고후 2:11)라는 지혜까지 포함된 것이어야 한다.

지혜와 성숙함은 왕과 왕비들이 나라를 잘 다스리도록 그들을 훈련시키는 것과 관련이 있다. 예를 들어 다윗의 아들 솔로몬은 하나님이 무엇이든 구하라고 하셨을 때 어린이처럼 하나님을 의지하는 마음으로 지혜를 구했다. 주의 백성을 다스리기 위해 선악을 분별해야 했기 때문이다(왕상 3:9). 그것은 상당히 실용적이다. 솔로몬은 인간의 속성을 잘 이해하여 영아 납치 사건이 생겼을 때 어느 여자가 거짓말을 하는지 알아냈다.

우리가 자녀에게 전수하는 지혜는 주로 세상에서 어떻게 살아가느냐에 대한 실질적 사안일 것이다. 어떻게 성경을 읽고, 어떻게 뒤뜰을 정돈하고, 어떤 근로 윤리를 갖고, 원인과 결과의 구조를 어떻게 볼 것인가 등 말이다. 가령 잠언의 상당 부분이 그렇다. 우리는 훈계나 습관, 상상력을 통해 아이들을 훈련시키며, 아이들이 자기 자신이나 사탄의 힘에 지배되지 않고 모든 삶의 영역에서 하나님의 다스림을 받을 수 있도록 본을 보여 주어야 한다.

훈육의
장기적 목표

하지만 장기적 목표에서는 앞으로 억만 겁의 시간을 위해 우리 아이들을 준비시키는 것이다. 우리 아이들은 대부분 솔로몬처럼 고위 관료가 되지는 않을 것이다(물론 그렇게 되는 아이도 있을 것이다). 그러나 그리스도 안에서 우리 모두는 미래의 은하계에서 황제이며, 그리스도와 함께 공동의 상속자이다. 그러나 현재는 이 땅에서 체류하며 신병 훈련소에 있다. 우리는 그리스도와 함께 영광을 받기 위하여 그리스도와 함께 고난을 당한다(롬 8:17). 예수님은 작은 것에 충성된 자에게 많은 것을 맡기신다고 하셨다(마 25:23). 그리스도 예수는 "솔로몬보다 더 큰 이"시다(마 12:42). 그리스도의 비밀 안에 "지혜와 지식의 모든 보화가 감추어져 있다"(골 2:3). 우리는 우리의 아이들이 그리스도에 이르기까지 자라도록 이끌고 있다. 우리가 영원한 미래를 위해 훈련되는 것은 예수님이 친히 받으신 훈련에 동참하는 것이다.

훈육 받은 예수님이 불경스럽게 들리는 이유는 제멋대로인 예수님이 요셉에게 매를 맞는 장면이 상상되기 때문이다. 내가 말하는 훈육은 그런 의미가 아니다. 예수님은 구유에서 십자가로 직행하신 게 아니라, 인간으로서 "고난으로 순종함을 배우셨다"(히 5:8). 구약에서 제시한 약속이 신약에서 그리스도의 훈육으로 성취되는 것을 보고 혼란스러울 수 있다. "나는 그에게 아버지가 되고 그는 내게 아들이 되리니 그가 만일 죄를 범하면 내가 사람의 매와 인생의 채찍으로 징계하려니와"(삼하 7:14)라는 구절이 그것이다. 물론 예수님은 죄가 없으셨다. 그러나 예수님은 새 인류의 시작이셨고, 그리스도 안에 있는 우리 모두를 대표하셨다. 하나님은 예수님을 지적하거나 고치지 않으셨다. 예수님은 하나님의 모든 말씀에 순복하셨고 그것을 기뻐하셨기 때문이다. 그러나 발달 측면에서, 예수님의 인성은 하나님께 훈육되셨고(형성되셨고, 훈련되셨고), 예수님은 사역의 정점인, 당신의 백성을 위해 자신을 드리시는 일에 스스로 준비되셨다.

예수님은 부모에게 순종하셨고 "자라며 강하여지고 지혜가 충만하셨다"(눅 2:40). 예수님은 하나님의 말씀을 마음에 새기셨다. 필시 마리아와 요셉, 그리고 일가친척의 가르침을 통해서 그랬을 것이다. 그래서 회당에서 이사야 본문을 즉시 찾으셨고, 하나님 나라에 대한 그 본문이 자신 안에서 성취된 것을 아셨다.

하나님이 우리를 훈육하신다는 것을 이해하려면, 우리가 그리스도 안에서 훈육된다는 것을 알아야 한다. 하나님은 그 백성 이스라엘을 훈육하셨고, 특히 출애굽과 광야 생활 시기에 그렇게 하셨다. 이스라엘의 이야기는 예수님 안에서 성취되었다. 더 나아가, 구약의 훈육은 다윗의 보좌에 앉으실 한 왕을 언급한다. 하나님은 다윗의 후손을 위한 집을 세우고 그에게 왕국을 영원히 주리라 약속하셨다. "나는 그에게 아버지가 되고 그는 내게 아들이 되리니"(삼하 7:14). "그가 만일 죄를 범하면 내가 사람의 매와 인생의 채찍으로 징계하려니와 내가 네 앞에서 물러나게 한 사울에게서 내 은총을 빼앗은 것처럼 그에게서 빼앗지는 아니하리라(나의 성실한 사랑은 그를 떠나지 않으리라)"(삼하 7:14-15). 이 용어는 시편에서 하나님이 다윗의 후손인 왕과 친척 관계임을 드러내실 때도 사용된다. 이것이 그의 훈육에 나타난다(시 89:30-37).

훈육이 무엇인지 이해하려면 우리가 그리스도 안에서 누구인지 이해해야 한다. 이 본문의 전체 요점은 하나님이 당신이나 하나님의 백성에게 진노하셨다는 것이 아니다. 사실은 그 반대이다. 하나님이 당신의 백성을 훈육하신 것을 기억하라. 그래서 광야에서 굶주릴 때 빵과 물을 주셨고, 또한 그들이 굶주리도록 허락하셨다. 그래서 그들이 약속의 땅에 들어갔을 때 "사람이 떡으로만 사는 것이 아니요 여호와의 입에서 나오는 모든 말씀으로 사는 줄을"(신 8:3) 알게 하셨다. 그것은 하나님이 그들을 자녀로 사랑하시고, 그들을 위한 미래를 가지고 계셨기 때문에 가능한 일이었다(신 8:5-20).

만일 하나님이 그 백성을 자녀로 보지 않으셨다면, 다른 나라들처럼 혼자 걷게 놔두셨을 것이다. 그러나 자기 백성을 위한 미래를 가지고 계셨기 때문에 그들을 훈련시키셨다. 예수님은 광야의 시험을 통해 십자가에 대한 준비를 하셨고, 자신의 정체성이나 유산에 대해 절대 흔들리지 않으셨다. 자신이 너무 훌륭해서 훈육이 필요하지 않다고 생각하는 사람은 자신이 예수님보다 더 위대하다고 생각하는 것이다. 우리가 다음 세대를 훈육하고 기르려면, 그들을 예수님께로 불러야 한다. 그것은 그들을 십자가 앞으로 부르는 것을 의미한다.

그것이 최종 목표라면 우리는 어떻게 거기에 도달할 수 있을까? 하나님이 미래를 위해 우리를 어떻게 이끌어 가시는지 보고, 우리도 그렇게 하면 된다. 하나님은 먼저 우리의 소속감을 확인시켜 주심으로써 우리를 양육하신다. 하나님은 오실 왕에 대해 말씀하시면서, "나는 그에게 아버지가 되고 그는 내게 아들이 되리니"(삼하 7:14)라고 하셨다. 하나님이 그리스도를 언급하며 하신 훈육은 소속감에 있다. 아버지는 아들을 사랑하신다. 그리고 아들을 보시며 아들로 인해 즐거워하신다. 하나님이 우리를 훈육하시는 것도 우리를 사생자가 아니라 친아들로 대하기 때문이다(히 12:8).

우리가 자녀로서 그 훈육을 받아들이면 더 강하게 하나님의 가족 안에 속하게 된다. 가족 안에서는 정체성과 소속감을 공유하는 전통과 리듬이 형성된다. 좋은 예는 함께 식사하는 일상적인 일이다. 가족의 밥상 공동체가 너무 자연스러워 보일지라도, 만일 스케줄이 얽혀서 가족의 밥상 공동체가 깨지기 시작하면 어떤 일이 일어나는지 보라. 어느새 모두가 화면을 보며 혼자서 음식을 먹게 된다. 함께 모여 식사하는 것은 많은 연구가 보여 주는 대로 아이들의 균형 잡힌 삶을 형성하고(우리 모두는 그것을 바란다) 그 이상의 의미를 지니고 있다. 우리는 정기적인 성만찬을 통해 사람들을 가족으로 초청하시는 예수님을 본받아야 한다. 부모로서 우리의 최종 목표는 에서처럼 외롭게 혼자서 밥을 먹는 것이 아니라 어린양의 혼인 잔치에 참여하는 것이다. 우리는 자녀들에게 그것을 보여 줘야 한다.

소속감과
권위의 문제

만일 우리가 자아 중심적인 부모라면, 우리의 자녀가 그들만의 정체성을 형성하도록 돕기보다 우리와 같기를 바랄 것이다. 아이들은 그저 부모의 연장이 될 것이다. 그러나 십자가로 빚어진 사람들은 다음 세대를 위해 자신을 내어 주며 자녀들에게 다음과 같이 물을 것이다. "너는 누구니?" "하나님이 너에게 어떤 은사를 주셨니?" 부모의 사랑이 가장 분명히 나타나는 경우는 부모가 자녀의 은사와 부르심을 인정해 줄 때다. 특히 그 은사가 부모와 다를 때 말이다.

유능한 변호사인 어머니가 공부를 힘들어하는 딸에게 사랑을 표현하는 방법은 딸이 자기와 똑같아지기를 기대하지 않고 도예나 테니스를 잘할 때 기뻐해 주는 것이다. 그런 소속감은 "사랑해"라는 말(하나님도 예수님의 공생애 가운데 종종 그렇게 말씀하셨다)뿐 아니라, 자녀의 모습을 다시 확인시켜 주는 말을 하는 것이다. "나는 네가 누구인지 알아. 네가 누구인지 보고 있어. 그런 네가 좋아"라고 말이다.

성경 시대에는 자녀들에게 이런 소속감을 주기가 더 쉬웠다. 아이들이 부모와 함께 밭일을 하거나 집을 짓거나 물고기를 잡았기 때문이다. 아이들은 단순히 소비자가 아니라 가정 경제에 능동적으로 참여했기 때문에 자신이 가족 안에 속해 있다는 것을 알았다. 오늘날 우리의 상황은 그때와 반대이다. 자녀의 삶 속에 부모는 없고, 부모들은 더 많은 상품들을 사주며 그것을 통해 자신의 죄책감을 덜려 한다. 물론 현대 미국 가정은 고대 중동의 가정과 동일한 종류의 짐을 분담하지 않겠지만, 그럼에도 불구하고 한 가정이 가족의 사명에 함께 동참하게 할 방법들이 있다.

우리 집에서는 아이가 웬만한 것을 할 수 있게 되면 곧바로 작은 집안일을 맡긴다. 매일 욕실에 있는 쓰레기통을 주방의 더 큰 쓰레기통에 버리라고 하는 식이다. 물론 어린아이에게 시키는 것보다 직접 하는 것이 나을 수 있다. 아이가 어지르고 다니는 것을 방마다 따라다니며 치우게 될 수도 있다. 그러나 중요한 것은 업무의 완수나 아이에게 일을 가르치는 것이 아니라(물론 그것도 중요하지만), "너는 우리 가족이야. 우리는 네가 필요해"라는 메시지를 전하는 것이다. 우리 하늘 아버지도 우리가 교회에서 섬기도록 은사를 주시고, 당신의 사명 안으로 초청하셔서 우리를 그런 식으로 훈육하신다. 우리가 하나님 아버지께 받는 훈육의 중요한 측면은 작은 것을 할 줄 알아서 언젠가 더 큰 일에 대한 권세를 받는 것이다(눅 16:10, 19:17). 우리는 우리의 직업과 경력, 사역을 중시하지만, 사실 그 목적은 장차 임할 그리스도의 나라에서 우리가 상상하지 못할 일을 할 수 있도록 훈련되는 것이다.

그것은 또한 온 가족이 부활하신 그리스도와 함께 사명을 수행한다는 것을 자녀에게 보여 주는 것도 포함한다. 어떤 가족들은 '가족 사명 선언문'을 가지고 있다. 가정이 너무 기업처럼 보일 수도 있지만(그래도 괜찮다면, 한번 작성해 보라), 여하튼 아이들은 자신의 부모가 다른 사람들을 영적, 물리적, 정서적으로 돌보는 것을 보는 것이 중요하다. 나의 자녀가 내게서 배울 수 있는 최상의 것은 내가 예배하며 찬양하고, 복음으로 그리스도의 몸과 세상을 섬기고, 교회의 일원이라는 것을 그들이 알게 되는 것이다.

어떤 그리스도인들은 설문지와 성격 검사지까지 들이대며 자신의 영적 은사를 알아내는 데 지나치게 강박적이다. 그러나 성경은 우리가 자신의 은사를 아는 것이 중요하다고 주장하지 않는다. 최소한 그 평가지에서 말하는 대로 우리의 기술과 은사의 등수를 매기면서는 아니다. 중요한 것은 우리가 섬기는 것이고, 그래서 교회가 우리의 은사를 보는 것이다. 교회에서 가장 유능한 청지기들 중에는 자신들의 영적 은사가 무엇인지 생각조차 해보지 않은 사람들도 있다. 그들은 그저 다른 사람들의 영적 은사를 세워주는 데만 초점을 맞춘다. 중요한 질문은 당신의 영적 은사가 무엇인지 대답할 수 있느냐가 아니라 당신의 아이들이 당신의 은사에 대해 그 답을 줄 수 있느냐는 것이다. 그것 역시 훈육이다.

우리가 이러한 소속감을 기르는 방법 중 하나는 자녀를 훈육하고 제자로 양육할 때 그들을 경작해야 할 대상이나 기계 부품이 아닌 인격체로 인식하는 것이다. 각각의 아이들은 자신만의 고유한 장단점을 가지고 있다. 그러나 첨단기술의 시대에서는 아이들을 양육하는 것을 포함하여 만사를 기술의 문제라고 가정한다. 그래서 제대로 된 다섯 단계만 밟으면, 고집 센 아이를 바로잡을 수 있다거나 (아기나 부모가) 눈물을 쏟지 않고 배변 훈련을 마칠 수 있다고 생각한다. 물론 모든 아이들의 모든 삶에 적용되는 일반적 원리가 있다. 어떤 일반적인 원리들은 모든 인간에게 해당된다. 그러나 많은 구체적 조항, 가령 어떤 종류의 수면 패턴이나 섭식 방법을 선택할지, 어떤 유형의 학교를 보낼지, 또한 언제 시작할지 등은 각각의 자녀와 가정마다 다르다. 이런 것들은 보편화되면 오히려 더 해로울 수 있다.

요셉과 삼손이 다르게 양육되어야 하듯, 다윗과 예레미야도 서로 다른 방식으로 양육해야 하고, 베드로와 요한도 다르게 양육해야 한다. 도덕적 기준에 둔감한 아이가 있는가 하면 어떤 아이들의 양심은 과도하게 예민하다. 어떤 아이는 친구들에게 너무 빨리 동화되고, 다른 아이는 자신이나 남의 죄에 대해 가혹한 판단을 내린다. 거기에 따라서 서로 다른 지침과 경계선, 지적이 필요하다.

나는 한 아이에게는 종종 "이건 매우 중요한 문제야! 조심해야 해!"라고 말해야 하고, 다른 아이에게는 계속해서 "죄를 짓는다고 해서 그리스도인이 아닌 건 아니야. 다만 성령께서 네가 그리스도를 닮아가도록 인도하시는 거야. 이제 용서받았으니 잊어도 돼"라고 말해야 한다. 우리는 각 자녀의 짐을 고유한 방식으로 져야 한다. 그것은 "우리의 체질을 아시며 우리가 단지 먼지뿐임을 기억하시는"(시 103:14) 하나님의 아버지 되심을 반영한다.

그런 소속감을 가지고 있으면 부모의 권위가 안정적으로 세워진다. 우리 아들 중 하나는 꼬마일 때 특히나 떼를 잘 썼다. 어느 날 아침에 아내와 내가 하루 일과를 준비하다가 아침 텔레비전 프로그램의 광고를 들었다. 자녀 양육 전문가가 광고 후에 어떻게 떼쓰는 아이를 달랠지 알려 줄 것이라고 했다. 그것은 때마침 우리에게 절실히 필요한 바였다.

그 육아 전문가는 아이들이 떼를 쓰는 것은 훈육할 일이 아니고, 단지 의사소통의 문제라고 말했다. 부모가 어린이의 말을 경청하고 이해해 주지 않을 때 어린이가 통제 불능 상태에 빠진다는 것이었다. 그럴 때 부모는 아이가 떼를 쓰도록 내버려 두고, 아이의 잘못을 지적하거나 고치지 말라고 했다. 그러자 사회자가 만일 아이가 가게에서 떼를 쓰면서 과자를 사 달라고 하면 어떻게 해야 하는지 물었다. 전문가는 마찬가지라고 했다. 부모는 아이와 눈높이를 맞추고 아이의 얼굴을 손으로 감싸며 눈을 들여다보면서 부드럽게 반복해서 말하라고 했다. "네가 과자가 먹고 싶구나. …과자가 먹고 싶어. …과자가 많이 먹고 싶구나." 그러면 아이는 곧 부모가 자신의 마음을 이해하는 줄 알고 과자를 사주지 않더라도 떼를 쓰지 않게 된다고 했다.

마리아와 나는 그때나 지금이나 양육 전문가는 아니지만, 아이가 어릴 때 분노와 자제력을 기르지 못하면, 자라서는 작은 것에 그치지 않고 더 큰일을 저지를 것을 직감했다. 그 전문가의 조언이 비록 간단하고 쉬워 보이긴 하지만, 만약 그대로 하다보면, 언젠가 수염이 돋은 자녀의 얼굴을 보며 부드러운 목소리로 "네가 주류점을 털었구나. …이런, 주류점을 털었어. …네가 주류점을 털었어"라고 말하게 될까봐 두려웠다. 우리는 대안이 뭔지 정확히 몰랐지만 그렇게 하면 안 된다는 것은 알았다.

그 전문가가 제시한 훈육은 사람들이 소위 '관대한' 양육이라고 부르는 것이다. 이 방법은 인간 본질의 근본적 문제를 정보 부족과 양육의 결핍으로 보며, 그리스도인들처럼 더 심각한 문제로 여기지 않는다. 이 훈육 방식에서 부모는 권위라기보다 촉진자로서 아이가 이미 형성되어 있는 자신의 내적 자원에 연결되어 행동을 교정하게 한다. 많은 그리스도인들이나 이 방법을 비웃는 사람들까지도 실제로는 그렇게 하고 있다. 그들은 자신을 가정의 강력한 권위로 보기도 하지만, 그 권위 사용이 산발적이거나 일관성이 없거나, 권위가 무엇인지에 대해 완전히 다른 비전을 가지고 그 권한을 행사한다.

심리학자들과 행동과학자들은 '관대한' 양육과 '권위적인' 양육을 구별했지만, 최근 몇 년 동안에는 '권위적인(authoritative)' 양육과 '독재적인(authoritarian)' 양육까지 구별해서 다루고 있다. 권위적인 부모는 아이의 도덕 및 영성 형성의 분명한 방향을 설정하는 것이 부모의 책임이라고 본다. 그러나 독재적인 부모는 자신의 권위와 질서 유지를 위해서 아이들이 순응하도록 위협한다. 그것은 그리스도 안의 권위가 아니다.

하지만 우리의 문제는 종종 십자가를 제외시키고 권위와 힘을 혼동한다는 것이다. 사실 권위를 권력으로 착각하거나, 권위가 있는 줄 알지만 실상은 가지지 못했을 때도 같은 결과가 나타난다. 권위는 거친 힘이 아니다. 만약 직장에서 같은 부서가 아니거나 직급이 낮은 사람이 당신에게 프로젝트를 어떻게 하라고 지시한다면, 당신은 이렇게 말할 것이다. "당신은 내게 이래라 저래라 말할 권한(authority)이 없어요." 이것은 그 사람이 지시하는 말을 할 능력이 없다는 의미가 아니라 당신에게 지시할 권리가 없다는 말이다. 그러나 만일 그가 총을 들이대며 지시대로 하지 않으면 쏘겠다고 한다면 어떨까? 그러면 당신은 그가 시키는 대로 할 것이다. 그래도 그가 그럴 권위가 있는 것은 아니다. 그는 다만 순응을 강요할 거친 힘이 있는 것이다. 그것은 권위가 아니다. 성경적 권위는 힘과 동의어가 아니다. 그것은 어떤 사람이 무엇을 할 능력을 말하지 않고, 그것을 할 권리와 책임을 말한다.

권위는 또한 책임을 전제로 한다. 현명하고 사랑 넘치는 어른의 권위에서 나오는 안정감이 제거되면(또는 순전히 힘의 결과로만 권위를 행사하면), 권력을 우상화하는 아이들만 남게 되거나, 혼란을 억제하는 데 필요한 권력을 손에 넣으려고 하거나, 힘을 가진 중요한 자리에 앉으려고 할 것이다. 그런 아이들은 강한 자를 동경하거나 자신이 강한 자가 되려고 할 것이다. 누구든지 힘을 가진 사람이 권위자라고 믿게 되면, 결국 아이들은 마귀가 자신보다 힘이 세다고 생각하게 될 것이다. 그러나 사실 우리는 강한 자의 손아귀에서 벗어났다. 예수님이 강한 자를 결박하시고 그의 집을 약탈하셨기 때문이다(막 3:27).

마귀는 힘을 사용하여 우리를 유혹하고 꾄다. 그렇다면 우리는 어떻게 마귀의 힘을 이길 수 있을까? 그 방법은 힘으로 힘을 제압하는 것이 아니다. 우리는 세상이 생각하는 연약함을 통해 그 참소자를 이긴다. 우리를 이기게 하는 것은 어린양의 피와 형제들의 증언이다(계 12:11). 권위는 다른 사람을 위해 자신을 쏟아 붓는 것이다. 예수님은 당신의 목숨을 버릴 수 있는 권리와 다시 얻을 권리를 가지고 있었다(요 10:18). 권위의 표지는 그 크기나 영향력, 나이, 또는 직책이 아니라, 십자가이다.

훈육이
아닌 것

　　부모 역할 및 자녀 양육에 대한 기독교의 비전은 수동성과 지배하려는 태도 모두에서 벗어나는 것이다. 성경은 자녀들을 향해 부모에게 순종하라고 할 뿐 아니라 동시에 부모를 향해 "너희 자녀를 노엽게 하지 말고 오직 주의 교훈과 훈계로 양육하라"고 말한다(엡 6:4). 사실 훈련되지 않은 가정이나 훈련되지 않은 교회, 훈련되지 않은 사람은 아무도 없다. 모든 사람은 훈련되고 있다(어떤 성향이나 행동을 향해 교정되고, 형성되고, 교육된다). 문제는 우리가 훈련을 받느냐 받지 않느냐가 아니라 어느 쪽으로 훈련되느냐 하는 것이다. 아이가 강아지를 괴롭히는데 그냥 지나치는 부모는 아이를 훈육하지 않는 것이 아니다. 힘없는 동물에게 잔인하고 폭력을 가하는 것은 자신들이 개입할 만큼 중요한 일이 아니라고 가르치고 있는 것이다. 그 아이는 제대로 교정 받지 못한 채, 끔찍할 것으로 예상되는 미래를 향해 만들어지고 있다.

　　우리는 부모로서 하나님 아버지가 절대로 하지 않는 일과 절대로 하지 않으실 바로 그 일을 할 때가 많이 있다. 야고보는 "사람이 시험을 받을 때에 내가 하나님께 시험을 받는다 하지 말지니 하나님은 악에게 시험을 받지도 아니하시고 친히 아무도 시험하지 아니하시느니라"(약 1:13)고 말하고 있다. 사도 바울은 "오직 하나님은 미쁘사 너희가 감당하지 못할 시험 당함을 허락하지 아니하시고 시험 당할 즈음에 또한 피할 길을 내사 너희로 능히 감당하게 하시느니라"(고전 10:13)고 말한다.

그래서 하나님은 모세의 율법을 통해 자기 백성을 아이처럼 엄격히 다스리셨고 "그 아버지가 정한 때까지 후견인과 청지기 아래에 있게"(갈 4:2) 하셨다. 하나님은 많은 것을 맡기기에 앞서 우리가 작은 일에 충실한지 보시며 성숙함을 향해 나가도록 조심스럽게 일하신다. 이와 마찬가지로, 부모는 자유와 책임을 매우 제한하는 데서부터 시작해서, 아이들이 점차 더 큰 자유와 책임을 갖도록 준비시켜야 한다. 종종 부모들은 당장 큰 결과가 없을 때는 그 경계에 별로 관심을 기울이지 않다가 아동기를 통해 아이의 패턴이 정해지고 나면 그때서야 억지로 개입하려 한다. 다른 한편 그 경계를 너무 제한해서 자녀를 유아처럼 대하는 부모도 있다. 그들은 아들의 군대 상관에게 전화를 해서 왜 신병 훈련소에서 아들에게 그렇게 대했냐고 따지거나, 딸이 다니는 대학의 학장에게 학점 문제를 제기하기도 한다.

종종 부모가 적절한 경계를 제시하지 못하는 것은 또래집단의 압력 때문일 수 있다. 그것은 자녀의 또래집단이 아니라, 부모의 또래집단이 압력을 가하는 경우이다.

부모들은 세상 사람들이 아이들에게 꼭 필요하다고 말하는 것을 자녀로부터 빼앗고 싶어 하지 않는다. 또는 자녀들에게 호감을 잃게 될까봐 그런 경계로부터 피하기도 한다. 그것은 잘못된 생각일 뿐 아니라, 근시안적이다. 당신의 아이들은 곧 부모의 관점이 자신들보다 더 근시안적이라는 것을 알게 될 것이다. 만약 당신이 스스로를 자녀의 욕구를 만족시켜 주는 수단으로 보고 훈육한다면, 아이들은 당신보다 자신의 욕구를 선택할 것이다. 엘리 제사장의 슬픈 예를 기억하라. 엘리의 아들들은 기름을 태우지 않은 고기를 규정에 어긋나게 취했고, 장성해서는 아버지에게 큰 슬픔을 안기는 반역을 저질렀다(삼상 2:12-21, 4:16-18).

훈육은 잘못된 행동의 교정뿐 아니라 무엇을 사랑하고 우선시해야 할지 훈련시키는 것이다. 그것은 우리 자신의 이익보다 우리 아이들의 유익에 더 신경을 쓰도록 자신을 훈련시키는 것을 의미한다. 따라서 우리는 아이들이 지금 우리를 어떻게 생각할지보다, 가장 중요한 순간에 우리를 어떻게 볼지, 일생이 끝난 후 임종 자리에서 우리를 어떻게 볼지, 더 나아가 그리스도의 심판대 앞에서 우리를 어떻게 볼지에 더 신경을 써야 한다. 그런 종류의 자기희생적인 양육을 하려면 지혜와 인내가 요구되며, 필요할 때는 인기를 잃는 것까지 감수해야 한다. 맞다, 처음에는 아이들도 자기 삶에 경계를 설정하는 것에 대해 불평할 것이다. 우리도 그랬고, 우리 앞의 모든 사람들도 그랬다. 바로에게서 벗어나 하나님 아버지의 집에 처음으로 인도되었던 사람들도 그랬다.

그러나 동시에 가혹하거나 제멋대로 훈육해서 하나님의 이미지를 초라하게 만들려는 유혹도 있다. 성경이 명하고 있듯이 부모는 자녀를 "주의 교훈과 훈계로" 양육해야 하고, 또한 자녀를 "노엽게 하지" 말아야 한다. 그런 분노에서 벗어나기 위해서는 가정 안에서 지적하고 꾸짖는 것이 주된 상호작용 모드가 되어선 안 된다. 하나님의 가정은 시무룩하고 숨기는 것이 아니라 기쁨으로 충만한 곳이다. 어떤 부모는 자녀와의 상호작용에 지적하고 꾸짖는 것이 너무 많아서 예수님의 비유 중에 나오는 형과 같고, 아들의 귀환을 위해 잔치를 여는 기쁨이 충만한 아버지 같지 않다(눅 15:11-32). 어떤 부모는 자신이 거룩하다고 생각하지만, 자녀들로 하여금 오히려 그리스도의 나라가 바리새인의 지루한 세미나 같다고 느끼게 하고, 하나님의 은총과 해방을 누리는 가정이 뭔지 모르게 한다(눅 4:18-19). 만일 웃음과 기쁨이 없는 가족이라면, 뭔가 잘못되었다.

어떤 부모는 바로잡는 훈련을 자신의 분노와 좌절을 터뜨리는 것으로 생각한다. 사실 많은 사람들이 작은 훈육을 등한시하다가 어느 지점에 도달하면(그게 언제인지 아무도 모른다) 자녀에게 소리를 지르며 폭발하곤 한다. 부모가 자신의 충동을 자제하지 못하고 미친 듯 소리를 지르면 자녀들은 부모에게서 권위를 찾기 힘들다. 만일 성경이 가르치는 대로, 훈육이 자녀의 미래를 위한 것이고 부모가 자기 기분을 표현하려는 것이 아니라면, 부모 자신이 가장 침착하고 평정 상태에 있을 때 훈육해야 한다.

만일 당신이 소리를 지르고 화내는 것이 일상이라면, 먼저 자기 자신을 훈육하라. 그럴 때 이렇게 말할 수 있을 것이다. "먼저 산책 좀 하고 올 테니까 나중에 얘기하자." 문제를 다루기 전에 부모 자신의 마음을 진정시키는 것은 오히려 훈육을 강화시킨다. 만일 당신의 가정에 아동 학대가 있다면, 누가 학대하든, 관계 당국에 즉시 신고해야 한다. 가정이나 교회에서 어린이를 학대하는 일은 단 1초라도 용납될 수 없다. 안타깝지만 굳이 학대까지 가지 않더라도 어떤 가정은 부모가 화내는 일이 늘 있는 일일 수 있다.

부모가 소리를 지르지 않는다고 해서 감정을 잘 통제하고 있는 것은 아니다. 때로는 완전히 합법적인 훈육 수단인 자녀를 자기 방에 들어가게 하는 것도 복음에 나타난 하나님 아버지의 훈육과 상당히 다를 수 있다. 다시 말하지만 아이를 잠시 격리시켜서 조용히 사태의 심각성을 깨닫게 하는 것은 좋은 전략이다. 그러나 너무 오랫동안 격리시키면 아이를 가족의 삶에서 떼어내는 것이다. 그것은 훈육과 회복의 성경적 패턴이 아니며, 아이에게 (그리고 우리에게) 절실히 필요한 훈육 수단인 가정으로부터 아이를 소외시키는 것이다. 하나님의 훈육은 소외시키고 밀어내는 것이 아니라, 잘못한 양을 다시 우리로 불러들이는 것이고, 탕자를 식탁으로 불러 환영하는 것이다. 탕자를 멀리 두는 것은 좋은 방법이 아니다.

어떤 부모는 자녀에 대한 기대가 너무 엄격해서 어떤 아이도 그 기대를 충족시키지 못한다. 이것은 부모들이 미성숙과 반항을 잘 구별하지 못하기 때문에 벌어지는 일이다. 물론 작은 것이 훈육이 안 되면 나중에 큰 문제가 될 수 있지만, 아이가 하는 행동마다 즉시 대응해야 하는 것은 아니다. 하나님은 그의 백성이 성숙하지 못할 때 꾸짖으신 경우가 많았다. 초대 교회에서도 스승이 되어 가르쳐야 마땅할 사람들이 여전히 기본적인 가르침(젖)에 머물러, 성숙하고 "지각을 사용함으로 연단을 받아 선악을 분별하는 자들"이

먹는 "단단한 음식"을 감당하지 못하는 일이 있었다(히 5:11-14). 히브리서 저자는 그들이 준비되기 전에 가르치는 권위의 자리에 세우지 않았고, 아직 씹을 줄 모르는 아기의 입에 단단한 음식을 억지로 떠 넣지 않았다. 그 대신 그들을 가르쳤고, 그들이 부르심대로 성장할 수 있도록 애썼다. 더 나아가, 하나님은 종잡을 수 없는 이방신들과 달리, 자신의 백성에게 무엇을 기대하시는지 정확히 밝히셨다. 그래서 사람들이 하나님이 보시기에 좋거나 옳거나 기쁜 것이 무엇인지 추측할 필요가 없었다.

하나님은 우리를 훈육할 때도 가혹하지 않으시다. 주의 계명은 "무거운 것이 아니다"(요일 5:3). 부모가 자신에게 뭘 기대하는지 모르겠다고 단정하는 아이는 곧 노력하지도 않고 포기할 것이다. 부모의 기대에 도저히 맞출 수 없다고 결론 내린 아이도 마찬가지이다. 문득 모든 것에 대해 끊임없이 자식들을 들볶던 어떤 율법주의 성향의 아버지가 떠오른다. 그는 항상 정도를 넘어서서 자녀들을 과도하게 훈육했다. 그의 자녀들 중에는 아버지를 상기시키는 모든 것에 반항하는 아이도 있고, 주눅이 들어서 가게 점원이 인사를 해도 아무런 대답도 못하는 아이도 있었다. 물론 다른 이유 때문에 그런 성격이 형성되었을 수도 있겠지만, 하나님은 분노와 가혹한 훈육 때문에 그런 일이 일어나는 것을 금하신다.

훈육의 핵심은
회개를 배우는 것이다

우리가 아이들에게 지식과 도덕의 나침반을 심어 주고 싶은 것은 맞지만 훈계는 정보나 도덕 기준의 전달에 관한 것만은 아니다. 훈육은 준수에 관한 것이 아니라 회개에 관한 것이다. 교정이 필요하긴 하지만, 그것은 처벌이 아닌 회개를 위함이다. 처벌은 지옥이다. 우리는 십자가에서 지옥을 맛보았고 이제 지옥은 우리와 더 이상 상관없다. 훈육이 지옥과 닮은 것은 오직 한 가지 면에서다. 둘 다 행동에는 결과가 따른다는 것이고, 우리가 누구인지, 무엇을 했는지에 대해 최종 보고를 해야 한다는 것이다. 그러나 훈육은 지옥이 아니라 은혜다. 그것은 우리의 선을 위해 잠시 겪는 역경으로 "그로 말미암아 연단 받은 자들이 의와 평강의 열매"(히 12:11)를 맺게 된다. 그러려면 자녀가 성공하는 것이 무엇인지에 대한 우리의 생각을 하나님의 뜻에 맞춰야 한다. 우리가 그 무엇보다 기도해야 하는 것은 자녀가 좋은 학교에 가는 것이나 인정받는 직업을 갖는 것, 또는 언젠가 안정된 가정을 갖는 것이 아니다. 우리는 그 무엇보다 자녀가 그리스도의 음성을 들을 줄 알아서 언젠가 무덤에서 나오게 되도록 기도해야 한다.

우리가 자녀에게 도덕적인 신뢰를 얻으려면 자신의 죄나 실패를 감추지 말고 자녀 앞에서 회개하는 모습을 보여 주어야 한다. "내가 잘못했어"라거나 "나를 용서해 줄래?"라고 말한다고 해서 신뢰를 잃지 않는다. 자녀를 훈육하려면 우리 자신을 먼저 훈육해야 한다. 그리고 먼저 하나님 아버지의 양육을 받아야 한다. 자녀에게 복음을 전하려면, 우리가 먼저 복음을 붙들어야 한다. 십자가는 가르치고 훈련하고 훈육할 때만 아니라 넘어질 때도 초점이 되어야 한다. 우리는 결코 이것을 완벽하게 맞출 수 없을 것이다. 실패하지 않을 때도 부모로서나 다음 세대 지도자로서 대부분의 시간을 실패자처럼 느끼게 될 것이다. 하나님 아버지와 달리, 우리는 온전히 거룩하지 않고 모든 걸 다 알지 못한다. 비록 우리의 목표는 우리 아이들의 장기적이고 최선의 유익을 위해 행동하는 것이지만, 종종 중간에 그것을 놓칠 수 있고, 처음에는 그것이 뭔지 잘 모를 수도 있다.

양육과 훈육은 그런 것이다. 최종 목표는 아이가 올바른 행동을 하는 것이 아니다. 사실 행동이 올바른 사람이 지옥에 가장 가까울 수도 있다. 만약 어떤 사람이 현재 가장 힘 있는 사람 앞에 굴복하는 법을 배운다면, 이 시대에 강해 보이는 마귀에게 굴복하게 될 것이다. 더 나쁜 것은 회개 없이 복종하는 법을 배우는 사람은 절망하거나 자신의 의를 세우려 할 것이다. 물론 그것은 의를 이루지 못한다. "누구든지 온 율법을 지키다가 그 하나를 범하면 모두 범한 자가"(약 2:10) 되기 때문이다.

훈육의 핵심은 행동을 배우는 것이라기보다 회개를 배우는 것이다. 사도 바울이 부모와 자녀에게 권면하는 메시지가 영적 전쟁의 맥락 속에 있는 이유가 있다. "우리의 씨름은 혈과 육을 상대하는 것이 아니요"(엡 6:12)라는 사실 때문이다. 양육의 목표는 자녀가 순응할 줄 알게 되는 것이 아니다. 힘 있는 사람에게 복종할 줄 알게 되는 것이 아니다. 양육의 목표는 올바른 종류의 싸움이다. 우리는 자녀들이 하나님이 약속하는 나라를 사랑하고, 현재의 점령 세력에 대항해 싸우기를 바란다. 우리가 훈육하는 것은 무엇을 하거나 하지 말라고 가르치는 것보다 그것에 실패할 때 어디로 가야 하는지, 아니 누구에게로 가야 하는지 가르치는 것이다. 그것은 십자가에 못 박히신 그리스도 안에서 정의와 사랑, 진리와 은혜가 만나는 복음의 관점에서 이루어지는 양육이다.

아마도 그것을 가장 잘 보여 주는 것은 예수님이 사도들을 친히 양육하신 방법이다. 사도들에 대한 훈육은 예수님 사역의 최전선에 있었다. 그래서 우리는 그들을 '제자'라고 부른다. 우리는 아버지 되심에 대해 하나님 아버지만 생각하는 경향이 있다. 그러나 그리스도 예수도 아버지로서 우리를 양육하신다. 땅의 아버지들처럼, 예수님도 주변 사람들에게 하나님의 아버지 되심을 몸소 보여 주셨다(다른 점은 예수님은 완전하시다는 것이다).

복음서에는 이런 예들이 아주 많지만, 당장 생각나는 것은 예수님이 가이사랴 빌립보에서 제자들과 이야기를 나누신 것이다. 그것은 시몬 베드로가 예수님께 "주는 그리스도시요 살아계신 하나님의 아들이시라"고 고백한 후였다. 예수님은 베드로의 고백을 확증하시며 미래를 알려 주셨다. "이 반석 위에 내 교회를 세우리니 음부의 권세가 이기지 못하리라." 전 우주적 거대한 그림만이 아니라 베드로의 구체적 역할을 말씀하신 것이다.

그러나 놀라운 것은 임할 나라에 대한 그러한 승리의 가르침 후에 예수님이 늘 그러신 것처럼 십자가로 주제를 돌리신 것이다. "이때로부터 예수 그리스도께서 자기가 예루살렘에 올라가 장로들과 대제사장들과 서기관들에게 많은 고난을 받고 죽임을 당하고 제삼 일에 살아나야 할 것을 제자들에게 비로소 나타내시니"(마 16:21-22). 그러시면서 제자로 양육하신 자들을 칭찬하고 인정해 주시기도 하고("바요나 시몬아 네가 복이 있도다"), 날카롭게 지적하기도 하셨다("사탄아 내 뒤로 물러가라"). 예수님은 베드로가 무지하여 갑자기 사탄의 말을 한 것이나 베드로가 미래에 지을 죄에 대해 충격 받지 않으셨다. 예수님은 베드로가 세 번 배신할 것을 아셨다. 예수님은 베드로가 죄를 짓거나 은둔하도록 몰아가지 않으셨다. 다만 이렇게 말씀하셨다. "너는 돌이킨 후에 네 형제를 굳게 하라"(눅 22:32). 부모나 교회 리더, 멘토들이 예수님이 여기서 뭘 하고 계신지 이해한다면, 어떻게 아버지 역할의 모범을 보이고 계신지 안다면, 우리도 십자가를 지고 하나님 나라를 바라보는 자녀 양육이 어떤 것인지 알게 될 것이다.

자녀에 대한
우리의 소망

우리는 우리 아이들이 세상 속에서 잘 살아가기를 바란다. 그리고 아이들이 우리를 생각할 때 사랑과 존경의 마음을 가지기를 바란다. 그러나 무엇보다도 우리 아이들이 붙잡아야 할 유일한 정체성은 "나의 죄를 씻기는 예수의 피 밖에 없네"라는 것이다. 자녀에 대한 우리의 소망은 우리 또래들이 보기에 성공하는 것도 아니고, 품행이 단정하여 부모를 뜬눈으로 지새우게 하지 않는 것도 아니다. 우리는 아이들도 우리처럼 예수 그리스도를 통하여 하나님 앞에서 다시 살아나기를 소망한다. 우리는 아이들이 때로 외출금지를 당해도 항상 은혜의 세례를 받는 것처럼 죄인이면서 의롭다 하심을 받은 존재임을 알 수 있기를 바란다. 그 때문에 십자가가 필요한 것이다.

The Storm-Tossed Family

Part 3

당신의 가정,
예수로
다시 살아나라

가족끼리
주고받은
깊은 상처에
붙들리지 말라

가족끼리 주고받는
상처들

우리 아이들보다 조금 더 큰 아이들을 둔 내 친구는 최근에 첫째아들을 대학에 보내면서 차로 데려다주었다고 했다. 그는 아들이 있는 기숙사 방을 나오며 몹시 울었다고 했다. 대학교가 자기 집

현관에서 불과 몇 킬로미터밖에 안 떨어져 있는데도 말이다. 우리 보다 나이가 많은 한 그리스도인이 내 친구를 보고 괜찮으냐고 물었다. 내 친구는 자기감정이 복받친 것은 감상적인 기분이 들어서가 아니라 죄책감 때문이라고 말했다. 그리고 자신이 음악가라서 공연을 다니느라 집을 떠나 있는 시간이 많았다고 말했다. "제가 아들과 같이 보낸 시간이 너무 적었다는 것을 깨달았어요. 집에 없을 때가 너무 많았거든요. 왜 집에서 아들과 더 많은 시간을 보내지 않았을까요? 그리고 집에 있을 때도 왜 텔레비전만 보며 시간을 낭비했을까요?" 그는 내 친구를 보고 말했다. "오, 주께서 그 모든 것을 되찾게 하신다네."

내 친구는 이 한 마디가 자신에게 해방감을 줬다고 말했다. 그 성도가 한 말은 친구가 예상한 것처럼 그저 다독여 주는 말이 아니었다. "만일 그분이 나더러 그래도 내가 좋은 아버지였다고 말했다면, 나의 모든 상황을 잘 몰라서 하는 소리라고 생각했을 거야. 그리고 만일 내가 집에 없었다는 것이 별 문제가 되지 않는다고 말했어도 믿지 않았을 거야." 하지만 그 지혜로운 낯선 사람은 내 친구가 십자가를 볼 수 있도록 했다. 주님은 십자가의 구속 사역을 통해 이 이야기까지도 구원하실 수 있다. 그 그리스도인은 내 친구에게 그만하면 잘한 것이라고 다독여 주는 대신에 그보다 훨씬 나은 말을 해줬다. 곧 은혜의 말이다.

우리 집은 아직까지 부분적으로라도 '빈 둥지'가 아니지만, 나도 부모로서 실패한 기분이 어떤 것인지 너무 잘 알므로 친구의 이야기를 주의 깊게 들었다. 살아가면서 누구에게도 상처를 주지 않거나 상처를 받지 않는 사람은 없다. 그리고 그 상처는 종종 가족이라는 맥락 안에서 일어난다. 그것은 오래 전에 세상을 뜬 사람일 수도 있고, 아직도 끈질기게 버티고 있는 성가신 사람일 수도 있다.

가족 안에 흐르는 긴장의 기류들을 잠재우는 방법

예수님은 우리에게 혼란과 고난이 올 것이라고 말씀하셨다. 사도 베드로도 교회들에게 마찬가지로 말했다. "너희를 연단하려고 오는 불 시험을 이상한 일 당하는 것 같이 이상히 여기지 말라"(벧전 4:12). 하지만 이처럼 고통의 배후에 하나님의 임재와 목적이 있다고 해서 악과 마음의 상처 앞에서 무덤덤해지거나 불교적 평정심으로 이어지지는 않는다. 십자가는 악이 실재하고 있고, 거기에는 하나님의 심판이 필요함을 분명히 한다. 또 십자가는 우리에게 벌어진 일, 때로는 더 나쁜 경우로, 우리가 남에게 저지른 일 때문에 우리가 망할 수 없음을 분명히 밝힌다.

하지만 종종 우리의 혼란스러운 가족사와 상황에 복음의 십자가가 지닌 본질을 어떻게 적용할지 알아내는 것은 힘들 수 있다. 가벼운 긴장감에서부터 실제적인 트라우마까지 우리를 괴롭히는 것이 너무나 광범위하기 때문이다. 우리 정체성의 가장 든든한 요소여야 할 가족이 깨지거나 무너질 때 하나님이 복음 안에서 계획하신 미래를 향해 걸어갈 방법을 우리는 어떻게 알 수 있을까? 이 가운데는 가족의 일상적인 긴장감을 통과해 나아가는 것도 있을 것이고, 우리가 직면하는 트라우마를 뒤돌아보고 앞에 있을 트라우마를 내다보는 일도 있을 것이다. 예수님이 십자가를 향해 움직이셨을 때 많은 사람들은 그분이 무엇을 하시려는지 알고 예수님을 죽이려 했다. 하지만 예수님이 누구신지, 무슨 말씀을 하시는지 알지 못하는 사람들도 있었다. 어느 쪽이 되었건, 양쪽 모두 예수님이 십자가를 향해 나아가시는 것을 막지 못했고, 예수님은 그 두 부류의 사람들을 헷갈리지 않고 간파하셨다.

입양 가족과 함께 일하는 경우가 많다 보니, 나는 입양된 아이들이 성인이 되면서 정체성의 혼란을 겪는 것을 자주 본다. 그중 한 그리스도인은 내게 이렇게 말했다. "이해할 수 없는 사람들과 식탁을 마주하고 앉아서 '나는 당신들과 전혀 달라! 내가 어떻게 이 가족이 되었지?'라고 생각하는 것이 어떤 건지 당신은 상상도 할 수 없을 거예요."

나는 그녀가 경험하는 것이 어느 정도는 입양 때문이겠지만, 보편적인 면이 훨씬 더 크다고 대답해 줬다. "나는 그게 어떤 건지 알아요. 그건 감사해야 할 일이에요."

서로 다른 성격이나 관점을 가진 가족 구성원들 사이에 갈등과 마찰이 일어나면 우리가 그렸던 이상은 희미해지는 경향이 있다. 이중 일부는 해야 할 이야기와 하지 말아야 할 이야기를 분별하는 정도일 수도 있고, 더 심각하게는, 당신에게 적대적인 가족일 수도 있다. 또는 이제는 다 출가시키고 빈 둥지가 되었다고 생각했는데, 아들이나 딸이 배우자나 파트너, 자녀까지 데리고 이전의 자기 방으로 다시 돌아오는 경우일 수도 있다. 이것은 서로 모든 비밀을 알고 있고, 한 평생 가정을 훈련의 장으로 알고 지냈던 원 가족에게는 충분히 힘든 일일 수 있다. 거기에 자녀가 데리고 온 파트너와 그들의 혼란스러운 역동성까지 더해지면 암묵적 반목과 평화 조약, 복잡한 뒷이야기 등으로 걱정거리는 더욱 늘어난다. 그런 긴장이 불가피하다면 우리는 어떻게 십자가를 질 수 있을까?

첫째로, 복음은 우리에게 평화를 이루라고 하신다. 물론 예수님이 분열의 칼을 주신다고 하셨고, 그래서 때로 가족을 나눈다고도 하셨지만(마 10:34-37), 복음으로 인한 분열과 육신적인 분열은 다른 것이다(고전 1:10-17). 성령은 우리에게 평화를 주시고(갈 5:22), 하나님의 아들은 우리를 화평케 하는 자이다(마 5:9). 그래서 우리는 모든 사람과 더불어 화평해야 한다(히 12:14). 일가친척 안에서 분열이 일어나는 것은 종종 상이한 영적 세계관 때문이지만, 믿지 않는 가족이 그리스도인을 박해하는 일은 드물다. 오히려 그리스도인이 먼저 예수님이 말씀하신 심판 날까지 기다리지 않고 식탁에서 알곡과 가라지를 나누려 한다(마 13:29-30). 물론 복음이 우리의 죄를 드러내는 건 맞지만, 그것은 정죄하려는 목적이 아니다(요 3:17). 복음은 전략적으로 죄를 드러내어 그리스도를 바라보게 한다. 불신 가족이 불신자처럼 생각하고 느낀다고 해서 적대시하는 것은 십자가의 길이 아니다.

어떤 그리스도인들은 자신의 호전성이 거룩함의 징표라고 생각한다. 그들은 크리스마스 가족 만찬 자리를 떠나면서 '봐, 이렇게 나처럼 맞서지 않는 사람은 그리스도와 함께하는 것이 아니지!'라고 생각한다. 물론 때로는 구분되어야 한다. 그러나 예수님이 교회 지도자의 자격 요건으로서 "다투지 아니하며", "외인에게서도 선한 증거를 얻은 자라야 할지니"라고 말씀하신 것을 생각해 보라(딤전 3:3, 7). 다툼은 이단이나 술을 즐기는 것과 동급이다. 당신의 존재는 가능한 한 평화와 평온이어야 한다. 분열은 당신이 믿는 복음이 일으켜야 한다.

둘째로 성경은 우리에게 공경하라고 하신다. 우리는 하나님을 경외해야 하고, 왕에게 순종해야 하고, 모든 사람(여기에 주목하라)을 공경해야 한다(벧전 2:17). 사촌이 가족 모임에서 코카인을 흡입하거나 거기서 깨어나려고 테킬라를 마신다 해도, 여전히 그녀는 당신이 흠모하는 하나님의 형상을 가지고 있다. 하나님의 뜻을 대적함으로써 하나님의 뜻을 행할 수는 없다. 불신 부모에게 무례한 태도를 보여서는 그들을 전도할 수 없다. 하나님은 마땅히 공경할 자를 공경하라고 하신다. 다시 말해 가능한 한 어디서나 존경과 감사를 표현해야 한다.

그리고 셋째, 겸손으로 부르신다. 확대가족 안에 많은 긴장이 생기는 이유 가운데 하나는 예수님에 대한 의견 차이를 중동 정책이나 좋아하는 스포츠 팀이 플레이오프에 진출할 가능성이나 누가 음식 장만을 더 많이 했는지 등에 대한 의견 차이와 같이 보기 때문이다. 우리는 세상 문화에서 전문가들이 극단적 의견을 내세우며 이기려 하는 것처럼 자신의 주장을 내세우지 말아야 한다. 예수님은 단 한 번도 자신이 옳다고 증명하려 들지 않으셨다. 도리어 술 마시기를 즐기는 사람이라는 말에서부터 귀신 들린 사람이라는 말까지 온갖 비난을 받으셨다. 하지만 예수님은 자신의 정당성을 입증하라는 사탄의 유혹을 거절하셨다. 성전 꼭대기에서 뛰어내려 극적으로 구조되는 모습을 보이라는 마귀의 유혹을 물리치고 빈 무덤에서 자신의 정당성이 입증되실 때까지 기다리셨다.

우리는 종종 복음의 진리를 아는 것에 자부심을 느끼기 때문에 확대가족(특히 명목상 그리스도인이거나 믿지 않는 가족)과 함께 있을 때 사탄숭배로 방향을 확 틀기도 한다. 그것은 로니 삼촌이 "하나님께 이르는 길은 여러 가지이다"라고 주장할 때 우리가 분노를 느끼는 이유이기도 하다. 물론 로니 삼촌이 틀렸지만, 우리는 자신이 옳다고 입증하고 싶은 마음보다 로니 삼촌이 부활에 참여하기를 바라는 마음이 커야 한다. 문제는 우리가 애초에 어떻게 그리스도께 오게 되었는지 잊는다는 것이다. 그것은 자신이 똑똑해서 명문대학에 입학하는 것과 다르고, 필승의 체스 전략을 의지력으로 배우는 것과 다르다.

사도 바울은 고린도 교회를 향해 묻는다. "네게 있는 것 중에 받지 아니한 것이 무엇이냐 네가 받았은즉 어찌하여 받지 아니한 것 같이 자랑하느냐"(고전 4:7). 사탄은 제일 첫 번째 결점인 교만을 통해 당신을 멸하려고 한다(벧전 5:7-9, 딤전 3:6). 당신이 가족 식탁을 둘러보며 둘째 사촌 매부보다 더 많은 돈을 번다는 것 때문에 우쭐해지든, 아니면 식탁에 앉은 사람들을 둘러보며 '주님, 저는 이 세리들과 같지 않아서 감사합니다'라고 생각하든, 최종 결과는 동일하다(잠 29:23). 당신이 예외적으로 성화된 가족 안에 있는 것이 아니라면, 당신은 결혼의 실패나 자녀 양육의 위기, 그리고 수천 가지의 다른 저주(이중 많은 것들을 직접 경험하게 될 것이다)를 마주하게 될 것이다. 다른 사람들과 자신을 비교하면서 당신의 마음이 우쭐함으로 부풀어 오른다면 그 가족 모임 중에 숨어 있는 사탄숭배자는 바로 당신일 것이다.

넷째, 우리의 부르심은 성숙함이다. 우리가 십자가의 길을 따르고 있다면, 우리는 예수님이 가신 길을 따를 것이다. 그것은 유혹에서 시작하여 고난과 십자가 처형, 그리고 궁극적 영광에 이르는 길이다. 종종 우리는 그 시험들(tests)을 엄청나게 거창한 것으로 생각하지만, 실제로 그런 경우는 거의 없다. 하나님은 그리스도 안에서 당신을 황제 앞에서 사자들과 싸우거나, 베이징 거리의 탱크 앞에서 요한복음 3장 16절을 들게 하셔서 성숙시키실 수도 있지만, 더 가능성이 있는 것은 작은 유혹에 대한 테스트를 통해서다. 가령 테이블 저쪽 끝에 앉은 매형이 트림을 하며 쿠바가 케네디 대통령을 죽였다거나, 허브 설사약을 파는 다단계 사업으로 많은 돈을 벌었다고 말할 때다. 우리가 스스로에게 반드시 던져야 할 질문은 우리가 느끼는 긴장감이 우리 자신의 미성숙 때문은 아닌가 하는 것이다. 때로 답은 그렇다는 것이다.

하지만 다른 가족들은 이런 긴장이 없을 거라고 생각하지 마라. 그런 문제는 어느 가족에서든 항상 있을 것이다. 십자가가 심판 날을 가리킨다는 점을 기억하라. 그때 우리는 모든 나태한(사소하고, 무의미하고, 기억할 가치가 없는) 생각과 말, 행위에 대해 보고하게 될 것이다. 그러면 성령이 복음을 전할 가능성이 있었던 모든 장소에서 우리에게 십자가를 지도록 인도하셨음을 알게 될 것이다. 거기에는 플로시 이모의 식탁도 포함된다.

여기서 사용하는 긴장감(tension)이라는 단어는 일상 속의 마찰로, 인내와 지혜를 요하지만 가족 자체는 위협하지 않는다. 반면 트라우마(trauma)는 우리의 자아의식과 공동체 의식까지 위협하는 고통과 상처를 준다. 어떤 때는 이 둘의 구분이 모호한데, 특히 부모와 방황하는 자녀의 관계에서 그렇다. 나는 '탕자'라는 단어를 그다지 좋아하지 않는다. 마치 자녀만 먼 나라로 떠나고 부모는 늘 집에 있는 것처럼 비치기 때문이다. 하지만 예수님의 요지는 그것이 아니었다. 우리 모두는, 각자의 구속사 안에서 어느 장소에 있는지만 다를 뿐 탕자다. 그러므로 탕자인 부모, 탕자인 형제자매, 탕자인 교회라고 말하는 것이 더 정확할 것이다. 물론 우리가 바라보는 방탕의 범위는 매우 다양하다. 비록 아이들이 부모의 신앙을 이어받지는 못했지만 서로가 서로를 사랑하고 온전한 모습을 갖춘 가족에서부터, 아이들이 자신의 부모를 원망하고 미워하며 심지어 위험하거나 사회적으로 파괴적인 행동을 하는 가족에 이르기까지 말이다. 하지만 문자적인 부모든 영적 부모가 되었든, 부모들은 아이들이 부모의 가르침에서 벗어나 자멸의 길로 빠져드는 것을 보면 아주 특별한 고뇌에 빠지게 된다. 사도 요한은 "내가 내 자녀들이 진리 안에서 행한다 함을 듣는 것보다 더 기쁜 일이 없도다"(요삼 1:4)라고 했지만, 그 반대의 경우도 역시 존재한다.

때로 이 상처는 죄와 은혜에 대한 잘못된 인식 때문에 더 심해진다. 탕자가 아니라 탕자가 돌아오기를 기다리는 사람의 잘못된 인식 말이다. 어떤 부모는 자녀들이 마땅히 가족을 위해 회심하고 제자가 되어야 하는데 만약 믿음이라도 버리게 되면 마치 자신들을 직접적으로 미워하는 것처럼 여겨 배신감을 느낀다. 어떤 부모는 "내가 너를 어떻게 길렀는데 이럴 수가 있어?"라거나 "우리가 모든 걸 다 해줬는데 이 무슨 배은망덕이야!"라며 자녀의 반항에 충격을 받는다. 만일 당신이 그렇게 생각한다면, 무슨 일이 일어나고 있는지 실체를 깨닫기 바란다. 당신은 하나님이 십자가에서 계시해 주신 사실을 놓치고 있다. 당신은 한두 명의 '방탕한 자녀'를 다루고 있지만 하나님은 '방탕한 우주'를 다루고 계시다는 것이다.

탕자의 마음,
탕자를 맞이하는 아버지의 마음

하나님께 대한 죄와 반역은, 당신을 포함하여, 인류의 전체 흐름 안에서 보편적인 것이다(예외가 있다면 예수 한 분뿐이다). 우리의 모든 이야기 안에는 하나님에 대한 우리의 인식, 우리의 의식 안에 있는 하나님의 계시가 포함되어 있다. 그럼에도 불구하고 우리는 은혜를 모르고 자아와 우상에게로 돌아섰다(롬 1:18-23). 불신앙이나 반항으로 우리를 실망시킨 사람들과 관계를 맺을 때 우리는 먼저 그 사실을 반드시 기억해야 한다. 우리의 자녀나 멘토링한 제자가 죄를 짓거나 다른 길로 가버릴 때 충격을 받는다면, 그것은 십자가가 인간의 죄와 인간의 심령에 대해 가르친 바를 잘 모른다는 표시이다.

때로는(표현은 하지 않더라도) 자기 자녀가 구원을 얻도록 하나님이 개입하지 않는다는 것 때문에 배신감을 느끼는 부모도 있다. 종종 그런 관점은 자녀 양육을 거래로 보는 데 뿌리를 두고 있다. 이제까지 관찰한 바에 따르면, 현대 사회의 어떤 부모들은 자녀 양육을 마치 가축을 기르거나 컴퓨터 프로그래밍을 하는 것처럼, 비교적 간단한 인과관계나 입력 및 출력쯤으로 생각한다. 때로는 그리스도인들도 같은 관점을 가지고 있어서 보채는 아기를 보면서 왜 부모가 잠을 더 잘 재워서 아기를 편안하게 해주지 못하냐고 판단한다. 이는 그리스도인들의 영적인 메커니즘에서도 더욱 뚜렷이 드러난다. "마땅히 행할 길을 아이에게 가르치라 그리하면 늙어도 그것을 떠나지 아니하리라"(잠 22:6)는 말씀은 많은 부모들이 방황하는 자녀를 하나님이 결국 구원해 주실 것이라고 주장하는 약속이 되곤 한다. 물론 이것은 잠언이 가르치는 바가 아니다.

자녀 양육과 관련한 번영 신학은 없다. 이 본문은 다른 많은 잠언처럼 일반적 원리를 말할 뿐이다. 어떤 면에서, 부모가 가르친 것들이 자녀의 남은 생애 전체에 영향을 미친다는 것은 확실히 사실이다. 그러나 아이들이 기독교 가정에서 자랐다고 해서, 설령 매우 좋은 기독교 가정에서 자랐다 해서 반드시 그리스도인이 되는 것은 아니다. 성경 및 찬송가, 따스한 복음의 환경 속에서 자란 아이가 그 모든 것을 떠나는 경우도 많다. 어떤 경우엔, 예수님의 탕자 비유처럼 얼마 동안 부모와 구별된 정체성을 찾으려고 잠시 그럴 것이다. 어떤 경우에는 평생 그럴 것이다.

그렇다고 해서 부모가 복음을 가르치고 모범을 보인 것이 모두 헛수고였다는 의미는 아니다. 우리는 모두 나이가 들어갈수록 더욱 자주, 혹은 예상하지 못한 순간에 우리의 배경과 직면하게 된다. 그것이 좋은 식이든 나쁜 식이든 말이다. 기독교 가정에서 자란 많은 사람들은 그리스도인이 아니라, 플래너리 오코너가 말한 대로, '그리스도에 시달리는 사람들'이다. 다시 말해 그리스도에 대한 그들의 애정과 감춰진 직관이 자신이 찾고 싶지 않은 그리스도와 대면하게끔 계속 이끌어가고 있다는 말이다. 옛날 주일 학교에서 불렀던 찬양이나 가족들이 읽었던 성경 구절, 또는 부모가 함께 기도했던 밤의 기억이 그들의 양심을 자극한다. 가끔씩은 이것이 부모가 죽고 한참이 지나 회심으로 이어지기도 한다. 또 가끔은 그렇지 않다.

사실을 아는 것, 심지어 하나님에 관해 깊이 빠졌던 것도 거듭남을 보장하지 못한다. 예를 들어, 부활 사건을 목격한 경비병들에 대해 마태는 가장 참담하게 성경 본문에서 말하고 있다. 그들은 '충분한 돈'을 받고 그들의 눈으로 목격한 것을 부인했다. 그들은 우주 역사에서 가장 기념비적인 사건이 일어났다는 사실을 부인했다. 그렇게 할 만한 충분한 돈은 도대체 얼마란 말인가? 그러나 우리는 안다. 오랜 세월을 도망 다녀도 성령께서 죄를 깨우치시면 그리스도를 믿는 자리에 이를 수 있다. 성령은 그 뜻대로 어디든 바람처럼 다니시고, 우리는 다만 흩날리는 나뭇잎만 볼 수 있을 뿐이다(요 3:8).

때로 부모들이 경험하는 것은 특권의식이 아니라 잘못된 죄책감이다. 그들은 과거에 자녀를 양육하면서 잘못 결정했던 일이나 실패, 책임을 등한시했던 것에 대한 억측으로 시간을 보낸다. 또는 현재 적극적으로 또는 소극적으로 반항하는 자녀를 다루는 방식에 대해 죄책감을 느낀다. 언젠가 나이 많은 한 경건한 그리스도인이 나의 사무실로 찾아와서 눈물을 흘리며 지옥에 갈까봐 두렵다고 말했던 것이 생각난다. 그가 복음을 확실히 견지하고 있었기에 나는 왜 그렇게 생각하느냐고 물었다. 그는 누구든 사람 앞에서 예수님을 부인하면 예수님도 하늘의 아버지 앞에서 그 사람을 부인할 것이라고 말씀하지 않으셨냐고 했다(마 10:33). 그는 자신이 그리스도를 늘 부인한다고 믿고 있었다.

내가 더 물어보자, 그는 자신의 딸이 결혼하지 않고 장기적인 동거를 하면서 아들을 낳았다고 말했다. 죄책감에 빠진 그는 자신의 딸이 결혼과 성행위의 도덕성에 대해 부모가 어떻게 생각하는지 알고 있다고 했다. 하지만 딸을 만날 때 항상 그 얘기를 꺼내지는 않는다고도 했다. 그는 또한 딸을 자주 방문해서 '정상적인' 아버지와 딸 사이의 대화를 나누면서 자주 함께 웃는다고 했다. 그리고 손자의 삶에도 거의 늘 함께하고 있었다. 그는 자신이 매우 모범적인 삶을 살고 있다는 것을 깨닫지 못하고 있었다. 그는 그리스도인으로서 부모 역할과 할아버지 역할을 모범적으로 하고 있으면서도 자신이 그리스도를 부인한다고 느꼈다. 왜냐하면 그가 딸과 대화할 때마다 성 도덕에 대한 성경 구절을 가지고 말싸움을 하지 않았기 때문이다. 그가 그런 슬픈 오해를 한 것은 기독교 안의 적대적 문화 때문이다. 그 문화는 교회가 불신자와 교류할 때 믿음을 방어하기 위해 늘 말다툼을 해야 한다고 의도하지 않게 제시했다. 그러나 하나님은 우리를 그렇게 다루지 않으셨다.

때로 사람들은 논쟁에서 진 결과로 돌아서기도 한다. 그러나 그런 경우는 희박하다. 보통은 그리스도의 증인이 되어 어떤 말을 전략적으로 하고 나면, 그 말을 한 사람은 성령께서 그 말에 역사해 주시기를 인내하며 기다려야 한다. 그것은 예수님이 가르치신 대로다. "하나님의 나라는 사람이 씨를 땅에 뿌림과 같으니 그가 밤낮 자고 깨고 하는 중에 씨가 나서 자라되 어떻게 그리 되는지를 알지 못하느니라"(막 4:26-27). 그것은 너무나 더뎌 보인다. 우리는 논쟁에 이겨서, 우리의 자녀들이 구원받는 것을 어서 보고 나서, 그 후에 다시 자신의 삶에 매진하고 싶어 한다. 그러나 하나님은 그렇게 역사하시지 않는다.

여러 해 전에 한 친구와의 관계가 틀어졌었다(나의 잘못이 컸다).

그때 나는 내가 잘못한 부분과 의견이 맞지 않은 것에 대해 사과하는 편지를 보냈다. 하지만 친구로부터 답장은 받지 못했다. 나는 한 지혜로운 연장자와 얘기하면서 그 해소되지 않은 갈등 때문에 죄책감에 시달린다고 털어놓았다. 그는 내게 다음과 같이 말해 주었다. "내 생각에는 자네가 이야기의 줄거리를 써놓고 결말이 어떻게 끝나야 한다고 생각하는 것이 문제인 것 같네. 자네는 어떤 식으로든 결말이 나기를 바라겠지만, 우리 삶은 책이 아니라는 것을 깨달아야 하네. 어쩌면 '결말'을 못 볼 수도 있어. 이야기의 줄거리는 하나님께 맡겨야 한다네." 그가 옳았다. 내가 그것을 깨닫고, 하나님께 친구와 화해하지 못할 수도 있다는 사실을 받아들인다고 아뢰자마자, 옛 친구이자 새 친구이기도 한 그에게서 연락이 왔다. 그는 나의 사과를 받아들였다고 말하면서 자신도 미안하다며 사과했다. 이런 방법으로 하나님이 역사하시게 강요할 수 있다는 말은 아니다. 오히려 그 반대다. 내 경우는 하나님께서 '내 계획대로 되는 삶'에 대한 욕구를 십자가에 못 박게 하신 후에 갈등이 해소되는 은혜를 경험하게 하셨다.

가족 내의 탕자들은 그리스도께 돌아오기 전에 오랫동안, 우리 모두가 그렇듯, 복음과 씨름한다. 그러다가 복음에 대한 논쟁에 져서 그리스도께 돌아오는 것이 아니라 탕자의 비유에 나오듯이, 그들에게 위기가 닥쳐서 전환점을 맞이하게 된다.

일군의 연구자들이 실험을 했는데, 이 탕자의 비유를 아시아, 아프리카, 동유럽, 중동, 북미 등 세계 다양한 지역의 그룹들에게 읽어 주고 나서 들었던 이야기를 다시 말해 보라고 했다. 그런데 개발도상국 사람들은 항상 언급하고 선진국에서는 항상 누락하는 부분이 있었다. 바로 기근이었다. 둘째아들은 미리 유산을 받아서 먼나라로 가서 그것을 모두 탕진해 버렸다. 그가 정신을 차리고 집으로 돌아온 것은 "그 나라에 크게 흉년이 들어 그가 비로소 궁핍했을" 때였다(눅 15:14). 부유한 나라의 사람들은 그 부분을 기억하지 못했다. 그들에게는 그것이 사소해 보였기 때문이다. 그러나 늘 기근의 위협을 받고 있는 사람들에게는 그것이 이야기의 큰 부분이었다.[56] 정말 그렇다. 믿음을 떠난 사람들을 다룰 때 알아야 할 것은, 어떻게 해야 할지 모를 상황에 빠지기 전에는 삶의 깊은 질문을 하지 않는다는 것이다. 그럴 때 우리는 부모나 조부모, 교회 등 모든 연결점을 열어놓아야 한다. 그래서 우리의 탕자들에게 어떻게 집으로 돌아올 수 있는지 알려 주어야 한다. 그들에게 우리가 버선발로 달려 나가 맞아줄 것이고, 이미 환영 잔치를 계획하고 있다는 것을 알려야 한다.

하지만 그러려면 자아가 죽어야 한다. 방황하는 자녀로 인한 고통은 실제이며, 성령이 이끄시는 삶 속에 반드시 있어야 하는 것이다. 예수님은 예루살렘을 보고 우셨다(눅 19:42-44). 사도 바울은 "나의 형제 곧 골육의 친척을 위하여서라면" 지옥에라도 가겠고, 그리스도에게서 끊어질 수도 있다고 했다(롬 9:3). 그러나 이 고통은 우리가 가진 축복과 성공을 주변 세상에 보여 주라는 육신의 요구와 혼동되어서는 안 된다. 많은 경우에 반항하는 아이들이 있는 가정의 진짜 비극은 부모가 그들 때문에 받는 상처 때문이 아니라, 부모가 그들을 부끄러워하는 데 있다. 만약 '착한' 아이들이 단순히 테크닉의 결과였다면, 우리는 아이들의 삶을 통해 우리의 의를 자랑할 수 있었을 것이다.

그 반대의 경우도 마찬가지다. 만일 우리가 탕자가 있는 가족에 대해 결함이 있거나 수치스럽게 생각한다면, 하나님의 가족도 뭔가 결함이 있고 수치스럽게 생각해야 한다. 가족은 우리 자신을 위한 것도, 세상에 보여 주기 위한 것도 아니다. 때로 아이들이 부모들이 다음과 같이 말하는 것을 듣게 된다면 부모의 삶에서 십자가를 볼 것이다. "네가 무엇을 하든, 네가 어디를 가든, 너는 언제나 우리의 아들(딸)이야. 그렇게 말할 수 있어서 기뻐. 네가 하는 일이 마음에 들지 않을 때도 있겠지만 너의 존재를 부끄러워하지 않는단다." 이것은 결국 하나님 아버지가 우리에게 보이신 친절함, 곧 우리를 회개로 이끈 인자하심이다(롬 2:4).

그렇게 상황이 해피엔딩으로 끝날지라도, 명백히 어둠에서 빛으로 바뀌는 경우는 드물다. 하나님은 우리가 믿고 회개할 때 즉시 용서하시지만, 그 다음에 계속해서 일생에 걸쳐 우리를 빚으시고 만드시고, 옛 습관과 애착에서 끌어내어 새로운 습관과 애착을 갖도록 하신다. 하나님은 우리에 대해 무한히 인내하시고 친절하시며 다정하시다. 우리도 그래야 한다. 가령 약물 중독이라는 먼 나라에서 시간을 보냈던 자녀가 갑자기 모든 것을 끊고 약물을 멀리하는 경우는 거의 없다. 보통은 거룩함을 향해 오랫동안 고투를 벌이면서 자주 넘어지고 쓰러지기도 한다. 우리는 그런 것에 절망할 필요도 없고, 회개한 자녀에게 너 때문에 우리가 얼마나 힘들었는지 반복적으로 말해서도 안 된다. 정말로 십자가의 복음을 믿는다면, 이 모든 것은 지난 일이며 십자가에 못 박혔다. 우리도 하나님처럼 옛 상처를 잊고 인내해야 한다. "동이 서에서 먼 것 같이 우리의 죄과를 우리에게서 멀리 옮기셨으며"(시 103:12)라고 노래한 시편 기자처럼 말이다.

나니아 연대기 1편에서 에드먼드는 하얀 마녀가 건넨 터키 젤리의 유혹에 빠져 아슬란 왕과 형제자매들을 배반하고 하얀 마녀와 결탁하게 된다. 하지만 에드먼드는 우여곡절 끝에 형제들에게 돌아오게 된다. 아슬란이 에드먼드를 데리고 와서 말한다. "자, 너희의 동생이다. 그에게 지나간 일에 대해서는 말할 필요가 없다."[57] 그것은 우리 모두의 이야기다. 우리는 모두 에드먼드이다. 이제 우리도 우리를 실망시키고 우리에게 죄 지은 모든 사람에게 동일한 은혜를 베풀어야 한다. 특히 우리 자녀에게 말이다.

깊이 박힌 상처, 트라우마

때로 그리스도인들은 자신들이 가족 지향적이고 가족 가치를 중시한다고 말한다. 그러면 모든 사람들이 기독교를 긍정적으로 바라볼 것이라고 기대하면서 말이다. 하지만 많은 사람들에게 가족의 개념은 무시무시한 것이다. 많은 사람들이 가족에게서 깊은 상처나 심각한 트라우마를 얻게 되었다. 양아버지 손에서 극심한 고통을 당했던 한 여성은 자신이 결코 그리스도인이 될 거라 생각할 수 없었다. 바로 십자가 때문이었다. 그녀는 어느 설교에서 예수님이 "아버지 저들을 사하여 주옵소서 자기들이 하는 것을 알지 못함이니이다"(눅 23:34)라고 말씀하신 것을 들었다. 그녀는 내게 만일 기독교가 그런 것이라면 자신과는 아무 상관없다고 말했다. 그녀는 자신이 경험한 일을 아무것도 아니라고 치부해 버릴 수 없었다. 나는 그녀가 무슨 말을 하고 있는지 이해한다. 만일 내가 복음이 그런 것이라고 생각했다면, 나도 믿지 않았을 것이다. 그러나 복음은 그렇지 않다.

오랜 세월 동안 많은 사람들이 하나님의 이미지를 좋게 하려고 하나님의 진노를 덜 부각시키고자 노력했다. 어느 정도 그런 바람은 좋다. 왜냐하면 많은 사람들이 잘못된 관점을 가진 채 하나님을 분노하고, 토라지고, 벌하는 신으로 보기 때문이다. 사람들은 예수님이 계시하신 대로 하나님을 사랑이 넘치는 분으로 보지 않는다. 그러나 하나님의 진노는 성질부리는 것과는 다르다. 하나님이 진노하신다는 사실을 약화시켜 말하다 보면 "벌을 면제하지는 아니하는"(출 34:7) 거룩하고 정의로운 하나님에 대한 계시를 훼손할 수 있다. 사도 바울은 십자가에서 하나님이 "육신에 죄를 정하셨다(condemned 육신의 죄를 정죄하셨다고)"(롬 8:3)고 말하고 있다. 이것은 우리가 알아야 할 중요한 사실이고, 끔찍한 일을 당한 경험이 있는 사람이라면 특히 그렇다.

나와 대화했던 그 회의적인 여성의 직관은 옳았다. 그녀는 복수심을 품은 게 아니었다. 다만 자신에게 일어난 일을 덮으려는 사람이 있다면 그는 불의하다는 것을 알았다. 하나님도 이 사실에 동의하신다. 하나님은 악인을 의롭다 하는 사람은 의인을 악하다 하는 사람만큼이나 악하다는 사실을(잠 17:15) 우리의 양심에 심어놓으셨다. 그 여성처럼, 끔찍한 불의들이 덮여서 정의의 심판을 받지 않을 거라는 두려움은 하나님을 믿는 데 큰 장애가 된다. 사실 우리는 그런 고민을 더 많이 해야 한다. 우리의 선천적 정의감과 불의에 항거하는 성향은 기본적인 인성의 일부로 타락 때문이 아니라 우리가 하나님의 형상대로 창조되었기 때문에 생긴 것이다. 하나님의 진노라는 개념에 경악하는 사람까지도 그런 의식은 다 갖고 있다.

남북전쟁 당시 북부군의 군가는 하나님이 진노의 포도를 짓밟으시고 악한 노예제도에 대해 무섭고 빠른 칼을 휘두르신다는, 성경에 기원한 이미지를 담고 있다. 그것은 중요하다. 미국인들은 그 노래를 부르며 노예제도가 단지 지역 문제가 아닌 도덕 문제이며, 설령 그 전쟁에서 이기지 못하더라도 해결되어야 할 문제임을 상기했다.

인종차별의 악에 비폭력으로 저항했던 흑인 인권 운동도 마찬가지다. 앨라배마 주의 공권력에 대해 마르틴 루터 킹 2세가 한 말에도 그것이 잘 나타나 있다. "우리는 그들을 그들의 하나님 앞에 세울 것이고, 우리 흑인 형제들의 피로 도배되고 고역의 땀 냄새로 배어 있는 세상 앞에 세울 것이다." 그는 악이 심판 받는 심판대에 대해 말하고 있었다. 동시대의 포크가수 오데타(Odetta)도 KKK의 테러에 대해 같은 말을 했다. "너희가 오랫동안 활개를 칠 수 있을지 몰라도, 내가 장담하건데, 전능하신 하나님이 너희를 치실 것이다." 그 모든 것이 신구약 성경에 근거를 두고 있다. 하나님은 악을 좌시하지 않으신다. 십자가도 그 사실을 재확인해 준다.

슬프게도, 상처받은 이 여성의 복음에 대한 관점은 아마 하나님을 그릇되게 제시하는 그리스도인들로부터 나왔을 것이다. 무방비 상태의 아이들에 대한 감춰진 폭력과 끔찍한 신체적, 정신적 학대는 우리의 참담함이자 수치다. 어린이나 배우자, 혹은 다른 사람에게 충격적인 학대를 저지른 가해자에게 종교인들과 심지어 교회가 그리스도의 피로 용서되었다고 하며 침묵하는 경우가 얼마나 많은가? 이런 종류의 값싼 은혜는 예수 그리스도의 복음이 아니다.

힘없는 사람을 학대하는 권력자에게 교회는 책임을 요구해야한다. 그런 가혹행위가 범법 행위일 경우, 즉시 경찰에 신고하고 하나님이 주신 임무대로 "악을 행하는 자에게 진노하심을 따라 보응하게"(롬 13:4) 해야 한다. 더 나아가 교회는 가해자가 그리스도의 이름을 영적 은폐물로 삼아서 잔학행위를 하지 못하도록 모든 수단을 강구해야 한다. 그래서 그런 범죄의 가능성이 있는 곳을 드러내고, 아이들이나 배우자 등 누가 학대를 당했다는 의심이 들면 경찰의 조사에 부지런히 협조해야 한다.

한편 우리의 교회 안에도 신체적, 성적, 정신적 학대가 들키지 않았기 때문에 책임질 필요가 없다고 생각하는 사람들이 있을 수 있다. 우리는 그런 사람들에게 "숨은 것이 장차 드러나지 아니할 것이 없고 감추인 것이 장차 알려지고 나타나지 않을 것이 없다"(눅 8:17)는 하나님의 말씀을 일깨워야 한다. 하나님의 진노와 사랑은 함께 임한다. 둘 중 하나가 다른 것을 상쇄하지 않는다.

작고한 성공회 목사 존 스토트는 십자가가 아니라면 자신은 절대 하나님을 믿지 못했을 거라고 말했다. 어린이를 불태우고, 여자를 구타하고, 포로수용소와 대량 학살이 난무하는 세상의 참상을 보면서 이 모든 것에 인지 불능인 하나님을 어떻게 믿을 수 있단 말인가? 스토트는 아시아의 절에 방문하여 평온하게 먼 곳을 응시하며 가부좌를 하고 눈을 감은 채 부드럽게 미소 짓는 부처상 앞에 섰을 때에 대해 말했다. 그의 상상력은 어쩔 수 없이 예수님의 모습으로 옮겨갔다. "외롭고, 뒤틀리고, 십자가에서 고문당하며 손과 발에 못 박히고, 등이 찢어지고, 사지가 뒤틀리고, 가시에 찔려 이마에 피를 흘리고, 입이 마르고, 견딜 수 없이 목마르고, 하나님께 버림받아 어둠 속에 던져진 모습. 그것이야말로 나를 위한 하나님의 모습이다!"[58] 십자가에서 예수님은 학대와 괴롭힘을 당한 채, 힘없고 부끄러운 자들과 함께 계셨다. 예수님은 거기에 우리와 함께 서셨고, 우리와 함께 매달리셨다. 그 무력한 행동 속에서, 예수님은 악의 배후인 뱀의 세력에게 치명상을 날리셨다. 예수님은 우리의 고통에서 멀리 있지 않으신다. 우리의 고통 때문에 십자가에 못 박히셨고, 우리의 고통 및 우리 자신과 함께 못 박히셨다.

만약 당신이 끔찍한 일들을 경험했다면, 앞으로 나갈 길이 어떻지 걱정스러울 것이다. 육신의 아버지에게서 본 것이 분노나 폭력, 압제뿐이라면 어떻게 하나님을 아버지로서 예배할 수 있겠는가? 그러나 어쩌면 당신은 하나님을 아버지로 둔다는 것이 무엇을 의미하는지 가장 잘 전달하기 위해 준비되고 있는 것일지도 모른다. 당신은 하나님답지 않은 것이 어떤 것인지 잘 알고 있다. 그리고 고통 속에서 당신을 사랑하고, 받아주고, 보호해 줄 부모를 갈망하고 바랐는지도 모른다.

프레드릭 뷰크너는 기독교가 대부분 희망사항(wishful thinking)에 관한 것이라고 말한 적이 있다. 그 말은 기독교가 진실이 아니라는 말이 아니다. 오히려 반대로, 말할 수 없이 끔찍한 일을 당했을 때 심판이나 지옥 같은 것이 있기를 바라는 마음은 "어디선가 모든 점수가 기록되고 있기를 바라는 마음을 반영한다"고 썼다. 당신이 아는 공포와는 다른 하나님 아버지를 바라는 것은 단지 상상이 아니다. 당신은 어떠해야 하는 것과 실제로 어땠는지의 차이를 안다. 뷰크너의 결론은 다음과 같다. "때로 희망(wishing)은 진실이 밝혀지는 날개다. 때로 진실은 우리에게 그것을 바라는 마음을 준다."[59]

물론 과거는 우리를 형성하는 주요한 요소이다. 특히 가장 안전해야 할 장소인 가정에서 끔찍한 일이 일어났을 때는 더욱 그렇다. 그래서 어떤 사람들은 자신의 삶이 그 사건으로 생긴 두려움이나 수치심, 분노로 완전히, 심지어 영원히 파괴되었다고 결론을 내린다. 그러나 당신은 십자가에 못 박히신 그리스도를 따르고 있음을 기억하라. 우리는 하나님이 왜 당신에게 그런 일을 겪게 허락하셨는지 모른다. 우리는 그런 신비에 대한 답을 알지 못한다. 설령 우리가 모든 '왜'에 대해 답할 수 있다 해도 별 도움이 되지 않을 것이다.

때로 사람들은 로마서의 유명한 구절, "우리가 알거니와 하나님을 사랑하는 자 곧 그의 뜻대로 부르심을 입은 자들에게는 모든 것이 합력하여 선을 이루느니라"(롬 8:28)라는 말씀을 오해한다. 그들은 그 의미가 모든 일은 일어난 이유가 있거나 죽지 않았다면 고통은 당신을 더 강하게 할 뿐이라는 말이라고 생각한다. 아니다. 성경은 절대로 당신에게 일어난 모든 일이 좋다고 말하지 않는다. 성경은 모든 일 가운데 하나님이 당신의 유익을 위해 역사하셔서 당신을 그리스도의 형상으로 만드신다고 말씀한다. 십자가 처형은 좋지 않다. 그러나 십자가에서 하나님이 역사하셔서 악의 무기로 악을 무찌르셨다. 당신이 왜 그런 일을 겪었는지 우리는 모른다. 그러나 당신이 살아남았다는 것은 안다. 물론 상처가 남았지만 그것은 당신이 누구인가를 말해 주는 당신의 일부이다. 부활하여 주 예수님을 만날 때 먼저 그의 손과 옆구리를 보라. 거기에 여전히 못 자국과 창 자국이 있을 것이다(요 20:24-29). 그러나 그분은 피해자가 아니라 승리하신 유다의 사자이시며, 우주의 상속자시다. 그분 안에서 당신도 그렇다.

애통하는 자는
복이 있나니

그렇다면 지금부터 승리의 그날까지, 가족 트라우마가 남긴 상처에 어떻게 대응해야 할까? 당신은 용서가 무엇인지에 대해 앞서 말한 것처럼 오해할 수 있다. 그러나 십자가의 용서는 죄를 눈감아 준다는 의미가 전혀 아니다. 사실 하나님이 이미 말씀하신 대로, 모든 죄와 모든 불의는 십자가가 아니면 지옥에서 심판받을 것이다. 용서에 관해 혼란이 있는 이유는 복음이 모든 사람을 용서하는 것이라고 말하는 사람들이 있는 반면에, 다른 사람들은 그것이 아니라, 우리도 하나님이 용서하시는 방법대로, 회개하고 사과하는 사람만 용서해야 한다고 말하기 때문이다.

여기서 의견이 다른 부분은 용서받으려면 남을 용서하라는 성경의 명령(마 6:14)이 아니라, '용서'가 무엇이냐에 대해서다. 우리에게 해를 끼친 사람이 회개하지 않으면 용서하지 말아야 한다고 말할 때, 용서는 단지 복수를 안 하는 것만 아니라 화해의 개념까지 포함한다. 나는 자신에게 해를 끼친 사람과 꼭 화해할 필요는 없다는 데 동의한다. 어떤 상황에서는, 그런 화해가 당신이나 다른 사람들에게 해로울 수도 있고, 가끔은 잘못을 은폐하는 것이 될 수도 있기 때문이다. 양심을 위해서나 다음에 피해를 당할 이웃을 위해서 그래서는 안 된다. 성경은 "모든 사람과 더불어 화목하라"고 말하지만 "할 수 있거든"(롬 12:18)이라는 조건을 단다. 때로는 화해가 한 사람에게만 달려 있지 않아서 불가능할 때도 있다.

내가 보기엔, 성경적으로 말해서 용서가 항상 화해를 만들어 내는 것 같지는 않다. 물론 우리가 회개하고 믿을 때 하나님은 우리로 그리스도와 합하여 화해하게 하신다. 그러나 그 이전에도 하나님은 "은혜를 모르는 자와 악한 자에게도 인자하시다"(눅 6:35). 그러므로 용서는, 화해가 포함되지 않을 때도, 자신이 직접 복수하는 것을 거절하는 것이다. 그렇다고 해서 정의의 집행이 전혀 없는 것은 아니다. 우리가 박해를 당하거나 모욕을 당했을 때 성경은 이렇게 하라고 말한다. "너희가 친히 원수를 갚지 말고 하나님의 진노하심에 맡기라 기록되었으되 원수 갚는 것이 내게 있으니 내가 갚으리라고 주께서 말씀하시니라"(롬 12:19). 우리는 정의의 집행을 추구하지만 다만 우리 자신이 "악을 악으로 갚지" 않을 뿐이다(롬 12:17). 범죄가 일어났을 때 경찰을 부르는 것은 악을 악으로 갚는 것이 아니다. 학대하는 조부모의 집에 아이를 보내지 않는 것은 악을 악으로 갚는 것이 아니다. 교회가 가정에 소홀한 남편을 훈계하는 것은 악을 악으로 갚는 것이 아니다.

많은 사람들이 실망과 상처를 안겨 준 사람에게 더 이상 분노하지 않기 때문에 자신은 과거에서 자유롭다고 믿고 있다. 그러나 때로 그것은 고통에 무감각해져서일 수 있다. 자신이 생각하는 것보다 더 많이 화가 났지만, 분노가 깊이 가라앉아 있는 것이다. 우선 분노는 죄가 아니라는 것을 알아야 한다. 개인적인 복수는 죄이지만 분노는 다른 사람에게 자비를 베푸는 것의 한 부분이다.

한 상담자가 말하길, 부모에게 방임이나 학대를 심하게 당한 사람들로부터 자주 듣는 말이 있다고 한다. "부모님은 나름대로 최선을 다하셨어요"라는 말이다. 그 말은 칭찬할 만하고 심지어 영적으로까지 들리지만, 대부분의 경우, 그것은 용서가 아니라 피해자의 자기보호 방책일 뿐이다. 부모가 그렇게 사랑이 없고 잔인했다는 사실을 직면하고 싶지 않아서 그들의 잘못을 쉽게 합리화해 버리는 것이다. 이것은 치유로 이어지지 않는다. 배후의 진실을 이상화된 이미지로 가리는 것이기 때문이다.

만약 당신이 좌절감이나 트라우마를 겪었다면(아주 심각한 트라우마일지라도), 그 어두운 사실을 스스로에게 숨겨서는 안 된다. 하나님은 타락한 인간 존재의 가장 무서운 가능성을 십자가에서 보여 주시고 그것을 자신이 흡수하셨다. 당신은 과거로 돌아가서 일어난 일을 돌이킬 수 없다. 때로 사람들은 가정 안에서 당시 그 상황을 겪지 않았더라면 얼마나 좋았을까 하고 소망한다. "내가 뭘 다르게 할 수 있었을까?"라거나 "그 점이 달랐다면 어땠을까? 내가 파국을 피할 수 있었을까?"라고 말이다. 그리고 합리적으로 봤을 때 전혀 자신의 잘못이 아닌 일에 대해서까지 자신을 탓한다(가령 부모의 이혼을 자기 탓으로 돌린다거나, 부인이 남편의 외도를 자기 탓으로 돌리는 경우).

우리는 과거에 대해 슬퍼할 수 있지만, 과거를 바꿀 수는 없다. 그러나 비록 과거가 당신을 형성할지라도, 당신은 과거에 의해 정의되지 않는다는 것도 알고 있다. 사람들이 당신에게 상처를 주었을지라도, 그들이 당신을 완전히 소멸시키지는 못한다. 당신은 살아남았고 당신의 생명은 그리스도 안에 감춰져 있다. 당신의 미래는 피해자가 아니라, 그리스도와 함께 상속자가 되는 것이다.

시인 크리스천 와이먼(Christian Wyman)은 문득 과거에 자신이 겪었던 일들이 떠오를 때 '부드럽고 자비로운 기억상실증'에서 깨어나게 된다고 말한다. "파멸과 붕괴로 폐허가 돼 버린 나의 어린 시절이 지금 어떻게 다시 살아나게 될까? 주님, 제게 상흔을 남긴 이 상처를 노래하게 저를 고통스럽게 하소서."[60] 당신도 자기 삶을 깊이 들여다보며 어떻게 수많은 상처들이 당신을 만들어 왔는지 보라. 상처를 노래하라. 흥겨운 노래로 상처를 잊으라는 게 아니라, 예수님이 시편 22편에서 십자가를 노래하셨듯이 노래하라. 하나님이 안 계신 것 같다고 정직하게 애통하면서도 하나님의 임재를 상기시켜 주는 순간들을 붙잡으라.

십자가를 통해 현실을 보는 것은 교회가 어떻게 애통할지 알아야 한다는 것을 의미한다. 거기에는 가족도 포함된다. 우리는 예레미야 선지자와 함께 쉽게 "주의 성실하심이 크시도소이다"(애 3:23)라고 노래할 수 있다. 그러나 다른 구절을 인용하며 찬양하기는 쉽지 않다. 예배 때 "주께서 구름으로 자신을 가리사 기도가 상달되지 못하게 하시고 우리를 뭇 나라 가운데에서 쓰레기와 폐물로 삼으셨으므로"(애 3:44-45)라고 찬양하는 것을 누가 생각할 수 있겠는가? 많은 복음주의 교회는 흔히들 경쾌한 예배 절차를 갖는다. 예배를 시작할 때 목회자는 미소를 짓고, 예배 인도자는 "잘 오셨습니다!"라거나 "이 자리에 함께해서 기쁩니다!"라고 말한다. 예배를 마칠 때도 똑같이 활짝 웃는 얼굴로 "다음 주일에 뵙겠습니다! 좋은 한 주 되십시오!"라고 한다. 그러면서 우리가 주 안에서 기뻐한다고 생각한다. 그러나 상처받은 많은 사람들은 그런 쾌활함과 행복이 왜 자신들만 비껴 갔는지 의문을 갖는다. 특히 가장 가까운 가족들에게 상처받고 버림받은 사람들은 그리스도인이 되는 것이 그렇게 항상 미소를 짓는 것이라 추측하게 된다. 그러나 십자가는 다르게 말한다.

예수님은 "애통하는 자는 복이 있나니 그들이 위로를 받을 것임이요"(마 5:4)라고 말씀하셨다. 하나님 나라에서 우리가 위로를 받는 방법은 현대 문화와는 다르다. 분명히 행복한 척함으로써는 아니다. 우리는 우리의 깨어짐과 우리의 죄악, 우리의 절박한 상황을 보면서 위안을 받는다. 그리고 거기서 건짐 받기 위해 애통하고, 부르짖는다. 오늘날 기독교 정서와는 동떨어져 보이지만 야고보는 다음과 같이 말하고 있다. "슬퍼하며 애통하며 울지어다 너희 웃음을 애통으로, 너희 즐거움을 근심으로 바꿀지어다"(약 4:9). 교회 지도자가 예배를 마치며 "비참한 하루 되세요!"라거나 "한 주간 많이 우세요!"라고 한다면 어떻게 되겠는가? 미친 것처럼 보일 것이다. 예수님의 말씀도 처음에는 항상 미친 것처럼 들린다(요 7:15, 20). 그러나 진실은, 행복해 보이는 우리들 가운데 진짜로 행복한 사람은 드물다는 것이다.

아마도 우리가 가족에게 줄 수 있는 최선은 더 많은 눈물과 도움을 요청하는 더 많은 부르짖음, 죄에 대한 더 많은 자백, 더 절박한 기도일 것이며, 그것들은 너무 깊어서 말로 다 표현조차 못할 것이다. 그러면 아마도 우리들 중의 외롭고 절박한 사람들이 그 광경을 보게 될 것이다. 복음은 행복한 사람들이 아니라 마음이 상한 자들, 건강한 자가 아니라 병자, 찾은 자가 아니라 길 잃은 자를 위해 임했다는 것을.

어쩌면 당신은 트라우마를 거의 겪지 않고 성장했을 수도 있지만, 가족사를 돌아보면 자신이 한 일 또는 하지 않은 일들에 대해 후회와 고통이 밀려드는 것을 발견할 수 있을 것이다.

몇 년 전, 당시 설교하던 교회에서 예배가 끝나고 마지막 찬송가를 부를 때, 떨고 있는 네 살짜리 아이를 맞이하다가 다리에 힘이 풀리는 것을 경험했다. 아이는 내 손을 잡고 말했다. "우리 엄마 아빠가 이혼하지 않게 기도해 주실래요?" 나는 그 아이의 목소리와 얼굴에서 무력함을 느끼고는 터져 나오는 눈물을 애써 참았다. 내 안에서는 그 부모를 향한 분노가 끓어올랐다. 어떻게 어른들의 다툼(무엇에 대한 다툼이었든) 때문에, 힘없는 아이의 안전과 정체성이 뒷전으로 물러나게 할 수 있을까? 그러나 얼마 지나지 않아 나 또한 사역을 하느라 너무 '바빠서' 일주일 넘게 아들들과 저녁 식사도 못하고 잠자리 기도도 해주지 못했다는 것을 깨달았다. 나는 실패자였다. 나는 회개가 필요했고, 회개하려 했지만, 단순히 잘못을 고치는 것 이상이 필요했다. 그것은 자비였다.

어떤 사람은 이제는 돌아가신 부모님을 생각하면서 살아생전에 사랑한다고 말했더라면 좋았을 것이라고 느낄 것이다. 어떤 말은 하지 않았더라면 더 좋았을 것이라고 느낄 것이다. 어쩌면 결혼 서약을 어기고 바람을 피웠거나 배우자를 버렸을 수도 있다. 어쩌면 자녀를 버렸거나, 일에만 몰두하느라 항상 방치했을 수도 있다. 당신은 그 모든 과거를 돌이킬 수 없다. 그러나 만약 당신이 상처를 주었던 가족이 아직 살아 있다면 사과하고 용서를 구할 수는 있다. 그럼에도 그들이 당신을 당장 용서할 것이라고 기대하지 말라. 한 여성은 젊어서 바람을 피다가 가정을 깨뜨렸었는데, 시간이 흘러 장성한 자녀들에게 그때 일에 대해 사과했다고 한다. 하지만 자녀들이 사과를 받아들이지 않자 격노하며 성경 구절을 인용하면서 그들을 비난했다고 한다. 그런 모습은 회개가 아니라 특권의식이다. 우리는 다른 사람의 심령 속에 일어나는 영적 상태를 마음대로 조종할 수 없다. 우리가 용서를 구할 수 있지만, 용서를 할지 안 할지는 그들의 선택이다.

상처를 주었든 아니면 상처를 받았든, 당신의 과거는 당신이 옛 패턴을 반복할 운명이라고 결론을 내릴지도 모른다. 지금 당신의 가족을 보면서, 과거에 이미 실패를 경험했던 사람으로서, 현재의 당신도 가정을 깨뜨리지는 않을지 의구심이 들 수도 있다. 그렇지 않다. 어쩌면 지금 당장 떠나고 싶은 유혹을 느낄지도 모르겠다. 이것은 너무 어렵게 보일 수 있다. 특히나 교회 안에서 신실한 남편이나 아내, 신실한 아버지나 어머니, 신실한 할아버지나 할머니, 신실한 아들이나 딸의 모델을 본 적이 없다면 말이다. 하지만 유혹을 느낀다고 해서 당신도 가족을 해체할 운명인 것은 아니다. 오히려 그것은 영적 전쟁을 하고, 성령이 임하시도록 부르짖고, 십자가의 길로 행하라는 부르심이다. 그것은 J. R. R. 톨킨이 영국 국교회에 대해 점점 냉소적이 되어가는 아들에게 썼듯이, '충성의 덕목'을 실행하라는 부르심이다. "그리고 충성의 덕목이 진짜가 되는 것은 충성을 저버리라는 압력이 클 때다."[61]

다시 말하거니와 당신은 과거로 돌아가서 그것을 바꿀 수 없다. 설령 당신이 전 배우자와 화해하거나, 소원해진 자녀와 다시 이야기를 시작하거나, 할머니의 유언장을 두고 부모에게 걸었던 소송을 취하하더라도 말이다. 당신을 마비 상태로 만드는 것은 과거를 돌아볼 때 느끼는 죄책감과 회한과 후회들이다. 당신은 가족에 대한 임무를 등한시했고, 이기심 때문에 당신 자신의 기쁨도 스스로 빼앗았다. 십자가를 보라.

그것은 보기보다 훨씬 고통스럽다. 이스라엘 백성이 광야에서 노예생활을 했던 땅과 약속의 땅 사이에서 헤매고 있을 때, 그리고 자신들을 구원하신 하나님께 불순종했을 때, 그들은 불 뱀의 공격을 받았다. 그들이 고통하며 죽어가자, 지도자이자 선지자인 모세가 개입했고, 하나님은 백성들에게 치유의 방편을 제공하셨다. 그것은 장대에 놋 뱀을 매다는 것이었다. 그들은 치유받기 위해 자신들에게 고통을 주었던 그 모양을 바라봐야 했다. 그것은 그들 앞에 높이 들린 뱀이었다(민 21:4-9).

예수님도 자신의 죽음에 대해 말씀하신다. "모세가 광야에서 뱀을 든 것 같이 인자도 들려야 하리니 이는 그를 믿는 자마다 영생을 얻게 하려 하심이니라"(요 3:14-15). 우리가 해방되려면, 우리를 가장 무섭게 하는 것, 곧 우리가 진짜 누구인지 드러내고, 우리의 모든 죄와 깨짐을 드러내는 것을 바라봐야 한다. 우리는 십자가에 못 박히신 그리스도를 바라봐야 한다. 삶의 모든 면이 그렇지만, 우리는 특히 가족 안의 실패를 다룰 때 더 고통스럽고 힘들다. 그것은 가족이 우리가 실제 누구인지와 누구인 척하는지 사이의 큰 간격을 드러내기 때문이다.

플레밍 루트러지(Fleming Rutledge)가 적절하게 지적하고 있듯이, 사람은 가끔씩 자신의 힘으로 회개하고 나면 그 다음에 하나님의 은혜가 작동한다고 생각한다. 그래서 애초에 죄 인식 자체가 하나님의 은혜라는 것을 잊는다. "그것을 깨달았다면, 우리는 이미 하나님의 은혜 안에 서 있는 것이다. …하나님의 자비가 우리를 둘러싸지 않았다면, 죄를 볼 수조차 없었을 것이다. 죄에 완전히 장악되어 있었을 테니까… 그러므로 죄를 드러내고 자백했다면, 이미 하나님의 구속의 능력이 역사하고 있는 것이다."[62] 정말 그렇다. 만일 당신이 자신이 야기한 상처나 고통스러웠던 상처로부터 해방되기를 갈망하고 있다면, 그것은 하나님의 은혜를 기다리는 것이 아니라 이미 하나님의 은혜가 당신에게 임한 것이다. 그 지혜로운 노인이 자녀를 떠나보내고 죄책감에 시달리는 내 친구에게 말했듯이, "주께서 그 모든 것을 되찾게 하신다."

노년의 부모,
어떻게
섬길 것인가

죽음에 관한
세 살박이의 질문

아들 새뮤얼이 세 살쯤 되었을 때 그는 나와 신학적인 대화를
하고 싶어 했다. 새뮤얼은 항상 낡아빠진 작은 새끼부엉이 인형을
데리고 다녔는데 헤진 천 사이 때가 꼬질꼬질했다. 새뮤얼은 새끼

부엉이를 펭귄이라고 오해해서 '펭귄'이라고 불렀다. 우리는 어린 꼬마와 조류학에 대해 토론할 마음이 없었기에 그것을 정정해 주지 않았다. 그 인형은 새뮤얼이 아기침대에 있을 때부터 줄곧 그와 함께였다. 울고 난 후 마음을 진정시킬 때면 항상 펭귄을 볼에 비벼대며 그 부드러움에서 위로를 얻는 것 같았다.

그날 우리 부부는 우리와 가깝게 지냈던 사람이 세상을 떠난 일로 울고 있었다. 우리가 죽음에 대해 얘기하는 것을 듣고서 새뮤얼은 죽음에 대해서 질문을 던지기 시작했다. 나는 성경을 근거로 확신 있게 대답해 주었다. 예수님을 믿는 사람은 모두 부활한다는 약속에 대해 말할 때 그 작은 갈색 눈동자가 빠르게 움직였던 것을 기억한다. 그러다 갑자기 새뮤얼의 눈에 눈물이 고였다. "아빠, 내가 천국에 갈 때, 펭귄도 데려갈 수 있어?" 나는 가만히 앉아서 머리를 굴리며 어린 아들이 상처받지 않게 할 방법을 찾으려 애썼다. 펭귄은 어디를 가든 항상 챙기는 인형이었기 때문에 펭귄과 함께할 수 없다는 것은 새뮤얼에게 지옥 같은 것이다. 마침내 나는 입을 열었다. "새뮤얼, 천국은 하나님의 임재 안에서 완전히 행복한 곳이야. 앞으로 올 세상에 펭귄이 있어야 네가 행복하다는 걸 하나님이 아신다면, 펭귄도 거기 있을 거야."

나는 아내에게 윙크를 하며 "나 잘했지?"라고 신호를 보냈다. 그러나 한 시간쯤 후에 새뮤얼은 그림이 잔뜩 그려진 종이 한 장을 내게 건넸다. 그것은 생일이나 크리스마스 전에 새뮤얼이 우리에게 내미는 선물 목록과 비슷했다. "이게 뭐니?" 나의 질문에 새뮤얼이 말했다. "가게에 있는 장난감들 중에 내가 죽을 때 천국에 가져가고 싶은 것들이야." 나는 아무 말도 할 수 없었다. 그날 밤에 나는 침대에서 아내에게 말했다. "내가 아버지와 신학자로서 모두 실패했다는 거 알아? 나는 아들에게 종말에 대해 거짓말을 했고, 동시에, 천국에 가져가고 싶은 보물을 땅에 쌓아 두라고 가르쳤어. 그것은 예수님의 가르침과 정반대야. 그러니 나는 자녀 양육에 있어서 완전 꽝이야." 마리아는 웃으며, 내 이마에서 상상 속의 '666'을 지우라고 했다. 그러나 나는 쉽사리 잠들지 못했다. 복음 앞에 용감하다고 자부하던 나였지만, 나의 기독교적 확신이 새끼부엉이 인형을 이기지 못했다.

가장 괴로웠던 것은 내가 신학을 헷갈리게 만들었다는 것이 아니었다. 그것은 곧 아이의 기억에서 사라질 것이다. 나를 심란하게 한 것은 내가 기독교의 진리를 증언하지 않고, 꼬마의 질문을 만족시키려 기독교를 이용했다는 것이었다. 그것이 비록 사소해 보일 수 있겠지만, 바로 그것 때문에 청소년일 때도 신앙의 영적 위기를 경험했었다. 십대 시절의 나는 내가 속한 바이블 벨트 지역의 문화적 기독교를 살펴보다가 사람들이 정말 믿는 건지, 아니면 내가 늘 설교하고 인용하던 기독교 신앙이 남부 문화나 보수 정치를 지지해 주는 받침대에 불과한 건지 의문을 품게 되었다.

내 안에 그런 위기를 촉발시킨 건 그 당시 내가 참석한 몇 번의 장례식이었다. 거기서 교회 앞쪽에 놓인 관에는 교회에 온 적이 전혀 없었던 사람들이 누워 있었다. 그들은 주색잡기나 괴팍한 성격으로 악명 높은 사람들이었다. 그러나 모든 사람이 한결같이 "그는 좋은 곳에 갔어요"라거나 "그는 이제 예수님과 함께 있어요"라고 말했다. 나는 헷갈렸다. 주일 아침 설교 때는 우리 모두가 유황불과 심판을 외치는 부흥사였는데, 장례식에서는 하나같이 보편 구원론자가 되어 있었다. 마치 우리는 장례식으로 칭의가 이뤄진다고 믿는 것 같았다. 그러나 서서히 고인의 영적 상태에 대해 이웃들이 하는 말을 믿지 않는 사람이 나만은 아니라는 것을 깨닫게 되었다. 장례식에서 천국과 영생에 대해 하는 말은 유족들에게 으레 하는 말이었다. "고인이 편안해 보이지?"라거나 "필요한 게 있으면 언제든 연락하세요"라는 말처럼. 그럴 때 기독교는 목표를 위한 수단이었다. 나는 그 영혼의 어두운 밤을 통과하고 나서 예수님을 발견했다. 그런 내가 나의 어린 아들에게 같은 짓을 하고 있었다. 아이가 무사히 밤을 보내도록 복음을 이용했던 것이다.

대가족 안에서 배우는
삶의 메시지들

복음에 관한 모든 대화는, 무엇에 대한 어떤 대화든, 실은 죽음의 그림자를 드리우고 있다. 만약 우리가 결국은 늙고 시들어 죽을 것이라면 우리는 우리 삶을 어떻게 이해해야 할까? 어린 아이가 마음의 안정을 느끼는 인형에 매달리는 것처럼 우리는 죽음 앞에서 우리를 위로할 것들에 매달린다. 바울은 골로새 교회에 다음과 같이 말했다. "위의 것을 생각하고 땅의 것을 생각하지 말라 이는 너희가 죽었고 너희 생명이 그리스도와 함께 하나님 안에 감추어졌음이라"(골 3:2-3). 나도 나 자신이 끄떡없고 불멸한다는 것을 확신시키기 위해, 내 주변의 모든 것이 덧없고 일시적이고 안개처럼 사라져 버린다는 사실을 외면하려고 종종 재정적 안정이나 가족의 평온함, 직업적 성공에 매달린다. 그 현실은 모두 가족과 관련되어 있다. 거기에는 연로한 가족들을 돌보는 것과 우리 자신이 늙어간다는 사실도 포함되어 있다.

가족의 십자가에 대해 얘기할 때 어려운 점은 우리가 가족을 하나의 정적 실체로 생각한다는 것이다. 그것은 가족마다 다른 특징이 있다거나 타락한 이 시대에 가족 구조가 어떠한가의 문제가 아니다. 내 말은 우리의 가족과 그 안의 우리의 자리가 생활주기에 따라 변하고, 그래서 때로 우리가 방향을 잃는다는 것이다. 그러나 주의를 기울이면, 그러한 변화가 오히려 우리를 일깨운다. 우리가 삶의 어느 단계에 있든, 그런 변화는 현재 우리의 부르심, 그리고 죽음의 장막 이후의 삶에 대한 부르심을 일깨운다.

어떤 면에서는 유년기에서 성인기로 전환되는 것을 볼 때가 가장 쉽다. 우리가 성숙해짐에 따라 주변의 어른들은 계속해서 감탄의 어조로 이렇게 말하곤 한다. "지난번에 보았을 때는 아기였는데! 이만큼이나 컸구나!" 우리가 어렸을 때는, 어른들의 시간은 그렇게 빨리 지나가는데 왜 우리의 시간은 기어가는 것처럼 느껴지는지 몰랐다. 자녀가 있는 사람들은 나이 드신 분들이 우리에게 했던 말을 기억할 것이다. "지금 이 순간을 누리세요. 너무 빨리 지나가거든요." 그것은 진부한 문구처럼 들리지만, 시간이 지나고 보면, 다른 대부분의 진부한 문구처럼 맞는 말이라는 것을 알게 된다. 한 걸음 물러나 생각해 보면 궁금해지기도 한다. "아니, 이 아가씨가 어디서 왔지? 어제만 해도 나의 꼬마였는데 말이야!" "작은 꼬마는 어디 가고, 어쩌다가 이렇게 멋진 남자가 되었지?" 이와 동시에 우리 주변의 부모님이나 조부모, 시부모, 장인 장모가 우리보다 한두 걸음 인생을 앞서가는 것을 본다. 우리는 그들이 넘어지거나 쇠약해지는 것을 보기 전까지는 대체로 그 사실을 무시하는 경향이 있다. 그러다 항상 우리를 돌보던 그분들을 이제 우리가 돌봐야 할 때는 부담과 스트레스를 받게 된다. 그러면서 우리를 기다리는 것이 뭔지 기억하게 된다. 곧 나이 듦과 죽음이다.

일부 연구들은 대부분의 사람들에게 가장 힘든 시기가 40대라고 말한다. 어떤 과학자들은 행복 그래프의 유턴 현상에 대해 말한다. 20-30대에 행복도가 가장 높았다가 중년에 곤두박질치고, 다시 50대에 급상승하는 것이다. 그것은 중년에 우리가 바라고 계획했던 바가 뜻대로 되지 않아서라고 해석하기도 한다. 또 다른 해석은 많은 사람들이 자녀를 양육하면서 동시에 연로한 부모의 문제까지 다뤄야 해서 과도한 스트레스를 받기 때문이라는 것이다. 우리의 어머니가 뭔가를 잊어버리기 시작하고 우리의 아버지가 욕실에서 넘어져 고관절이 부러질 때 우리는 죽음이 서서히 우리 삶을 침식하고 있다는 것을 알아차린다. 하지만 사실은 우리가 그것을 인식하기 전부터 대가족을 통해 노화 과정을 준비하게 된다.

대가족은 생명의 징표이자 죽음의 징표이다. 만약 당신이 결혼을 했다면, 결혼사진을 쳐다보라. 거기에는 당신의 배우자 외에도 당신의 부모님과 조부모님도 있을 것이다. 만일 당신이 결혼하지 않았다면, 졸업식이나 생일잔치 등 기념일에 찍은 다른 사진을 찾아보라. 당신 곁에는 여러 세대가 있을 것이다. 당신도 나처럼 그들이 그때 몇 살이었는지 계산해 보고 있을지 모르겠다. 고등학교를 졸업했을 때나 결혼식 때 나는 부모님의 나이가 많다고 생각했다. 그러나 지금 그 사진들을 보면, 부모님의 얼굴은 꽤 젊다. 그 당시 부모님보다 지금의 내가 더 나이가 든 것이다.

최근에 이런 생각을 하면서 나는 부모님이 내 결혼식에 참석하셨던 나이와 지금의 나이 사이에 은퇴하게 될 것을 깨달았다. 그 세월은 별로 길어 보이지 않지만, 그 시간이 흐르면 지금 엄청나게 중요하게 보이는 것들을 끝내고, 시편이 우리에게 말하는 노년의 시기로 곧 들어갈 것이다. "우리의 모든 날이 주의 분노 중에 지나가며 우리의 평생이 순식간에 다하였나이다 우리의 연수가 칠십이요 강건하면 팔십이라도 그 연수의 자랑은 수고와 슬픔뿐이요 신속히 가니 우리가 날아가나이다"(시 90:9-10).

하나님은 다양한 방법을 통해 다음의 사실에 대해 우리에게 신호를 보내신다. 우리는 궁극적인 존재가 아니며, 어딘가에서 왔고, 우리가 생각하는 것보다 더 빨리 흙으로 돌아갈 것이다. 그 한 방법으로서, 하나님은 우리를 핵가족 안에만 두지 않으시고, 다양한 세대가 있는 대가족 안에 두신다. 그래서 우리가 성숙해지려면 무엇이 필요하고, 때가 차면 무엇이 우리를 기다리고 있는지 알게 하신다.

어떻게 보면 3-4세대로 이뤄진 대가족이 위기에 처해 있다. 이동성이 커지는 지구촌 사회에서 이전처럼 부모나 일가친척을 알고 있는 사람들이 꽤 줄었다. 어떤 가족들은 조부모가 희생적으로 부모 역할을 한다. 나는 자신의 집에서 손자손녀를 키우는 신실한 조부모들을 아주 많이 알고 있다(한 경우는 심지어 증손자손녀를 키운다). 그 이유는 때로 부모가 자기 아이들을 키울 여건이 안 되거나 너무 일찍 죽었기 때문이다. 부모가 자녀를 버렸거나 감옥에 있어서, 또는 약물에 중독되어서 자녀를 돌볼 수 없는 경우도 있다. 어떤 경우에는 다른 도시나 다른 주, 심지어 다른 시간대에 흩어져 살기 때문이기도 하다.

나의 삶에서도 이런 현상을 본다. 고향에서 크리스마스를 보내고 집으로 돌아올 때면 우리 아이들은 대개 우울하고 풀이 죽어 있다. 그들이 좋아하는 할아버지, 할머니와 한 주를 보내면서 내가 자란 미시시피 주, 빌록시의 고향 숲에서 뛰어놀고, 내가 그랬던 것처럼, 집 뒤의 연못에서 낚시를 하고, 해적 골목이라는 뉴올리언스의 보행자 전용 관광 명소를 누비고 다니면서 카페 뒤 몽드에서 지역 특산물인 베이넷을 먹었던 추억 때문이다. 거의 열두 시간 가까운 운전을 해서 집으로 돌아오는 차 안의 분위기는 마치 장례식장 같다. 연휴가 끝나서가 아니라 뒤에 남겨진 할아버지, 할머니의 모습과 언제 다시 그들을 볼지 모르기 때문이다.

내가 아이들의 그 기분을 이해한다고 말할 수는 없다. 나의 경우는 어릴 때 할머니가 바로 옆집에 사셨다. 외할아버지 외할머니도 가까운 곳에 사셔서, 나는 그분들과 수많은 시간을 보냈다. 우리 집 근처의 해변을 함께 산책하거나, 개울가에서 함께 캠핑을 하거나, 박람회나 놀이동산에서 함께 롤러코스터를 타기도 했다. 크리스마스 때 할아버지 할머니는 매번 똑같은 의식을 수행하셨다. 할아버지는 스토브에 굴 스튜를 끓이셨고, 받은 선물들을 개봉하셨다. 선물은 늘 셔츠들이었는데, 그 셔츠들을 다 껴입으셨다. 보통 때 나의 일과는 할머니와 함께 텃밭에서 자주색 완두콩을 따거나, 오디를 따거나, 차를 운전해 교회와 집을 오가는 것이었다. 나의 자녀들도 할아버지 할머니를 알지만, 그들과 매일 함께하는 경험은 없다. 게다가 그런 경험을 하는 아이들은 점점 줄어들고 있다.

산업화된 서구 세계는 이전의 문화와 많이 달라졌다. 전에는 농촌의 일족이 부모, 조부모가 일했던 땅에서 일했다. 이런 변화는 쉽게 되돌릴 수 없고, 의지력만으로 이겨낼 수 없다. 그러나 우리가 잃어버린 것이 무엇인지 알고, 개선할 방책을 찾을 수는 있다.

내가 아는 한 교회는 내가 일찍이 본 적이 없는 사역을 한다. 그것은 근처 스트립 클럽에서 일하는 여성들을 대상으로 하는 사역이다. 그 사역은 시행착오를 거쳐 잘되고 있다. 그 교회는 처음에 클럽에서 일하는 여성들과 비슷한 연령대의 여성들을 파송했다가 참패했다고 한다. 스트리퍼들은 나이가 같은 그 여성들이 '우월의식'을 가지고 있다고 생각했다. 왜냐하면 사역 지망생들이 중산층의 건실한 삶을 살고 있었기 때문이다. 다음 단계는 더 심한 재난이었다. 교회는 중년 여성들을 훈련하고 무장시켜서 스트립 클럽에 들여보내 그들에게 복음을 전하게 했다. 스트리퍼들은 대부분의 중년 여성들에게 부정적 반응을 보였다. 왜냐하면 그 여성들이 그들의 어머니를 연상시켰기 때문이다. 스트리퍼들 대부분은 어머니와 관계가 껄끄러웠다. 그 교회가 칭찬받을 만한 점은 그럼에도 그 사역을 포기하지 않고, 세 번째로, 더 연로한 여성들을 파송한 것이었다. 그러고 나서 사역이 잘됐다. 스트립 클럽에서 일하는 여성들 중에는 포주의 강압에 매춘을 하는 여성들도 있었는데, 그들은 교회 할머니들에게 속내를 털어놓곤 했고 할머니들은 그들의 친구가 되었다. 그 전도를 통해 그리스도를 알게 된 스트리퍼들도 있었다. 그리고 많은 여성들이 성 인신매매에서 출구를 찾았다.

그 교회 지도자들이 내게 말했다. "스트리퍼들의 어머니 연배가 아니라 할머니 연배의 여성들을 파송했을 때 변화가 일어났습니다. 그들 대부분이 어머니와의 갈등은 있었지만, 할머니는 사랑하고 그리워했습니다. 그들은 중년 전도자들이 자신들을 판단할 것이라고 느꼈지만, 할머니들에 대해서는 그렇게 느끼지 않았습니다." 거기에 큰 지혜가 있다. 그것은 비단 그들뿐 아니라, 우리 대부분에게 대체로 사실이다.

가족을 떠나
가족을 만들다

왜 최상의 환경에서조차 부모와 자식 간에는 어느 정도 갈등이 있는 것일까? 그 이유는 부모가 주 안에서 자녀를 "교훈과 훈계로 양육할"(엡 6:4) 일차적 책임이 있기 때문이다. 현대 서구 문화에서 우리가 핵가족을 지나치게 강조하고 대가족을 강조하지 않았다는 말은 맞다. 모든 전근대 문화와 마찬가지로 성경 시대의 가족들은 여러 세대가 함께 사는 대가족이었다. 성경의 연대 계산은 간단하지 않다. "…의 아들(son of)"이라는 표현이 아버지의 아들이 아니라, 조상의 후손이라는 의미일 때가 있기 때문이다. 예를 들어 예수님은 "요셉의 아들(son of)"(요 6:42)이지만, "아브라함과 다윗의 자손(son of)"(마 1:1)이기도 하다. 한편 성경은 어머니, 아버지, 자녀의 역학과 대가족의 역학을 분명히 구별하고 있다. 대가족이나 지파, 나라를 분명히 구별하듯이 말이다. 그래서 한 구약 신학자는 성경의 가족이 "더블베드 기숙사"[63]가 아니라고 말했다.

부모들은 조부모들이 손자손녀가 잘못된 행동을 할 때 훨씬 더 너그러운 것을 보고 놀란다. 그것은 자연스러운 일이다. 조부모는 훈육에 대한 직접적인 책임이 없기 때문에 손자손녀와 다르게 관계할 수 있고, 그러면서 부모가 더 엄하게 훈육할 여지를 남긴다. 젊었을 때는 조부모의 그런 느긋함이 그들이 연로하여 지쳤기 때문이거나 매일 아이를 돌봐야 할 필요가 없기 때문이라고 여겼다.

물론 틀린 말은 아니겠지만, 필시 더 맞는 것은 나이가 들고 노련하다 보니 아이의 미성숙과 불순종을 구별할 수 있기 때문인 것 같다.

내가 아는 한 엄마는 아이가 여덟, 아홉 살이 되어도 여전히 밤에 오줌을 싼다는 사실 때문에 여기저기 조언을 구하고 다녔다. 아이의 할머니는 오줌 싸는 문제를 안고 사는 어른에게 말해 보는 게 어떻겠냐고 말했다. 그러자 아이 엄마는 의학적으로 그런 문제를 가진 어른은 본 적이 없다고 말했다. 이에 할머니가 대답했다. "바로 그거야. 저 애도 크면 괜찮아질 거야. 진정해."

조부모들이 너무 느긋한 것일까? 물론이다. 그래서 많은 조부모들은 일차적 양육자가 되면 곧 '부모 모드'로 바뀐다. 아이들에게는 둘 다가 필요하다. 인격 형성과 교정을 위해 가까이서 면밀히 돌봐 줄 부모도 필요하고, 애정의 면에서는 가깝지만 책임은 덜한 가족도 필요하다. 이는 자연적으로 생긴 가족뿐 아니라 은혜로 생긴 가족인 교회에서도 마찬가지다.

미국 침례교에서는 흔히 "하나님께는 손자손녀가 없다"는 말을 한다. 이 말이 의미하는 것은 "거듭나야 하겠다"(요 3:7)는 것의 또 다른 표현으로 각 사람이 그리스도를 믿어서 하나님의 자녀가 되어야 한다는 말이다. 가족에게 물려받은 영적 유산이 있다고 해서, 곧 기독교 가정에서 자랐다고 해서 의롭다 함을 받을 수는 없다. 아무튼 하나님께 손자손녀가 있든 없든, 사실 그리스도의 몸 안에서는 할아버지 할머니가 필요하다. 물론 우리는 부모처럼 우리를 양육할 멘토가 필요하다. 그들은 우리가 의심할 때 교훈을 주고 죄를 지을 때 꾸짖어 준다. 그럼에도 불구하고 그들보다 더 연장자로서, 우리에게 개인적으로 관여하지 않더라도, 우리를 사랑하고 멘토와 역할 모델로 섬겨 줄 사람들도 필요하다. 믿음 안의 부모는 육신의 부모와 똑같이, 우리가 그리스도 안에서 살아가도록 우리를 준비시킨다. 믿음 안의 할아버지 할머니는 육신의 조부모와 똑같이, 우리에게 너무 걱정하지 말고 주의 기쁨 안에서 마음을 놓고, 회한이나 후회 없이 살아가라고 조언해 준다. 우리에겐 둘 다가 필요하다.

게다가 조부모의 역할은 책임 수준뿐 아니라, 아이의 정체성 형성이 부모와의 관계 속에서, 혹은 부모에 저항하여 이뤄진다는 점에서도 구분된다. 몇 년 전, 전직 고위 공무원이었던 사람이 한 인터뷰에서 자신의 원래 이름이 '아무개 2세'인데, 선거 운동 때 자기 이름에 2세를 명시하지 않는 정치가를 믿지 말라고 했다. 그런 사람은 자아를 섬기는 데 몰두하느라 자신이 아버지와 이름이 같다는 것을 잊어 달라고 하는 것과 같다고 말했다. 물론 그 말이 맞을 수도 있지만, 나는 항상 그렇지는 않다고 생각한다. 2세라는 것을 밝히지 않는 대부분의 사람들은, 직업이 무엇이 되었든 그냥 자신의 정체성을 형성하려는 것이고, 자기 자신이 되고자 하는 것이다. 사실은 우리 모두가 그렇다. 아이는 자신이 어디서 시작되었고 부모의 정체성이 어디서 끝나는지 보면서 성장해 간다. 그것은 성장 과정의 중요한 부분이며, 그것이 충분히 이뤄지지 않으면, 개인의 원만한 삶과 영적 순례 여정이 심각하게 손상된다.

종종 나는 젊은 커플들, 보통은 젊은 남편들이 처가나 친가, 일가친척들에 대해 불만을 토로하는 것을 듣는다. 그들의 부모나 조부모가 자신들이 자녀를 기르는 방식에 찬성하지 않거나 더 나은 방법으로 하라고 강요한다는 것이다. 젊은 부모들은 매년 크리스마스를 쥬디 숙모의 집에서 흥청거리며 보내는 대신에 더 숭고한 우선순위를 자녀에게 가르치고 싶을 수 있다.

우리는 모두 유한하고 죄성을 가졌기 때문에 당연히 접촉할 때마다 서로 긴장감이 생기게 된다. 임신도 하지 않았는데 "예정일이 언제예요?"라고 묻거나, 상대방이 좋아하는 정치인을 비방하는 일도 생긴다. 그런 예는 수 없이 많다. 대가족 안에서 사는 것은 무질서하고 혼란스러울 수 있다. 때로 친가나 처가 부모들의 간섭에 불만을 제기하는 것은, 지혜로운 조언을 포함해 모든 조언을 거부하는 잘못된 방향으로 나갈 수도 있다. 성경에는 아버지가 아들에게 한 잠언의 조언뿐 아니라, 이드로가 사위 모세에게 한 조언도 있다. 이드로는 모세의 책임이 혼자서 감당하기에 너무나 커서 다른 사람들에게 이를 위임해야 한다고 말했다. "이에 모세가 자기 장인의 말을 듣고 그 모든 말대로 하여"(출 18:24). 무조건 조언을 듣지 않으려는 것과 자기 스스로 가정을 이끌려고 귀를 닫는 것은 다르다.

유년기와 성년기의 경계가 모호해질 때 특히 심해지기도 하는데 명절이나 휴가 때 집에 가서 일가친척들을 만나면 다시 아이가 된 것 같다는 젊은 부모들이 있다. 부모나 배우자의 부모가 그들에게 어디에 가고, 얼마 동안 가라고 지시한다. 그리고 양육권을 박탈한다("괜찮아. 이 정도 공포 영화는 봐도 돼! 너무 엄하게 하지 마!"). 그래서 겉으로는 그 말을 따르면서도 속으로는 부글부글 끓는 부모들도 있다. 하지만 싸워야 할 경우도 있다("그렇지 않아요. 케일럽한테 이런 공포 영화는 안 돼요"). 일가친척들이 어른을 아이로 취급하는 건 평상시에 그 사람이 그렇게 행동하기 때문일 수도 있다. 때로 그것은 (장성한) 자녀가 나머지 가족에게 정서적으로나 경제적으로 늘 의존하기 때문일 수도 있다.

그래서 성경은 남자가 부모를 떠나 배우자와 합하라고 한다(창 2:24). 때로 대가족이 성인 자녀의 삶에 과도하게 개입하여 통제하고 간섭하는 경우라면 부드럽게 거절해야 한다. 그것은 자녀를 아이에서 어른으로 보는 전환이 일어나지 않았기 때문일 수 있다. 또는 자녀의 가족이 독립하고 난 후에도 부모에게 여전히 경제적으로 의존하기 때문일 수 있다. 사위가 딸을 버리고 갔다거나, 아들이 갑자기 암에 걸려서 부모가 한동안 경제적인 도움을 줄 수는 있다. 가끔은 젊은 신혼부부가 부모의 경제적 지원을 받아서 부모와 같은 수준으로 살려고 한다. 그러나 그들의 부모 세대는, 부를 상속받은 경우를 제외하고, 처음부터 그렇게 잘 살지 않았다. 부모 세대가 현재의 수입과 삶의 질에 이르는 데는 오랜 세월이 걸렸다.

물론 음식이나 옷, 거처, 의료 혜택 등 생존에 직결된 진짜 위기가 닥친 경우에는 부모의 도움을 받을 수 있다. 그러나 내가 자주 보게 되는 큰 갈등들은 그런 비참한 상황이 아니었다. 장성한 자녀가 부모의 지원을 받는 경우에 불가피하게 일어나는 일은 교회가 정부의 지원을 받을 때 일어나는 일과 같다. 처음에 교회는 "우리의 복음 중심적 회복 사역이 정부의 지원을 받으면 훨씬 더 좋을 거야"라고 말한다. 그러나 막상 그렇게 되면 대개 정부가 교회에 요구하는 것이 생기게 된다. 가령 그 회복 사역에서 복음을 전하지 못하게 해서, 사역의 핵심이 막혀 버린다. 그래서 나는 그런 교회들에 늘 말한다. "가이사의 간섭을 받고 싶지 않으면, 가이사의 돈을 받지 마세요."

대가족의 경우도 마찬가지다. 성인 자녀가 스스로 결정하고, 실행하고, 가족을 부양하는 것을 보고 나면, 대가족은 걱정할 필요가 없다는 것을 점차 알게 된다. 그들은 이제 '우리 아들 녀석'이나 '우리 딸아이'가 괜찮은지 걱정하지 않을 것이다. 이제 그들이 어리지 않고 가정을 부양하는 책임감을 가졌다는 것을 알기 때문이다.

'떠나고 연합하는' 이 역학은 재정뿐 아니라 정서적으로도 작동한다. 많은 부부 사이에 긴장이 발생하는 것은 남편이나 아내가 어머니나 아버지에게 가장 먼저 조언을 구하기 때문이다. 대부분 그건 좋고 옳다. 우리에겐 외부의 지도가 필요하고, 지혜로운 부모는 흔히 그런 역할에 안성맞춤이다. 단 예외는 배우자에 대한 원망이나 두려움을 부모에게 '터뜨리는' 것이다. 그렇게 되면 부모가 사위나 며느리를 객관적으로 보기 힘들어진다. 가령 남자가 자기 어머니에게 아내가 다른 남자들과 자주 시시덕거려서 언제 바람이날지 모르겠다고 말한다. 그러고 나서 그는 아내와 대화를 통해 오해를 풀었다. 하지만 어머니는 아들이 언제 버림받게 될지 몰라서 염려한다. 마찬가지로, 딸이 아버지에게 남편이 자기 말을 잘 들어 주지 않고 차갑고 인정이 없다고 말할 수 있다. 그러고 나서 둘이서 싸워 남편은 자신의 둔감함을 회개하고 아내는 자신이 화낸 것을 사과할 수 있다. 그렇게 모든 소동을 잊을 수 있지만, 친정아버지는 잊지 못한다. 떠나고 합한다는 것은 경계를 지키고(특별한 경우를 제외하고) 배우자 대신에 부모에게 자동적으로 위로와 도움을 요청하지 않는 것이다.

하지만 떠나고 연합한다고 해서, 현대 서구 사회에서 흔히 볼 수 있듯이, 핵가족이 원 가족이 침투할 수 없을 정도로 완전히 단절되어선 안 된다. 특히 대가족의 구성원이 나이가 들고 죽음에 가까워질수록 이런 면에 주의해야 한다. 현대 의학으로 평균수명이 길어짐에 따라 자녀가 부모와 조부모를 더 많이 더 오래 돌볼 것으로 예상된다. 하나님이 주신 율법인 십계명 안에도 "네 부모를 공경하라"(출 20:12)는 명령이 있다. 우리가 살펴보았듯이, 사도 바울은 자녀와 부모가 함께 있는 가정 배경 속에서 그 명령을 언급했다(엡 6:1-2). 하지만 이것은 우리가 처음으로 부모 공경을 배우는 때가 어린 시절이라서 그렇지, 부모 공경이 성인이 되면 끝나기 때문이 아니다. 사실 부모를 공경하라는 성경의 지시는 아이들에 대한 것이 전혀 아니고, 성인들이 연로한 부모를 공경하라는 것이다. 더 나아가, 그것은 감사의 정서적 표현이라기보다(물론 그것도 포함하지만) 물질에 대한 것이다. 자녀들은 부모를 부양해야 한다.

부모를 공경한다는 것은
약자를 돌보는 것이다

여러 해 전, 한 대학 캠퍼스에서 열린 행사에서 〈인간 생명의 신성함〉을 주제로 강연을 한 적이 있다. 나는 낙태나 고아, 기타 취약한 아이들에 대한 이야기와 함께 안락사에 대한 반대 및 인간의 존엄성과 어린이 보호에 대해 말했다.

내 강연 다음에 중동 이민자 출신의 여성이 강연을 했는데, 그녀는 노쇠한 부모의 기저귀를 갈아 주는 데 많은 시간을 보내고 있었지만 전혀 불평이 없었다. 그러고는 오히려 부모가 이전에 자신의 기저귀를 갈아 주었음을 기억해야 한다고 말했다. 그때 나는 다른 사람을 죽이지 말라는 기본적 금지와 관련하여 인간 생명의 신성함에 대해 생각하고 있었다. 그 강사는 그런 면에서 성경의 문화와 훨씬 더 가까이 있었다. 그녀는 한 세대가 이전 세대를 신체적, 경제적으로 돌봐야 하고, 불평하지 말고 실제적으로 해야 한다고 말했다. 나는 정신이 번쩍 들었다.

우리가 만약 십자가의 사람이라면, 이것은 부모를 공경하라는 것을 포함하여 복음이 모든 지점에서 우리가 법을 어기고 있음을 말해 주는 것이다. 예수님이 어떤 것을 위해 죽으셨다면, 우리는 그것을 단지 사소하거나 성가신 문젯거리로 보지 말아야 한다. 앞서 얘기했듯이, 예수님은 그 율법을 우리 대신 십자가에 달리면서까지 지키셨다. 그래서 다른 사람이 어머니를 돌보게 하셨다(요 19:26-27).

예수님은 종교 지도자들이 하나님의 계명을 어긴다고 지적하셨다. 그들이 자신의 종교성을 과시하면서도 연로한 부모를 돌보는 일을 등한시했기 때문이다. 예수님은 이를 강력히 규탄하셨다. "하나님이 이르셨으되 네 부모를 공경하라 하시고 또 아버지나 어머니를 비방하는 자는 반드시 죽임을 당하리라 하셨거늘… 너희는 이르되 누구든지 아버지에게나 어머니에게 말하기를 내가 드려 유익하게 할 것이 하나님께 드림이 되었다고 하기만 하면 그 부모를 공경할 것이 없다 하여 너희의 전통으로 하나님의 말씀을 폐하는도다"(마 15:4-6).

이것은 날카로운 말씀이었다. 예수님은 서기관들과 바리새인들이 산상수훈을 거의 거꾸로 가르치는 것을 비난하셨다. 산상수훈에서 예수님은 율법의 계명을 인용하시면서 "그러나 나는 너희에게 이르노니"라고 하셨다. 그러면서 사실 예수님은 계명들을 더 강화시키셔서, 우리의 외면뿐만 아니라 내면까지 살펴보게 하셨다. 그러나 종교 지도자들은 하나님의 율법의 요구를 약화시켰다. 그들에겐 진정한 권위가 없었고, 다만 하나님을 섬기는 척 가장하는 모습만 있었다. 우리가 성경을 그렇게 왜곡하여 연로한 부모를 경시하는 경우는 드물다. 하지만 우리는 종종 가장 중요한 것은 자신의 직업과 가족이라고 생각하면서, 우리가 가장 크게 빚진 분들을 희생시키곤 한다.

성경은 자녀에게만 부모를 돌보라고 하지 않고, 교회를 향해서도 노인들을 돌보라고 한다. "하나님 아버지 앞에서 정결하고 더

러움이 없는 경건은 곧 고아와 과부를 그 환난 중에 돌보고 또 자기를 지켜 세속에 물들지 아니하는 그것이니라"(약 1:27). 우리 주 예수님의 동생 야고보는 가장 취약한 자들인 고아와 과부를 돌보는 현장에 있었다. 야고보의 아버지 요셉이 취약한 아이와 취약한 여인을 가족으로 받아들였기 때문이다. 요셉은 모든 어린이를 죽이라는 헤롯의 칙령을 피해 도망갔던 예수님과 혼외 임신을 한 여인 마리아를 받아들였다(마 1:18-2:23). 신약의 사도들은 새 교회가 탄생하고 나서 거의 즉시 그들 중에 있던 과부뿐 아니라, 이방인이어서 유대인 사회에서 잊히기 쉬운 과부들까지 부양할 방안을 지시했다(행 6:1-7).

사도 바울도 교회가 어떻게 과부들을 부양해야 하는지 디모데에게 구체적으로 지시했다(딤전 5:3-16). 바울은 디모데에게 "누구든지 자기 친족 특히 자기 가족을 돌보지 아니하면 믿음을 배반한 자요 불신자보다 더 악한 자니라"(딤전 5:8)고 말했다. 나는 누가 이 구절에 대해 설교하면서 남자가 처자를 버리고 부양하지 않는 경우에 대해 말하는 것을 들었다. 물론 그렇게도 적용할 수 있지만, 그보다 훨씬 더 직접적인 맥락은 과부에 대한 것이다. 가정은 친척들에 대한 책임이 있다. 그것은 단지 사회 질서의 문제에 그치지 않는다. 또한 사도는 과부를 단지 개인이나 가족의 책임으로만 여기지 않는다. 교회는 아예 가족이 없거나, 부양해 줄 가족이 없는 사람들을 잊지 말고 부양해야 한다. 그것은 성경의 첫 부분부터 이스라엘의 경제 구조 속에서 과부와 노인을 돌보게 하신 하나님의 뜻과 일치한다(레 19:9, 23:22, 룻 2:3, 17).

　　우리 시대에는 자식들의 돌봄을 받지 못하는 노인들이 양로원이나 실버타운에 가득하다. 노인 빈곤층의 상황은 더 심각하다. 돌보는 사람은 물론이고 그들을 기억하는 사람조차 없다. 성경에서 부모를 공경하라고 한다 해서 사랑하는 노인 가족을 시설에 모시면 안 된다는 것은 아니다. 내가 아는 한 노인은 아들에게 두 가지를 약속해 달라고 했다. 먼저 양로원에 보내지 말고, 둘째, 죽으면 관 뚜껑을 밀폐시키지 말라는 것이었다. 그 할머니는 양로원에 관한 생각만 해도 몸서리가 쳐졌고, 밀폐 뚜껑에 대해서는 "애야, 그러면 숨이 막혀 죽을 거야"라고 했다. 그러자 아들이 대답했다. "어머니, 거기서 숨이 막히신다면, 애초에 뭔가 심각하게 잘못된 거예요."

　　하지만 그는 지혜롭게 어머니의 요구를 거절했다. 연로한 분을 집에 모시면서 의료적으로나 일반적으로 잘 돌보지 못한다면 노인을 공경하는 게 아니라 해치는 것이기 때문이다. 그러나 우리는 이를 전적으로 외부에만 의존할 수 없다. 사람의 필요는 의료적인 것만이 아니기 때문이다. 사람에겐 인생의 다른 단계와 마찬가지로 애정과 대화, 영적 격려가 필요하다. 노인이 시설에서 혼자 시들어가게 방치하거나, 집에 방치해 두고 다른 사람들과의 교류나 하나님의 말씀, 성만찬을 접하지 못하게 하는 것은 단지 잔인한 것이 아니라 복음을 부인하는 것이다.

　　어떤 면에서 우리 시대 교회가 가지고 있는 상업성은 노인들이 모든 기능을 상실하기 훨씬 전에 이미 그들을 버릴 준비를 하고 있다. 우리의 교회들은 점점 더 음악이나 문화에서 어느 한 세대만을 지향해 가고 있다. 연령대가 높은 교회들은 찬송가, 전통, 심지어 그래픽 디자인 등 여러모로 젊은이들을 원하지 않는다는 신호를 보낸다. 젊은 교회들도 가령 예배 음악의 음량을 키워서 연로한 사람들을 원하지 않는다는 신호를 보낸다.

때로 세대 간의 이런 긴장은 불가피하고 비교적 무해하지만, 노인이 젊은이에게, 혹은 젊은이가 노인에게 "우리는 당신이 필요하지 않아요"라는 신호를 보내고 있는 것은 아닐까? 그것은 하나님이 하나 되게 하신 것을 나누는 것이다. 이는 다음 시대 교회의 큰 위기이다. 공동의 찬양도 없는데 어떻게 공동의 사역을 하겠는가? 노인들을 우리 눈에 보이지 않게 어두운 아파트나 병실에 두기 오래 전부터, 우리는 노인들이 예배와 선교 여행에서 보이지 않게 해 왔다. 어떤 교회들은, 내가 다른 데서 말한 것처럼, 노인이 지배하는 구조를 가져서 차세대를 배려하기보다 과거의 향수를 되살리는 데만 집중한다. 그런 교회나 교단은 결국 사멸할 것이다. 그러나 우리는 반대로 노인 지도자가 없고 노인을 '퇴물'로 보는 교회도 되지 말아야 한다. 그렇게 된다면 우리는 예수님이 경고하신 대로 과부의 가산을 삼키며 중언부언 기도하는 자들인 것이다(막 12:40, 눅 20:47).

라이프 사이클의 변화는 우리가 미래를 생각하는 방식, 곧 영원한 생명에 대한 인식에서도 나타난다. 수년 동안 나는 천국은 가만히 앉아서 무한한 시간을 응시하는 게 아니라고 사람들에게 말해 왔다. 솔직히 말하자면, 우리들 중 많은 이들이 천국이 지루하고 끝이 없는 시간 속에 정적으로 존재하는 것이라고 생각하고 있다. 그러나 사실 성경은 우리의 미래를 그렇게 말하지 않는다. 우리는 다음 생(afterlife)을 갖는 게 아니다. 마치 현재가 '삶'이고 그 다음은 삶이 아닌 것처럼 말이다. 대신 우리는 몸의 부활이라는 기독교적 소망을 갖는다. 우리를 기다리는 것은 공기 중에 떠돌아다니는 천국이 아니라, 하늘과 땅의 결합인 새로운 세계다. 그와 더불어 사명이 이어질 것이다. 심판 때 우리가 받는 면류관은 장식용이 아니라 통치권을 나타낸다. 영원한 삶에서 우리는 활발히 활동하며 그리스도와 함께 다스리고 천사들을 심판할 것이다(고전 6:2-3, 계 20:6). 성경이 정의하는 안식은 활동이 멈추는 게 아니라, 적과 장애물을 제거하는 것이다(왕상 5:3-4, 히 4:1-13). 나는 이전보다 더 분명히 이 사실을 믿는다.

하지만 나는 한 연로한 신학자로부터 배운 것을 자주 생각한다(우리는 새 창조 종말론을 공유한다). 그는 천국에서 활동을 중지하고, 고전적 의미로 안식하며, 천상에서 하나님을 바라본다는 지복직관(至

福直觀)에 중심을 둔 천국의 개념을 이제 거부하지 않는다. 젊었을 때는 영원 속에서 활발히 활동한다는 것이 그의 의욕을 고취시켰지만, 나이가 들수록 천국의 고요함을 더 고대하게 되고, 천국의 모험을 덜 고대하며, 평화롭게 안식하는 것을 더 고대하게 되었다고 한다.

사실 성경은 오는 삶에 대해 고요함과 활동, 연속성과 비연속성 둘 다를 말한다. 연로한 그리스도인이 삶에 지쳐서 천국에서 그저 안식하고 싶어 하는 것은 신학적으로 무지해서가 아니라, 긴 여행 후에 자연히 침대에 쓰러져 자고 싶어 하는 것과 같다. 자고 나면 여행자는 다시 활력을 얻어서, 주님이 주시는 다음 사명을 수행할 수 있을 것이다.

이것은 우리에게 둘 다 중요하다. 피곤하고 늙은 그리스도인은 "당신의 일은 끝나지 않았어요. 모든 것이 수반되는 풍성한 삶이 앞에 있어요!"를 기억해야 한다. 동시에, 젊고 바쁜 그리스도인은 활동 자체가 삶이 아니며, 우리를 기다리는 안식이 "너희는 가만히 있어 내가 하나님 됨을 알지어다"라고 우리를 일깨운다는 것을 기억해야 한다(시 46:10).

시인 데이비드 왜트(David Whyte)가 말했듯이, 우리가 서로를 '빠른 속도'로 보기 시작하면 우리보다 느리게 가는 사람을 놓치게 된다. 그가 제대로 말했다. 우리는 아픈 사람, 노인, 어린이들을 놓치게 되고 심지어 '우리 자신 안의 좀 부족한 부분, 우리에게 색깔과 특징을 주는 취약한 부분'[64]까지도 보지 못하게 된다. 우리 앞에 영원의 삶이 있다는 사실은 사람의 생명이 스케줄이 많고 적음에 달려 있지 않음을 일깨운다. 우리가 그것을 깨닫지 못한다면, 우리는 노인들을 그저 져야 할 짐으로 볼 것이고, 그들이 실제로 누구인가를 보지 못할 것이다. 그들은 미래에 우주를 다스릴 사람들이며, 그리스도와 함께 상속을 받을 자들이다.

연로한 부모나 조부모, 멘토를 모시는 것은 힘들고 고될 수 있다. 나는 할머니가 집에서 할머니의 어머니, 곧 백 세가 넘은 증조할머니를 모시며 곤란을 겪는 것을 보았다. 할머니는 증조할머니를 하루 종일 모실 뿐 아니라, 증조할머니가 한밤중에 "예수님, 마리아, 요셉이여, 나의 마음과 영혼을 바칩니다"라고 외치는 바람에 밤잠을 설쳐야 했다(그쪽은 가톨릭이었다). 그러면 할머니는 잠을 잘 수 있게 목소리를 낮춰 달라고 부드럽게 요청하셨다. 결혼한 후 우리가 증조할머니를 만났을 때, 아내가 "증조할머니를 위해 기도하고 있어요"라고 하자, 그분은 할머니를 노려보며 "그래도 누군가는 아직도 기도를 믿고 있으니 기쁘군"이라고 쏘아붙이셨다. 할머니는 어깨를 한 번 으쓱하시고는 전혀 마음 상하지 않으셨다. 울며 보채는 아기 때문에 사람들이 마음 상하지 않는 것처럼 말이다.

때로 우리는 나이 많은 노인들, 가령 치매 증상이 나타나기 시작한 사람들에게 인내할 일이 예상보다 훨씬 더 빨리 시작될 수 있음을 안다. 종종 중년인 자녀는 연로한 부모가 물건을 어디로 옮길지 모를 때 그들을 도와야 한다는 것을 알아차릴 것이다. 그래서 성인 자녀는 가끔씩 부모님과 자신의 역할이 바뀌었다고 말한다. 심지어 성인 자녀가 연로한 부모의 소란스러운 애정 생활을 돌봐야 하는 경우도 있었다. 실버타운에는 누가 누구를 좋아하고, 누가 누구와 갈라섰다는 이야기가 난무한다. 한 여성은 이렇게 말했다. "다시 중학교로 돌아간 것 같아요. 문제는 그 중학생이 나의 엄마라는 거예요!" 그것은 사실일 뿐 아니라 여러 가지 양상을 갖는다. 아동기와 청소년기 사이의 그 예민한 시기가 얼마나 잔인하고 무서웠는지 기억해 보라. 한 관찰자는 그런 사람들이 얼마나 불안정하게 느끼겠냐고 말했다. 평생 삶과 직업을 통해 사회경제적 지위를 이룩하고 나서 다시 노인 시설에서 익명이 되어 고등학교 시절 같은 파벌과 경쟁 속에서 "양로원 식당의 '잘 나가는 노인들이 모이는 테이블'에 초대받지 못하는 일이 벌어지고 있는 것이다."[65]

사실 그 비교는 매우 적절하다. 만약 우리가 충분히 오래 살게 된다면, 우리는 사춘기뿐 아니라 의존적인 유아기 단계까지 후퇴하게 될 것이다. 그중 일부는 모욕감을 느끼는 것에서 시작할 것이다. 별 세 개를 달았던 장군이 욕조에서 넘어지자 간호사가 어린이를 대하는 말투로 그를 일으켜 세운다. 이런 퇴화를 경험하는 당사자나 그 사람을 사랑하는 사람들은 놀랄 수 있다. 그런 퇴화가 지난 역사를 완전히 허물다시피해서 정체성이 모호해지기도 한다.

친절하고 온화하고 가정적이던 남자가 치매에 걸려서 아내에게 욕설을 퍼부으며 자기 장미꽃밭을 밟았다면서 총으로 쏴죽이겠다고 협박한다. 아내는 지금 그와 함께 거실에 서 있는데 말이다. 신실한 그리스도인 여성이 교회의 선교 일을 도맡아 했다가 이제는 정신적 혼란에 빠져 신앙을 갖기 전의 삶으로 돌아가서 종교는 옛날이야기라고 비웃으며 그리스도마저 부인한다. 이럴 때 가족과 친구들은 어리둥절해지고 절박해진다. 그러나 그런 순간에 우리는 우리 존재가 단순히 우리의 인지력 이상이며, 그 혼란의 안개 속 어딘가에 예수님이 깊이 사랑하시는 그 사람이 있다는 것을 기억해야 한다.

이것이 많은 사람들이 무의식적으로 노인을 두려워하는 이유이고, 자신이 나이 드는 것을 부정하고 싶어서 흰머리를 재빨리 감추는 이유이다. 우리가 종종 아이들을 두려워하는 것과 같은 이유이기도 하다. 우리는 약함을 경멸한다. 우리가 누구인지를 모르기 때문이다. 역사학자 윌 듀랜트(Will Durant)는 우리가 매달리는 것으로부터 우리를 부드럽게 떼어내기 위해 노년이 죽음보다 앞서 등장한다는 사실을 곰곰이 생각했다. "아이가 세상에 들어올 때 무감각한 상태를 통해 보호받듯이, 자연은 죽음이라는 시간의 가위질을 하기 전에 서서히 마취라는 큰 작업을 수행하여 노인들의 감각과 의지를 둔화시킨다."[66]

만일 우리가 삶의 가치를 우리의 유용성과 독립성으로 판단한다면, 한때 강하고 독립적이었지만 지금은 그렇지 않은 사람들이 주는 계시를 무시하게 될 것이다. 그 계시는 사실은 정반대라는 것이다. 우리가 나이가 많은 것에 대해 말할 때도 그런 잘못된 태도가 드러난다. 가끔은 연로한 사람들과 상대하다가 이렇게 말할 수도 있다. "나는 자녀들에게 짐이 될 정도로 오래 살지 않았으면 좋겠어!" 물론 나도 그런 말을 했었다. 그런 말을 여러 번 했을 때 존경하는 한 윤리학자의 글을 보게 되었다. 그는 자녀에게 짐이 될 정도로 오래 살고 싶다고 말했다. 그는 심한 목감기를 앓던 아이와 뜨거운 샤워 물을 맞았던 이야기와, 아이들의 흔들리는 자전거를 붙들어 주며 함께 달렸던 이야기를 회상하며 결론을 내린다. "짐을 지는 것이야말로 가족이며, 그것은 독립적 요원들이 서로 계약을 맺는 것과 다르다."[67]

내가 반복해서 했던 말 배후에 깔려 있던 것을 깨닫고 나는 얼굴을 붉혔다. 그것은 교만이었다. 지금 내 모습에서도 여전히 교만을 본다. 나는 교회 사람들에게 "나는 당신이 필요해요"라고 말해야 할 때 창피하다고 느낀다. 젊고 가난한 부부였던 우리가 입양을 위해 목돈이 필요했을 때도 친구들에게 재정적 도움을 요청하기는커녕 도움을 받는 것조차 주저했다. 내 사역의 가장 어두운 순간에 친구들을 향해 "무너질 것 같아. 도와줄래?"라고 말해야 했을 때도 창피했다. 지금 그 사실을 적으면서도 주저하는 마음이 생긴다. 당신이 그 사실을 알게 될까봐 부끄럽고 두렵기 때문이다.

다시 한 번 나의 행동을 통해 나 자신을 돌아보게 된다. 하나님이 내게 교회를 허락하셨을 때 그 공동체는, 정의상, 우리가 다른 사람의 짐을 지는 곳일 뿐 아니라, 하나님의 섭리 하에서, 나의 짐을 져 달라고 요청해야 하는 곳이다. 짐에 눌려 쓰러지지 않으려면 말이다. 이것 역시 은혜다. 의존은 약함이 아니다. 약함은 실패가 아니다. 실패는 치명적이지 않다.

노인들을 돌볼 때는 우리가 처음 십자가를 보았던 때를 상기시켜야 한다. 사무엘서는 다윗의 위용으로 가득 차 있다. 다윗의 영웅적 행보(골리앗을 죽임)와 다윗의 죄(밧세바를 약탈함), 다윗의 슬픔(아들 압살롬의 죽음) 안에는 혁혁한 다윗의 행보들이 있다. 사울은 천천을 죽였지만, 다윗은 만만을 죽였다. 모세의 노래는 여지 저기 흩어져 있지만, 다윗은 시편을 쭉 썼다. 그러나 열왕기상은 매우 다른 그림으로 시작한다. "다윗 왕이 나이가 많아 늙으니"(왕상 1:1-4) 이제 다윗 왕은 이불을 덮고도 추워서 떨고, 젊은 여자가 같이 누워도 따뜻하지 않았다. 강한 용사가 쇠약함과 왕국의 붕괴로 수치를 당했다.

그러나 이스라엘 왕의 마지막 행보는 그의 병상에서 다른 사람, 곧 그의 뒤를 이을 후계자를 높인 것이었다. 다윗은 죽음을 선물로 받아들였다. 다윗의 신하들이 말했다. "왕의 하나님이 솔로몬의 이름을 왕의 이름보다 더 아름답게 하시고 그의 왕위를 왕의 위보다 크게 하시기를 원하나이다"(왕상 1:47). 다윗은 한 세대 전의 사울처럼 시기하며 짜증내지 않았다. 오히려 침상에서 몸을 굽히고 감사했다. "이스라엘의 하나님 여호와를 찬송하리로다 여호와께서 오늘 내 왕위에 앉을 자를 주사 내 눈으로 보게 하셨도다 하셨나이다"(왕상 1:28). 다윗은 눈앞의 아들 너머로 멀리 보이는 후손을 바라보았다. 그는 세례 요한보다 수백 년 전에 모범을 보여 줬다. 세례요한은 자신은 쇠하여야 하고 다윗의 후손이 흥해야 한다고 말했다(요 3:30). 그리고 요한 자신이 주목받으려 하지 않고 세상 죄를 지고 가시는 하나님의 어린양을 가리켰다(요 1:29). 그것은 수치가 아니라 영광이다. 십자가의 영광이다.

　가정이나 교회의 노인을 돌보되, 어쩔 수 없이 하지 말고, 사랑으로 하고, 특권으로 여기며 하라. 그들이 걷는 곳을 당신도 걷게 될 것이다. 시몬 베드로는 자신의 힘과 독립성을 자랑하며 예수님의 보호자가 되어, 예수님을 십자가에서 구하겠다고 허세를 부렸다(마 26:47-56). 그 허장성세는 오래가지 못했다. 예수님이 죽음에서 부활하신 후 베드로를 만났을 때, 이제 베드로는 예수님을 부인했다는 사실 앞에 겸손해져 있었다. 예수님이 시몬 베드로에게 "내 양을 치라"고 사명을 주신 것은 은혜였다. 겁쟁이였던 그가 사도의 메시지를 전할 것이다. 그러나 이것은 금의환향의 이야기는 아니다. "내가 진실로 진실로 네게 이르노니 네가 젊어서는 스스로 띠 띠고 원하는 곳으로 다녔거니와 늙어서는 네 팔을 벌리리니 남이 네게 띠 띠우고 원하지 아니하는 곳으로 데려가리라"(요 21:18). 베드로의 삶은 위대한 노인이 박수갈채를 받는 것으로 끝나지 않고, 끌려가 십자가에 못 박히는 수치로 끝날 것이다. 그 모든 말씀 후에 예수님은 처음에 했던 말씀을 다시 하신다. "나를 따르라"(요 21:19). 언제, 어떻게일지는 몰라도 예수님을 따르면 우리도 결국 십자가를 향해 걸어가게 될 것이다. 아니, 다른 이가 우리를 거기로 데려갈 것이다. 우리 삶은 무력함에서 시작하여 무력함으로 끝나며, 우리의 새 삶이 시작된 곳, 우리의 새 삶이 끝날 곳, 그리고 우리의 새 삶이 다시 시작할 곳인 십자가로 우리를 돌아가게 한다.

마지막 날을
떠올리며

이 장을 써내려가다 잠시 휴식을 취하려고 복도에 나갔다가 새뮤얼이 지나가는 것을 봤다. 이제 열두 살인 새뮤얼은 꼬마티를 벗고 조금씩 남자로 성장하고 있다. 내 인생의 마지막에 새뮤얼이 나를 돌보면서 어떤 짐을 지게 될지 궁금하다. 나는 쇠약해질 것이고, 서재로 가는 계단조차 못 올라갈 것이다. 내가 실버타운에 가게 되었을 때 새뮤얼에게 서재의 모든 책을 놔둘 수 없다고 고집을 피우게 될까? 아니면 어느 병원에 누워 있을 때 새뮤얼이 내 입가에 흐르는 침을 닦아 주게 될까? 새뮤얼이 기억하는 나의 마지막 모습은 나의 환자용 변기를 비워준 것이나 인공 항문 주머니를 바꿔 준 것이 될까? 나는 새뮤얼이 나를 그렇게 기억하지 않았으면 좋겠다. 어렸을 때 방바닥에 앉아서 공룡 흉내를 내던 아버지나, 정신없이 분주하게 설교하고 강의하고 텔레비전에서 중요한 쟁점들에 대해서 토론하던 아버지로 기억하기 바란다.

그러나 나는 교만과 이기심이 드러나는 그런 생각을 좋아하지 않는다. 내가 마지막 숨을 들이마시려 애쓰는 순간에, 나의 아들은 그 어느 때보다 진짜 내 모습을 보게 될지 모른다. 새뮤얼은 십자가에 못 박힌 강도가 곁에서 무력하게 죽어가는 분을 바라보듯, 내가 입에서 솟아나는 피를 뱉으며 "예수여 당신의 나라에 임하실 때에 나를 기억하소서"라고 말하는 것을 보게 될지 모른다.

내게서 생명이 끝나가는 것을 지켜보면서 앞으로 올 삶에 대해 내가 그에게 가르치고자 했던 것을 기억하게 될지 모른다. 어쩌면 새뮤얼의 목전에서 내가 그것을 배우는 것을 새뮤얼이 보게 될지도 모른다. 임종의 순간 내가 보았던 많은 사람들처럼, 나도 그 마지막 순간에 어린 시절을 떠올리며, 나를 사랑했던 사람들의 얼굴을 보게 될지 모른다. 나는 완전히 의존적이던 유아기부터 임종의 순간까지의 변화무쌍한 이미지들 속에서 하나님이 어떻게 역사하셨는지 보게 될 것이다. 그 전까지 미처 깨닫지 못해서 감사하지 못했는데 말이다. 어쩌면 내게 베푸신 하나님의 선하심, 그 작은 위로의 순간들과 은혜의 단편들이 그의 나라를 위해 나를 준비시키신 방법들이었다는 것을 깨달을지도 모른다. 그 나라는 이야기의 끝이 아니며, 옛 방식을 새롭게 이어가는 것이 될 것이다.

아마도 새뮤얼은 아버지인 내가 마침내 성취하고 인정받으려는 분투를 내려놓는 것을 보게 될지도 모른다. 나는 있는 모습 그대로 늘 사랑받았다는 것을 알게 될 것이다. 아마도 그 순간에 내 아들은 무력하게 이불 밑에 웅크린 아버지의 모습이 아니라, 다시 젊고, 다시 행복하고, 하나님이 예비하신 미래의 빛 속으로 걸어 들어가는 나를 상상할지 모르겠다. 나의 심장 모니터의 신호음이 그칠 때 새뮤얼은 아버지인 내가 다시 젊어져서, 어쩌면 새끼부엉이 인형을 들고서, 미소 띤 얼굴로 돌아보는 모습을 상상할지 모르겠다.

우리 가정,
예수의 빛으로
덧입다

뇌리에서 떠나지 않는
설교 한 편

우리는 우리를 구한 비보다 우리 생명을 위협했던 폭풍을 더 잘 기억하는 경향이 있다. 마찬가지로, 그동안 우리를 지탱해 온 일상적이고 평범한 은혜보다 우리 삶의 큰 위기와 전환점을 더 잘 기억한다.

설교자로서 내 평생 들었던 설교 가운데 과연 몇 편이나 기억하고 있는지 돌아보면 부끄럽다. 그러나 모든 설교를 기억하는 것보다, 하나님의 말씀을 늘 접하면서 꾸준히 영성을 키우는 것이 핵심이라고 나 자신을 일깨운다. 내가 기억하든 못하든, 내가 들은 설교가 내 안 어딘가에 있을 것이다. 하지만 뚜렷이 기억나는 특별한 설교 한 편이 있다. 20여 년 전에 한 웨일즈 목사님이 십자가상의 강도에 관해 하셨던 설교이다. 그분의 말이 아직도 뇌리에서 떠나지 않는다.

그분은 예수님과 함께 못 박혔던 회개한 강도에 대한 누가의 설명을 가리키며 이렇게 말했다. "그 강도의 가족이 하나님을 경외하는 사람들이었다면, 아마도 그가 지옥에 갔다고 생각했을 것입니다." 로마의 십자가는 모든 인생의 최악의 종착지였고, 그가 십자가에 매달려 있다는 것은 필시 그 이전부터 반항아로 살았다는 증거이기 때문이다. "만약 그런 믿음을 가지고 있었다면, 그들이 하나님의 존전에서 깨어났을 때, 하나님의 영원한 은혜의 빛 안에 거할 것이라고는 전혀 예상하지 못했던 그를 보고는 필시 충격을 받았을 것입니다." 그 몇 마디가 왜 그렇게 내 마음을 사로잡았는지 모르겠다. 아마도 그 강도에게 가족이 있을 거라고 생각해 본 적이 없어서일지도 모르겠다. 또는 내가 하나님의 자비에서 너무 멀리 떠났다고 생각하는 많은 사람들을 거의 포기하고 있었다는 것을 그 설교가 일깨워 주었기 때문일 수도 있다.

그 설교는 여러 해 동안 내게 남아 있었다. 내가 좀 전에 언급한 장례식들은 여전히 나를 언짢게 한다. 고인이 누구든 간에, 사람들은 그들이 신실한 그리스도인이었던 것처럼 가장한다. 실제로는 반대인데도 말이다. 그러나 그 옛 설교의 울림 때문에 나는 회의적인 생각을 접게 된다. 십자가의 강도처럼 그 사람이 마지막 숨을 내쉬는 순간에 주일학교 교실에서 들었거나 부흥회에서 들었거나 호텔 방에서 잠이 안 와서 읽었던 성경 구절의 복음을 붙잡았을 수 있기 때문이다. 우리는 최후 심판 날 전까지 절대로 알 수 없다. 하나님이 자주 우리를 깜짝 놀라게 하시고 정말 절망적인 것 같은 순간에 나타나시기 때문이다. 죽어가는 강도는 헐떡이며 말했다. "예수여 당신의 나라에 임하실 때에 나를 기억하소서"(눅 23:42). 그는 홀로 설 수 있을 거라는 착각을 버렸다. 자신이 받은 선고가 정당하다고 자백하면서도 자비의 가능성을 바라보았다. 그리고 피범벅이 된 갈릴리 사람으로부터 그 자비를 얻었다. "오늘 네가 나와 함께 낙원에 있으리라"(눅 23:43).

'해골 골짜기'만큼 낙원과 멀어 보이는 곳은 없다. 그러나 예수님은 거기서 낙원을 볼 수 있었다. 그 강도는 십자가의 공포와 깨어짐 안에서 은혜로우신 하나님의 영광을 발견했다. 하지만 이 남자는 그것을 발견하기 위해 자신을 보호하는 모든 전략을 버려야 했다. 반면 다른 강도는 여전히 자신이 옳다고 주장하면서, 예수님께 예수님 자신과 그들을 구원해 보라고 비꼬아 말했다. 그는 자아가 깨진 강도가 보았던 것을 보지 못했다.

낙원은 힘을 과시하는 것으로 발견되는 곳이 아니다. 낙원은 무리로부터 고개를 돌려, 자신으로부터 고개를 돌려, 사람들이 하나님의 그리스도일지 모른다고 말하는 그분께 고개를 돌릴 때 발견할 수 있는 것이다. 그는 평생 하나님만 아실 그 뭔가를 찾아 헤매다가 그가 누구인지 아시는 하나님께 부르짖음으로써 생명과 평화와 자유를 찾았다. 그것은 우리의 이야기이기도 하다.

가족은 영적 여정의
이정표와 같다

누군가는 가족에게 상처를 받고서 이 책을 읽고 있을 것이다. 당신은 어쩌면 상처받은 자녀나 실패한 부모, 부정한 배우자, 원망을 품고 있는 형제자매일 수도 있다. 또 어쩌면 자아의식과 자기 가치를 가족에게 쏟아 부었다가 실망했을 수도 있다. 누군가는 가족이 자기 삶의 원동력이라서 이 책을 읽고 있을 것이다. 또 어쩌면 아직까지 가족 때문에 상처받거나 환멸을 느끼거나 실망하지 않았을 수도 있다. 그러나 언젠가는 그런 날이 올 것이고, 그렇다고 해서 두려워할 필요도 없다.

우리 삶의 의미를 다 깨닫는 사람은 없다. 그러나 가끔 뒤돌아보면 하나님이 자신을 우리에게 알리신 작은 방법들이 보인다. 그것은 항상 신비롭게 감춰져 있어서, 그 당시에는 그저 우연인 것 같다. 그중 많은 것들이 가족과 관련되어 있다. 아마도 당신의 당신 됨은 원 가족이나 교회 가족 중의 누군가 당신에게 투자하고, 당신을 사랑하고, 당신을 믿어줬기 때문일 것이다. 또 어쩌면 당신의 원 가족이나 교회 가족 중 누군가가 그것과 반대로 했지만, 당신이 그 와중에 살아남았기 때문일 것이다. 그래서 지금 당신이 여기 있다.

이 시대 가족은 종종 격론의 대상이 된다. 우리는 가족을 '소중히 여기는' 사람들이나 가족을 '해체하는' 사람들에 대해 이야기한다. 물론 모든 대화가 중요하겠지만, 기본적인 사실은 우리 모두가 어느 정도는 가족을 두려워하고 있다는 것이다. 가족은 우리에게 사랑을 줄 수 있지만, 상처도 줄 수 있는 존재들이다. 든든한 가족을 둔 사람들은 무슨 일이 일어나서 자신의 가족이 무너질까봐 두려워한다. 건강한 가족이 없는 사람들은 함께할 가족을 갖지 못할까봐 두려워한다. 끔찍한 가족들을 경험한 사람들은 이미 받은 피해에서 벗어나지 못하거나, 설상가상으로, 자신이 그 악몽을 반복하게 될까 두려워한다. 우리는 자신을 스스로 보호할 방법을 찾는다. 그래서 가족을 붙잡거나, 가족의 의무로부터 도망갈 길을 찾는다. 우리는 자신을 보호하기 위해 자신을 가족 관계와 책임의 총합으로만 보거나, 그 모든 것들을 저버리려 한다. 어느 쪽이 되었든, 하나님은 그런 우리를, 우리가 외면하는 것을 향해 부르신다. 그것은 십자가다.

C. S. 루이스(Lewis)는 자신의 인생을 돌아보며 이를 '예기치 못한 기쁨'이라고 요약했다. 만일 우리가 '기쁨'을 주변에서 흔히 사용

되는 의미로 본다면, '행복'이나 '만족'이라는 의미로 추측할 것이다. 그러나 그가 말한 기쁨은 갈망, 달콤 씁쓸한 것, 본향에 온 것 같으면서도 아직 본향을 확실히 찾지 못한 것이다. 그에게 그런 기쁨이 피어났기 때문에, 그는 긴 길을 돌아, 마침내 주 예수 그리스도의 하나님 아버지께 오게 되었다. 거기서 루이스는 눈에 보이는 세상 너머를 가리키는 것들을 인식했다. "우리가 숲에서 길을 잃는다면, 이정표를 보는 게 중요하다. 이정표를 처음 본 사람이 '이것 봐!'라고 외치면 온 무리가 모여 응시한다. 그러나 우리가 길을 찾은 후 몇 마일마다 이정표를 지나칠 때는 멈춰 서서 응시하지 않는다."[68]

성경은 하나님 나라를 알려 주는 그런 이정표 가운데 하나가 가족이라고 말한다. 그것은 크고 넓은 세상의 추상적인 '가족'이 아니라, 당신 삶의 이야기 안에 있는 당신 가족의 이야기이다. 만일 우리가 이 이정표를 무시한다면, 우리를 둘러싼 우주의 숲에서 하나님 아버지가 필요 없는 척, 본향이 필요 없는 척하며, 길을 잃은 우리 자신을 발견하게 될 것이다. 반대로 우리는 가족을 단지 축복이 아닌 하나님으로 바라보면서, 가족이라는 이정표를 제단으로 바꾸어 버릴 수도 있다. 어떤 경우가 되었든, 우리는 결국 환멸을 느끼게 될 것이다.

그러나 이 환멸은 하나님의 심판이 아니라 자비이다. 우리는 모두 예배자이다. 한 철학자의 말처럼, "우상은 탁월함 또는 초월을 소망하며 당신이 관심을 쏟는 대상이다. 우상은 거울에 반사된 소망의 대상이다."[69] 어느 순간, 우리는 우상의 거짓 약속에 낙담하게 될 것이다. "당신의 숭배가 실패한 것처럼 보이는 그 순간이 곧 신앙의 순간이다. 이것이 계시다."[70] 그 실망은 일종의 깨달음이다. 가족을 너무 소중히 여기는 사람만 우상숭배를 하는 것이 아니라, 가족을 경시하는 사람도 그렇다. 실은 후자가 더 그렇다. 그들은 평생 가족에게 초점을 맞추며, 자신은 가족이 필요하지 않다고, 혹은 가족에게 그가 필요하지 않다고 증명하려 한다. 그러나 그 모든 것이 끝날 때, 우리는 자유를 발견할 수 있다.

가족은 복음이 아니다. 만일 가족이 삶의 궁극적 의미의 원천이라고 생각한다면, 당신은 가족이 당신을 행복하게 해주고 당신의 기대를 충족시켜 주길 바랄 것이다. 그러면 당신이 겪었던 역기능 가정이나 당신을 버린 배우자, 또는 머나먼 반항의 나라로 떠나버린 자녀가 당신의 삶을 망쳤다고 생각할 것이다. 그리고 당신이 가족을 실망시키는 일이 생겼을 때, 그것을 속죄하려다가 남은 생 동안 평안을 찾지 못할 것이다.

그러나 만약 가족을 부드럽게 붙잡는다면, 가족이 번성하는 모습을 보는 자유를 얻게 될 것이다. 당신이 가족의 메시아가 될 필요가 없고, 가족이 당신의 메시아가 될 필요가 없을 때, 하나님이 주변에 두신 사람들을 향해 당신을 쏟아 부을 수 있다. 자유와 기쁨을 발견하려면, 가족의 중요성을 더 잘 깨달아야 한다. 이것이 가정이 영적 전쟁의 장인 까닭이다. 그런 전쟁을 하다보면 우리는 말로 다 못할 깊은 한숨을 내쉬며 신음하게 된다. 그러나 아무리 깨졌더라도, 거기에 기쁨이 있을 수 있다. 거기에는, 마르틴 루터가 말한 바, 십자가의 신학이 필요하다. 그것은 영광의 신학이 아니다. 마르틴 루터는 다음과 같이 고백했다. "'영광의 신학자'는 나쁜 것을 좋다고 하고, 좋은 것을 나쁘다고 한다. 그러나 '십자가의 신학자'는 사실을 그대로 말한다."[71] 영광의 신학자는 가족이 그저 사회적 산물이며, 우리가 가족을 무시해도 되고, 가족을 재구성할 수도 있다고 말한다. 한편 가족을 옹호하고 이상화하여 가족이 사실 얼마나 어려운지를 부인하는 사람도 마찬가지다.

그러나 십자가의 삶은 우리를 자유케 하여 가족을 이상화하지도 않고 악한 것으로 여기지도 않게 한다. 십자가에서 짐이 축복인 것을 볼 때, 우리는 가족을 짐으로 여기거나 싫어하지 않게 된다. 또한 우리의 가족이 우리의 모든 욕구와 갈망을 채워 주기를 바라지 않게 된다. 우리 앞에 영광스럽고 영원한 삶이 있기 때문이다. 하지만 이것은 우리가 자신을 발견하는 이 우주 안에서만 일어날 수 있다. 이 우주 안에서 하나님이 우리를 함께 인간이 되게 하셨고, 하나님의 아들을 완전한 정의와 완전한 자비의 제물로 주셨다.

가족이 의미의 궁극적 원천이 아니고, 궁극적 상처가 아니라면, 내 삶이 내 가족을 초월하는 것이라면, 나는 가족에 매달리거나 가족을 거절하지 않을 자유가 있다. 십자가의 길로 예수님을 따르면, 매일이 내 생명을 내려놓을 기회가 될 수 있다. 할머니를 포옹하거나, 기저귀를 갈아 주거나, 공원에서 산책하거나, 성가대에서 노래하는 일상의 리듬 속에서 말이다. 내 삶이 이미 끝났고 십자가에 못 박혔으며, 하나님 곁으로 승천할 준비가 되었다는 것을 안다면, 나는 그 사랑으로부터 나를 보호할 필요 없이, 기꺼이 나의 가족을 위해 목숨을 버릴 수 있을 것이다. 나는 자유롭게 섬길 수 있고, 자유롭게 사랑할 수 있다.

폭풍은
지나간다

이 책을 시작하면서 십자가 사건이 가족의 위기였다고 말했다. 십자가에서 우리는 보이지 않게 계신 신실한 아버지와 눈에 보이는 인간 어머니의 동행, 유아기와 아동기를 거쳐 고향 마을에서 함께 살았던 예수님의 삶을 본다. 거기서 신랑 예수님은 신부인 우리를 위해 싸우셨다. 그러나 우리가 아는 한, 십자가의 강도는 혼자였다. 가족이 있었다 해도 그런 악명 높은 사람을 위해 나타나지 않았을 것이다. 어쨌든 가족들은 그를 부끄러워했을 것이다. 그들은 자신의 가족이 로마 제국에 의해 처형되고 하나님께 저주 받은 그 사람과 연결되어 있다는 것을 인정하고 싶지 않았을 것이다.

하지만 그는 가족이 없지 않았다. "오늘 네가 나와 함께 낙원에 있으리라"는 약속은 단지 두 사람만 재회한다는 약속이 아니었다. 낙원은 생기와 활력으로 충만할 뿐 아니라, 많은 사람들이 모인 곳이다. 예수님이 제자들에게 "내 아버지 집에 거할 곳이 많도다"(요 14:2)라고 하신 말씀을 떠올려 보라. 예수님은 그 비참한 죄수 중 한

명이 예수님의 사람이 되리라 약속하셨다. 요컨대, 그 강도가 자기 가족에게서 무슨 말을 들었던지 상관없이, 그가 그의 가족에게 무슨 말을 했던지 상관없이, 그 말씀은 오래 전 강가에서 예수님이 들었던 말씀이었다. "너는 내 사랑하는 아들이라 내가 너를 기뻐하노라"(막 1:11).

가족은 매우 중요하고, 우리로부터 시선을 돌려 우주의 의미를 바라보게 하는 이정표이다. 당신의 가족이 어떻든 가족은 당신에게 축복이 될 것이다. 지금 당장은 분주함 속에서 미처 깨닫지 못하지만 말이다. 멈춰 서서 그 축복을 찬찬히 살펴보라. 그것을 통해 하나님이 당신에게 말씀하시는 것에 귀 기울이라. 정확히 그 중요함 때문에 가족이 두려울 수 있다. 아마도 당신은 겁이 날 것이다. 가족의 기대를 저버릴까봐 두렵고, 가족을 잃게 될까봐 두려울 것이다. 하지만 그것도 은혜다.

미국의 소설가 존 업다이크(John Updike)가 죽음을 앞두고 병원에 누워 있을 때, 담당 목사로부터 온 전화에 그는 이런 메모를 했다고 한다. "성직자 : 겁에 질린 사람들에게나 통하는 코믹한 선동가들."[72] 가장 중요한 것은 겁에 질린 사람들에게만 통한다. 그러나 또한 무서움을 극복한 다음에만 의미가 있다. 우리는 그것을 해골 골짜기에서 배웠다. 거기서 우리는 거룩하신 하나님 앞에서 우리 죄가 얼마나 공포인지 보았고, 또 한편 그가 얼마나 뜨거운 사랑으로 우리를 찾아 십자가와 그 너머까지 오셨는지 본다.

당신의 가족이 당신에게 고통을 줄 수 있다. 그러면 뭐 어떤

가? 사랑은 고통이다. 그러나 고통은 하나님의 부재가 아닌, 임재의 징표라는 것을 배웠다. 십자가가 있는 자리에서 그것을 배웠다. 옛 갈릴리 바닷가 어디에선가 당신을 부르는 음성, "너의 십자가를 지고 나를 따르라"라는 말을 처음 들었을 때 그것을 배웠다. 두려워 말라. 당신의 가족은 당신이 전혀 예상하지 못한 곳으로 당신을 이끌 것이다. 그러나 그것은 두려워할 이유가 아니다. 당신 앞의 길은 십자가의 길이다.

십자가의 길은 본향으로 이어진다. 빛은 어둠 속에서도 여전히 빛나며, 어둠은 빛을 이기지 못한다. 지금 어떤 폭풍과 싸우고 있든, 당신은 살아남을 것이다. 귀를 잘 기울여 보면, 무섭게 휘몰아치는 극심한 폭풍 속에서도, 갈릴리의 그 목소리를 들을 수 있을 것이다. "잠잠하라 고요하라." 바람과 파도에만 집중하지 않는다면, 당신에게 내민 손을 볼 수 있을 것이다. 아니 그 손이 이미 당신을 붙잡고 안전하게 물 위로 이끄는 것을 볼 것이다. 당신은 당신이 생각하듯이 폭풍에 시달리고 있지 않다. 다른 것을 멈추고 주목한다면, 당신을 붙잡은 그 손에서 못 자국을 볼 것이다. 두려워 말라. 상처는 남겠지만 폭풍은 지나갔다.

주

1. Martin Luther, *Luther's Commentary on the First Twenty-Two Psalms*, trans. John Nicholas Lenker (Sunbury, PA: Lutherans in All Lands Co., 1903), 124.

---- 3장

2. Christopher J. H. Wright, *Old Testament Ethics for the People of God* (Downers Grove, IL: InterVarsity, 2004), 208. (《현대를 위한 구약 윤리》, IVP)

---- 4장

3. C. S. Lewis, *Reflections on the Psalms* (New York: Harvest, 1964), 132.

4. Walker Percy, *Lost in the Cosmos: The Last Self-Help Book* (New York: Farrar, Straus & Giroux, 1983), 78-79.

---- 5장

5. Jane Jacobs, *Dark Age Ahead* (New York: Vintage, 2005), 5.

---- 6장

6. Gerard Jones, *Men of Tomorrow: Geeks, Gangsters, and the Birth of the Comic Book* (New York: Basic, 2004), 207.

7. Les Daniels, *DC Comics: Sixty Years of the World's Favorite Comic Book* (Boston: Little, Brown, 1995), 58.

8. Christopher Matthews, "Parenthood," *The New Republic*, May 20 , 1991, 15-16.

9. Wendell Berry, "The Body and the Earth," in *The Art of the Commonplace: The Agrarian Essays of Wendell Berry*, ed. *Norman Wirzba* (Washington, D.C.: Counterpoint, 2002), 110.

10. 같은 자료.

11. Rudyard Griffiths, ed., *Are Men Obsolete? The Munk Debate on Gender* (Toronto: Anansi, 2014), 9. (《남자의 시대는 끝났다》, 모던 아카이브)

12. W. Robert Godfrey, "Headship and the Bible," in *Does Christianity Teach Male Headship? The Equal-Regard Marriage and Its Critics*, eds. David Blankenhorn, Don Browning, and Mary Stewart Van Leeuwen (Grand Rapids: Eerdmans, 2004), 88.

13. Jonathan Sacks, Radical Then, *Radical Now: On Being Jewish* (London: Bloomsbury, 2000), 84.

14. Rodney Stark, *The Rise of Christianity: How the Obscure, Marginal Jesus Movement Became the Dominant Religious Force in the Western World in a Few Centuries* (New York: HarperCollins, 1996), 95.

15. John Shelton Reed, *Minding the South* (Columbia: University of Missouri Press, 2003), 170.

----- 7장

16. 예를 들어, 다음 책을 보라. Stephanie Coontz, *Marriage, A History: How Love Conquered Marriage* (New York: Penguin, 2005).

17. Pascal Bruckner, *Has Marriage for Love Failed?* (Cambridge: Polity, 2010).

18. Charles Murray, *The Curmudgeon's Guide to Getting Ahead: Dos and Don'ts of Right Behavior, Tough Thinking, Clear Writing, and Living a Good Life* (New York: Crown, 2014). (《출근하기 전에는 몰랐던 것들: 함께 일하고 싶은 든든한 일원으로 만들어 주는 조언들》, 을유 문화사)

19. Andrew J. Cherlin, *Labor's Love Lost: The Rise and Fall of the Working Class Family in America* (New York: Russell Sage Foundation, 2014), 138-39.

20. Leon R. Kass, *The Beginning of Wisdom: Reading Genesis* (Chicago: University of Chicago Press, 2003), 106-7.

----- 8장

21. Frederica Mathewes-Green, *At the Corner of East and Now: A Modern Life in Ancient Christian Orthodoxy* (New York: Putnam, 1999), 92.

22. William Loader, *Making Sense of Sex: Attitudes Toward Sexuality in Early Jewish and Christian Literature* (Grand Rapids: Eerdmans, 2013), 56-57.

23. 같은 자료, 13.

24. 신구약에서 이 주제에 대한 최고의 연구서는 다음이다. Raymond C. Ortlund Jr., *God's Unfaithful Wife: A Biblical Theology of Spiritual Adultery* (Downers Grove, IL: InterVarsity, 2002). 이 책의 원래 제목은 《매춘(Whoredom)》이다. 너무 직설적이라 공항이나 지하철에서 읽기는 민망하다.

25. Thomas Merton, *Conjectures of a Guilty Bystander* (New York: Doubleday, 1965), 142. (《토머스 머튼의 단상: 통회하는 한 방관자의 생각》, 바오로 딸)

26. Christine J. Gardner, *Making Chastity Sexy: The Rhetoric of Evangelical Abstinence Campaigns* (Berkeley: University of California Press, 2011).

27. Mark Regnerus, *Forbidden Fruit: Sex and Religion in the Lives of American Teenagers* (New York: Oxford University Press, 2007).

28. 같은 자료.

29. Mark Regnerus and Jeremy Uecker, *Premarital Sex in America: How Young Americans Meet, Mate, and Think About Marrying* (New York: Oxford University Press, 2011), 35.

30. Tom Shachtman, *Rumspringa: To Be or Not to Be Amish* (New York: North Point, 2006).

31. Esther Perel, *The State of Affairs: Rethinking Infidelity* (New York: Harper, 2017).

32. Esther Perel, "Why Happy People Cheat," The Atlantic, October 2017, 46.

33. 가령 다음 책의 매우 정확한 묘사를 보라. Elizabeth Landers and Vicky Mainzer, *The Script: The 100 Percent Absolutely Predictable Things Men Do When They Cheat* (New York: Hyperion, 2005).

34. Deborah Solomon, "The Professional Provocateur: Questions for Noam Chomsky," *New York Times Magazine*, November 2, 2003, 13.

----- 9장

35. Alan Wolfe, "The Culture War That Never Came," in *Is There a Culture War? A Dialogue on Values and American Public Life*, eds. James Davidson Hunter and Alan Wolfe (Washington, D.C.: Brookings Institute Press, 2006), 41-73.

36. Jennifer Glass and Philip Levchak, "Red States, Blue States, and Divorce: Understanding the Impact of Conservative Protestantism on Regional Variation in Divorce Rates," *American Journal of Sociology* 119.4 (January 2014): 1002-46.

37. 이 질문에 대한 복음주의적 관점들이 어떻게 대립하는지 다음을 보라. Mark Strauss, ed., *Remarriage After Divorce in Today's Church: Three Views* (Grand Rapids: Zondervan, 2006).

38. W. Bradford Wilcox, "Conservative Protestants and the Family: Resisting, Engaging, or Accommodating Modernity," in *A Public Faith: Evangelicals and Civic Engagement*, ed. Michael Cromartie (Lanham, MD: Rowman and Littlefield, 2003), 58.

39. Andrzej Franaszek, *Milosz: A Biography* (Cambridge: Belknap, 2017), 456.

40. Neil Postman, *The Disappearance of Childhood* (New York: Vintage, 1994), 148.

41. 이 문구는 원래 미국 낙태 권리 행동 연합의 케이트 미셸먼이 한 말인데, 엘리자베스 애칫마이어가 1993년 6월 3일에 미국 장로교 연합의 낙태 반대 집회에서 인용한 것이다.

42. Will D. Campbell, Forty Acres and a Goat: A Memoir (Oxford, MS: Jefferson Press, 2002), 136.

43. Eli J. Finkel, *The All-or-Nothing Marriage: How the Best Marriages Work* (New York: Dutton, 2017), 97.

10장

44. Russell Moore, *Adopted for Life: The Priority of Adoption for Christian Families and Churches* (Wheaton, IL: Crossway, 2009). (《입양의 마음》, 복있는사람)

45. Flannery O'Connor, "Introduction to a Memoir of Mary Ann," in *Flannery O'Connor: Collected Works*, ed. Sally Fitzgerald (New York: Library of America, 1988), 822.

46. 한 구약 신학자가 말하듯이, 어머니, 아버지, 자녀 관계는 대가족 안에서도 여전히 기반이 된다. 이스라엘의 대가족은 "더블베드가 가득한 기숙사"가 아니었다. Christopher J. H. Wright, *Old Testament Ethics for the People of God* (Downers Grove, IL: InterVarsity, 2004), 355. (《현대를 위한 구약 윤리》, IVP)

47. 여러 해 전, 윤리학자 폴 램지가 주장했듯이, 번식 모드는 의지력이 아닌 사랑이 우리의 중심에 있다는 것을 보여 준다. 우리는 남녀의 엑스터시 속에 번식하며, 램지의 말을 빌리자면, "남자의 이성적 의지에 의한 냉철하게 의도된 행위"로 번식하지 않는다. Paul Ramsey, *Fabricated Man: The Ethics of Genetic Control* (New Haven: Yale University Press, 1970), 37.

48. "우리가 다음 세대를 생산한 후나 그럴 나이가 지나서는 자연이 우리를 살리려 많이 애쓰지 않는다. 우리는 자신의 미래 안전을 위해 일하거나, 우리의 자녀나 자녀 세대에게 우리 자신을 맡길 수 있다." Gilbert Meilaender, *Should We Live Forever? The Ethical Ambiguities of Aging* (Grand Rapids: Eerdmans, 2013), 58.

49. 한 유대인 필자가 올바른 말을 했다. "이교는 종종(항상?) 자신의 유익을 위해 자녀를 희생하고자 했다." Norman Podhoretz, *The Prophets: Who They Were, What They Are* (New York: The Free Press, 2002), 353.

50. Anthony Hoekema, *The Bible and the Future* (Grand Rapids: Eerdmans, 1979), 267.

51. Jennifer Senior, *All Joy and No Fun: The Paradox of Modern Parenthood* (New York: Ecco, 2015). (《부모 노릇 쉽지 않았습니다》, 알에이치 코리아)

52. Frederick Buechner, *Now and Then* (New York: HarperCollins, 1983), 55-56.

53. Eugene Peterson, *As Kingfishers Catch Fire: A Conversation on the Ways of God Formed by the Words of God* (New York: Waterbrook, 2017), 240. (《물총새에 불이 붙듯: 말씀으로 형성된 하나님의 길에 관한 대화》, 복있는사람)

11장

54. Neil Postman, *The Disappearance of Childhood* (New York: Vintage, 1994), 129.

55. Robert Bly, *The Sibling Society* (New York: Vintage, 1977, 1996), 230.

12장

56. E. Randolph Richards and Brandon J. O'Brien, *Misreading Scripture with Western Eyes: Removing Cultural Blinders to Better Understand the Bible* (Downers Grove, IL:

InterVarsity, 2012), 14-15. 《성경과 편견》, 성서 유니온). 인용된 실험의 출처: Mark Alan Powell, "The Forgotten Famine: Personal Responsibility in Luke's Parable of 'the Prodigal Son,'" in *Literary Encounters with the Reign of God*, eds. Sharon H. Ringe and H. C. Paul Kim (New York: T&T Clark, 2004).

57. C. S. Lewis, *The Lion, the Witch, and the Wardrobe* (New York: HarperCollins, 1950), 139. 《사자와 마녀와 옷장》, 네버랜드 클래식)

58. John. R. W. Stott, *The Cross of Christ* (Downer's Grove, IL: InterVarsity, 1986), 335-36.

59. Frederick Buechner, *Wishful Thinking: A Seeker's ABC* (New York: HarperCollins, 1993), 120.

60. Christian Wyman, "Lord Is Not a Word," in *Hammer Is the Prayer: Selected Poems* (New York: Farrar, Straus and Giroux, 2016), 124.

61. Humphrey Carpenter, ed., *The Letters of J. R. R. Tolkien* (New York: Houghton Mifflin, 2000), 393. 《톨킨 전기》, 해나무)

62. Fleming Rutledge, *The Crucifixion: Understanding the Death of Jesus Christ* (Grand Rapids: Eerdmans, 2015), 174-75.

----- 13장

63. Christopher J. H. Wright, *Old Testament Ethics for the People of God* (Downers Grove, IL: InterVarsity, 2004), 355. 《현대를 위한 구약 윤리》, IVP)

64. David Whyte, *Crossing the Unknown Sea: Work as a Pilgrimage of Identity* (New York: Riverhead, 2001), 118.

65. William B. Irvine, *A Guide to the Good Life: The Ancient Art of Stoic Joy* (New York: Oxford University Press, 2009), 191.

66. Will Durant, *Fallen Leaves: Last Words on Life, Love, War, and God* (New York: Simon & Schuster, 2014), 28.

67. Gilbert Meilaender, "I Want to Burden My Loved Ones," *First Things*, October 1991, 12-14.

----- 14장

68. C. S. Lewis, *Surprised by Joy: The Shape of My Early Life* (New York: Harcourt, Brace, 1955), 238. 《예기치 못한 기쁨》, 홍성사)

69. Adam S. Miller, *The Gospel According to David Foster Wallace: Boredom and Addiction in an Age of Distraction* (London: Bloomsbury, 2016), xii.

70. 같은 자료.

71. Martin Luther, "Theses for the Heidelberg Disputation," in *Martin Luther: Selections from His Writings*, ed. John Dillenberger (New York: Anchor, 1962), 503.

72. John Updike, *Endpoint and Other Poems* (New York: Knopf, 2009), 24.